예비(특수)교사를 위한 알기 쉬운 통합교육의 실천

제3판

특수교육학개론

권순우 • 김영익 • 정은 • 팽재숙

창지사

머리말

2022개정된 특수교육과정과 특수교육 연차보고서의 통계가 매년 새롭게 발표되어 본서도 발 빠르게 초판에 이어 2판을 출간한지 4년이 지나는 동안 특수학교 교육과정, 전환교육 등의 수정 · 보완할 내용들의 필요성이 있어 개정된 내용과 새롭게 특수교육 현장에서 필요한 특수교육대상 학생에 대한 부모상담 부분을 추가 집필하여 3판을 내기에 이르렀다. 학교와 교사는 학생의 성장을 돕기 위한 즐거움이 있는 행복한 배움터가 되어야 한다. 즉, 성공적인 교육을 위한 생태학적 환경의 자양분이 되어야 한다.

이 세상의 모든 사람에게는 변함없는 진리가 있다. "그것은 누구를 만나는가?에 따라 그 사람의 인생이 달라지기 때문이다." 교사는 학생의 인생을 결정할 수 있는 힘을 가지고 있다. 여러분은 교사로서 나를 만나는 학생에게 어떤 영향을 주는 교사가 되겠는가?

지금 우리가 살아가는 현대 사회는 모든 분야에서 첨단 공학의 학문적 융합으로 스마트 시대를 맞이하고 있다. 또한, 급변하는 새로운 패러다임의 이동을 통한 변화와 개인이 추구하는 다양성의 가치를 인정하고 존중하는 사회 · 문화가 형성되어가고 있다. 이러한 시대 흐름에 따른 미래의 사회를 이끌어 갈 인재양성의 학교교육 또한 그러하다.

특히, 최근 특수교육 동향과 이슈는 통합교육과 개별화교육 그리고 전환교육을 지원할 수 있는 「장애인 등에 대한 특수교육법」과 「장애아동 복지지원법」, 「발달장애인지원법」 등의 법률적 제정으로 특수교육 체계에서 특수교육대상아동에 대한 조기중재교육으로 통합교육이 점차 자리 잡게 되었다. 예비교사가 통합된 학급에서 자신이 담당하는 아동을 교육하기 위해서는 특수교육대상아동의 특성과 그들의 교수방법에 대하여 알아야 할 필요성에 직면하게 되었다.

2009년도 이후 특수교육학개론 교직과목이 2학점의 필수과목으로 지정되었다. 그러나 2학점을 취득하기 위한 한 학기의 짧은 시간 동안 특수교육 비전공 예비교사들이 특수교육대상아동에 대한 다양한 특성과 장애를 이해하는 데 어려움을 느끼는 것을 보고 예비교사를 위한 교재의 집필에 용기를 내었다.

이렇게 초판을 출간한 지 3년이 지나는 동안 특수교육 연차보고서의 통계가 매년 새롭게 발표되고, 2019년 7월 「장애인복지법」의 장애등급 기준이 장애정도로 개정되었으며, 특수학교 교육과정, 전환교육 등의 수정 · 보완할 내용들의 필요성이 있어 개정된 2판을 내기에 이르렀다.

본서는 기본 개념의 이해와 교육 현장의 사례 제시로 특수교육 전공자 및 비전공 예비교사도 쉽고 재미있게 접근하여 이해할 수 있도록 내용을 간결하게 집필하였다.

본서는 총 13장으로 대학의 학사일정을 고려하여 구성하였다. 제1장과 제2장은 특수교육의 기본적인 개념의 이해와 특수교육대상자의 법률적 대상 그리고 진단 · 평가 배치에 대한 특수교육 관련 서비스 전달체계에 관하여 서술하였고, 제3장은 특수교육의 실천인 통합교육과 개별화교육계획에 대하여 서술하였다. 제4장부터 제11장까지는 특수교육대상자에 대하여 장애영역별로 서술하였고, 시각장애, 청각장애, 지적장애, 자폐성장애, 학습장애, 정서 · 행동장애, 지체장애 및 건강장애, 의사소통장애로 분류하여 서술하였다. 제12장은 영재아동교육과 특수교육공학에 관하여 서술하였으며, 마지막으로 제13장에서는 최근 새롭게 많은 관심을 가지고 있는 가족지원과 생애주기별 교육에 대하여 간략히 서술하였다.

집필자들은 본서가 특수교육의 실천 개론서로 예비교사가 통합된 학교교육 현장에서 장애아동을 만날 때 교사로서 교육이라는 큰 틀에서 어떻게 이들을 이해하고 지원해야 하며, 또한 학교생활에서 일차적인 신체적 · 정신적 장애를 극복하고 이차적인 잠재 능력을 발휘하여 미래 사회 구성원으로 살아갈 수 있게 도와줄 수 있기를 기대하여 본다.

마지막으로 본서의 출판을 위하여 여러모로 많은 도움을 주신 모든 분에게 감사를 드린다. 특히, 창지사의 김기섭 사장님, 저자들의 까다로운 편집구성 요구와 교정의 어려움에도 묵묵히 많은 도움을 주신 편집부 이혜란 선생님과 직원 여러분, 그리고 끝까지 교정을 성실하게 도와준 권신정, 곽은선 선생님, 김현호 선생님에게 고마움을 전한다.

2024년 1월

저자 일동

차례

Chapter. 01

특수교육의 이해

전환교육: 독립적인 삶을 위한 생활기능 중심

특수교육학개론을 배우기에 앞서…….

특수교육대상 학생들은 취학 전 전반적인 아동발달의 어려움으로 장애영유아를 위한 특수학급에서 처음 조기특수교육을 받고, 취학 후 일반학교 특수학급이나 특수학교, 또는 순회교육으로 특수교육을 받는다. 이들이 고등학교를 졸업하면 우리와 함께하는 사회구성원으로 살아가야 한다. 교사는 특수교육대상 학생들을 교육함에 있어서 생애주기별 장애유형과 정도를 정확히 알고 적합한 교육과정과 교육내용의 재구성을 통한 맞춤형 교육으로 잠재력을 개발하여야 한다.

※다음 사진들은 특수교육대상 학생들의 영유아에서부터 청소년기까지 교육활동의 실제적인 사례 내용들로 특수교육학개론을 시작하기 전 이 책을 읽는 예비(특수)교사들의 이해를 돕기 위해서 구성한 내용이다.

■ 특수교육대상 학생들의 생애주기별 교육(취학전 ~ 특수학교 전공과까지)

취학 전 영유아 통합학급

취학 전 영유아 특수학급

▼ 초등학교 입학 전 교육 장면

취학 후 초등부 통합학급

취학 후 초등부 특수학교

▼ 초등학교 입학 후 교육 장면

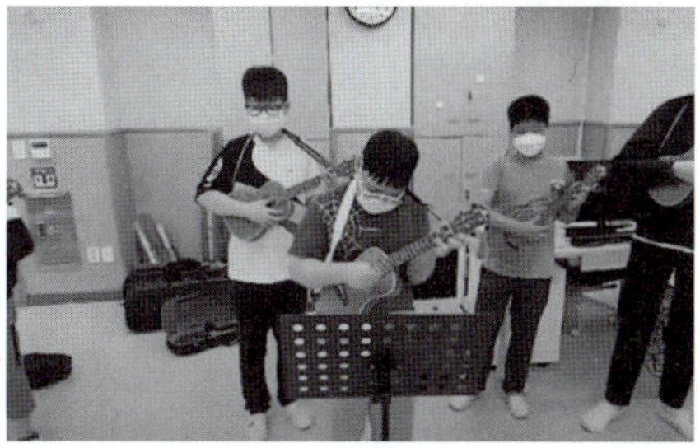

중학교 통합학급　　　　　　　　　　　　중학교 특수학교

▼ 중학교 교육과정 수업 장면

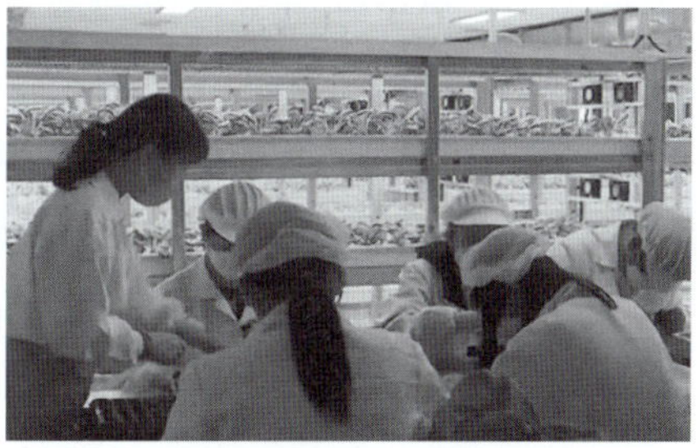

특수학교 직업교육 1　　　　　　　　　　특수학교 직업교육 2

▼ 고등학교 교육과정 수업 장면

아래 사진은 특수학교 전공과에 재학 중인 학생들에게 생활기능 중심의 실제적이면서 독립적인 자립생활 준비를 위한 생활 밀착형으로 구성된 아파트에서 1박 2일로 매년 지도하는 교육장면이다.

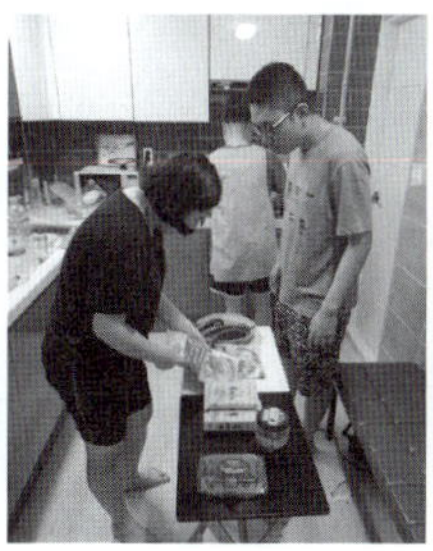

마트 식자재 구입 ⇨ 주방에서 야채 씻기 및 요리 준비 ⇨ 조리된 음식 식사

학습목표

1. 장애의 개념과 특수교육과의 관계를 알 수 있다.
2. 특수교육의 개념과 정의를 이해할 수 있다.
3. 특수교육의 이론적 모델과 서비스 전달체계를 알 수 있다.

생각나누기

특수교육대상 학생에 대한 직업체험 교육

▼ 대구 특수교육지원센터 찾아가는 맞춤형 직업교육

특수교육은 특수교육대상학생들에게 법적으로 보장된 장애유형과 특성에 적합한 개별화교육계획으로 학교를 졸업 후 사회구성원으로 독립된 삶을 살아가는 것을 궁극적인 목표로 하고 있다.

헬렌켈러(1880~1968), 앤멘스필드 설리반(1886~1936) 제자와 스승의 이야기

▼ 1888년 7월, 앤멘스필드 설리반 스승과 함께

헬렌켈러는 시각 · 청각 · 언어장애의 중복 장애를 가지고 태어났다. 헬렌켈러는 위대한 스승 설리반을 만나면서 장애를 극복하여 미국의 사회 사업가로 일생을 봉사하는 삶으로 헌신했다.

만약 스승 설리반의 혼신의 교육 지도가 없었다면 역경을 극복한 헬렌켈러 또한 없었을 것이다.

"첫날에는 나를 가르쳐 준 설리반 선생님을 찾아가 그분의 얼굴을 보겠습니다."

– 헬렌켈러 명언 『만약 내가 사흘간 볼 수 있다면』 중에서 –

● 만약, 여러분이 학교 교육현장이나 지역사회에서 장애를 지닌 아동을 함께 교육한다면 어떻게 하겠습니까?

"특수교육은 개개인의 독특한 특성을 이해하고 잠재력을 개발할 수 있도록 장애를 지니고 있는 유형에 맞춤형으로 전반적 교육을 지원하는 것이다."

제주 하귀초등학교(교장 송만선)가 제26회 제주장애학생의 날을 기념하여 6월 1일부터 6월 5일까지 '장애 이해 및 인권 교육 주간'을 운영하였다.

▼ 학교 교실 장면

"편견은 차별을 낳고, 배려는 평등을 낳습니다."라는 글은 제31회 장애인의 날 공모 당선 슬로건이다. 신체적 또는 정신적으로 어려움을 느끼는 장애인에 대한 대부분의 인식과 개인적 관점은 어떠한가? 초・중등학교에서 이미 통합교육을 대부분 경험했겠지만, 그것만으로 장애아동에 대해 모두 알았다고 말하기는 어려울 것이다.

01 장애와 발달장애

1) 장애의 개념

특수교육은 지적・신체적・심리적 등의 장애를 가진 학생을 대상으로 특별한 교육적 요구가 필요한 개개인의 학업 성취와 잠재 능력을 배양하기 위해서 학교교육에서 이루어지는 특별히 계획된 통섭적인 교육활동이라고 할 수 있다. 이러한 특수교육의 대상자는 주로 장애아동과 장애 발생의 위험성이 높은 위험군 아동이다. 그러므로 장애에 대한 개념의 이해가 필요하다.

(1) '장애' 한자 표현 의미의 정의

장애는 가로막을 '장'(障)과 가로막을 '애'(碍)가 결합된 말로, 각 글자를 파지하여 해석하면 그 의미가 보다 명료해 진다. 장(障)은 언덕 부(阜)에 글 장(章)자가 결합된 말로서 글을 가로막아 의사소통을 하기 어려운 상황을 묘사한 글자이며, 애(碍)는 돌 석(石)에 막을 애(㝵)가 결합된 말로 돌이 가로막고 있어 가기 어려운 상황을 표현하는 용어라 할 수 있다(고은 외, 2015).

(2) 『특수교육학 용어사전』의 정의

장애란, 질병이나 사고 등에 의해 지적 · 정신적 · 청각 · 시각 · 내장 · 골격 · 기형적인 면에 결함이 생겨, 이로 인해 정상적인 생활이 곤란하거나 불가능한 상태다. 결함은 신체의 특정 부위나 기관의 기능이 손실되었거나 감소한 것을 의미하므로 의료적 지원이 필요하며, 장애는 손상으로 인해 특정 영역(읽기, 보기, 걷기 등)에 능력 저하가 생기는 경우로서 교육적 · 훈련적 지원이 필요하다(국립특수교육원, 2009).

(3) 세계보건기구(WHO)의 정의

세계보건기구(WHO)에서는 오랜 세월 ICIDH-1(1980년) ~ ICIDH-2(1997년)에 이르기까지 장애의 개념을 다음과 같이 세 가지 관점에서 제시하였다.

첫째, '손상(impairment)'은 신체적으로 어떠한 특정 부위가 상실되거나 그 기능이 감소된 기능장애와 형태장애의 상태를 의미하는 것으로 의학적 관점이다(예: 다리가 없는 경우).

둘째, '능력장애(disability)'는 손상으로 인하여 특정 과제를 수행할 때 다른 사람이 보편적으로 수행하는 방법으로 수행이 어려운 상태를 의미하는 것이다(예: 다리가 없어서 다른 사람처럼 걸어서 이동하지 못하는 경우).

셋째, '사회적 불리(handicap)'는 손상이나 능력장애로 인한 사회적 관계 형성에서의 환경 적응에 불리한 상태를 의미하는 것이다(예: 다리가 없어서 휠체어를 사용하지만 경사로 설치가 되어 있지 않아 접근이 어려운 경우).

세계보건기구(WHO)는 2001년에 ICF(International classification of functioning, disability and health)로 확정하였고, 이 ICF는 1997년에 제안된 ICIDH-2를 근간으로 5년 동안의 현장검증과 국제회의를 거쳐서 2001년 5월 세계적으로 통용될 수 있도록 다음의 〈표 1-1〉과 같이 제시하였다.

〈표 1-1〉 WHO에서 제시한 ICF의 새로운 장애 개념(2001)

구분	영역 1: 기능과 장애		영역 2: 상황적 요소	
구성요소	신체기능 및 구조	활동과 참여	환경적 요소	개별적 요소
영역	신체기능, 신체구조	생활영역 (과업, 행동)	기능과 장애에 영향을 미치는 외적 영향력	기능과 장애에 영향을 미치는 내적 영향력
구성물	신체기능의 변화 (생리학), 신체구조의 변화 (해부학)	표준환경에서의 과제수행 능력, 현재 환경에서의 과제수행 정도	물리적·사회적·인식적 측면에서 촉진 또는 방해하는 힘	개별특성에 의한 영향

→ 개인적 장애와 상황적 맥락(환경적·개별적 요소)과의 상호작용에 의해 장애 설명

2) 발달장애의 개념

장애의 개념과 함께 실제 교육 현장에서 통합교육과 특수교육이라는 명칭으로 교육 서비스를 받고 있는 대부분의 아동을 포괄적 특수교육대상아동으로 볼 때 발달장애라는 용어의 정의를 이해하는 것은 중요하다. 왜냐하면, 장애아동을 유형별로 정의하고 나누지만 실제로는 장애유형 범주 내에서도 개개인은 다양하고도 이질적인 특성을 포괄적으로 가지고 있으므로 거시적 안목의 인간발달로 보아야 하기 때문이다.

발달장애에 관련 개념을 교육학적 관점과 의학적 관점 그리고 미국의 발달장애법 관점에서의 내용을 간략히 살펴보면 다음과 같다.

(1) 교육학적 관점

발달장애란 "발달이 평균으로부터 유의미하게 일탈하여 신체적, 정신적 또는 두 가지 영역 모두에서 심각(severe)하고 만성적인(chronic) 장애가 지속될 가능성이 있는 장애"라고 정의하고 있다(국립특수교육원, 2009).

(2) 의학적 관점

국제 질병분류(ICD-10)는 발달장애를 크게 정신지체, 심리적 발달장애, 정서 및 행동장애로 장애를 분류하고 심리적 발달장애 항목에서 사용하고 있다.

(3) 미국 발달장애법(Developmental Disabilities Act)

첫째, 정신적 혹은 신체적 손상이나 정신적 또는 신체적 손상의 결합에 기인한다.
둘째, 22세 이전에 발생되어야 한다.
셋째, 무기한 계속될 가능성이 있다.
넷째, 다음과 같은 주요한 생활활동 영역의 세 가지 이상에서 실질적인 기능적 제한
① 자기보호(self-care) ② 수용언어와 표현언어 ③ 학습 ④ 이동 능력
⑤ 자기지향 ⑥ 독립적인 생활 능력 ⑦ 경제적 충족
다섯째, 일생 동안 계획되고 조정된 특별하고, 간학문적이고, 포괄적인 치료와 처치, 다른 서비스의 결합과 계열이 요구된다.

출처: 서현아 외(2015).

이처럼 '발달장애'의 개념은 다양하게 제시되고 있다. 일반적으로 발달장애란 "22세 이전에 발생하고, 장애가 심각하고 진행되는 장애를 가진 사람에게 초점을 두고, 주로 지적장애영역에서 도출된 포괄적인 것"으로 정의할 수 있다.

3) 장애와 개인차

모든 아동은 신체적 특징과 학습 능력 면에서 서로 다른 점을 보이고, 특정 아동 또한 자신의 여러 능력 분야에서 차이가 나타난다. 심리학적 · 교육적 측면에서의 장애는 '차이를 가진 것'이다. 즉, 사람은 각기 개인차를 지니고 있고, 그 차이가 평균으로부터 부적 방향으로 많이 떨어져 있어서 보통의 방법으로는 능력 수행이나 적응 또는 상황 대처가 어려운 경우를 장애라고 말한다.

개인차는 개인 내 차와 개인 간 차로 구분되며, 이는 학습지도의 중요한 요인이 된다. 문화적으로는 장애를 '같으면서 다른' 또는 '다르면서 같은' 것으로 규정하며 존엄성을 지닌 하나의 인격체임을 강조하고 있다(정대영, 2011).

교육의 본질적 목적은 인간 개개인의 가능성과 잠재 능력을 최대한 계발한 개인의 완성 및 자아실현에 있기 때문에 장애를 지닌 아동이라 하더라도 그들에 대한 개인차의 이해를 바탕으로 차이를 인정하고 독특한 특성에 따른 요구를 개성(individuality)이라는 긍정적 가능성의 용어로 사용하면 어떨까 한다.

02 특수교육의 개념

1) 특수교육의 정의

특수교육(特殊教育, special education)이란 문자가 의미하는 그대로 '특별한 교육적 요구를 지닌 아동을 대상으로 하여 특별하게 계획된 교육'을 말한다. 특수교육은 장애아동의 독특한 교육적 요구에 대하여 적합한 교육내용으로 특별한 방법과 매체 등을 활용하여 개개인의 학업 성취와 잠재 능력을 배양하기 위해서 학교교육에서 이루어지는 통섭적인 교육활동이라고 할 수 있다.

즉, 특수교육이란 학습자의 교육적 요구가 평균으로부터 크게 벗어나 특별한 교육적 지원을 필요로 하는 장애나 결함을 지닌 학습자를 대상으로 하는 교육을 의미한다.

(1) 「장애인 등에 대한 특수교육법」(2008)에서의 정의

「장애인 등에 대한 특수교육법」에서는 "특수교육대상자의 교육적 요구를 충족시키기 위하여 특성에 적합한 교육과정 및 특수교육 관련 서비스 제공을 통하여 이루어지는 교육"으로 정의하고 있다(예: 시각장애를 지니는 아동의 성공적인 학업 성취를 위해 교육과정 수정과 보조공학기기 휴대용 독서확대기 또는 점자정보단말기 등의 지원으로 특별히 고안된 교육이라고 이해하면 될 것이다).

2) 특수교육의 목적

「장애인 등에 대한 특수교육법」 제1조에서는 특수교육법의 목적을 다음과 같이 명시하고 있다.

> 「교육기본법」 제18조에 따라 국가 및 지방자치단체가 장애인 및 특별한 교육적 요구가 있는 사람에게 통합된 교육 환경을 제공하고 생애주기에 따라 장애유형·장애정도의 특성을 고려한 교육을 실시하여 이들이 자아실현과 사회통합을 하는 데 기여함을 목적으로 한다.

즉, 특수교육과 일반교육은 교육목적에서 차이가 있는 것이 아니라 그 목적을 실현 가능하도록 하는 지원의 범위에서 차이가 있다. 다만, 특수교육의 목적을 이렇게 규정하는 것이 적절한가에 대해서는 논란의 여지가 있다. 예를 들어, 현존하는 장애인 편견과 차별의 현상을 고려하면 '사회통합'은 오히려 일반교육의 목적으로 명시되어야 할 것이다.

3) 특수교육 편성 · 운영의 기본사항

2022개정 특수교육과정 총론에서는 일반학교의 일반학급 및 특수학급에 배치된 특수교육대상 학생에 대한 교육과정을 다음과 같이 제시하고 있다.

첫째, 편제와 시간 혹은 학점 배당은 해당 학년군의 교육과정을 따른다.

둘째, 학생의 교육적 요구에 따라 초 · 중등 교육과정을 재구성하거나, 특수교육 교육과정에 따른 교과용 도서, 통합교육용 교수 · 학습 자료 등을 사용할 수 있다.

셋째, 특수교육 교육과정의 교과(군) 내용과 연계하거나 대체하여 운영할 수 있다. 교과 내용을 대체할 경우 생활기능 및 진로와 직업교육, 현장 실습 등으로 운영할 수 있다.

특수교육은 일반교육이 추구하고 있는 국민 생활에 필요한 기초적이고 기본적인 교육으로서의 '초등학교' 교육, 학생의 학습과 일상생활에 필요한 기본 능력과 민주

시민으로서의 자질을 함양하는 교육으로서의 '중학교' 교육, 학생의 적성과 소질에 맞는 진로개척 능력과 세계 시민으로서의 자질을 함양하는 교육으로서의 '고등학교' 교육의 기반 위에 이루어지는 교육이기 때문에 일반교육의 보편성을 근간으로 실천되는 교육이라고 할 수 있다(강대옥 외, 2016).

4) 특수교육대상자

'특수교육대상자는 누구인가?'라는 물음은 특수교육에서 매우 중요한 의미가 있다. 이러한 특수교육대상자의 규정은 법에서 지정한 요건에 속하게 되면 곧 국가로부터 의무교육과 무상교육으로 제공하게 될 모든 형태의 특수교육과 관련 지원 서비스를 받을 교육권의 권리가 있다는 것을 뜻하는 것이다.

「장애인 등에 대한 특수교육법」에서는 특수교육대상자를 "제15조에 따라 특수교육을 필요로 하는 사람으로 선정된 사람"으로 규정하고 있으며, 「장애인 등에 대한 특수교육법 시행령」에서는 다음과 같이 11개 영역으로 구체적으로 규정하고 있다.

① 시각장애　② 청각장애　③ 지적장애(2016.2.3. 개정)　④ 지체장애
⑤ 정서·행동장애　⑥ 자폐성장애(이와 관련된 장애를 포함한다.)　⑦ 의사소통장애
⑧ 학습장애　⑨ 건강장애　⑩ 발달지체
⑪ 그 밖에 두 가지 이상의 장애가 있는 경우 등 대통령령으로 정하는 장애

- 특수교육대상자 = 장애아동(×) / 특수교육대상자 = 특수교육대상자로 선정(○)

위의 물음에 대부분의 사람은 특수교육대상자는 모두 장애아동으로 이해하는 경향이 많이 있지만 사실 그렇지 않은 경우도 있다. 예를 들면, 후천적인 교통사고로 인하여 다리에 상해를 입어 지체장애로 「장애인복지법」에 정한 법적 장애인으로 등록하였더라도 의족을 착용하고 일반학교 일반학급의 교육적 성취를 할 수 있고 또래의 비장애아동과 동일하게 참여하는 데 문제가 없어 특수교육대상자로 선정이 되지 않은 경우도 있기 때문이다.

특수교육대상자 선정 기준은 아래의 〈표 1-2〉와 같이 「장애인 등에 대한 특수교육법 시행령」에서 구체적으로 규정하고 있다.

〈표 1-2〉 특수교육대상자 선정 기준

구분	내용
시각장애	시각계의 손상이 심하여 시각 기능을 전혀 이용하지 못하거나 보조공학기기의 지원을 받아야 시각적 과제를 수행할 수 있는 사람으로서 시각에 의한 학습이 곤란하여 특정의 광학기구·학습 매체 등을 통하여 학습하거나 촉각 또는 청각을 학습의 주요 수단으로 사용하는 사람
청각장애	청력손실이 심하여 보청기를 착용해도 청각을 통한 의사소통이 불가능 또는 곤란한 상태이거나, 청력이 남아 있어도 보청기를 착용해야 청각을 통한 의사소통이 가능하여 청각에 의한 교육적 성취가 어려운 사람
지적장애	지적 기능과 적응행동상의 어려움이 함께 존재하여 교육적 성취에 어려움이 있는 사람
지체장애	기능·형태상 장애를 가지고 있거나 몸통을 지탱하거나 팔다리의 움직임 등에 어려움을 겪는 신체적 조건이나 상태로 인해 교육적 성취에 어려움이 있는 사람
정서 · 행동장애	장기간에 걸쳐 다음 각 목의 어느 하나에 해당하여, 특별한 교육적 조치가 필요한 사람 가. 지적·감각적·건강상의 이유로 설명할 수 없는 학습상의 어려움을 지닌 사람 나. 또래나 교사와의 대인관계에 어려움이 있어 학습에 어려움을 겪는 사람 다. 일반적인 상황에서 부적절한 행동이나 감정을 나타내어 학습에 어려움이 있는 사람 라. 전반적인 불행감이나 우울증을 나타내어 학습에 어려움이 있는 사람 마. 학교나 개인 문제에 관련된 신체적인 통증이나 공포를 나타내어 학습에 어려움이 있는 사람
자폐성장애	사회적 상호작용과 의사소통에 결함이 있고, 제한적이고 반복적인 관심과 활동을 보임으로써 교육적 성취 및 일상생활 적응에 도움이 필요한 사람
의사소통장애	다음 각 목의 어느 하나에 해당하여 특별한 교육적 조치가 필요한 사람 가. 언어의 수용 및 표현 능력이 인지 능력에 비하여 현저하게 부족한 사람 나. 조음 능력이 현저히 부족하여 의사소통이 어려운 사람 다. 말 유창성이 현저히 부족하여 의사소통이 어려운 사람 라. 기능적 음성장애가 있어 의사소통이 어려운 사람
학습장애	개인의 내적 요인으로 인하여 듣기, 말하기, 주의집중, 지각(知覺), 기억, 문제해결 등의 학습 기능이나 읽기, 쓰기, 수학 등 학업 성취 영역에서 현저하게 어려움이 있는 사람
건강장애	만성질환으로 인하여 3개월 이상의 장기입원 또는 통원치료 등 계속적인 의료적 지원이 필요하여 학교생활 및 학업수행에 어려움이 있는 사람
발달지체	신체, 인지, 의사소통, 사회·정서, 적응행동 중 하나 이상의 발달이 또래에 비하여 현저하게 지체되어 특별한 교육적 조치가 필요한 영아 및 9세 미만의 아동

특수교육과 관련하여 앞에서 살펴본 「장애인 등에 대한 특수교육법」과 장애인을 대상으로 하는 「장애인복지법」, 그리고 미국의 「장애인교육법(IDEIA)」의 장애분류 체계를 상호 비교하면 〈표 1-3〉과 같다.

〈표 1-3〉 특수교육 관련법의 장애영역 분류체계 비교

장애인 등에 대한 특수교육법 (2016)	장애인복지법 (2007)	미국 장애인교육법 (IDEA, 2004)
시각장애	시각장애	시각장애
청각장애	청각장애	농(deafness) 농-맹
지적장애	지적장애	정신지체
지체장애	지체장애 뇌병변장애	지체장애(orthopedic impairment) 외상성 뇌손상(traumatic brain injury)
정서·행동장애	정신장애	정신장애
자폐성장애 (이와 관련된 장애를 포함한다)	자폐성장애	자폐(autism)
의사소통장애	언어장애	말/언어장애
학습장애		특정학습장애
건강장애	신장장애인, 심장장애인, 호흡기장애인, 간장애인, 안면장애인, 장루장애인 및 요루장애인, 간질장애인	기타 건강장애
발달지체	-	발달지체
그 밖에 대통령령으로 정하는 장애		중복장애(multiple disabilities)
11개 영역	15개 영역	12개 영역

출처: 강대옥 외(2016). 특수교육학개론. p. 27을 수정. 지적장애(2016.2.3. 명칭 개정 삽입)

5) 한국 특수교육의 역사와 과제

(1) 한국 특수교육의 역사

❶ 개화기 이전의 고전적 특수교육

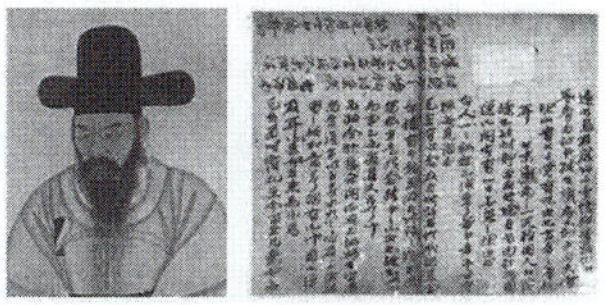

▼ 이덕수 초상화와 그의 작품

- 고려 태조 13년(930년): 서경학교를 설치하여 복업을 가르침
- 고려 23대 원종(1259~1274년): 맹인들이 직접 복업에 종사(고려사 130)
- 조선 세종 27년(1445년): 서운관에서 10명의 맹인에게 음양학을 교육(세종실록 107)
- 조선 영조 이덕수(1673~1744년): 조선 후기 대표적인 문신으로 필담으로 정치

❷ 근대적 의미의 특수교육 성립

▼ 평양맹아학교의 점자인쇄

- 1881년: 박정양 등의 신사유람단이 일본의 맹아원 소개(우리나라 문서상 최초의 특수교육 소개)
- 1894년: 홀 여사가 평양에서 최초로 맹소녀 오봉래에게 점자를 지도
- 1913년: 조선총독부 제생원 내에 맹아부 설치
- 1926년: 박두성이 브레이유식 한글점자인 훈맹정음을 반포

❸ 해방 이후 특수교육제도 정비와 특수학교 설립

▼ 1949년 5월 국립재활원

- 1946년: 이영식 목사가 최초 사립 특수학교 대구맹아학원 설립
- 1949년: 교육법 제정에 특수학교의 설치 의무와 일반학교 내의 특수학급 설치 명시
- 1964년: 최초의 지체장애 학교인 연세대학교 세브란스병원 소아재활원 설립
- 1966년: 최초의 정신박약자(지적장애)학교인 대구보명학교 설립

❹ 국가 공교육의 법률적 제정과 정비

- 1977년: 「특수교육진흥법」 제정
- 1994년: 「특수교육진흥법」 개정
- 2007년: 「장애인 등에 대한 특수교육법」 제정

▼ 특수학교 비만예방 수업

(2) 도표로 보는 한국 특수교육 역사

한국 특수교육의 역사와 변천사는 [그림 1-1]과 같이 '여명', '광명', '환희'의 시대적 흐름으로 나누어 한눈에 살펴볼 수 있다.

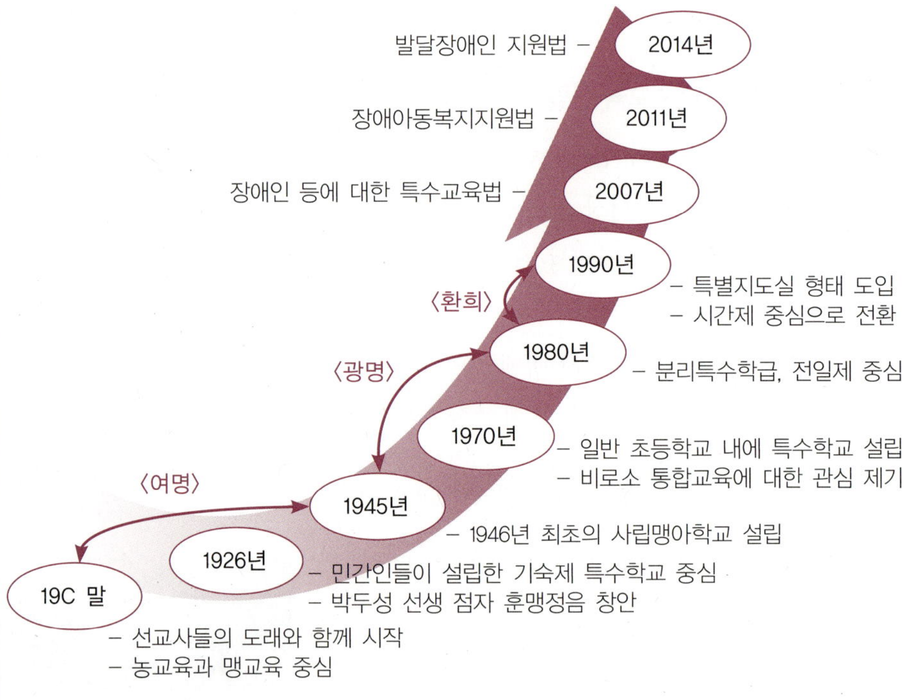

[그림 1-1] 한국 특수교육의 역사 변천사

출처: 김영익 외(2016). 특수아동지도와 상담. p. 12.

(3) 한국 특수교육의 과제

❶ 특수교육 전반의 과제

2007년 「장애인 등에 대한 특수교육법」의 제정을 통하여 2020년 현재 특수교육의 이념적 성취가 질적인 사회통합으로 가는 작은 시작인 초석의 결과를 거두었다. 하지만 아직도 여러 문제점이 존재하고 있어 지속적으로 고민하고 해결해야 할 것이다.

❷ 조기특수교육

「장애인 등에 대한 특수교육법」 제정으로 유치원 의무교육과 조기특수교육에 대한 국가 책무의 적극적인 개입으로 장애인 등록을 하지 않아도 의사진단서로 또래 유아와 비교하여 현저하게 전반적인 발달에 지체를 보이면 2세 이하 영아라도 어린이집에서 무상으로 교육을 받게 된다. 장애위험이 의심되는 영유아의 중재는 시기가 빠를수록 효과적이다.

❸ 전환교육

전환교육은 특수교육의 궁극적 목적이며, 공교육의 결실이다. 특수교육대상자가 학교를 졸업하여 사회 구성원으로 성공적인 자립생활을 할 수 있도록 학교는 안정된 교량 역할을 하기 위하여 다양한 프로그램을 계획하고 제공하여야 할 것이다.

❹ 통합교육의 질적 향상

'2019년 특수교육 연차보고서'에 따르면 통합교육의 효과로 특수학교는 장애정도가 심한 중도 · 중복장애아동이 많아지는 경향을 보인다. 이 결과를 바탕으로 이제는 통합학급의 질적인 향상을 위한 제도적 보완과 함께 유 · 초 · 중등의 연계된 아동의 교육에 대한 전반적인 생애주기별 전환교육 연계 시스템을 도입하여 통합교육의 효과를 극대화하여야 할 것이다.

03 특수교육의 현황

1) 특수교육대상자 수

〈표 1-4〉 특수교육대상자 장애영역별 및 학교과정별 배치 현황 (2023. 4. 1. 기준)

<table>
<tr><th colspan="3" rowspan="2">배치별</th><th rowspan="2">특수학교</th><th colspan="2">일반학교</th><th rowspan="2">특수교육 지원센터</th><th rowspan="2">계</th></tr>
<tr><th>특수학급</th><th>일반학급
(전일제통합학급)</th></tr>
<tr><td colspan="3">특수교육대상자 수</td><td>28,942</td><td>61,993</td><td>18,474</td><td>294</td><td>109,703</td></tr>
<tr><td rowspan="18">학생 수</td><td rowspan="11">장애영역별</td><td>시각장애</td><td>1,079</td><td>207</td><td>458</td><td>1</td><td>1,745</td></tr>
<tr><td>청각장애</td><td>560</td><td>689</td><td>1,646</td><td>12</td><td>2,907</td></tr>
<tr><td>지적장애</td><td>14,540</td><td>35,855</td><td>5,457</td><td>15</td><td>455,867</td></tr>
<tr><td>지체장애</td><td>3,905</td><td>3,232</td><td>2,326</td><td>59</td><td>9,522</td></tr>
<tr><td>정서행동장애</td><td>68</td><td>1,186</td><td>577</td><td>–</td><td>1,831</td></tr>
<tr><td>자폐성장애</td><td>7,781</td><td>10,183</td><td>1,307</td><td>4</td><td>19,275</td></tr>
<tr><td>의사소통장애</td><td>206</td><td>1,396</td><td>1,042</td><td>1</td><td>2,645</td></tr>
<tr><td>학습장애</td><td>10</td><td>628</td><td>399</td><td>–</td><td>1,037</td></tr>
<tr><td>건강장애</td><td>13</td><td>109</td><td>1,834</td><td>–</td><td>1,956</td></tr>
<tr><td>발달지체</td><td>780</td><td>8,508</td><td>3,428</td><td>202</td><td>12,918</td></tr>
<tr><td>계</td><td>28,942</td><td>61,993</td><td>18,474</td><td>294</td><td>109,703</td></tr>
<tr><td rowspan="7">학교과정별</td><td>장애영아</td><td>113</td><td>–</td><td>–</td><td>294</td><td>407</td></tr>
<tr><td>유치원</td><td>956</td><td>5,676</td><td>2,149</td><td>–</td><td>8,781</td></tr>
<tr><td>초등학교</td><td>9,876</td><td>33,121</td><td>8,588</td><td>–</td><td>51,585</td></tr>
<tr><td>중학교</td><td>6,461</td><td>12,425</td><td>4,119</td><td>–</td><td>23,005</td></tr>
<tr><td>고등학교</td><td>6,522</td><td>10,585</td><td>3,618</td><td>–</td><td>20,725</td></tr>
<tr><td>전공과</td><td>5,014</td><td>186</td><td>–</td><td>–</td><td>5,200</td></tr>
<tr><td>계</td><td>28,942</td><td>61,993</td><td>18,474</td><td>294</td><td>109,703</td></tr>
<tr><td colspan="3" rowspan="2">학교 및 센터 수</td><td rowspan="2">194</td><td>9,288</td><td>8,366</td><td rowspan="2">197</td><td rowspan="2">12,581</td></tr>
<tr><td colspan="2">12,190</td></tr>
<tr><td colspan="3">학급 수</td><td>5,443</td><td>13,287</td><td>17,497</td><td>61</td><td>36,288</td></tr>
<tr><td colspan="3">특수학교(급)교원 수</td><td>10,146</td><td>13,888</td><td>–</td><td>1,565</td><td>25,599</td></tr>
<tr><td colspan="3">특수교육 보조인력 수</td><td>5,192</td><td>10,313</td><td>280</td><td>–</td><td>15,785</td></tr>
</table>

출처: 교육부(2023). 특수교육 연차보고서. p. 3.

2) 장애영역별 및 연도별 배치 현황

장애영역별 현황을 살펴보면 지적장애, 지체장애, 자폐성장애 3개 영역의 특수교육대상자 비율이 전체 대상자 수 중 77.2% 가장 많이 배치되어 있다.

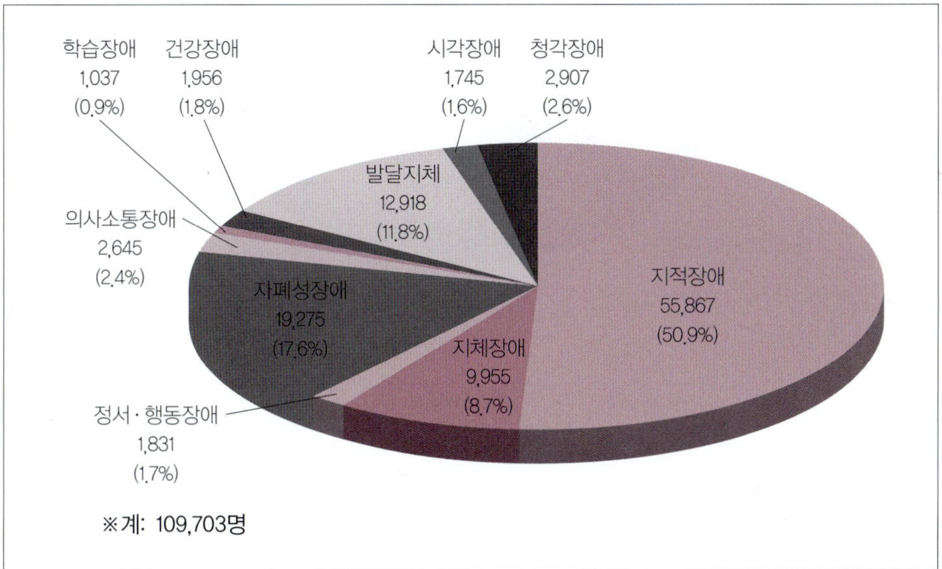

[그림 1-2] 장애영역별 특수교육대상자 현황

2023년 교육부의 '특수교육 연차보고서'에 따르면 일반학교에서 통합교육을 받는 특수교육대상자가 증가함에 따라 특수학교의 학생은 장애정도가 심한 중도·중복장애학생이 많아지는 경향을 나타낸다.

3) 학교과정 및 기관별 배치 현황

[그림 1-3]에서 알 수 있듯이 2023년 현재 특수교육대상자가 가장 많이 배치되어 있는 곳은 일반학교 특수학급(56.5%)이며, 일반학급(16.8%)과 합산하면 73.3%가 일반학교에서 통합교육을 받고 있음을 알 수 있다.

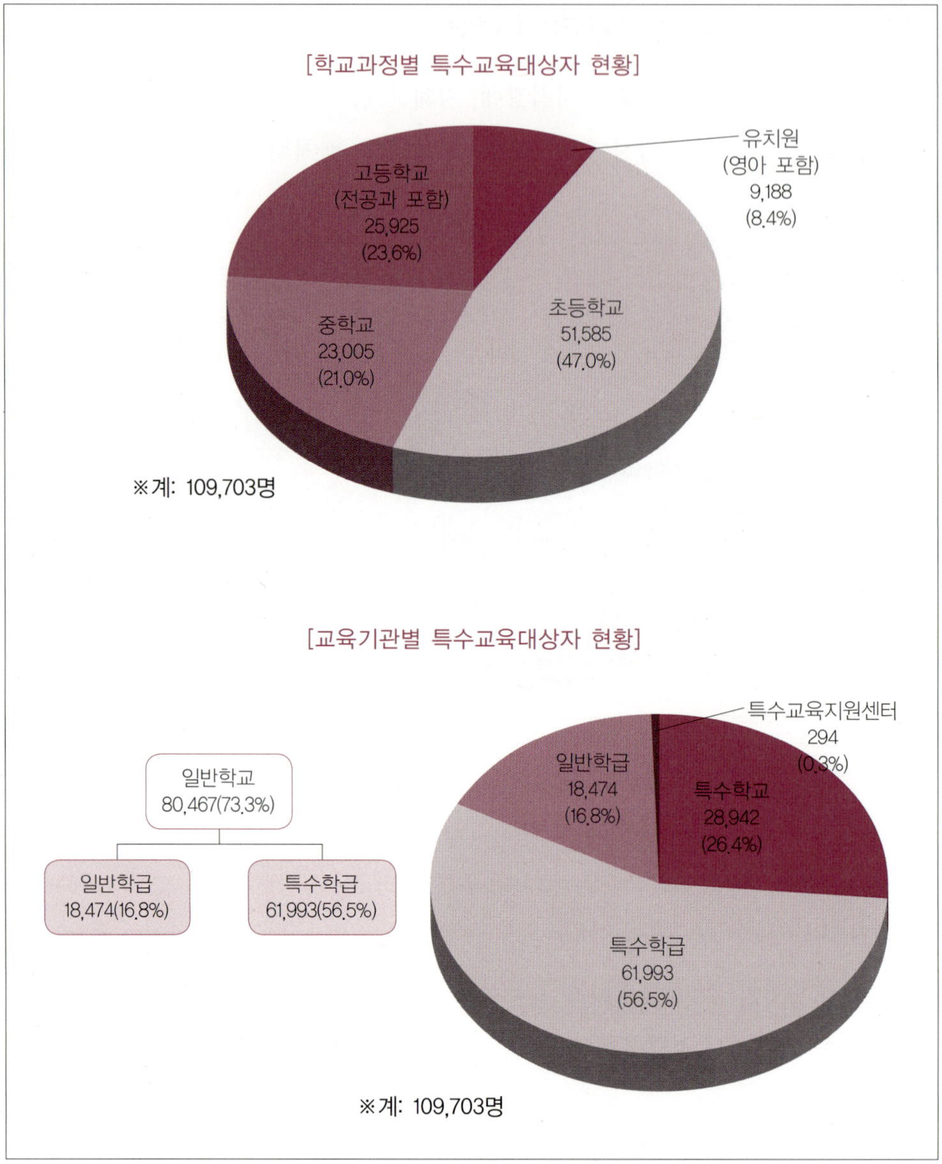

[그림 1-3] 학교과정별 및 교육기관별 특수교육대상자 현황(2023. 4. 1. 기준)

출처: 교육부(2023). 특수교육 연차보고서. p. 4.

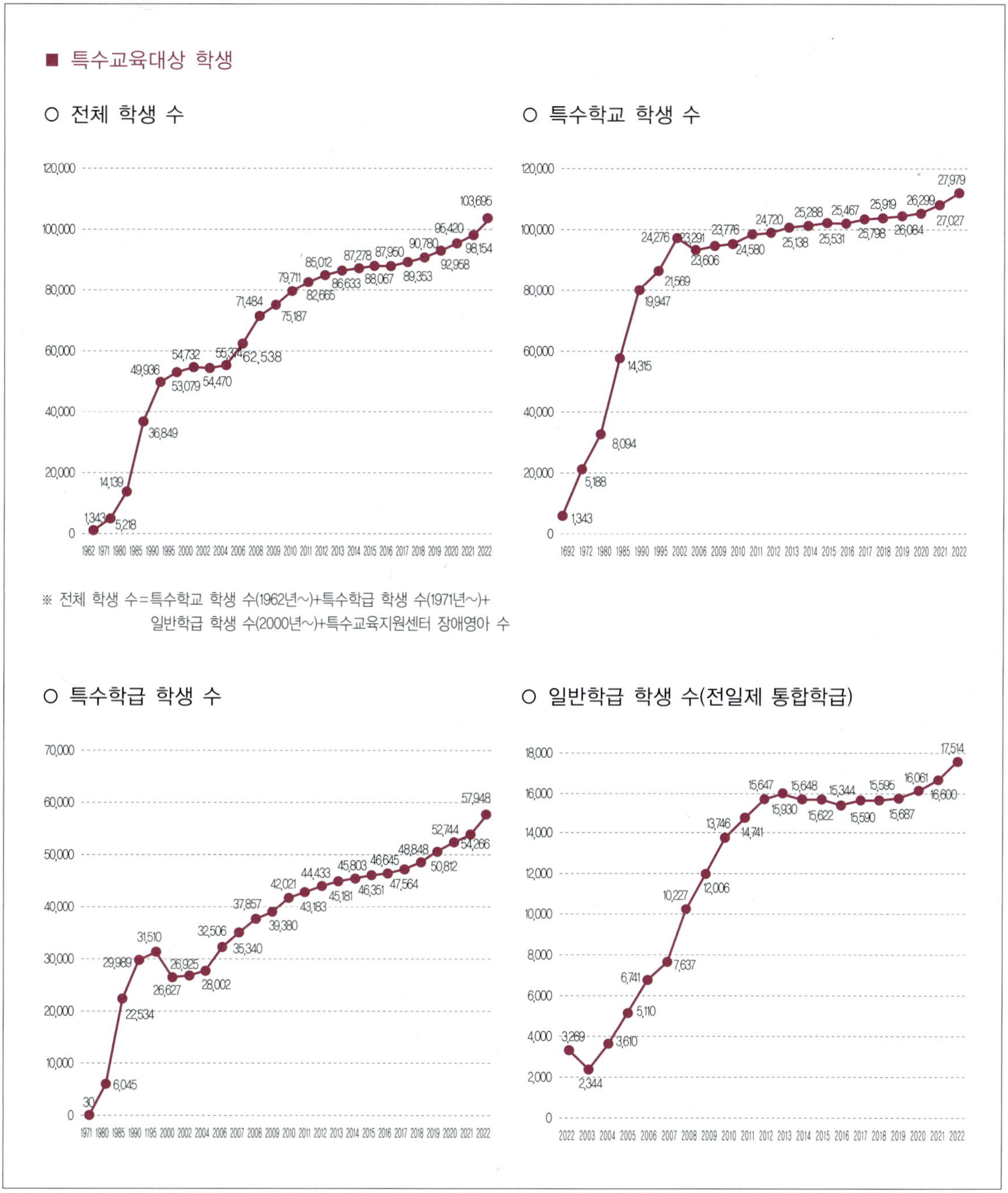

[그림 1-4] 특수대상자 연도별 현황

04 특수교육의 이론적 모델

1) 특수교육 이론적 모델

특수교육이란, 한 마디로 특별한 교육적 서비스가 필요한 아동에 대하여 특별히 고안되고 계획된 교육과정이라고 할 수 있다. 현재에 이르기까지 특수교육의 발전에 영향을 가져다준 대표적인 이론적 모델은 행동주의 모델, 발달 모델, 인지 모델, 인본주의 모델, 의학적 모델, 생태학적 모델 등이 있다. 본 절에는 김일명 외(2012)에서 제시한 모델을 참고하여 살펴보기로 하겠다.

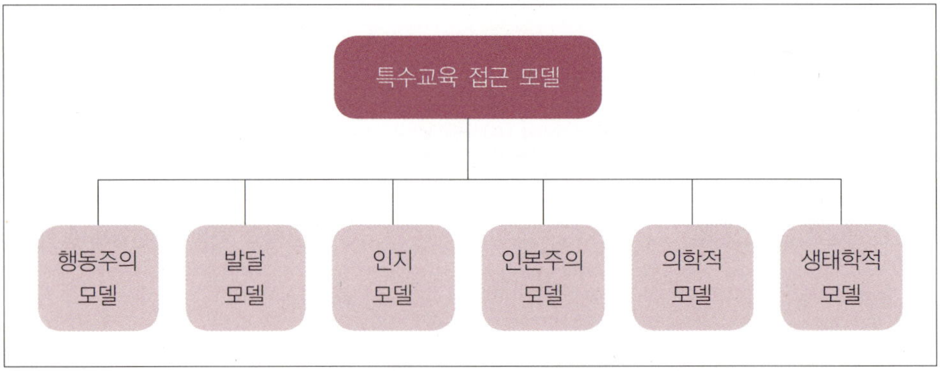

[그림 1-5] 특수교육의 이론적 모델

(1) 행동주의 모델(behaviourist model)

이 모델은 관찰 가능한 행동에 초점을 맞추며, 행동을 변화시키기 위해서는 환경을 변화시켜야 한다는 것을 강조하고 있다. 행동주의 모델은 특수교육에서 사용되는 많은 방법에 상당한 영향을 미쳤다. 이 모델은 행동주의 이론의 요소를 내포하고 있으며, 행동 통제의 원리를 적용하는 방법으로 교육 현장에서 실시되고 있다.

- 교수 원리: 자극 - 반응 - 강화(선행사건과 후속사건을 조작 → 바람직한 결과)

(2) 발달 모델(developmental model)

발달 모델은 대부분의 모든 아동이 성장과 성숙이라는 발달단계에 따라 성장해 간다는 것을 기본으로 가정한다. 특수교육을 필요로 하는 아동 역시 발달에 있어서 발달 과정의 단계별 성취 양상은 동일하지만, 개인적 발달의 성취 도달 속도가 느리다는 것을 가정으로 한다. 따라서 아동의 발달 수준이 어느 위치에 있는지를 진단하고 아동의 발달단계와 수준을 고려하여 교육목표를 설정하는 것이다.

(3) 인지 모델(cognitive model)

인지 모델은 개인의 외적 현상의 인식과 반응에 따른 관찰 가능한 행동보다는 개인 내적인 사고 과정의 정신적인 활동에 관심을 둔다. 이 모델은 피아제 이론에서처럼 인간 개개인이 자신의 세계를 이해하고 지식을 형성하는 능력을 어떻게 개발하는지를 생각하고 기술하는 데 사용될 수 있다. 인지 이론은 뇌의 신경학적 활동을 통하여 외부의 정보를 어떻게 인지하고 의미를 이끌어 내는지를 규명하려고 한다.

(4) 인본주의 모델(humanistic model)

인본주의 모델은 인간에 대한 신뢰를 기본으로 하는 철학적인 모델이다. 즉, 모든 인간은 자아를 실현하고자 하는 경향을 가지고 있다는 데 그 기초를 두고 있다. 이 모델은 아동에게 학습할 것을 결정하는 책임을 더 많이 지게 하며, 보다 자주적이고 독립적인 사람이 되게 하는 것을 교육목표로 삼아야 한다고 본다.

(5) 의학적 모델(medical model)

의학적 모델은 인간의 학습과정과 행동의 문제가 선천적인 어떠한 요인에 의한 신체적 · 지적 능력의 기질적 장애와 다양한 질환의 원인에 따른 결과라고 가정한다. 따라서 신경학적 요인, 생물학적 요인, 유전적 요인에 영향을 미치는 환경적인 영향 등에 관심을 가지고 있다. 의학적 모델은 의학적 관점으로 아동교육의 전제 조건을 장애를 지니는 근본적인 원인에 초점을 맞추고, 이러한 원인에 대하여 치료하거나 완화함으로써 잠재적인 교육의 효과를 극대화하고자 한다.

(6) 생태학적 모델(ecological model)

생태학적 모델은 개인의 행동이 개인과 환경적 특성의 상호작용에 의해 결정된다는 설에 근거를 두고 있다(Apter & Conoley, 1984). 인간발달의 변화를 이끌어내는 것은 환경과의 상호작용의 결과이다. 이 모델은 개인의 초점에 맞추어 분석하지 말고, 생태계를 모두 분석할 것을 강조한다(생태계는 가정, 학교, 지역사회, 복지관 등의 환경으로 상호작용의 구성체계를 의미한다). 즉, 아동을 둘러싼 모든 환경이 상호작용을 통하여 영향을 미친다는 것이다.

2) 특수교육과정 접근유형

초창기 특수교육은 특수교육대상아동의 학습의 어려움을 방법적으로 해결하고자 노력하였다. 그러나 방법만으로는 한계성을 느껴 특수교육대상아동에게 적합한 교육내용을 모색하면서 교육과정 연구에 관심을 두었다. 교육과정은 크게 두 가지 방향, 즉 인간의 발달단계에 적합한 과제를 제공하려는 발달중심 교육과정과 일상생활에 필요한 기능을 가르치려는 생활기능중심 교육과정으로 접근해 왔다. 최근에는 일반교육과정의 접근 방안에 관심이 모아지고 있다. 구체적인 내용을 살펴보면 다음과 같다(김원경 외, 2012).

(1) 발달중심 교육과정과 생활기능중심 교육과정

발달중심 교육과정은 아동이 학습할 준비가 갖추어졌을 때 그 발달단계에서의 대표적인 과제를 가르치는 것으로 교육과정에서 전통적으로 사용해 오던 방법이다. 이 교육과정의 특징은 가르치고자 하는 특정 기능과 개념들은 아동이 그러한 성숙수준에 도달했을 때 필요한 교육 경험을 하게 한다는 특징이 있다. 생활기능중심 교육과정은 아동의 미래 성인생활과 현재 환경 그리고 다음 환경에서의 기능화에 주안점을 두고 교육내용을 선정하여 접근하는 방법이다.

(2) 전통적 교육과정

전통적 교육과정은 일반교육과정 접근보다 특수교육대상아동의 개별 특성과 교수전략에 초점을 둔다. 장애아동의 발달 및 학업적 결손을 치료하고자 하는 기초 기능에 접근하고, 전형적인 발달이정표대로 발달해 갈 수 있도록 발달 속도를 높이며, 가르치는 방법에 초점을 두는 학습 전략적 접근 방법으로 특정 상황의 기능과 행동 레퍼토리의 개발을 목표로 하는 기능적 접근 방법이다.

(3) 보편적 설계를 통한 교육과정

보편적 설계를 기본으로 하는 교육과정은 모든 학습자가 접근 가능한 교육과정으로, 모든 아동에게 교육과정 접근이 용이하도록 내용을 제시하는 수단이 다양해야 하고, 아동의 특성에 맞추어 반응 및 표현 수단을 다양하게 제공해 주어야 한다. 또한, 특수교육대상아동의 학습 참여를 높일 수 있는 내용·방법·매체 등을 제공하고, 교육과정 수정에는 교육 환경의 수정, 방법의 수정, 집단의 수정, 내용의 수정을 지원한다.

05 장애아동 교육권과 법제

1) 장애아동 교육권

특별한 교육적 서비스가 요구되는 아동이 차별받지 않고 일반아동과 함께 동등하게 교육받을 교육권의 보장은 관련 법률에 명시되어 있다(표 1-5). 특수교육과 관련된 법령은 「장애인 등에 대한 특수교육법」을 비롯하여, 「교육기본법」, 「유아교육법」, 「초·중등교육법」, 「고등교육법과 관련 서비스 제공을 하고 있는 장애인 차별금지 및 권리구제 등에 관한 법률」, 「장애아동복지지원법」, 「장애인차별금지법」, 「발달장애인지원법」 등이 있다.

〈표 1-5〉 특수교육대상자 교육권 보장에 관한 법률

법령	관련 조항
헌법	제31조
교육기본법	제3조(학습권), 제4조(교육의 기회 균등), 제8조(의무교육), 제18조(특수교육)
유아교육법	제15조(특수학교 등)
유아교육법 시행령	제25조(특수학교의 교직원)
초·중등교육법	제2조(학교의 종류), 제12조(의무교육), 제19조(교직원 구분), 제21조(교원의 자격), 제55조(특수학교), 제56조(특수학급), 제57조(전공과의 설치), 제58조(학력 인정), 제59조(통합교육)
초·중등교육법 시행령	제11조(평가의 대상 구분), 제14조(위탁 시의 협의), 제40조(특수학교 등의 교원), 제43조(교과), 제45조(수업일수), 제57조(분교장), 제58조(국·공립 학교운영위원회의 구성), 제63조(사립학교의 운영위원회)
장애인 등에 대한 특수교육법/시행령/시행규칙	전체
특수학교시설·설비기준령	전체
장애인·노인·임산부 등의 편의증진 보장에 관한 법률	제8조(편의시설의 설치기준)
장애인 차별금지 및 권리구제 등에 관한 법률	제2장 제2절(교육)

2) 법률의 보장

특수교육대상아동은 「장애인 등에 대한 특수교육법」에서 교육권의 보장을 받고 있다. 다음의 〈표 1-6〉은 「특수교육진흥법」 변천에 따른 제도의 비교이다.

〈표 1-6〉「특수교육 진흥법」~「장애인 등에 대한 특수교육법」까지 제도 비교

구분	제정 등 (1977~1994)	전면 개정 등 (1994~2007)	전부 개정 (2007~)
특수교육의 목적	생활에 필요한 지식과 기능교육, 사회생활 기여	자주적 생활 능력 신장, 생활 안정, 사회 참여 기여	통합교육 환경 제공 및 자아실현, 사회통합
특수교육의 정의	점자, 구화 및 보장구 등을 사용한 교육(교정) 및 직업지도	특성에 적합한 교육과정, 방법 및 교육 매체를 통한 교과교육, 치료교육 및 직업교육	특성에 적합한 교육과정 및 특수교육 관련 서비스 제공
국가 및 지방자치단체의 임무 (특수교육 예산)	예산 범위 내 타에 우선 가능	예산 범위 내 타에 우선 지급	예산 범위 내 타에 우선 지급
특수교육 대상자	7종의 장애 중에 해당하는 자	9종의 장애 가운데 특수교육을 필요로 하는 자 (학습장애, 건강장애)	11종으로 확대 (발달지체, 자폐와 정서·행동장애 분리)
특수교육방법	분리교육 및 부분 통합교육	분리교육 통합교육, 순회교육, 개별화교육, 보호자교육, 진로교육 등	
특수교육 실시 장소	특수학교 및 특수학급	특수학교, 특수학급, 일반학급, 병원, 장애인복지시설, 가정 등	특수교육지원센터 추가
대상자 선정 및 배치방법	본인 지망, 학교 단위 판별 후 결정	교육감(장)이 선정·배치 (희망 학교 지원은 가능)	교육감(장)이 선정·배치 (희망 학교 지원은 가능)
규정 위반 시 제재	–	배치거부 학교장 벌금(50만 원 신설 및 500만 원 인상)	초·중·고 및 대학 관련 벌금(300만 원)
보호자 참여		진단·평가 과정 및 개별화 교육계획 수립 등 보호자 참여 허용	진단·평가 과정 및 개별화 교육계획 수립 등 보호자 참여 허용
배치 등에 관한 재심청구	–	보호자, 학교장 모두 재심 청구 가능	보호자, 학교장 모두 재심 청구 가능
통합교육	–	• 희망 시 일반학교 배치 가능 • 일반학교 내 편의시설 의무화	• 희망 시 일반학교 배치 가능 • 일반학교 내 편의시설 의무화
의무교육과 무상교육	• 의무교육: 초, 중 • 무상교육: 유, 고 (1988년 완성)	• 의무교육: 초, 중 • 무상교육: 유, 고 (1988년 완성)	• 의무교육: 유, 초, 중, 고 • 무상교육: 영아(2세 이하, 어린이집 포함)
치료교육	교정교육의 일환	교정교육의 일환	특수교육 관련 서비스의 일환

출처: 김일명 외(2013). 최신특수교육학. p. 66.

3)「장애인 등에 대한 특수교육법」 적용 사례

질의: 지적장애 1급인 초등학교 2학년 민준이는 자기 학년의 학습도 제대로 따라가지 못하는데, 일반학교에서 공부하는 것보다 특수학교에 가서 공부하는 것이 더 좋지 않을까요?

응답:「특수교육법」 제17조 제2항 "교육장 또는 교육감은 제1항에 따라 특수교육대상자를 배치할 때에는 특수교육대상자의 장애정도·능력·보호자의 의견 등을 종합적으로 판단하여 거주에서 가장 가까운 곳에 배치하여야 한다."라고 정하고 있습니다. 따라서 장애가 있어도 부모와 아동이 통합교육을 희망하는 경우 집에서 가까운 일반학교에 다닐 권리가 있습니다. 외국은 점차 특수학교가 감소되고 있는 추세입니다. 우리나라도 점차 이동수단이나 학교 편의시설, 특수학급 교육의 질이 높아진다면 특수학급이나 일반학급에서 교육받는 수혜율이 점차 높아질 것입니다.

질의: 장애아동이 일반학교에 입학·전학을 하려고 하는 데 교장 선생님께서 안전사고 및 편의시설 미비 등의 문제로 인해 특수학교나 다른 학교를 알아보라고 하십니다. 이런 경우 어떻게 해야 하나요?

응답:「특수교육법」 제4조 제1항 "각급 학교의 장 또는 대학의 장은 특수교육대상자가 그 학교에 입학하고자 하는 경우에는 그가 지닌 장애를 이유로 입학의 지원을 거부하거나 입학전형 합격자의 입학을 거부하는 등 교육기회에 있어서 차별을 하여서는 아니 된다."라고 정하고 있습니다. 또한, 동법 제28조 제3항 보조인력 지원, 제4항 교육을 위한 교재, 교구 지원 등을 해야 하며,「장애인·노인·임산부 등의 편의증진보장에 관한 법률」 제2조 제2호의 규정에 의한 편의시설을 설치하여야 합니다.
그러나 동법 시행령 제12조에서 장애아동 배치에 대한 이의 제기 사유로 "특수학교가 교육하는 특수교육대상자의 장애종류와 배치를 요구받은 특수교육대상자의 장애종류가 달라 효율적인 교육을 할 수 없는 경우"로만 한정하고 있어 안전사고나 편의시설 미비는 정당한 사유라 할 수 없습니다.

출처: 고은 외(2015). 특수교육의 이해. p. 62.

4) 교육권 판결 사례

다음 사례는 학교 내에서의 이동 접근권의 보장에 대한 사항으로 이동권의 불이익으로 이차적인 학습권에 어려움을 가진 대학원생의 교육권 침해에 대한 내용이다.

■ 장애 대학원생 학교 내 이동권 보장 권리 주장

관련 법률이 정한 장애인편의시설 설치규정에도 불구하고 이를 적극적으로 이행하지 않아 최진기(31세, 지체1급) 씨는 경남대학교를 상대로 장애인편의시설 설치에 관한 소송을 제기하였다. 법원에서는 한마학원이 운영하는 경남대가 장애인 편의시설을 갖추지 않아 최진기 씨 등 장애인들의 학습권을 침해되는 등 장애인차별금지법을 위반했다고 판단했다. 다만, 최 씨가 장애인 편의시설이 부족한 점을 알고도 입학한 점, 학교 측이 예산이 허용하는 범위 내에서 편의시설을 갖추려고 일정한 노력을 기울인 점 등을 감안해 요구했던 금액(1,500만 원)보다 적은 300만 원을 위자료로 정했다. 하지만 이 같은 일부 승소 판결에도 지난 13일 최진기 씨는 판결에 불복, 또다시 항소하며 항소장을 제출한 것으로 알려졌다.

이와 관련하여 장애인 단체의 관계자에 따르면 "2008년도와 같은 판결결과가 나온 것을 보면, 그 이후에 장애인차별금지법이 시행되고 장애인차별과 관련한 여러 법이 더욱 강력하게 개정됐지만 달라진 게 없다"며 "모든 차별을 인정하지만 결과적인 부분에서는 인정하지 못한다는 판결에 항소하게 됐다"고 이유를 제시하고 있다.

최진기 씨는 법정에서 자신의 학교생활에서 원활한 학습을 위한 이동 접근권 보장에 대한 권리를 주장하고 있다.

출처: 에이블 뉴스(2015.6.1.)(http://www.ablenews.co.kr).

이와 같은 유사 사례는 일부 중·고등학교에서도 발생하고 있다. 한 명의 장애학생 때문에 3층 건물에 엘리베이터나 경사로 설치 등과 같은 건축물 개·보수를 기존의 건물에 적용하려면 학교 운영 제정의 예산문제로 현실상 어려운 경우가 많다. 그러나 대학교와 달리 중·고등학교는 이동 공간이 모두 가까운 곳에 있어서(교실, 화장실, 식당, 체육관, 운동장 등) 현실적으로 어려운 예산문제나 건축물의 편의시설 미설치에 대한 장애학생의 이동 접근권의 해결을 학급 친구들의 도움으로 극복하는 훈훈한 학교생활 이야기로 감동을 주고 있다.

Chapter. 02

특수교육대상자 진단·평가와 배치

학습목표

1. 정상과 이상의 개념을 이해할 수 있다.
2. 진단 및 평가의 개념과 검사 도구를 알 수 있다.
3. 특수교육대상자의 판별 · 선정 및 배치 절차를 알 수 있다.

생각나누기

※ 특수교육대상자 선별 배치를 위한 진단 · 평가 사례

포항교육지원청은 지난 달 26일~이 달 14일 포항특수교육지원센터 1층 진단 · 평가실에서 신학기 특수교육대상자 선정 · 배치를 위한 진단 · 평가를 실시하였다. 진단 · 평가팀은 전문성 확보를 위해 지역 내 우수 교원 및 치료사 등 총 26명으로 구성하여 진단 · 평가 실시 기간 동안 학부모 및 학생 상담, 다양한 검사를 함께 실시를 하였다. 검사결과를 토대로 협의회를 거쳐 특수교육대상자가 선정되고 장애유형에 따라 특수교육 지원 내용이 결정된다. 지원청 교육과장은 "특수교육대상학생의 조기발견 및 진단 · 평가 체계 구축을 통해 체계적 지원 기반 마련을 위해 계속된 노력을 당부한다."라고 하였다(http://www.kbtilbo.com/news).

※ 학기 중 교사가 발굴하여 진단 · 평가 의뢰

신학기에 신규 아동을 교육하게 되었다. 그 아동은 또래와의 관계 형성과 수업 참여 그리고 자신의 의사 표현에도 어려움이 많이 있었다. 학부모님과의 상담결과 아동은 어릴 때부터 말이 없고 조용한 편이라 적응하는 데 시간이 걸린다고 말씀하셨다. 그래서 교사는 아동특성으로 환경 적응에 시간이 걸릴 것으로 보고 지켜보기로 하였다. 하지만 시간이 지나도 좀처럼 또래 아동들과 상호작용을 통한 의사소통은 전혀 되지 않았고 오히려 아동의 행동은 입학 초기보다 훨씬 더 혼자 돌아다니는 행동이 많아졌다. 수업시간 중 착석이 안 되고, 혼자서 교실 바닥을 뒹굴며, 특정 사물에 집착하고, 때로는 친구들의 놀이를 방해하는 문제행동이 빈번하였다. 아동은 왜 이러한 상황에 놓이게 된 것일까? 아동발달 및 심리 평가 등 관련된 검사를 통하여 아동의 전반적인 발달에 도움이 되는 해결방법을 찾을 수 있을 것이다.

● 플라톤은 다음과 같이 말했다.

*"신이 인간에게 준 성공에 필요한 두 가지 도구는 교육과 운동이다.
하나는 영혼을 위한 것이고, 다른 하나는 신체를 위한 것이다.
하지만 이 둘은 결코 분리할 수 없다."*

이것은 신체와 정신의 조화로운 건강 상태의 필요성을 의미한다. 어느 하나가 이상이 있으면 자신의 능력을 최대한 발휘하는 것에 어려움을 지니게 될 것이다. 이를 예방하기 위한 신체적 · 정신적 기능의 이상 상태를 검사를 통한 조기발견으로 적절하게 조치를 취하여야 한다.

교육은 아동의 전인격적인 교육을 담당하고 있는 현장의 교사 역할이 그 무엇보다도 중요하다. 그 이유는 아동을 직접 교육하고 객관적인 관점에서 특수교육대상자로 의심되는 아동을 제일 먼저 발견하여 전문가에게 의뢰할 수 있는 위치에 있기 때문이다.

"자세히 보아야 알 수 있다. 오래 보면 더 잘 알 수 있다."

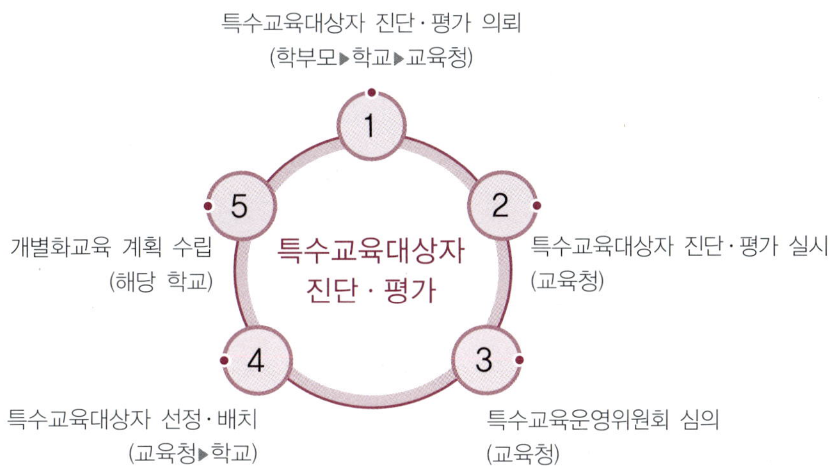

아래에서는 정상과 이상의 개념을 이해하고 특별한 교육적 서비스가 요구되는 특수교육대상자 선정을 위한 진단 및 평가의 개념과 유형 이론에 대하여 알아본다. 그리고 통합교육이 이루어지는 학교 현장에서의 특수교육대상자 선정 절차 및 배치에 대하여 살펴보도록 한다.

01 정상과 이상의 개념

1) 정상과 이상의 기준

정상(normality)과 이상(abnormality)에 대해 이해하는 것은 특별한 교육적 요구가 필요한 특수교육의 대상이 되는 대상자 개개인이 지닌 보편성과 특수성의 의미를 판단하는 기초가 되기 때문에 중요하다.

지구촌이 하나 되는 현재의 이슈는 세계화를 지향하는 것이다. 그리고 오늘날 학교교육 현장에서는 민족성의 이해, 언어, 문화적 배경, 가족의 경험, 그리고 개인의 신체적 · 정신적 · 정서적 기능이라는 측면에서의 다양성이 강조되고 증가하고 있다.

이처럼 다양한 사회 속에서 정상과 이상을 구분하기란 매우 어려운 일이다. 대부분의 사람은 나름대로의 기준을 가지고 있으며, 그러한 기준으로 다른 사람의 행동에 대해 판단한다. 이러한 기준은 대개 경험에 기초하고 있으며, 특수한 환경에 따라 변화하기도 한다(권요한 외, 2010).

정상이란 상대적인 개념이다. 왜냐하면, 고정불변의 기준 개념이 아니기 때문이다. 이는 시대적, 역사적, 사회 · 문화적 또는 개인의 기준에서 수용되고 공감대가 형성되는 여러 상황과 여건에 따라 그 기준의 변화 가능성이 있기 때문이다. 예를 들면, 독일에서는 부부가 한쪽이 반말을 하면 남편이 아무리 부인보다 나이가 많더라도 부인도 같이 남편에게 반말로 대화하는 것이 그 나라의 사회 · 정서문화이다. 그러나 우리나라 문화는 그렇게 하지 않은 경우가 많고 오히려 어색하고 이상하게 받아들여질 것이다.

특수교육에서는 정상과 이상이라는 교육적 기준을 통계학적 표준 [그림 2-1]의 결과에 따른 자료와 여러 가지 행동이 발생하는 환경도 함께 고려한다. 따라서 어떤 아동이 특수교육대상자인지 아닌지에 대한 판별과 선정을 위한 결정은 다음과 같은 내용의 정상적인 발달척도에 근거해서 이루어진다.

- 취학 전: 의사소통발달, 인지발달, 정서발달, 사회성 발달, 대 · 소근육발달, 애착발달 등
- 학령기: 기초학습능력, 언어발달, 적응행동, 운동능력, 성격진단, 사회성숙도 등

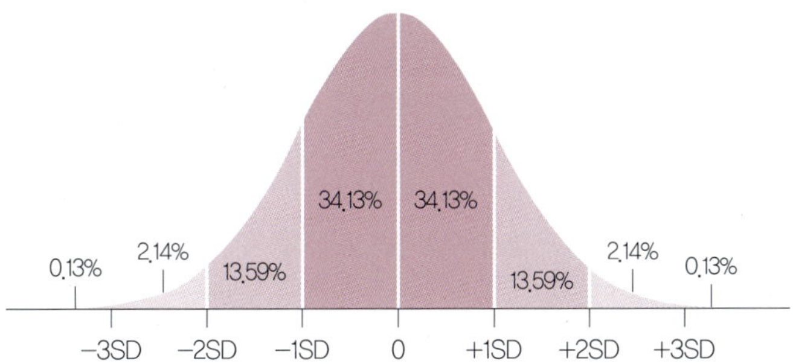

[그림 2-1] 정규분포 곡선에서의 정상과 이상

특수교육대상자는 특정 영역에서 대부분의 일반아동과는 다른 아동을 지칭하는 경우에도 사용된다. 즉, 특수교육대상자를 장애아동으로 한정하지 않고 일반아동과는 다른 특별한 교육을 필요로 하는 아동 모두를 의미하기도 한다. [그림 2-1]에서 -2SD 표준편차 이상부터 +2SD 표준편차 이하까지 해당하는 범위(95.4%)를 우리는 흔히 '정상적'이고 '일반적'인 것으로 간주한다. 이에 비해 -2SD 표준편차 이하는 지

적장애, +2SD 표준편차 이상은 영재를 의미하여, 이에 해당하는 아동은 '이상', '특수'로 명명되기 때문에 특수교육대상자에 포함된다.

2) 정상과 이상의 다양한 견해

정상과 거리가 먼 개념이 '이상'이다. 이상을 판별하고 정의하는 학문적 견해로는 〈표 2-1〉에서와 같이 통계적 견해, 의학적 견해, 사회적 견해, 법률적 견해, 전문적 견해, 주관적 견해 등으로 제시하고 있다(이우경, 2016).

〈표 2-1〉 이상 판별에 대한 견해

구분	기준 내용
통계적 견해	이상(abnormality)을 정의하는 통계적 기준에 의하면 이상은 기준이나 평균에서의 일탈을 의미한다. 인간의 행동 특성을 수량화했을 때는 대부분 종을 거꾸로 엎어 놓은 것과 같은 모양의 정상분포 곡선을 나타내는 경향이 있다.
의학적 견해	유전 및 생리학적 이상 때문에 이상 상태가 발현하는 것으로서 신경계와 내분비선의 기능 이상이나 유전 요인으로 인해 이상 상태가 나타난다고 보는 견해이다. 의학적 견해에 따라 이상행동을 진단하고 치료할 때 개체의 외부에 나타난 증후만 가지고 이상을 진단할 수는 없다는 것이다. 왜냐하면, 많은 사회적 요인이 개인의 이상행동과 깊이 관련되어 있기 때문이다.
사회적 견해	사회에는 사회 구성원들이 수행해야 하는 문화적 규범이 있다. 사회·문화적 견해에 의한 정상과 이상 여부 판단은 사회가 문화적으로 다른 경우 정상과 이상의 판단과 분류도 달라질 수 있다.
법률적 견해	정상과 이상을 법률적으로 판단하기는 어렵다. 법률적 기준에서 이상행동을 규정할 때에는 심리적 장애의 근거가 큰 비중을 차지하는 것으로 간주된다. 목적에 따라서 법률적 기준이 달라진다.
전문적 견해	전문가(정신과 의사 및 임상 심리학자)가 개인에게 나타나는 현저한 부적응에 대한 판단을 여러 가지 검사와 관찰을 통해 이상행동의 진단명을 제시하는 경우이다.
주관적 견해	인간의 특성 때문에 자신이 불편감과 괴로움을 경험한다면 이를 이상행동으로 간주하자는 것이 주관적 불편감의 기준 견해이다. 일반적으로 주관적 불편감은 증상으로 경험하게 된다. 이런 기준 견해는 임상적인 활동에서 실용적인 의미를 지니고 있다.

3) 뇌의 구조와 기능장애

인간의 인지, 정의, 그리고 신체 · 행동 영역은 뇌와 긴밀히 연결되어 있기 때문에 인간을 이해하는 데 있어 두뇌 관련 정보는 필수불가결의 요소로 받아들여지고 있다. 특히, 신체적인 장애는 물론 정신적인 면에서의 장애도 두뇌의 온전한 발달과 정상적인 기능 여부에 따라 특성이 좌우되기 때문이다. 그러므로 두뇌에 대한 기본 지식은 장애 현상을 이해하고 특수교육을 통하여 장애를 극복하고 개선하는 일에 없어서는 안 될 지식이다. 따라서 특수교육의 기초로서 두뇌에 대한 지식은 꼭 필요하다(송준만 · 유호순, 2011).

(1) 뇌의 구조

우리 뇌의 구조는 대뇌와 소뇌, 연수로 나누어져 있고, 대뇌는 [그림 2-2]와 같이 이마 뒤에 있는 전두엽, 그 바로 뒤의 두정엽, 뒤통수에 있는 후두엽, 관자놀이 뒤에 있는 측두엽 이렇게 4개로 구성된다. 소뇌는 측두엽과 후두엽 아래에 위치하고, 소뇌는 척추신경으로 연결된다. 뇌 구조는 좌우 두 개의 반구(hemisphere)로 구성되어 있고, 각 반구(hemisphere)는 뇌들보(corpus callosum)에 의해 서로 연결되어 있다. 대뇌의 표면에는 많은 주름이 있는데 다른 부분보다 돌출된 부분을 이랑(gyrus), 주름져 안으로 들어간 부분을 고랑(sulcus)이라고 한다.

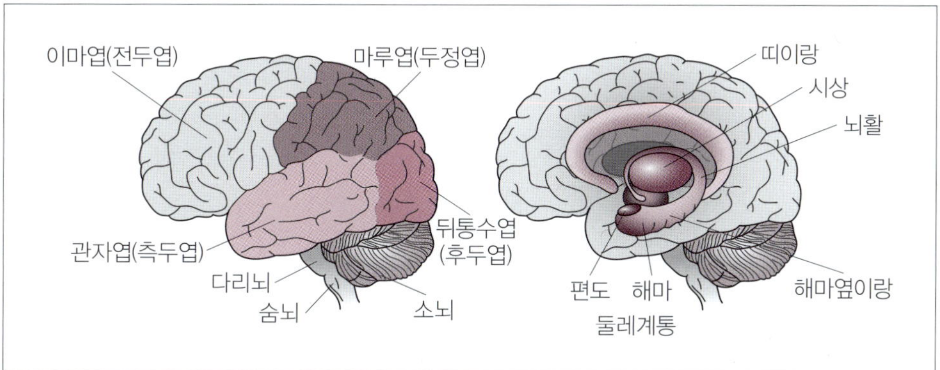

[그림 2-2] 뇌의 구조

(2) 뇌의 기능

대뇌피질(cerebral cortex)은 대뇌의 가장 표면에 위치하고 있으며, 기억, 집중, 사고, 언어, 각성 및 의식 등의 중요 기능을 수행한다.

〈표 2-2〉 뇌의 영역과 기능

영역	기능
전두엽 (frontal lobe)	대뇌에서 가장 큰 엽으로 운동 기능, 언어 기능 등을 담당한다.
측두엽 (temporal lobe)	대뇌의 양쪽 옆면에 위치하며, 청각 등의 기능을 담당한다.
두정엽 (parietal lobe)	대뇌의 윗부분에 위치하며, 감각신호를 이해하고 해석하는 기능이 있다.
후두엽 (occipital lobe)	대뇌 뒷면에 위치하는 엽으로 시각 기능에 관여하는 시각피질(visusal cortex)이 위치해 있다.
뇌교량 (corpus callosum)	좌우 대뇌반구 사이에 위치해 두 반구를 연결하는 역할을 한다.
기저핵 (basal ganglia)	대뇌피질 및 시상과 신경섬유들로 연결되어 있으며, 운동조절에 관여한다.
시상 (thalamus)	대뇌피질과 여러 감각계통과 연결되어 감각계통과 운동계통을 통합하는 역할을 한다.
시상하부 (hypothalamus)	자율신경계(autonomic nervous system) 및 호르몬 분비를 통한 대사의 조절, 체온과 하루주기 리듬(circadian rhythm)의 유지, 갈증, 굶주림, 피로의 조절 등 기초적인 신체 대사를 유지한다.
뇌하수체 (pituitary gland)	신체 대사 및 생식과 관련된 여러 호르몬을 분비한다.

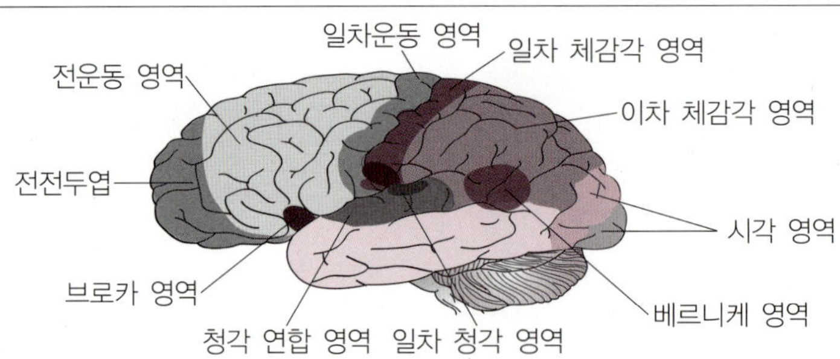

[그림 2-3] 뇌의 기능 영역

(3) 좌뇌와 우뇌의 기능

〈표 2-3〉 좌뇌와 우뇌의 기능

	좌뇌	우뇌
기능	• 논리, 수학, 언어, 체계, 계획, 순차, 수리, 분석, 전력, 추리, 합리, 기억, 정보, 훈련, 판단, 객관 • 이성적, 계획적, 귀납적, 분석적, 논리적, 공격적, 능동적 • 대화 시 단어를 많이 사용, 이름을 잘 기억함, 언어적인 자료의 기억 우수 • 추상적, 상징적 학습 능력	• 생각, 상상, 색상, 음악, 그림, 직관, 감상, 총체, 공간, 은유, 동시, 감각, 감정, 개방, 직감 • 감성적, 즉흥적, 직관적, 비평적, 창의적, 연역적, 수동적, 신비적 • 대화 시 신체 언어를 많이 사용, 얼굴 기억을 잘함, 시각적 기억 우수 • 사물의 공간 인식 능력

이상과 같이 뇌의 구조와 기능에 대한 이해를 바탕으로 특수교육대상자의 특성과 연결해 보아야 할 것이다.

선천적인 경도의 지적장애를 지닌 60세인 사람과 후천적인 치매 초기증상을 보이는 60세 사람이 나타내는 증상의 공통적인 사항은 뇌의 기능과 관련이 있다. 그 증상은 대표적으로 인지장애이다. 치매예방교육의 핵심은 인지 능력과 기억 능력을 향상시키는 교육으로 특수교육의 인지교육과 그 원리가 같다.

- 특수교육: 발달적, 기능적 접근
- 치매교육: 기능적 습득 정보연결 되찾음

예) 좌뇌의 언어 담당 기능의 손상 시 우뇌의 음악적 기능을 이용하여 교육에 접근한다면 좌·우뇌를 연결하는 뇌교량을 통하여 손상된 좌뇌의 주변을 활성화하여 언어 능력의 향상에 접근하는 방법이다.

인간은 누구나 뇌의 지배를 받고 있는데, 이러한 뇌의 기능이 제대로 작동되지 않으면 대뇌의 정보처리 오류로 다른 사람과의 모든 소통에서 어려움을 느낀다.

(4) 뇌기능장애의 원인

아동이 어떠한 환경의 상황에 대하여 보고, 듣고, 느끼는 등의 인지 기능을 통하여 자신의 생각을 말하고 표현하는 행동을 위해서는 뇌의 기능이 정상적으로 작동해야 한다. 만약, 이러한 내적인 뇌의 신경학적 기능 활동에 장애가 생기면 결국 아동발달의 전반적인 발달(의사소통발달, 인지발달, 정서발달, 사회성 발달, 대・소근육 발달 등)에 어려움을 지니게 된다.

우리는 이러한 아동발달의 뇌기능장애를 예방하기 위하여 개인 내적 요인과 환경적 요인에 대하여 살펴볼 필요가 있다(그림 2-4).

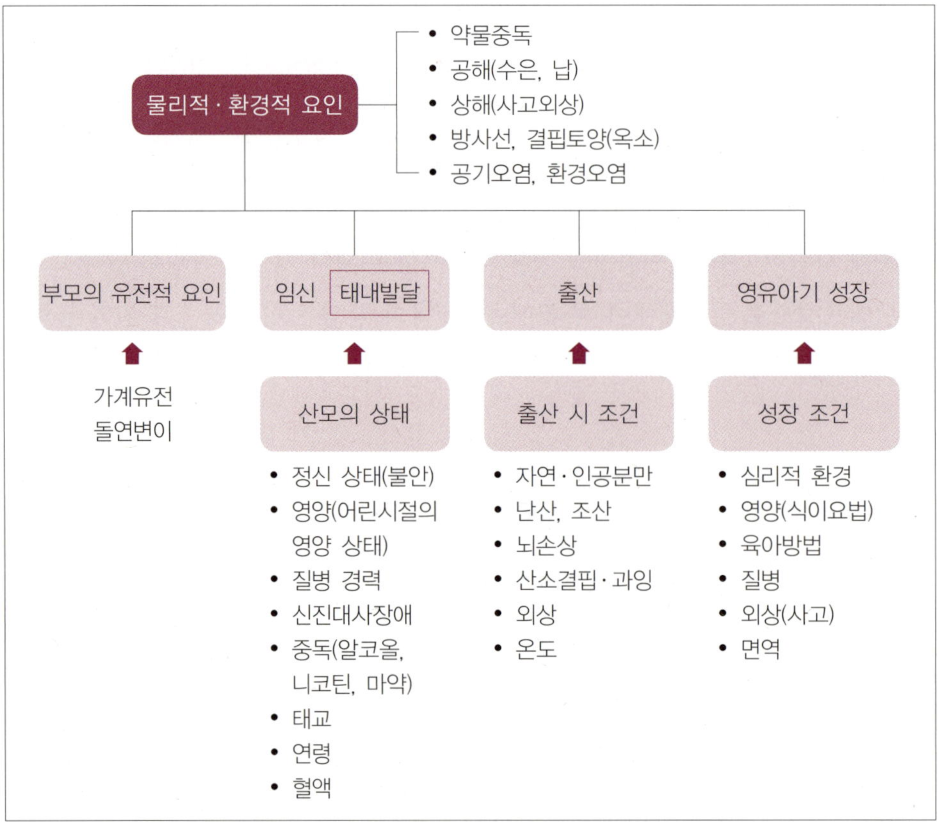

[그림 2-4] 장애요인

출처: 송준만・유효순(2011). 장애요인 p. 71.

02 진단 및 평가의 이해

1) 진단 및 평가의 의미

사람을 공식적인 검사 도구를 통하여 진단 및 평가하는 것은 상당히 어려운 일이며 한계가 있을 것이다. 왜냐하면, 한 사람을 둘러싼 여러 내 · 외적인 요인이 무수히 많이 존재하기 때문이다. 그러나 검사 도구는 이러한 한계점에서도 정상과 이상을 판별해 주는 중요한 역할을 하고 있다. 특수교육에 있어서의 진단이란 대상아동이 일반아동과 얼마나 다른지를 알아내기 위함이 아니라, 그들의 특성을 찾아내고 적합한 교육적 요구를 제공하는 데 의미가 있는 것이다.

한 아동이 특수교육대상자인지 혹은 장애유형이 무엇인지를 진단하려면 그 아동에 대한 많은 정보가 필요하다. 이러한 정보를 얻기 위해 부모나 양육자와의 면접을 통해 아동에 관한 발달사를 알아보아야 하고, 아동을 직접 관찰하고 또 여러 검사를 실시하여 대상의 영역별 수준을 파악해야 한다(김일명 외, 2013).

- 진단(diagnosis): 평가를 토대로 의학적 · 교육적 · 발달적 장애정도를 결정하여 치료와 처방 그 장애에 맞는 특정한 프로그램을 제공하도록 하는 절차
- 평가(evaluation): 아동이 특수교육대상자인지의 여부와 장애의 유무를 확인하고 결정하기 위해 아동에 관한 정보를 모으고, 그 정보를 분석하여 장애의 원인과 영역별 수준을 밝히는 과정

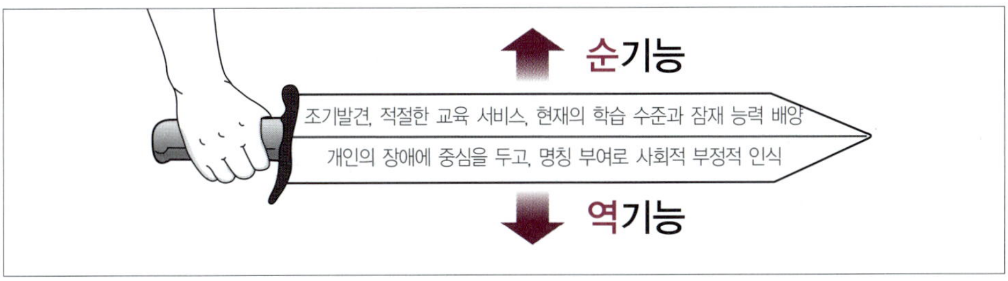

[그림 2-5] 진단 및 평가의 양날의 칼

이와 유사하게 특수교육에서는 사정(assessment)이라는 용어를 사용하고 있다.

- 사정(assessment): 의사결정을 위하여 아동에 관한 정보를 수집하는 과정. 즉, 교수 및 중재 결정에 기초가 되는 폭넓은 정보를 체계적으로 수집하고 해석하여 분류 및 배치를 결정하는 과정

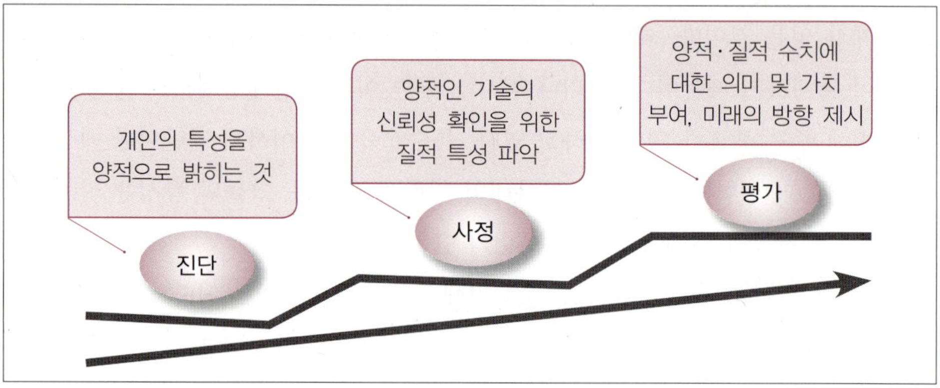

[그림 2-6] 진단, 사정, 평가 비교

출처: 김원경 외(2012). 최신특수교육학개론. p. 52.

장애아동은 복잡한 뇌의 기질적 손상, 심리적 동기나 욕구, 정서적 · 문화적 문제, 사회 환경적 영향, 생리적 · 유전적 요소 등을 복합적으로 가지고 있으므로 단순히 현재의 태도나 행동을 보고 평가하는 것은 매우 어렵다. 따라서 평가 과정에서 여러 유형과 방법을 통해 가장 신뢰성 있고 타당한 자료를 수집하여 면밀한 분석을 해야 한다. 또한, 복잡한 특성과 능력을 평가하기 위해서는 포괄적인 학문적 접근이 꼭 필요하다. 최근 진단 및 평가의 새로운 패러다임 중 하나가 [그림 2-7]과 같은 거시적 안목의 역동적 생태학적 모델이다.

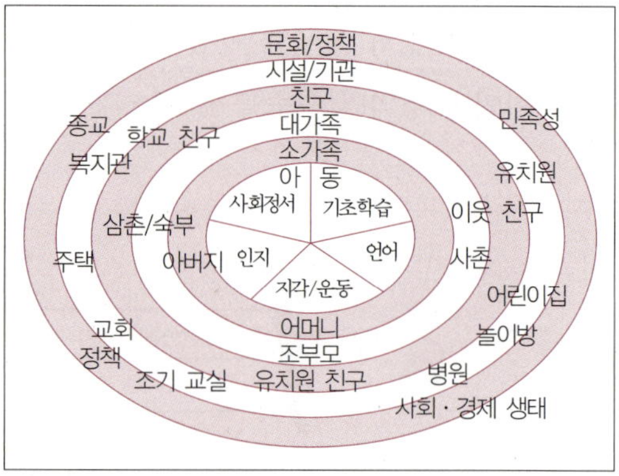

[그림 2-7] 아동진단 및 평가 생태학적 조망

출처: 김일명 외(2013). 최신특수교육학. p. 137.

2) 진단 및 평가의 목적

교육현장에서 교사의 추천으로 의뢰되는 특수교육이 필요한 아동에 대한 진단 및 평가는 단순히 장애아동을 확인하거나 행동의 특성을 파악하기 위함이 아니다. 즉, 진단 및 평가는 현재 아동이 나타내는 성취 수준과 그에 따른 교육적 요구의 결정, 그리고 이러한 결과를 토대로 특수교육대상자의 적격성에 대한 결정, 개별화교육프로그램(IEP)작성, 아동의 진전도 및 학습의 강점 확인 등과 같은 다양한 목적을 가진다고 할 수 있다.

이러한 목적을 달성하기 위해서는 다음과 같은 내용을 고려하여야 한다.

첫째, 아동을 특수교육 대상자의 적격자로 포함시킬 것인지 여부 결정

둘째, 아동이 과거나 현재의 수행 수준이 미약함에도 앞으로 더 높은 성취의 가능성에 대한 판단

셋째, 손상된 기능 영역 중에서 회복이 가능한 영역의 변별

넷째, 아동의 회복을 위해 동원할 수 있는 장점의 확인

전통적인 특수교육대상자에 대한 진단 및 평가는 특수교육이 필요한 적격성을 판단하는 과정에서 특수교육대상자에 대한 다양한 특성을 확인하고 이러한 사항들을 반영하여 선정을 하는 데 있어서 검사도구의 한계점으로, 신뢰도와 타당도를 바탕으로 하는 유용한 장애범주의 도출 실패 등의 문제점을 지니고 있다(Barnett, Lentz, & Macmann, 2000).

뿐만 아니라, 특수교육의 적격성 결정은 아동의 분류, 교육 프로그램 개발, 진보점검, 재평가를 모두 교차하여 연결되는 공통의 자료를 이용하여 이루어지지 않고 있다는 점에도 문제가 있다. 이런 문제점을 극복하고 사정이 목적을 제대로 성취하기 위해서는 각각의 영역에서 적절한 대답을 제공해야 한다. 사정이 영역별로 대답을 해야 하는 문제는 〈표 2-4〉와 같다(정동영 외, 2010).

〈표 2-4〉 사정 정보를 이용해서 결정해야 하는 문제

결정	결정 영역	대답해야 하는 문제
의뢰 전 교실 결정	특별한 도움 또는 심화의 제공	아동이 학습의 곤란을 극복할 수 있도록 하기 위해 교정(remedial), 보상(compensation), 또는 심화(enrichment)를 제공해야 하는가?
	중재보조팀에 의뢰	교사가 개별 아동을 위해 교수 중재를 계획하는 데 중재보조팀(다른 교사들로 구성된)의 보조를 구해야 하는가?
	중재 보조의 제공	중재보조팀이 집중적인 교정, 보상 또는 심화를 아동에게 제공해야 하는가?
적격성 결정	선별	더욱 집중적인 사정이 필요한가?
	아동연구팀에 의뢰	아동연구팀의 구성원이 수행하는 형식적 심리교육평가에 아동을 의뢰해야 하는가?
	특수성	아동이 장애 명칭붙임 또는 영재 명칭붙임을 부여하는 준거에 부합되는가?
	특별한 또는 독특한 학습욕구	아동이 학교교육의 성과를 성취할 수 있도록 하기 위해 특수교육 보조를 요구하는 특별한 학습요구를 지니고 있는가?
	적격성	아동이 특수교육 서비스에 적임자인가?
적격성 결정 이후	교수계획 수립	교사가 가르쳐야 하는 것은 무엇이고, 아동을 어떤 방법으로 가르쳐야 하는가?
	환경	아동을 어디에서 가르쳐야 하는가?
	진보 평가	아동이 특정 교수 목적에 대해 진보해야 하는 정도는 어디까지인가?
책무성 결정	진보 평가	학교 직원으로서 아동을 위해 작용을 하고 있는 특정 교수 프로그램인가?
	책무성	교육이 아동을 위해 어느 정도 일을 하고 있는가? (책무성 결정은 보통 국가, 주, 또는 학교교육구 수준에서 결정된다.)

출처: Salvia, J. & Ysseldike, J. E. (2001). Assessment in special and remedial education(8th Edition). Boston: Houghton Mifflin.

3) 진단 및 평가의 분류와 유형

진단 및 평가는 측정하고자 하는 항목의 타당성과 신뢰성에 따른 객관적이고 과학적인 표준화된 검사를 통하여 이루어진다. 아동의 실제 수행 정도의 기능성을 평가하기 위해 진단 및 평가 검사자는 다양한 상황과 다양한 자료에 의거한 정보를 얻

도록 노력해야 한다.

아래의 〈표 2-5〉에 정리된 다양한 진단 방법을 통해 더욱 신뢰할 수 있는 진단 결과가 나오게 된다. 교사의 경우, 규준참조와 준거참조, 체계적인 관찰방법 등을 주로 사용하는데 이외에도 다양한 진단 형태에 대한 이해와 방법을 활용하는 것이 필요하다.

〈표 2-5〉 평가의 다양한 진단 방법

〈평가의 분류〉
- 규준참조검사: 아동 개인의 수행점수를 특정 비교 집단에 속하는 다른 아동의 수행점수와 비교하여 해석
- 준거참조검사: 대상아동의 수행점수를 다른 아동과 비교하지 않고, 그 아동의 검사 문항에 제시된 체크리스트 준거에 근거
- 형식적 평가: 평가의 실시 요령과 채점 방법, 결과 해석 절차에 특별히 정해진 지침이 있는 평가 절차
- 비형식적 평가: 아동의 현재 성취 수준, 아동의 진보 상황 교육 프로그램의 효과를 검증할 목적으로 사용

〈평가의 유형〉
- 관찰: 교육 현장에서 가장 많이 보편적으로 사용되는 평가유형으로 수업 중 발생하는 사실과 현상, 행동을 객관적으로 기록
- 질문지법: 어떤 상황과 문제에 대하여 작성된 일련의 질문에 대해 연구 대상자가 직접 응답을 기술하도록 하는 방법
- 교육과정중심평가: 학교 교육과정과 관련하여 아동의 특별한 교육적 요구를 파악하기 위해 평가하는 방법
- 평정척도: 어떠한 행동의 특징 정도에 대하여 서술된 질문 문항에 평정자의 질적 판단으로 숫자 표시의 일정한 표준에 따라 판단하도록 되어 있는 척도

최근 특수교육대상자 진단 및 평가의 새로운 패러다임은 역동적 평가라는 새로운 관점으로 제시하고 있다. 역동적 평가(Dynamic Assessment)란 현재 대상아동의 발달 정도나 수행 수준에 대한 결과론적 상태에 관한 정보만 제공하는 것이 아니라 평가 도구나 평가절차를 평가자가 대상아동의 수행 수준의 발달에 적합하게 고안함으로써 대상아동의 수행 수준을 수정하고자 하는 평가방법이다. 즉, 평가의 역동적 측

면을 강조하는 사람은 지능이란 계속 변화할 수 있고 수정 가능하다고 본다(김동일 외, 2004). 아래의 〈표 2-6〉은 정적 평가와 역동적 평가를 비교한 내용이다.

〈표 2-6〉 정적 평가와 역동적 평가

구분	정적 평가	역동적 평가	비고
평가목적	• 교육목표 달성 정도 평가	• 향상도 평가	
평가내용	• 학습의 결과 중시	• 학습의 과정도 중시	
평가방법	• 정답의 반응 수 중시 • 일회적·부분적 평가	• 응답의 과정이나 이유도 중시 • 지속적·종합적 평가	
평가상황	• 획일적이고 표준화된 상황 • 인위적 상황	• 다양하고 융통성 있는 상황 • 맥락적인 상황	상호 보완 관계
평가시기	• 특정 시점(주로 시작점)	• 출발점 및 도착점을 포함한 교수-학습활동의 전과정	
평가결과활용	• 선발, 분류, 배치	• 지도, 조언, 개선	
교수-학습활동	• 교수-학습활동과 평가활동 분리	• 교수-학습활동과 평가활동 통합	

출처: 황해익(2000). Vygotsky의 사회 문화적 이론과 교육적 시사. 황정규 편(2000). 현대교육심리학의 쟁점과 전망. pp. 23-58.

4) 진단 및 평가 절차

진단 및 평가 절차는 특수교육대상자를 선별하기 위해 대상자의 특성 또는 교육상의 현저한 문제점을 파악하는 과정으로, 아동의 특별한 교육적 요구를 진단하여 그에 상응하는 적절한 조치를 강구하기까지의 여러 절차와 방법을 통칭하는 말이다. 이 과정은 결코 아동이 가진 문제점을 밝히거나 장애가 있음을 확인하는 목적이 아니라는 것을 염두에 두어야 한다.

진단 및 평가 과정에서 결정 내려야 할 중요한 두 가지 핵심은 다음과 같다.

첫째, 아동을 어떤 교육 환경에서 가르칠 것인가 하는 교육적 배치의 문제
둘째, 아동에게 어떤 교육내용을 제공할 것인가 하는 문제

즉, 개인차를 알아내어 각 영역의 능력에 따라 적절한 교육 프로그램을 만드는 것

이 무엇보다 중요하다. 특수교육대상자의 진단 및 평가는 대상자 발견, 선별검사, 장애 진단 및 적격성 판정, 교육적 진단, 진전도 점검, 프로그램 평가 등의 과정을 거친다.

(1) 대상자 발견

교육 현장에서 특별한 교육적 조치가 필요하다고 생각되는 대상자가 발견되었을 때 교사가 부모의 자존심이 상하거나 충격을 받지 않게 하면서 그 사실을 상담을 통하여 전달하고 그 이후의 선별이나 진단과정에 대해 안내해 주도록 하는 과정이다.

(2) 선별

선별(screening)은 장애아동을 공식적으로 최초로 확인한다는 의미가 있다. 따라서 진단 및 평가는 발달상 다양한 문제를 가질 위험이 큰 고위험아동(at-risk)을 선별하는 목적으로 진행된다. 선별 과정을 통해 전문적인 평가가 더 필요한 아동이나 장래에 문제가 발생할 가능성이 있는 아동을 확인하는 것이다(김원경 외, 2012).

「장애인 등에 대한 특수교육법」에서 장애의 조기발견 선별 및 진단 · 평가의 중요성을 다음과 같이 강조하고 있다.

「장애인 등에 대한 특수교육법」 제14조 장애의 조기발견 등

교육장 또는 교육감이 영유아의 장애 및 장애 가능성을 조기에 발견하기 위해 지역주민과 관련 기관을 대상으로 홍보를 실시하고, 해당 지역 내 보건소와 병원 또는 의원에서 선별검사를 무상으로 실시하고 있다. 또한, 교육장 또는 교육감은 장애를 가지고 있거나 장애를 가지고 있다고 의심되는 아동에 대한 진단·평가를 의뢰받은 경우, 즉시 특수교육지원센터에 회부하여 진단·평가를 실시하도록 한다.

(3) 장애 진단 및 적격성 판단

장애를 지니거나 고위험군으로 의심되는 아동의 진단은 여러 영역의 검사 도구를 사용하여 다양한 정보를 수집하는 포괄적이고도 총체적인 과정이 강조되며, 특히 단일 검사 한 가지 유형의 진단 결과로 중요한 결정을 내리지 않도록 해야 한다. 이러한 평가의 결과를 토대로 하는 적격성의 판단은 아동이 특별한 교육적 요구가 필요한 서비스를 받기에 적합할 정도로 심각한 문제를 지니고 있는지를 확인하는 과정이다.

(4) 교육적 진단

장애가 진단된 후에는 아동의 특성을 파악하기 위해 먼저 아동의 현재 기능 상태, 즉 의사소통 능력, 지각 및 운동 기능, 인지 능력, 자조 및 적응기술, 사회-정서발달 등의 영역에서 습득한 기술의 정도와 장점과 약점을 평가하고 앞으로 성취해야 할 기능과 학업적 기술을 진단한다. 이러한 결과를 바탕으로 세밀하고도 적합한 목표를 계획하여 교육하기 위한 프로그램을 적용시켜야 한다(Overton, 2003).

(5) 진전도 점검

진전도 점검이란 프로그램을 아동에게 실시한 후 얼마만큼의 발달과 학업 성취 능력이 향상되었는지 확인하고 점검하는 단계이다. 프로그램 적용 전 · 후를 비교하여 어느 정도의 향상을 나타내었는지 결과에 따라 현재 적용하고 있는 프로그램을 같은 방식으로 계속 실시할 것인지, 아니면 수정이나 보완이 필요한지를 판단할 수 있다.

(6) 프로그램 평가

프로그램 평가란 개별화교육계획 자체를 평가하고, 그 효과를 검증하는 과정이다. 프로그램의 평가는 프로그램에 대해서 전문적으로 숙련된 사람들이 수행하도록 해야 한다. 개별화교육계획은 연간목표, 단기목표 등을 설정하고 작성하는데, 이러한 목표들을 세부적으로 살펴보고 현행 수행 정도와 비교해 보아야 한다. 또한, 가족지원계획도 프로그램 평가가 필요하다(정대영 외, 2012).

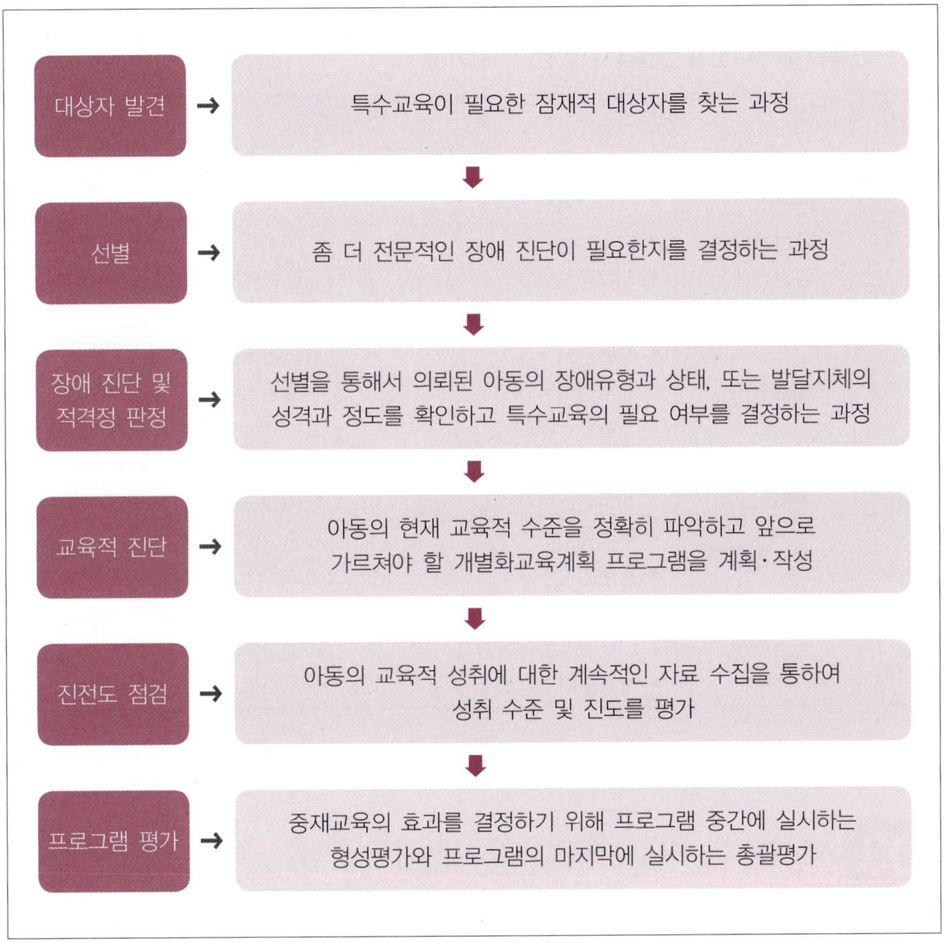

[그림 2-8] 장애의 진단 및 평가 절차

5) 검사 도구

장애아동의 진단 및 평가를 위한 선별 및 진단 · 평가는 「장애인 등에 대한 특수교육법」 14조 1항에 의거 아래 〈표 2-7〉과 같이 구성되어 있다.

〈표 2-7〉 특수교육대상자 선별검사 및 진단 · 평가 영역

구분		영역	
장애조기발견을 위한 선별검사		• 사회성숙도검사 • 적응행동검사	• 영유아발달검사
진단 및 평가 영역	시각장애, 청각장애, 지체장애	• 기초학습기능검사 • 시력검사 • 청력검사(청각장애 한함)	• 시기능검사 및 촉기능검사 (시각장애 한함)
	지적장애	• 지능검사 • 사회성숙도검사 • 적응행동검사	• 기초학습검사 • 운동능력평가
	정서 · 행동장애, 자폐성장애	• 적응행동검사 • 성격진단검사	• 행동발달평가 • 학습준비도검사
	의사소통장애	• 구문검사 • 음운검사	• 언어발달검사
	학습장애	• 지능검사 • 기초학습기능검사 • 학습준비도검사	• 시지각발달검사 • 지각운동발달검사 • 시각운동통합발달검사

03 특수교육대상자의 선정 및 배치

1) 선정 및 배치 절차

특수교육대상자 선정 및 배치는 법률이 정한 「장애인 등에 대한 특수교육법」 제15조에서 규정한 [그림 2-9]와 같은 절차에 따라 이루어진다.

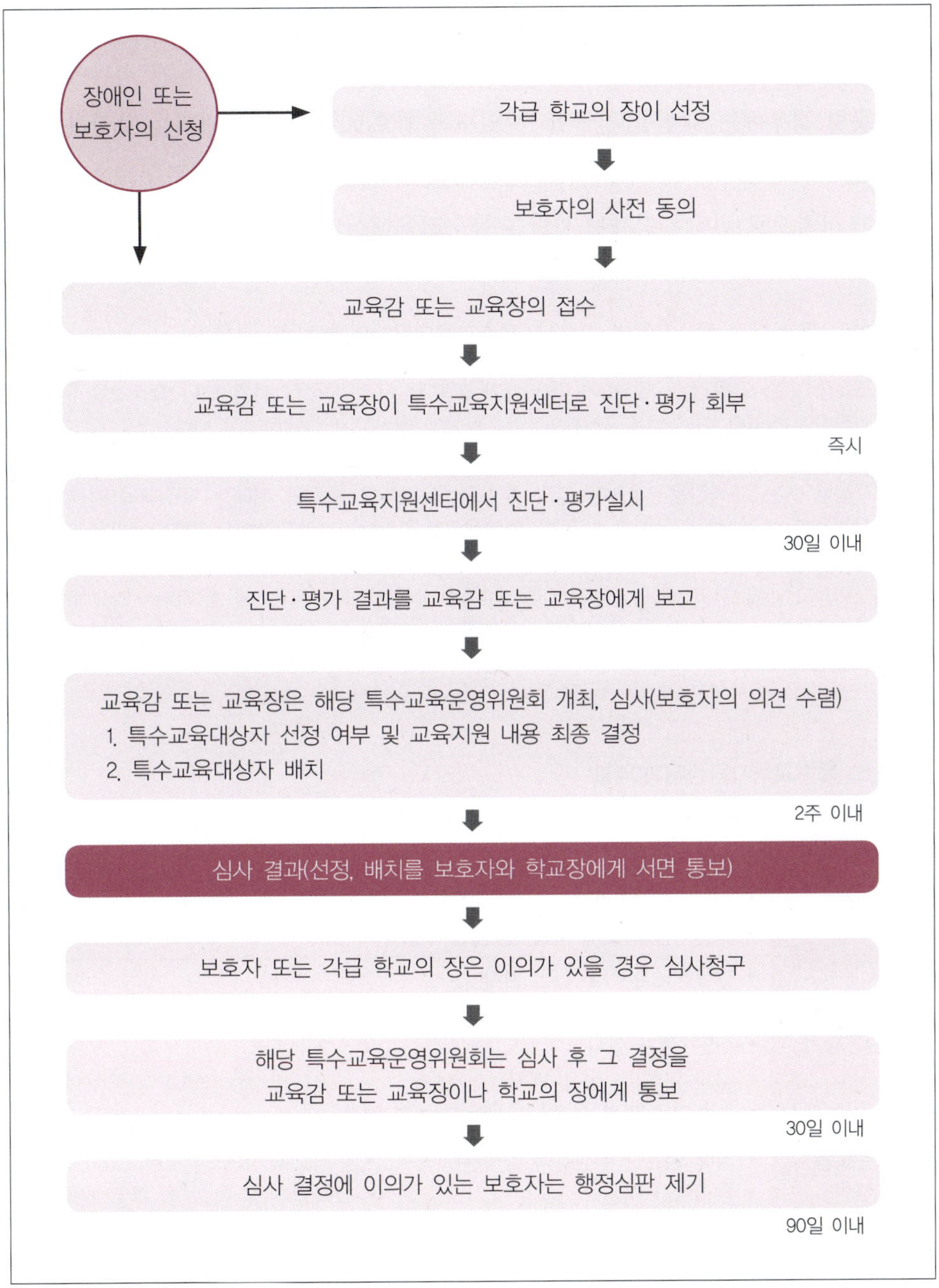

[그림 2-9] 특수교육대상자 진단 · 평가의뢰서 제출 및 처리 절차

출처: 교육과학기술부(2008). p. 116.

특수교육대상자 선정과정에서 부모 또는 보호자가 자녀교육에 대해 충분히 의견을 진술하도록 하고 있으며, 선정배치 결과를 통보받은 후 진단 · 평가 결과에 만족하지 못할 경우에는 재심을 청구할 수 있도록 함으로써 절차적 권리를 보장하고 있다. 또한, 장애 등록이 곧 특수교육대상자 선정을 의미하지 않으며 특수교육을 필요로 하는 사람으로 진단 · 평가된 사람을 특수교육대상자로 선정된다.

「장애인 등에 대한 특수교육법」 제17조 특수교육대상자의 배치 및 교육

① 교육장 또는 교육감은 제15조에 따라 특수교육대상자로 선정된 자를 해당 특수교육 운영위원회의 심사를 거쳐 다음 각 호의 어느 하나에 배치하여 교육하여야 한다.
1. 일반학교의 일반학급　　2. 일반학교의 특수학급　　3. 특수학교

② 교육장 또는 교육감은 제1항에 따라 특수교육대상자를 배치할 때에는 특수교육대상자의 장애정도·능력·보호자의 의견 등을 종합적으로 판단하여 거주지에서 가장 가까운 곳에 배치하여야 한다.

③ 교육감이 관할 구역 내에 거주하는 특수교육대상자를 다른 시·도에 소재하는 각급 학교 등에 배치하고자 할 때에는 해당 시·도 교육감(국립학교의 경우에는 해당 학교의 장을 말한다)과 협의하여야 한다.

〈표 2-8〉 특수교육지원센터의 역할

구분	역할	
장애 조기 발견 및 선별	• 장애영아 실태 파악 • 의료기관 연계 선별검사 • 센터 내 선별검사 • 유관기관 협의체 구축 및 정보 수집 관리	
진단 · 평가	• 발달진단검사 및 진단 검사 • 전환 능력 평가 • 진단·평가 실시 • 결과 분석 및 선정·배치 • 특수교육 관련 서비스의 내용과 범위 결정	
교육활동 지원	• 장애 영유아 무상교육 및 의무교육 • 통합학급 지원	• 순회교육 제공 • 교사연수 및 방과 후 활동 지원
관련 서비스 지원	• 치료 지원 • 보조공학기기 지원 • 정보접근 지원	• 보조인력 지원 • 상담 및 가족 지원
진로 · 직업 교육	• 진로·직업 전환 프로그램 운영 • 취업지도 및 현장실습	• 지역 내 직업훈련기관 연계

출처: 서울특별시교육청(2011). 유 · 초 · 중 · 고 담임교사를 위한 통합교육 함께하기. p. 83.

2) 특수교육대상자 선정 배치 사례

1. 상급학교 진학을 위한 특수교육대상자 신청 절차

: 특수교육대상자로 선정 · 배치를 희망하는 학생(아동)의 보호자나 각급 학교의 장은 서류를 갖추어 지정된 기간 내에 교육감 또는 교육장에게 신청

2. 접수기간

○ 유 · 초 · 중 · 고등학교 과정: 2015.6.22.(월) ~ 2015.6.30.(화)

<table>
<tr><th>학교급</th><th>대상</th><th>제출처</th><th>문의처</th></tr>
<tr><td>유·초·중학교</td><td>유·초·중학교
진학 희망자</td><td>지역교육지원청
교수학습지원과</td><td rowspan="3">강북교육지원청 219-5642
강북특수교육지원센터 219-5638
강남교육지원청 228-6644
강남특수교육지원센터 227-6674</td></tr>
<tr><td rowspan="2">특수학교
(유·초·중학교 과정)</td><td>울산혜인학교,
메아리학교, 태연학교
진학 희망자</td><td>강북교육지원청
교수학습지원과</td></tr>
<tr><td>울산행복학교
진학 희망자</td><td>강남교육지원청
교수학습지원과</td></tr>
<tr><td>고등학교(특수학교
고등학교 과정 포함)</td><td>고등학교
진학 희망자</td><td>시교육청
창의인성교육과</td><td>울산광역시교육청 210-5432
시특수교육지원센터 255-6600</td></tr>
<tr><td>특수학교
(전공과 과정)</td><td>전공과
진학 희망자</td><td>전공과 설치
특수학교</td><td>울산혜인학교 283-8008
울산행복학교 255-5800
메아리학교 295-8286
태연학교 298-3703</td></tr>
</table>

3. 접수처

: 특수학교 진학 희망자는 장애영역 확인 후 서류 제출

4. 제출 서류

○ 특수교육대상자 진단 · 평가 의뢰서[서식1] 1부

○ 장애인복지카드, 장애인증명서, 의사진단서, 학교장 의견서 중 1가지

– 졸업증명서 사본(졸업생만 해당) 1부

– 의사진단서 및 학교장 의견서 각 1부(건강장애 대상만 해당)

– 개인정보수집 및 이용 동의서 1부

5. 진단 · 평가 및 선정 · 배치결과 통보

○ 진단평가: 2015.07.01.(수)~2015.09.03.(목)

○ 특수교육운영위원회 개최 및 선정 · 배치 결과 통보: 2015.09.07.(월)~2015.10.19.(월)

– 해당 학교장과 특수교육대상자(보호자)에게 서면 통지 예정

출처: 2016년도 울산특수교육지원청(2015. 6. 12.).

※ 2022 개정 특수교육과정 편성 · 운영의 기준

- 특수교육 교육과정은 공통 교육과정 및 선택 중심 교육과정, 기본 교육과정으로 편성한다.
- 공통교육과정은 초등학교 1학년부터 중학교 3학년까지, 학점기반 선택 중심교육과정은 고등학교 1학년부터 3학년까지 편성·운영한다.
- 기본 교육과정은 특수학교에 재학 중인 초등학교 1학년부터 고등학교 3학년까지의 학생을 대상으로 편성·운영한다.
- 특수학교는 특수교육 대상 학생의 교육적 요구와 학교의 실정을 고려하여 공통 교육과정 및 선택 중심 교육과정을 기본 교육과정과 병행하여 편성·운영할 수 있다.
- 학년 간 상호 연계와 협력을 통해 학교 교육과정을 유연하게 편성·운영할 수 있도록 학년군을 설정한다. 다만 창의적 체험활동과 일상생활 활동은 학생의 교육적 요구에 따라 생활연령과 발달 수준을 고려하여 학년군을 통합하여 운영할 수 있다.
- 공통 교육과정의 교과는 교육 목적상의 근접성, 학문 탐구 대상 또는 방법상의 인접성, 생활양식에서의 연관성 등을 고려하여 교과(군)로 재분류한다.
- 고등학교 교과는 보통 교과, 전문 교과, 특수교육 전문 교과로 구분하며, 학생들의 기초소양 함양과 기본 학력을 보장하기 위하여 보통 교과에 공통 과목을 개설하여 모든 학생이 이수하도록 한다.
- 기본 교육과정의 교과는 특수교육 대상 학생의 자립과 사회 통합에 필요한 기초 학습, 생활 기능, 진로 및 직업 적응 등의 능력을 기르는 내용으로 구성한다.
- 학업 부담을 적정화하고 의미 있는 학습 활동이 이루어질 수 있도록 학기당 이수 교과목 수를 조정하여 집중이수를 실시할 수 있다.
- 학교는 학교급 간 전환기의 학생들이 상급 학교의 생활 및 학습을 준비하는 데 필요한 교육을 지원하기 위해 진로 연계교육을 운영할 수 있다.
- 학교는 가정과 학교, 사회에서의 위험 상황을 알고 대처할 수 있도록 체험 중심의 안전교육을 관련 교과와 창의적 체험활동과 연계하여 운영한다.
- 기본 교육과정을 운영하는 특수학교는 장애 정도가 심한 학생의 교육적 요구를 반영하여 교과(군)별 50% 범위 내에서 시수를 감축하여 일상생활 활동으로 편성할 수 있다. 이 경우 시·도 교육감이 정하는 지침에 따라 사전에 필요한 절차를 거쳐야 한다.
- 중도·중복장애 할생이 포함된 학급을 운영하는 특수학교는 해당 학급 학생의 교육과정을 다음과 같이 편성·운영할 수 있다.
  1) 교과(군)별 50% 범위 내에서 시수를 감축하여 창의적 체험활동으로 편성할 수 있다. 감축을 할 경우 해당 교과는 학생의 수행 수준에 따라 교육과정을 재구성하여 운영한다.
  2) 교과의 내용을 대신하여 관련 생활기능 영역으로 편성·운영할 수 있으며, 그 영역과 내용은 학생의 장애 특성 및 정도를 반영하여 학교가 정한다.
- 순회교육을 위한 교육과정 편성·운영 지침은 시·도 교육청에서 정하되, 순회교육 대상자의 배치 환경, 교육적 요구를 고려하여 교육과정을 편성·운영한다.
- 개별화교육계획은 학생의 교육적 요구에 따라 교과 또는 생활 지원이 필요한 영역을 중심으로 작성한다.

04 특수교육 관련 서비스 전달체계

1) 서비스 전달모형

특수교육대상자에게 교육 서비스를 전달하는 체계는 다양하다. 다음의 [그림 2-10]에서 보는 바와 같이 일반학교, 일반학교 특수학급, 특수학교에서부터 가정 및 병원과 장애인시설 방문 순회교육에 이르기까지 다양한 교육 환경에 배치될 수 있다. 배치는 아동의 장애정도와 교육적 여건을 고려하되 가능한 자연스러운 통합 환경에 배치하고 제한적 환경이 최소화되도록 해야 한다.

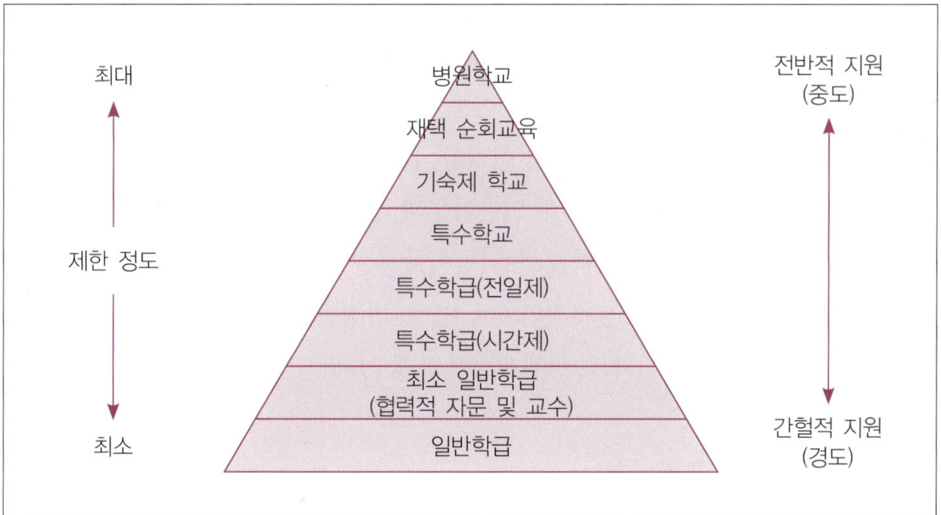

[그림 2-10] 특수교육 서비스 전달모형

(1) 일반학교 일반학급

특수교육대상자에게 지원 서비스가 없거나 최소한의 서비스만 제공되는 일반학교 일반학급에 배치되는 것을 말한다. 이 단계에 배치된 특수교육대상아동은 일반교실에서 일반아동과 같은 교육과정과 일상적 교과과정을 이수한다. 교사가 통합된 특수교육대상아동의 요구에 적합한 교육 프로그램을 계획하고, 적절한 학습 자료와 학습전략을 사용한다.

(2) 일반학교 특수학급

특수교육대상자는 일반학교 특수학급(도움학급)에 배치되어 일반 정규 교육과정을 제공받으면서 시간제로 도움학급의 특수교사 지원 서비스를 받는다. 일반교사와 특수교사의 협력적 팀 접근은 특수교육대상아동의 교육적 서비스가 효율적으로 교과과정이 운영되도록 서로 연계하여 교육적 팀 접근을 하여야 한다.

(3) 특수학교

일반적으로 일반교실보다 좀 더 구조화되고 더 집중적인 교수 프로그램과 행동관리 프로그램을 요구하는 중증의 장애아동에게 적절하다. 특수학급으로만 구성된 특수교육 프로그램 및 관련 서비스 언어재활, 물리치료, 작업치료 등의 제공으로 이러한 배치에서 특수교육대상아동은 일반아동과 함께 교육과정을 이수하지는 못한다(예: 시각장애학교, 청각장애학교, 지적장애학교, 지체장애학교, 정서장애학교, 또는 혼합구성 장애학교 등의 장애영역별로 편성. 명칭은 서울맹학교, 한국경진학교, 대구보명학교, 울산 메아리학교, 창원천광학교 등).

(4) 가정과 병원(순회교육)

특수교육대상자로서 연령과 건강상의 문제로 취학 전이나 취학 후 학령기 학교에 보낼 수 없는 경우 가정이나 병원에서 순회교사를 통하여 교육을 받는다. 가장 중요한 것은 이 단계는 가능한 한 단기간 동안 머물러야 하며, 덜 제한적인 최소제한 교육 환경으로 이동되어 교육을 제공하여야 한다는 것이다.

[그림 2-11] 병원 야외수업

2) 협력적 팀 접근

협력적 팀 접근은 특수교육대상아동에 대하여 총체적이고도 입체적인 중재교육을 제공함으로써 실질적인 통합교육을 통한 특수교육의 효과를 극대화하기 위한 교육적 목표에 꼭 필요한 지원 시스템이다.

[그림 2-12] 담당교사, 특수교사, 관련 전문가 및 부모로 구성된 협력적 팀

(1) 협력적 팀 접근의 개념

통합교육 현장에서의 다양한 요구에 부응하기 위해서는 통합교육을 책임지고 있는 일반교사와 특수교사 상호 간의 협력이 중요시된다. '협력'은 두 명 이상의 사람이 상대방의 전문직에 대한 자율성과 다양성을 인정하고, 나아가 서로의 흥미나 의견을 존중하며 함께 공동의 목표를 이루어나가는 것으로 정의할 수 있다.

다양한 학문 분야의 전문가들이 공동으로 협력하는 팀 접근 형태는 다학문적 접근, 간학문적 접근, 초학문적 접근으로 아래와 같이 나눈다.

❶ 다학문적 접근

전문적인 지식과 기능을 가진 여러 전문가가 상호 간에 독립적으로 활동하는 접근이다. 프로그램 계획 작성 · 수행 시 자신의 학문적 입장에서 독립적으로 평가한다.

❷ 간학문적 접근

전문가가 사정단계에서는 독립적으로 사정하지만, 교육 프로그램 개발에서는 협력하는 접근이다. 중재계획 중 자신의 분야에 관련된 지원만을 제공할 책임이 있다.

❸ 초학문적 접근

앞의 두 접근이 가지고 있는 단점을 해결하기 위한 방안이다. 서비스를 통합된 형태로 제공하기 위해 역할을 나눈다.

위의 내용을 간략히 정리하여 표현하면 아래의 [그림 2-13]과 같다.

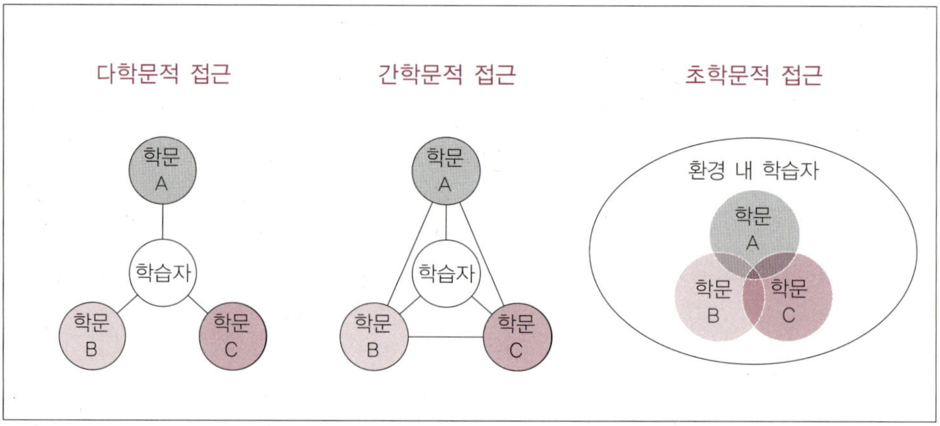

[그림 2-13] 다학문적 · 간학문적 · 초학문적 팀 접근

출처: 정대영(2011). 특수교육학개론, p. 62.

(2) 협력적 팀 접근의 구성과 역할

통합교육을 받고 있는 특수교육대상아동의 협력팀에는 아동의 일반교사와 특수교사, 가족 구성원이 핵심 팀원으로 참여하며, 그 외 아동의 교육적 필요에 따라 물리치료사, 작업치료사, 언어재활사, 생활지도 상담사, 아동심리학자, 특수체육교사, 행정가 등이 포함되며 그 역할은 다음의 〈표 2-9〉와 같다.

밀양교육지원청은 특수학급 컨설팅을 통한 장애학생 교육지원 서비스를 다양한 전문가들의 팀티칭을 통한 효율성을 제고하기 위해 이번 컨설팅을 마련했다. 김영환 교육장은 "밀양 특수교육지원센터는 특수학급만이 아니라 관내 모든 특수교육대상학생이 있는 학교와 학급에 장애학생의 특성과 개별성을 고려한 교육과정을 운영키로 했다"라고 밝혔다. 또한, "특수교원들의 전문성 신장에 적극 동참, 장애학생의 관련 서비스 지원과 학부모의 교육만족도 및 신뢰도 향상에도 특수교육지원센터와 함께 컨설팅단 모두가 앞장서 최선의 노력을 다해줄 것"을 당부했다.

출처: 밀양특수교육지원청(2014.4.24.)(http://m.newsgn.com).

〈표 2-9〉 협력적 팀 접근 구성원의 역할과 책임

구성원	역할과 책임
통합학급교사	• 대상아동을 방문객이 아닌 학급의 일원으로 여긴다. • 아동의 특별한 학습 요구를 충족시키기 위해 교수기술, 교과내용, 평가, 성적 절차를 수정한다. • 요구되는 수정을 수행하기 위해 다른 이의 전문적인 지식을 구하고 사용한다. • 아동의 학교생활에 일차적인 책임을 지닌 교사로 활동한다. • 팀의 교수적 계획을 통해 결정된 활동을 IEP 목표에 통합시킨다.
특수교사	• 통합 촉진자와 사례 관리자(case manager)로서 활동한다. • 자문과 협력을 제공한다. • 대상아동에 관한 정보를 제공한다. • 교과과정, 자료, 자원을 수정하고 제시한다. • 행동문제 프로그램을 개발하고 그 실행을 지원한다. • IEP 목표를 활동들에 통합한다.
행정가	• 학교 통합교육 모임을 시작하고 적극적으로 참여한다. • 통합교육 프로그램 개발에 대한 자원(전문가 교육, 타 학교 참관)을 제공한다. • 관련자들을 재교육하고, 필요할 때마다 팀 일원으로서 교사들을 지원한다. • 통합과 관련된 부모나 다른 이의 걱정을 수용한다. • 대상아동과 관련된 문제의 해결에 참여한다. • 학교 내에서 발생되는 실질적인 문제를 해결한다.
부모	• 가족의 특성이나 아동교육 프로그램에 있어 우선시하는 것을 제시한다. • 다양한 환경에서 아동 수행 능력에 관한 의견을 제시한다. • 아동의 미래에 대한 견해를 제시한다.
특수교육 실무보조원	• 대상아동을 위한 활동준비나 활동을 한다. • 개인관리를 한다(예: 지체장애아동의 경우 신변자립 도움(이동, 식사, 배변 등) • 사무적인 일을 지원한다. • 기타(예: IEP 회의 참여, 가족과의 의사소통 등)

05 특수교육대상자 상담의 전문성

특수교육대상자를 상담한다면 특수교육대상자가 지닌 다양하고도 독특한 장애 영역별 특성을 알고 있어야 한다. 가족지원을 위한 상담기법과 구체적인 교육을 위한 특수교육 및 특수교육 관련 치료지원 서비스와 복지지원을 위한 발달재활서비스, 가족지원서비스 등의 전문성을 갖추고 체계적인 지원방안을 통합적으로 제시해 주어야 한다.

1) 특수교육대상자 상담자의 역할

특수교육대상자의 사회심리적 경험이나 그것을 표현하는 방식은 비장애아동과 다를 바가 없다. 따라서 특수교육대상자 상담에서 상담자가 할 일은 비장애아동을 상담할 때와 마찬가지이다. 특수교육대상자 상담에서 상담자의 역할은 이해, 공감, 안내, 과제, 협력 등이 있으며 특수교육대상자 상담에서 무엇보다도 중요한 과제는 내담자를 이해하는 일이다. 비장애아동을 상담할 때와 마찬가지로 상담자는 특수교육대상자의 여러 가지 행동, 표정, 말로 어떤 메시지를 전달하려고 하는지를 이해하여야 한다.

또한 내담자가 그를 둘러싸고 있는 주위 환경 속에서 어떤 경험을 하고 있는지를 파악하여야 하며, 상담자는 특수교육대상자 내담자가 표현하는 메시지에 대해 정확한 공감을 제공하여야 한다. 다음으로 특수교육대상자 내담자가 스스로 할 수 있는 대안적 행동이나 내담자 자신이 지닌 여러 자원을 충분히 이해하고 활용할 수 있도록 안내하여야 한다.

특수교육대상자 상담에서는 비장애아동 상담에서보다 더 다양한 과제가 있다. 지적장애 아동의 경우 인지발달상의 문제, 주의집중 장애, 정서적 불안, 언어발달 지체 등과 같은 다양한 문제가 있을 수 있다. 이에 대해 상담자는 인지발달과 언어발달, 그리고 정서 · 행동상의 발달에 대한 정확한 평가와 그에 따른 다양한 개입을 해야 한다. 즉, 비장애아동에 비해 특수교육대상자 상담의 경우, 상담과정에서 극복해야 할 다양한 과제가 있다는 것이다.

끝으로, 특수교육대상자를 다루는 상담자는 부모, 특수교사, 치료사, 의사와 협력하여 일을 하는 것이 좋다. 특수교육의 궁극적인 목표는 자활이다. 장애를 극복하도록 돕는 가정과 학교의 연계된 협력적 노력과 다양한 치료와 교육은 필수적이다. 따라서 특수교육대상자 상담자, 부모, 교사, 치료사, 의사의 협력적 노력은 특수교육대상자의 재활 능력을 촉진하는 데 필수적이다.

이와 같이 특수교육대상자 상담자는 일반 상담자보다 더 적극적이고 포괄적인 방식으로 문제에 접근하여야 한다(장선철, 2015).

※ 특수교육대상자 상담자의 수행업무와 역할

- 아동의 특수성을 이해하고 이런 특수성에 관련된 사회적·학습적·행동적 문제들을 이해하는 데에 노력한다.
- 긍정적 자아개념을 증진시킬 수 있는 상담을 한다.
- 특수성에 대한 적응을 촉진시킨다.
- 아동과 함께 일하는 다른 전문가들이나 기관들의 서비스를 조정한다.
- 부모나 교사와 같은 사람들에게 아동의 특수성과 아동의 장점과 한계, 그리고 아동의 특수한 문제들에 대하여 이해하도록 한다.
- 효과적이고 독립적인 생활력을 증진시키는 데에 도움을 준다.
- 오락이나 취미를 가지게 한다.
- 대인관계 및 사회적 기술을 가르친다.
- 교육계획을 세우며 가능하면 필요한 교육적 도움과 기구를 확보할 수 있도록 도움을 준다.
- 특수교육대상자 부모와 상담한다.
- 특수교육대상자와 관련한 여러 영역의 전문가들과 그 외에 도움을 줄 수 있는 기관에 대한 지식을 갖추고 관계를 유지한다.

출처: 김영숙 · 윤여홍(2010). 발췌 보완.

2) 특수교육대상자 상담자와 교사 협조

상담자와 교사는 각각 전문영역과 권위를 가지고 있는 동료로서, 서로 전문적 · 합법적 · 참조적 영향력을 주고받는 동등한 협조적 관계에 있다. 즉, 특수교육대상자의 문제를 해결하고 발달을 돕는다는 목적하에 각각의 전문성과 독특한 역할에 기초하여 협조적 관계를 유지할 때 특수교육대상자를 위한 최적의 조력체제의 일부가 될 수 있는 것이다.

상담자는 교사보다 전문성이나 권위 면에서 우위에 있거나 일방적인 소통을 전하는 것이 아니라 문제 및 상황의 특수성과 필요에 따라서, 상담자가 때로는 교사를 교육할 수도 있고 때로는 교사, 부모, 여타 전문가들과의 관계를 조정하는 역할을 할 수도 있으며, 조언이나 심리적 지지를 제공할 수도 있다. 그러나 아동의 학습지도와 생활지도에 있어서 교사가 지닌 고유한 전문성은 항상 중시되어야 하며, 교사가 그러한 존중감을 상담자와의 관계에서 충분히 느낄 수 있을 때 아동을 위한 진정한 협조체제로 기능할 수 있다.

Kazukauskas와 Lam(2010)은 상담자의 역할로 부모와 교사들과의 협력관계 유지, 이들에게 필요한 정보제공, 필요한 외부자원의 조력 파악, 협력적 자문팀 운영을 들었으며, 송현종과 조성은(2005)은 우리나라 특수교육 현장에서의 상담자의 역할을 장애학생을 발견하고 의뢰하는 일, 다학문팀이 각 장애학생에게 적절한 교육목표를 설정하도록 협력하고 조력하는 일, 장애학생에게 직접적인 상담과 생활지도 서비스를 제공하는 일, 장애학생 부모와 가족을 위한 상담서비스를 제공하는 일, 교직원을 위한 자문과 개발 활동을 지원하는 일, 지역사회의 이해와 협력을 이끌어 내는 일로 제시하였다.

대부분의 경우 교사는 특수교육대상자를 집단 속에서 지도하면서 관찰하고, 상담자는 특수교육대상자와 개별적 만남의 관계에 있거나 가족체제 속에서 특수교육대상자를 관찰할 수 있는 입장에 있다. 따라서 특수교육대상자에 대한 교사의 관점과 상담자의 관점은 서로 다를 수 있고 이러한 견해를 상호 비교하고 종합적인 견해를 도출해 낼 때 특수교육대상자에게 가장 크게 도움을 줄 수 있다. 또한, 상담자는 내담자를 이해하고자 할 때 무조건적인 수용의 태도와 공감적 이해의 방식을 적용하기 때문에 특수교육대상자의 입장에서 어려움과 바람을 이해하여 교사에게 전달함으로써 교사를 도울 수 있다. 상담자는 교사를 자문할 때 교사의 주된 관심이 어느 쪽에 있는지를 잘 파악하되 융통성 있는 자세를 유지하여 교사의 필요를 효율적으로 충족시킬 수 있도록 노력하여야 한다. [그림 2-14]는 상담자와 교사 협조의 내용이다.

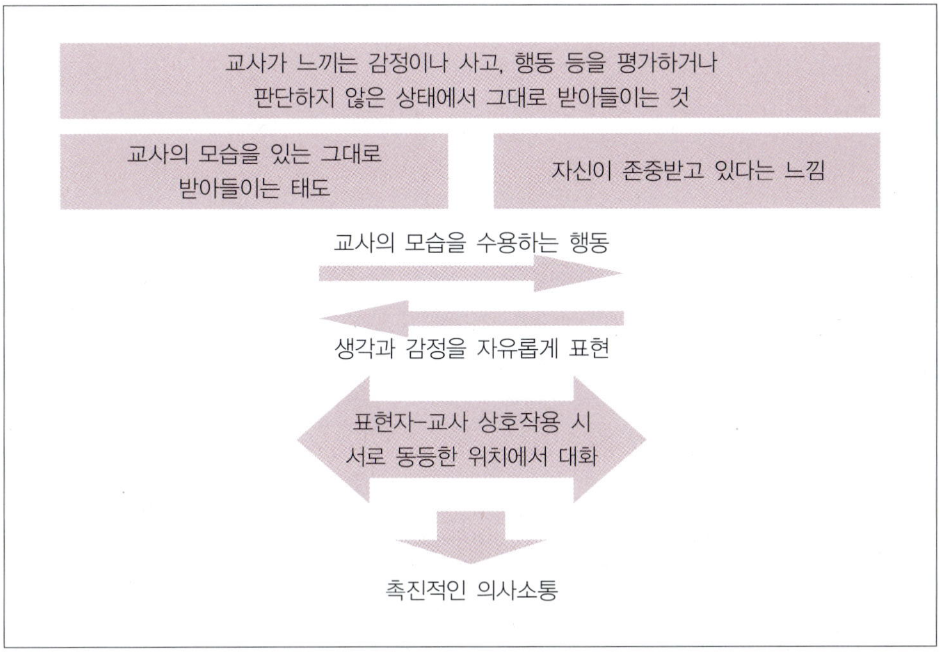

[그림 2-14] 상담자와 교사 협조

출처: 김동일 외(2016).

Chapter. 03

통합교육과 개별화교육계획

01 통합교육의 개념과 정의
02 통합교육의 패러다임 변화
03 통합교육의 현황
04 통합교육의 효과와 교사 간 협력
05 통합교육의 실제
06 개별화교육계획의 개념
07 개별화교육계획의 수립·실행 절차
08 개별화교육계획의 실제
09 효과적인 교과운영을 위한 교사의 역할

학습목표

1. 통합교육의 개념과 정의를 알 수 있다.
2. 통합교육의 성공적인 실천을 할 수 있다.
3. 개별화교육계획의 개념과 정의를 알 수 있다.
4. 통합교육 현장에서 효과적인 교사의 역할을 알 수 있다.

생각나누기

장애학생과 비장애학생을 대부분 같은 교실에서 배우게 하는 통합교육을 실시하는 선진국과 달리 한국은 특수교육 대상자의 70% 정도만 통합교육을 받고 있다. 우리 사회에서 장애에 대한 차별이 여전히 심하다는 사실을 보여 주는 것이다. 선진국에서는 어떻게 하고 있을까? 선진국에서는 장애와 비장애학생을 어릴 때부터 같은 공간에서 학습시키는 것이 일반적이다. 프랑스 장애학생 특수교육 국립연구원(INSHEA)의 자크 미쿠로빅 원장은 "프랑스는 장애와 비장애 구분 없는 '포용교육'을 목표로 한다. 포용교육이란 장애학생도 장애 정도에 맞춰 최대한 가능한 범위에서 비장애학생과 함께 일반학교에서 수업을 받도록 하는 것이다."라고 말했다. "미국이라고 장애의 차별 문제가 완전히 없는 것은 아니다."라면서도 "다만, 장애와 비장애 통합교육은 인권 및 사회적 정의와 관련돼 있다는 인식을 모두가 공유하고 있기에 그 문제를 극복할 수 있다."라고 말했다.

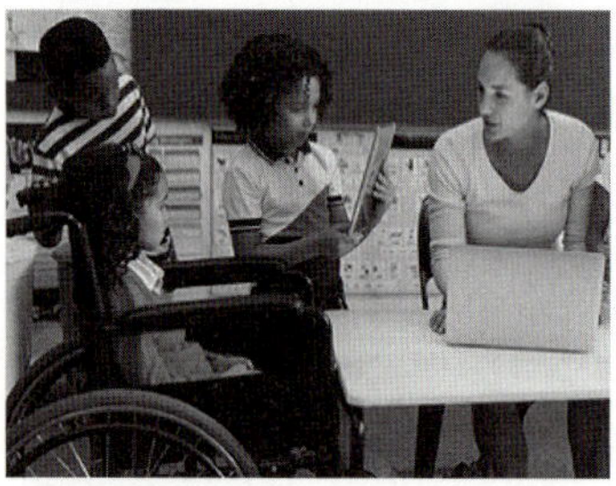

2016년 미국 교육부 발표 자료에 따르면 특수교육 대상 장애학생의 94.7%가 일반학급에서 교육을 받는다. 미국 특수학교 '사이프레스 프라이머리 스쿨'의 네이선 예이츠 특수교사는 "장애학생이 담당 교사와 함께 매주 두 차례 인근 식품점, 레스토랑 등에 가는 적응훈련을 한다."며 "혹시 발생할지 모르는 차별을 막기 위해 해당 가게와는 사전 협의를 진행한다."라고 설명했다. 이 밖에도 미국에서는 매주 두 차례 장애학생과 비장애 학생이 함께하는 음악 수업, 야외활동 수업 등 통합교육을 진행한다. 수업의 커리큘럼 또한 교육보다는 의사소통에 중점을 둔다.

출처: http://www.donga.com(2019. 10. 26.).

● 통합교육의 빛과 그림자

통합교육? 함께 하지 않는 통합교육은 고민해야 할 것입니다.
통합교육은 특수교육대상자(장애아동)만을 위한 교육일까요?

통합교육은 이제 특수교육대상아동의 일방향적 지원 관점과 조명에서 벗어나 양방향적 지원 관점의 구현으로 진정한 통합교육의 장을 실현해야 합니다. 즉, 서로의 특성과 다름의 차이를 이해함으로써 동등한 관계 속에서 거듭나야 한다는 것입니다.

네 잎 클로버

전선주

잔디밭을 걸으며
세 잎 클로버 무리를 만났습니다.

하지만 세 잎 클로버엔
눈길을 주지 않았습니다.

단지 그 무리 속에
네 잎 클로버가 있는지
살펴볼 뿐입니다.

일반적인 클로버가 아닌
돌연변이 네 잎 클로버에
애정을 주고 싶습니다.

소년 시절 네 잎 클로버가
행운을 준다는
의미가 생각나서가 아닙니다.

세 잎 클로버 속의 돌연변이는
몇만 분의 일이란
확률을 가진 귀한 존재입니다.

클로버 세계의
스타를 찾고 있습니다.
이 세상에도
네 잎 클로버의 모습들이
귀하게 여겨지길 바라면서

출처: 한국통합교육연구회(www.inclusion.co.kr).

통합교육은 법률에 규정한 특별한 교육적 서비스가 필요한 아동이 일반아동과 함께 교육 현장에서 동등하게 교육받을 교육권을 보장해 주고 있다. 이들이 학교를 졸업한 후 사회 구성원으로 우리와 함께 살아가야 하기 때문이다.

01 통합교육의 개념과 정의

1) 통합교육의 개념

[그림 3-1] 통합교육 장면

출처: 창원교육지원청.

통합은 우리 사회의 중요한 화두이고, 특히 특수교육에서는 미래교육의 중요한 방향으로 생각된다. 특수교육대상아동을 둔 다수의 부모는 자녀를 일반학교에 보내어 통합교육을 받고자 하지만, 아직까지 일반교육 환경은 특수교육대상자의 다양한 교육적 요구를 충족시켜 줄 수 있을 정도로 충분한 준비가 되어 있지 못한 실정이다. 통합교육은 아동이 장애를 가지고 있거나 장애가 없는 모든 아동이 같은 장소에서 함께 교육받아야 한다는 하나의 교육적 철학이다. 통합교육은 각 시대의 문화, 주된 교육철학, 특수교육의 정책에 따라 변화되어 왔다.

통합은 교육체제를 일반교육과 특수교육이라는 이중의 체제로 분리하는 가정에 문제를 제기한다. 이런 문제의 하나는 분리교육이 아동을 가르치는 것보다 아동의 결함에 집중하는 의학적 모형에 기초하고 있다는 것이다(Aniscow, Farrell, & Tweddle, 2000). 반면, 통합의 원리는 교수의 형태에 있다. 이는 신체적 · 지적 · 감각 운동적, 사회 · 정서적으로 장애를 지닌 아동을 포함하여 모든 아동을 차별하지 않고, 아동의 학습 곤란 원인을 아동이 배치되어 있는 교육 환경에 있다고 규정한다

(Avramidis, Bayliss, & Burden, 2000).

통합교육은 일반교육과정에 특수교육대상자를 포함시키는 것이며, 일반아동과 함께 생활하고 배움으로써 서로의 이해, 편견 감소, 상호 협조하여 공동체 의식을 함양하고자 하는 교육 환경을 만드는 것이다. 특수교육에 있어서 특수교육대상자를 위한 교육 프로그램의 가장 중요한 목표는 개개인의 특성과 잠재 능력을 배양하여 통합된 사회의 구성원으로 더불어 살아갈 때 독립적인 삶을 사는 것이라고 할 수 있다. 독립적으로 생활한다는 것은 정상적인 환경에서 적절하게 행동하고 적응하는 것을 의미한다.

이를 성취하기 위한 방법인 정상적인 교육 환경에서의 통합교육은 교육적인 의미에서뿐만 아니라, 장애인의 인간적인 권리 존중의 차원에서 그 중요성이 강조되고 있으며, 실제로 지난 20~30년간 통합교육의 혜택을 받는 아동의 수가 급속한 속도로 증가하고 있다.

그러나 우리나라의 통합교육은 아직 장소의 통합에 머물고 있다. 최근 들어 우리나라 통합교육의 문제점을 개선하고자 교육과정의 통합을 위해 일반교육과정에 장애아동을 위한 교육적 책무에 관한 규정을 삽입한 바 있다. 이를 계기로 우리나라에서도 좀 더 진전된 통합교육모형이 자리를 잡아 가고 있다(공주대학교 특수교육연구소, 2016).

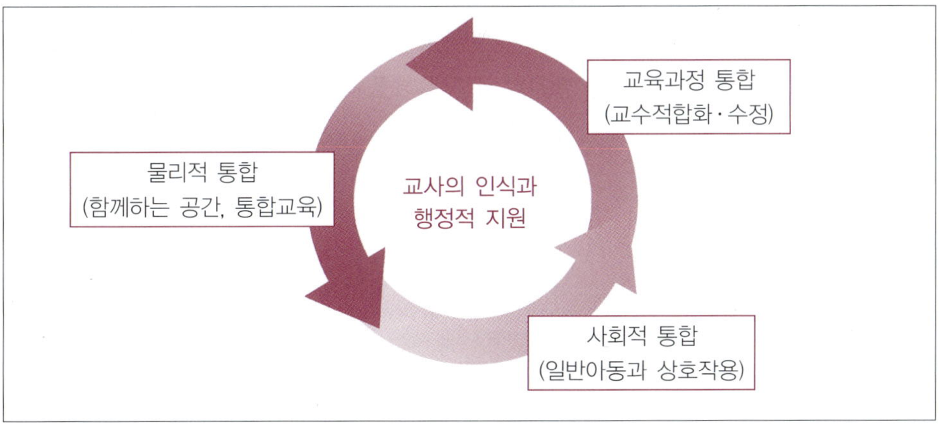

[그림 3-2] 통합교육의 개념

〈표 3-1〉 통합교육의 목표 및 내용

목표	내용
다양성의 인정 및 수용	개인 간의 차이를 인정·수용·존중하고 개인의 능력이 서로 다름에 대해 차별하지 않고 독특한 요구로 인정
교육의 평등성 추구	동일한 교육을 제공하는 것이 아닌 개인이 지닌 학습 능력과 요구에 적합한 교육 서비스를 제공
교육의 수월성 보장	수월성을 보장하는 것을 우수학생 교육에 국한시키지 않고 개인의 잠재력을 최대화한다는 측면에서 이해하는 것이 필요하며, 장애아동의 잠재력을 최대한 계발시켜준다는 측면에서의 수월성 보장
공동체 사회의 구현	단 한 명의 구성원도 소외시키지 않고 각자 역할에 맞는 수행을 하며 집단으로 공동의 이익에 기여하고 조화를 이루며 더불어 살아가는 사회의 구현.

출처: 한국통합교육학회(2009). 통합교육. pp. 20-21 수정 발췌.

2) 통합교육의 정의

(1) 용어의 정의

통합교육에 대한 정의는 시대의 변화에 따라 점차 다르게 정의되어 왔다. 현재 우리가 말하는 통합교육이란 완전통합(inclusion)을 말하는 것이다. 통합교육을 의미하는 용어들을 보면 그동안 용어들이 생성되고 새로운 용어로 대치되어 사용되어 왔다. 특히, 국내에서는 용어에 관한 충분한 논의가 없었는데, integration을 '통합교육', full integration, inclusion, full inclusion을 '완전통합교육', inclusion을 '포함교육', '포괄교육' 혹은 '통합교육', full inclusion을 '완전포함교육' full inclusive education을 '모든 학생을 위한 일원화된 교육공동체로서의 통합교육' 등으로 다양하게 번역하여 사용하여 왔다(한국통합교육학회, 2009). 그러나 통합의 과정적 측면에 거시적 안목으로 폭넓게 조망하여 정리하여 보면 '통합'과 '포함'이라는 두 가지의 의미로 요약할 수 있다.

다음의 [그림 3-3]에서는 '통합'과 '포함'이라는 의미에 대하여 서로 간략하게 비교하여 표현하였다.

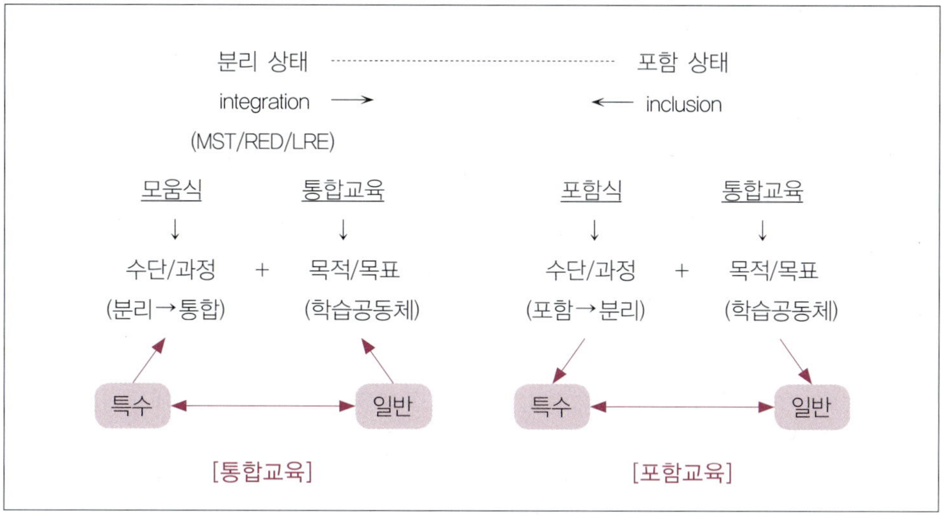

[그림 3-3] intergration과 inclusion의 의미 비교도

출처: 한국통합교육학회(2009). 통합교육. p. 19.

(2) 법적 정의

우리나라에서 통합교육에 대하여 법률적으로 정의한 것은 특수교육의 모체법이 되는 「특수교육진흥법」에서 시작되었으며, 최근 전면 개정된 「장애인 등에 대한 특수교육법」에서도 다음과 같이 통합교육의 정의를 내리고 있다.

❶ 「특수교육진흥법」에서의 정의

「특수교육진흥법」에서는 "특수교육대상자의 정상적인 사회적응 능력의 발달을 위하여 일반학교에서 특수교육대상자를 교육하거나 특수교육기관의 재학생을 일반학교의 교육과정에 일시적으로 참여시켜 교육하는 것"으로 규정하였다.

❷ 「장애인 등에 대한 특수교육법」에서의 정의

「장애인 등에 대한 특수교육법」에서의 통합교육이란 특수교육대상자가 일반학교에서 장애유형 · 장애정도에 따라 차별받지 아니하고 또래와 함께 개개인의 교육적 요구에 적합한 교육을 받는 것을 말한다.

(3) 학문적 정의

통합교육이 무엇인가에 대해서는 많은 전문가에 의해 다양하게 정의되고 있지만, 대부분의 정의는 모두 일반교육과정에 특수아동을 포함시키는 것을 공통적인 핵심 내용으로 포함하고 있다. 통합교육은 다양한 교육적인 필요와 능력을 지닌 아동이 함께 교육을 받는 프로그램으로서 그 특징은 특수교육대상아동과 일반아동이 사회적 활동이나 교수활동에서 의미 있는 상호작용을 하는 것이다(조윤경 외, 2013).

즉, 통합교육은 특수교육대상자는 물론 모든 학생을 교육할 수 있는 체제가 구축된 환경에서 차별받지 않고 개개인의 독특하고 다양한 개별적 요구에 적합한 최상의 교육적 서비스를 제공하는 것을 의미한다.

02 통합교육의 패러다임 변화

장애아동에 대한 통합교육의 역사는 비교적 최근에 시작되었으며 전문가들이 통합교육 운동을 전개하고 그 실시를 강조한 것은 반세기에 불과하다. 그럼에도 불구하고 통합교육을 가속화한 여러 요인으로는 정상화 원리, 탈시설수용화, 최소제한 환경에서의 교육의 의무화와 같은 법률 제정 주류화, 일반교육 주도 그리고 완전통합이 있다(공주대학교 특수교육연구소, 2016).

1) 정상화 원리(1900~1960년대)

스칸디나비아 반도에서 시작된 철학으로 장애아동은 비장애 또래처럼 동일한 자유, 생활 선택, 상황 및 기회 등에 대한 권리를 가진 것으로 보아야 한다는 믿음에 기초한다. 이러한 정상화 원리의 움직임은 장애아동에게 가능한 한 정상에 가까운 교육 환경 및 생활 환경에서 교육받도록 해야 한다는 특수교육의 철학적 배경이 자라게 된 것이다.

2) 탈시설화(1950~1960년대)

지적장애인 등을 대규모 시설로부터 가족과 보다 작은 지역사회의 시설로 이동시키려는 운동으로 광범위하게 수용하고자 하는 것이다. 탈시설수용화를 주도하는 데 가장 큰 영향을 미친 요인은 1960년대의 많은 수용시설이 적절한 교육 및 양육을 제공하지 못하였기 때문이다.

3) 최소제한 환경(1970년대)

1975년 미국 「장애인교육법」에서 처음 명시된 용어로 장애아동을 또래의 비장애아동으로부터 최소한으로 분리시켜야 한다는 원리이다. 모든 아동이 일반교육에 보편적으로 접근할 수 있게 하고 그들의 자유가 가장 적게 제한받으며 비장애의 또래와 상호작용할 수 있는 환경에서 교육받을 것을 요구한다.

4) 주류화(1980년대)

1980년대 새롭게 나타난 통합교육에 대한 개념은 주류화이다. 넓은 의미에서 주류화는 장애아동을 가능한 한 일반아동의 생활 흐름에 포함시키는 것을 의미한다(Tumbull & Tumbull, 1990). 최소제한 환경이라는 규정에 의해 장애아동을 부분제나 전일제 특수학급에 배치되도록 해 왔던 그 당시의 분위기에서 새롭게 등장한 주류화는 최소제한 환경과 동일한 의미로 사용되기도 하였다.

5) 일반교육 주도(1980년 중반)

Will(1986)이 장애아동이 적절한 교육을 받기 위해서는 근본적으로 기존 학교체제의 개혁이 필요하다고 등장하면서 시작되었다. 교육체제는 학교로부터 장애아동을 구별하고 특수교육 서비스 대상자인지 결정하는 데 많은 시간과 노력을 기울이는 대신 모든 아동에게 적절한 서비스를 제공하기 위해 많은 노력을 기울이게 된다는 것이다(Smith et al., 2004).

6) 완전통합(1990년 중반)

inclusion(통합교육)은 일반교육 주도를 실현하기 위한 프로그램 모델을 지칭하는 용어이다(Smith et al., 2004). 완전통합은 장애아동을 장애의 유형과 정도에 관계없이 비장애의 또래와 일반학급에 배치하려는 원리와 실제를 의미한다. Kauffman과 Hallahan(2005)은 완전통합이 모든 아동에게 효과적인 것은 아니며, 어떤 아동의 경우 분리되었을 때 더 나은 향상을 보일 수 있다고 하였다.

정상화 원리 → 탈시설화 → 최소 제한환경 → 주류화 → 일반 교육주도 → 완전통합

03 통합교육의 현황

통합교육의 대상자는 누구인가? 「장애인 등에 대한 특수교육법」에서는 통합교육의 대상자를 직접 규정하고 있지는 않다. 그러나 통합교육의 정의에서 이미 특수교육대상자를 통합교육의 대상으로 언급하고 있기 때문에 통합교육의 법적 대상은 특수교육대상자와 동일하다.

> 통합교육대상자 = 특수교육대상자

2023년 교육부 통계에 따르면 일반학교 통합교육의 특수교육 현황은 다음과 같다.

[특수학급] 2023.4월 현재

학교급	학교 수	학급 수	학생 수	교원 수
유치원	814	1,539	3,422	952
초등학교	4,422	7,038	26,282	5,821
중학교	1,867	2,721	9,907	2,401
고등학교	1,079	1,955	10,978	2,241
전공과	18	34	223	62
계	8,200	11,105	50,812	11,477

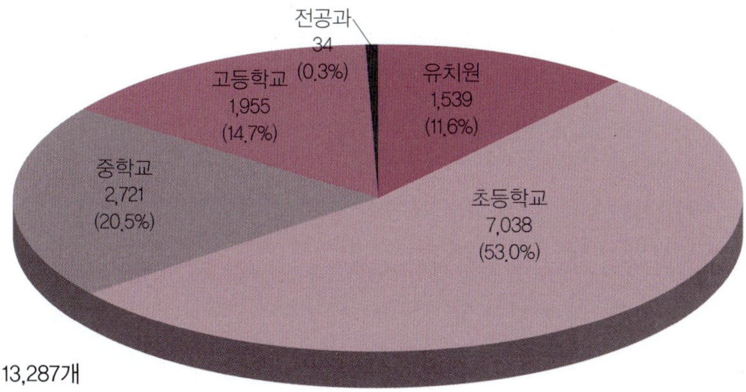

※계: 13,287개

[그림 3-4] 일반학교 통합교육의 특수교육 현황

출처: 교육부(2023). 특수교육 연차보고서.

04 통합교육의 효과와 교사 간 협력

1) 통합교육의 효과

통합교육은 일반교육 환경에서 특수교육대상아동과 일반아동 개개인 교육적 요구에 긍정적인 결과의 교육적 목표를 가지고 접근해야 한다. 통합교육은 함께 통합된 일반아동의 사회성 발달에도 긍정적인 영향을 미치며, 편견과 차별이 없는 순수한 또래관계 속에서 장애 그 자체를 자연스럽게 이해할 수 있다.

(1) 통합교육이 특수교육대상아동에게 주는 효과

- 일반아동과 정규과정의 학교생활을 통하여 경험의 폭이 넓어진다.
- 다양한 교육적 경험을 제공하여 독립심과 자립심 형성에 긍정적 결과를 가진다.
- 학교생활의 교육과정에 따라 규칙적인 행동과 올바른 생활습관이 습득된다.
- 잠재되어 있는 능력 및 잔존 능력이 상호작용을 통하여 발달되는 기회가 된다.
- 일반아동의 행동을 보고 모방함으로써 발달의 촉진과 관찰학습을 할 수 있다.

(2) 통합교육이 일반아동에게 주는 효과

- 특수교육대상아동과 함께하는 체험을 통해서 성인으로부터 얻은 장애에 대한 부정적인 인식이 개선되는 기회가 된다.
- 자신과 다른 친구의 존재를 알게 되며, 나와는 다름을 자연스럽게 알게 된다.
- 특수교육대상아동을 가르쳐 주면서 자신의 지식을 보다 확실하게 할 수 있다.
- 특수교육대상아동을 배려해 주고 도와주는 마음으로 감정이입 등의 사회적인 행동이 다양하게 향상된다.

(3) 통합교육이 교사에게 주는 효과

- 다양한 특성을 지닌 아동을 경험함으로써 교사로서 좀 더 관심을 가지며, 여러 영역의 장애에 대하여 학습하는 기회가 되고 교사 자신의 발전 기회가 된다.
- 모든 학급아동에 대한 관찰력이 생기고 지도 교수방법의 능력이 향상된다.
- 일반교사와 특수교사 간 협조가 강화되며, 이를 통하여 아동에 대한 특성을 잘 이해하고 특수교육 서비스의 교육적 지식 정보를 공유하게 된다.
- 장애를 극복하고 성장하는 아동에 감동하며, 교사로서의 긍지와 보람을 느낀다.

2) 일반교사와 특수교사의 협력

성공적인 통합교육은 교사 간의 의사소통과 지원, 서비스의 질에 달려 있다. 즉, 아동의 배치에 관한 결정부터 통합된 아동의 교수-학습의 계획, 실행, 적응, 다른 아동과의 상호작용 등 교육 전반에 걸쳐서 아동을 담당하는 두 교사 간의 협력은 매우 중요하다.

교사 간 공동협력의 형태는 아래의 〈표 3-2〉와 같다.

〈표 3-2〉 교사 간 공동협력 형태

형태	설명	예
협력적 교환	교사 경력에 상관없이 새로운 정보나 지식을 자유롭게 교환한다.	특수교사와 일반교사가 통합된 장애아동의 학습 특성에 관해 정보를 교환한다.
협력적 모델링	경험이 많은 교사가 특정 교수 실제에 대해 동료교사에게 시범교수를 보인다.	특수교사가 일반교사에게 통합된 장애아동의 행동문제 중재방법을 시범 보인다.
협력적 코칭	경험이 많은 교사가 동료교사에게 새로운 교수전략이나 실제를 습득하고 적용할 수 있도록 피드백을 제공한다.	경험이 많은 특수교사가 신임 특수교사에게 개별화교육계획을 능숙하게 작성할 수 있도록 피드백을 제공하며 돕는다.
협력적 감독	경험이 많은 교사가 동료교사의 교수 실제에 대해 평가적 피드백(evaluative feedback)을 주어 교수가 향상되도록 돕는다.	주임교사가 컴퓨터를 이용한 읽기 프로그램을 실시한 교사의 교수방법이 효과적이었는지에 대해 평가한다.
협력적 조언	경험이 적은 교사가 문제에 부딪힐 때마다 경험이 많은 교사가 조언을 하여 문제해결을 돕는다.	신임교사가 비협조적인 부모와의 관계, 교사의 탈진 상태(burn out) 및 동료교사와의 갈등에 이르기까지 모든 문제에 대해 경험이 풍부한 교사에게서 조언을 받는다.

출처: 이미숙 외(2013). 특수교육학개론. p. 240.

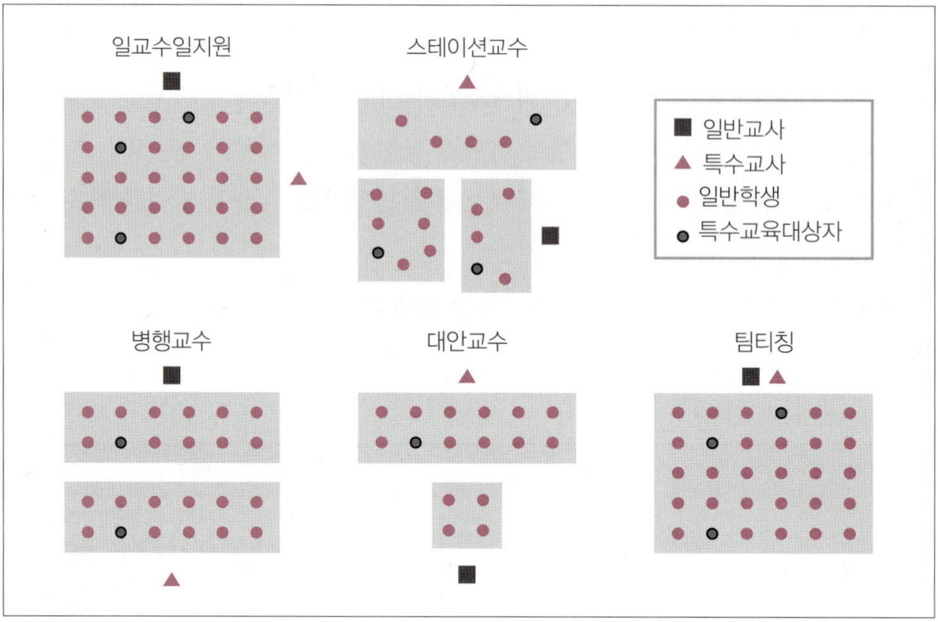

[그림 3-5] 일반교사와 특수교사의 협력모형

출처: 정대영(2011). 특수교육학개론. p. 62.

(1) 일반교사와 특수교사의 협력방안

교사 간 협력의 가장 두드러지는 저해 요소는 역할에 대한 이해 부족, 협력체계의 미흡, 협력에 대한 평가와 지원 부족, 협력기술에 관한 훈련 부족으로 나타나며, 많은 학생 수나 협력을 위한 시간 부족과 같은 실천적인 방해 요소, 협력절차에 대한 불확실한 정의, 개념상의 장벽, 통합이나 상대 교사에 대한 부정적인 태도와 같은 개념적인 방해 요소가 있다.

따라서 일반교사와 특수교사가 서로 긍정적인 상호관계를 구축할 수 있도록 조직적인 구조를 형성해야 하며, 교사는 정보나 기술을 교환하는 능력, 문제를 해결하는 능력, 문제를 해결하는 기술, 일치된 의견으로 결론에 합의하는 기술을 적절하게 사용하도록 훈련함으로써 교사 간 협력을 원활하게 수행할 수 있다(이소현 · 황복선, 2000). 성공적인 특수교육대상자에 대한 통합교육 서비스는 교사 간의 의사소통과 지원, 서비스의 질에 달려 있다.

05 통합교육의 실제

특수교육대상아동이 통합된 교실에서 학습하는 것은 대부분 일반교사나 또래아동과의 상호작용에 의존한다. 이러한 상호작용은 아동의 잠재 능력이 교사나 또래아동과의 상호작용과 연결됐을 때 가장 성공적일 수 있다.

한국통합교육학회(2009)와 정동영 외(2012)가 제시한 협동학습, 차별화교수, 협력교수에 대한 교수-학습전략을 중심으로 살펴보고자 한다.

1) 협동학습(cooperative learning)

일반학급에서 특수교육대상자를 가르치는 데 일반 또래를 활용하는 방법으로 일대일 개인지도와 팀끼리의 경쟁 등을 조성하여 실시할 수 있는 것으로써 협동학습의 주요 전략과 수업 때 고려할 사항은 〈표 3-3〉과 같다.

〈표 3-3〉 협동학습의 주요 전략과 수업 때 고려할 사항

〈주요 전략〉
- 학습할 주제를 명확하게 기록한다.
- 학습을 시작하기 전에 학습 집단에 배정될 인원수를 결정한다.
- 교사는 집단의 협동학습 효과를 관리하며, 질문에 대답하고 과제를 수행하는 기술을 가르치는 등의 과제 보조를 제공해 주거나 아동의 대인관계기술과 집단활동기술을 증가시키기 위해 중재를 한다.
- 아동의 성취를 평가하고, 아동이 각자 어떻게 서로 잘 협력했는지 토론하도록 돕는다.

〈고려할 사항〉
- 교사의 감독: 집단활동의 규칙을 확립하기 위해 교사의 관리·감독이 필요하다.
- 이질적 집단: 서로 다른 능력과 배경을 가진 아동이 목표를 달성하기 위해서는 서로 협력하는 것을 배울 수 있도록 한다.
- 대면적 상호작용: 가까운 거리에서 시선을 마주 보면서 말이나 몸짓으로 대하도록 격려한다. 아동은 하나의 소집단으로 서로 설명하거나 토론하고, 문제를 해결하고 과제를 완성한다.

2) 차별화교수(differentiated instruction)

차별화교수는 수업에 참여하는 다양한 학습자의 특성을 준비도, 관심사 및 흥미, 학습 프로파일로 나누어 분석하고, 수업에서 각자의 특성에 맞는 여러 선택을 제공하여 개개인에게 적합하고 흥미로운 학습 경험을 제공하는 것이다.

학습과정은 아동이 학습 내용과 어떻게 상호작용하는가에 관련되는 것으로, 이러한 학습 상호작용은 부분적으로 아동의 다양한 학습 선호도에 의해 결정될 것이다(예: 청각적 학습자인가, 시각적 학습인가, 구체물을 필요로 하는 학습자인가 등).

이러한 학습과정에 포함되는 것들은 〈표 3-4〉와 같다.

〈표 3-4〉 차별화교수 시 학습과정에 포함되어야 할 내용

절차	포함되어야 할 내용
학습촉진화	학습할 내용, 선행학습 내용과의 관련성, 학습할 내용의 중요성, 학습 후 할 수 있어야 하는 것 등을 설명하는 도입활동
학습활동	모델링, 리허설, 반복합창, 내용과 관련된 동작, 교육적 게임과 같이 아동을 위한 실제적 교수활동 포함
집단활동	개별과 집단 중심의 학습활동 모두 학습절차에 포함되도록 계획

출처: 김자경 · 김기주(역) (2007). 학습장애학생을 위한 차별화 교수법. p. 18.

3) 협력교수

협력교수는 일반교사와 특수교육 관련 전문가가 교육계획 · 교수 · 평가에 직접적으로 참여하면서 상호작용적 · 역동적 관계를 형성하며, 교사 간의 팀티칭에서 전문적인 교수 장점의 교류를 통한 지속적인 학급운영에 초점을 맞춘다(Stoddard et al., 1996; Walther-Thomas, Bryant, & Land, 1996).

협력교수의 다양한 접근은 다음과 같이 이루어질 수 있다.

- 한 교사가 한 집단을 교수, 다른 교사는 개별 점검 및 지도
- 두 교사가 두 집단에 같은 내용을 지도, 주로 소집단 활동 시 따로 지도하고 마

치기 전에 함께 모여서 요약과 마무리(중요 내용 요약)

- 복수 집단: 두 교사가 관리/교수, 다양한 교육내용도 가능, 한 교사가 개인별 또는 소집단별 지도를 하고 다른 교사는 여러 집단 관리/감독

4) 통합교육을 위한 팁

통합교육은 교사나 부모만의 노력으로는 성공하기 어렵다는 점을 앞서 지적하였다. 교육에 관여하는 모든 관계자가 통합교육을 위해 각자의 역할을 충실히 하는 것이 중요하다. 다음은 특수교육대상아동에 대한 장애영역별로 가족과 교사가 실천할 수 있는 교육내용을 간략히 서술하였다.

(1) 시각장애

- 이동 능력을 향상시키기 위해 학급, 학교, 지역사회 환경을 탐색하고 학습하도록 돕기
- 촉감을 발달시키고 청력을 이용하는 활동을 함께하여 정보 획득 능력을 발달시키기
- 또래아동과 미소를 짓거나 시선을 마주 보는 법 등을 학습하도록 돕기
- 가족과 협력하여 방향감각과 이동 능력을 발달시켜 가정과 학교 상황에 적응하도록 돕기
- 학급에서 일반아동과 정상적인 목소리로 대화하고 상호작용할 수 있도록 돕기

(2) 청각장애

- 교사는 교실의 자리 배정에 관심을 가지고 청각장애아동의 잔존청력이 남아 있는 우수한 귀 쪽 방향으로 배정하기(예: 오른쪽 귀에 청력이 남아 있는 아동은 교사와 마주 보는 오른쪽에 위치)
- 청각장애아동과 대화할 때 말의 속도에 주의하면서 천천히 말하고, 입 모양을

정확히 보여 주기

- 청각장애아동이 일반아동과 자연스럽게 상호작용하도록 분단 학습활동을 구성하기
- 학교와 가정이 연계하여 일관성 있게 청각장애아동의 의사소통기술을 향상시키기
- 청각장애아동이 사용할 음향기기(예: 보청기, 인공와우기기)에 대해 이해하기
- 보청기를 착용하고 학급에서 적절히 활동할 수 있다는 점에 확신하기

(3) 지적장애 및 발달지체

- 각 아동의 학습 능력에 먼저 초점을 맞추고, 학습의 일반화와 전이 촉진시키기
- 과제의 구성 요소를 명확히 제시하고, 학습 분위기를 산만하게 하는 외부 자극 줄이기
- 단순한 과제로 시작하여 학습기술을 습득해 감에 따라 점차 복잡한 과제로 넘어가기
- 다양한 시청각 자료의 구체적인 제시를 통하여 학습의 정확한 개념의 이해를 도와주기
- 일반아동과 적절한 행동으로 상호작용할 때, 과제를 정확히 수행할 때는 보상을 주기

(4) 지체장애 및 건강장애

- 지체 및 건강장애를 지닌 아동이 활동할 수 있는 교실 환경 조성하기(이동권 확보)
- 교실 학습활동의 다양한 환경을 제공하고 또래관계 증진에 유익함을 얻도록 지원하기
- 부모와 상담을 통해서 아동의 신체적 · 건강적 특성을 파악하고 요구를 충분히 이해하기

- 학교활동 및 교실활동에서 자발적으로 성취할 수 있는 학습동기와 능력을 제공하기

(5) 정서 · 행동장애

- 특수교사와 일반교사는 아동이 방과 후에 다니는 전문기관 등과 협력하여 교육효과 극대화하기
- 명확한 일정표와 규칙을 마련하고 학급 내 모든 아동의 긍정적인 결과 확보하기
- 모든 아동에게 학급규칙의 사회적 행동(지시 따르기, 인사 나누기, 장난감 함께 가지고 놀기, 화날 때 사용하는 말 등)을 교실 내 목록표로 작성 · 비치하여 피드백 주기
- 아동의 학교생활과 교육의 성공적 지원을 위해 관련 전문가에게 도움 요청하기

(6) 자폐성장애

- 자폐성장애아동 고유의 특성을 파악하여 아동의 의사소통 의도 이해하기(예: 아동이 "글씨 써 줄까?"라고 말하는 것은 상대방 입장에서 표현하는 것으로 "글씨 써 주세요!"라는 뜻)
- 아동의 기능 수준에 맞게 지도하고, 직접적인 문단을 이용하여 가급적 언어적 부담 줄이기
- 명확한 신체적 단서 또는 시각적 모델링을 이용하여 의미 있는 활동을 하도록 설득하기
- 자폐성장애아동은 시각적인 능력이 뛰어난 경향이 있으므로 정보를 제공할 때 고려하여 제시하기

(7) 의사소통장애

- 조음장애: 학급 발표 상황에서 조음장애아동이 발음에 오류를 보이더라도 이해하기
- 유창성장애: 말을 더듬는 장면에서 재촉하거나 다시 말할 것을 요구하기보다는 기다려 주기
- 음성장애: 음성 오남용으로 발생하므로 가정과 연계하여 음성 휴식 제공하기
- 언어장애: 구문론, 의미론, 화용론적인 어려움을 지니므로 아동의 특성을 파악하여 지도하기

(8) 학습장애

- 아동이 반복된 학습의 실패로 인한 학습무력감에서 빠져나올 수 있도록 격려와 지지하기
- 학습 능력의 현 수준을 고려하여 적절한 내용과 수준의 학습 제시로 성취감 제공하기
- 학습 제시 요점과 의미를 명확히 하기 위해 예를 많이 들어 주고 강화하기
- 새로운 자료나 기능을 학습할 때는 평소보다 더 많이 연습시키기

06 개별화교육계획의 개념

개별화교육계획(individualized education program: IEP)이란 특수교육대상자의 개별적 특성에 따른 교육적 요구에 적합한 교육과정 및 특수교육 관련 서비스에 대해 기록한 법적 문서이며, 교육의 설계도이다.

1) 개별화교육계획의 정의

개별화교육계획은 각 아동이 지니는 개인차, 장애와 발달상의 개인차로 인해 단일 교육과정으로는 대상아동의 필요를 충족시킬 수 없어, 교육을 계획하고 실시함에 있어 아동의 발달에 적절한 프로그램을 계획하고 시행하는 것을 말한다.

여기서 개별화란 교사와 아동이 일대일로 교육하는 것이 아닌 교육 프로그램이 각 아동에게 맞추어서 작성되는 것을 말한다(이창미 외, 2005).

- 개별화: 특수교육대상자의 개별성을 의미하는 것으로 아동의 개별적인 특성을 고려해야 함을 강조한다.
- 교육: 교육은 크게 교육과정과 특수교육 관련 서비스를 의미한다. 여기서 교육과정은 특수교육대상자의 교육적 요구에 적합한 교육과정이며, 특수교육 관련 서비스는 다양한 인적·물적 지원, 치료 및 보조공학기기 지원 등을 말한다.
- 계획: 개별화교육지원팀이 협력하여 수행해야 하는 특수교육대상자의 교육적 요구에 적합한 교육과정 및 특수교육 관련 서비스를 마련하는 것을 의미한다.

(1) 「장애인 등에 대한 특수교육법」에서의 개별화교육계획 정의

> 각급 학교의 장이 특수교육대상자 개인의 능력을 계발하기 위하여 장애유형 및 장애특성에 적합한 교육목표, 교육방법, 교육내용, 특수교육관련 서비스 등이 포함된 계획을 수립하여 실시하는 교육을 말한다.

2) 개별화교육계획의 기능

개별화교육계획의 주요 기능은 다음과 같이 크게 세 가지 측면으로 살펴볼 수 있다(박순길 외, 2014).

- 부모, 교사 및 행정가가 특수교육대상자에게 어떤 교육적 서비스와 관련 서비스가 시행되고 있는지 파악하는 관리 도구로서의 기능
- 특수교육대상아동의 진보 상황을 알아보는 평가 도구의 역할을 하여 교육의 적절성을 평가하는 데 중요한 서류의 기능
- 특수교육대상아동에 대한 적절한 교육적 배치와 절차를 위한 도구로서의 기능

또한, 국립특수교육원(2008)에서는 개별화교육계획의 기능을 다음과 같이 설명한다.

- 특수교육대상자를 위하여 특별하게 고안된 교육을 보장하기 위한 계획서
- 특수교육대상자의 교육방향(목표, 내용, 방법)을 제시하는 계획서
- 특수교육대상자의 교육 성취를 점검하고 평가하는 평가 계획서
- 특수교육대상자 및 보호자의 권리를 옹호하는 주요 문서
- 개별화교육지원팀의 개별화교육계획의 실행에 대한 책무성을 강화하는 실질적 문서
- 개별화교육지원팀의 협력적 체계 구축 및 의사소통을 돕는 문서

07 개별화교육계획의 수립 · 실행 절차

개별화교육계획을 수립하여 실행하는 가장 중요한 이유는 장애를 지닌 개별적인 아동이 필요한 적절한 교육과 관련 서비스를 받을 수 있도록 하기 위해서이다. 개별

화교육계획의 수립과 실행 절차는 「장애인 등에 대한 특수교육법」에서 규정하고 있으며, 개별화교육계획 사례를 살펴보면 다음의 〈표 3-5〉와 같다.

1) 개별화교육계획 구성 요소

「장애인 등에 대한 특수교육법 시행규칙」 제4조에서 제시하는 개별화교육계획의 구성 요소는 다음과 같다.

① 특수교육대상자의 인적사항
② 특별한 교육지원이 필요한 영역의 현재 학습수행 수준
③ 교육목표(장기 및 단기 교육목표)
④ 교육내용
⑤ 교육방법
⑥ 평가계획
⑦ 특수교육 관련 서비스

2) 개별화교육지원팀 구성

각급 학교의 장은 특수교육대상자의 교육적 요구에 적합한 교육을 제공하기 위하여 매 학년의 시작일로부터 2주 이내에 각각의 특수교육대상자에 대한 개별화교육지원팀을 구성하여야 한다.

① 학교장
② 보호자
③ 특수교육 교원
④ 일반교육 교원
⑤ 진로 및 직업담당 교원
⑥ 특수교육 관련 서비스 담당 인력

3) 개별화교육계획의 수립 · 실행 절차

개별화교육계획의 수립 · 실행 절차는 의뢰, 진단 및 평가, 선정, 배치, 개별화교육계획의 작성, 개별화교육계획의 실행 및 평가로 이루어지며, 단계별 내용은 아래의 [그림 3-6]과 같다.

진단 · 평가 의뢰	보호자, 학급학교장이 의뢰
진단 · 평가 실시	30일 이내 실시 후 교육장이나 교육감에게 보고
특수교육대상자 선정	2주 이내 보호자에게 통지
배치	30일 내 통보 이의 시, 부모 90일 이내 행정심판 제기
개별화교육계획 작성	학기 시작일로부터 2주 이내 개별화교육지원팀 구성 후 30일 이내 작성
개별화교육계획 실행	개별화교육지원팀에게 개별화교육계획 복사본 제공
개별화교육계획 평가 및 검토	학기마다 평가 후 보호자에게 통보

[그림 3-6] 개별화교육계획 수립 · 실행절차

출처: 국립특수교육원(2009). p. 10.

08 개별화교육계획의 실제

개별화교육계획의 수립 및 운영 절차를 위하여 사용되는 서식에 따른 작성실제 사례는 다음의 〈표 3-5〉와 같다.

〈표 3-5〉 개별화교육계획 양식 사례

4. 학생 인적사항

<table>
<tr><td>성명</td><td colspan="2">남○○</td><td>성별</td><td>남</td><td colspan="2">생년월일</td><td colspan="3">2001년 1월 15일</td></tr>
<tr><td>통합학급</td><td colspan="3">2학년 2반</td><td colspan="3">입급 시기</td><td colspan="3">2008년 4월</td></tr>
<tr><td rowspan="2">주소</td><td colspan="5">대전광역시 서구</td><td rowspan="2">전화
번호</td><td colspan="3">600-9***</td></tr>
<tr><td colspan="5"></td><td colspan="3"></td></tr>
<tr><td>장애
유형</td><td colspan="2">정신지체</td><td>장애
정도</td><td>3급</td><td>장애
원인</td><td>불명</td><td>장애
등록</td><td colspan="2">2004.3.23.</td></tr>
<tr><td rowspan="7">가족
관계</td><td>관계</td><td>이름</td><td>연령</td><td>직업</td><td colspan="2">연락처</td><td colspan="3">비고</td></tr>
<tr><td>부</td><td>남○○</td><td>45</td><td>회사원</td><td colspan="2"></td><td colspan="3"></td></tr>
<tr><td>모</td><td>김○○</td><td>42</td><td>교사</td><td colspan="2"></td><td colspan="3"></td></tr>
<tr><td>제</td><td>남○○</td><td>15</td><td>학생</td><td colspan="2"></td><td colspan="3"></td></tr>
<tr><td></td><td></td><td></td><td></td><td colspan="2"></td><td colspan="3"></td></tr>
<tr><td></td><td></td><td></td><td></td><td colspan="2"></td><td colspan="3"></td></tr>
<tr><td></td><td></td><td></td><td></td><td colspan="2"></td><td colspan="3"></td></tr>
<tr><td colspan="2">학생의 입학 전 경력</td><td colspan="8">○○유치원 특수학급 졸업 후 ○○초등학교 특수학급 입학 후 전학</td></tr>
</table>

<table>
<tr><th colspan="6">심리검사</th></tr>
<tr><td>영역</td><td>검사명</td><td>검사일</td><td>결과 및 소견</td><td>평가자</td><td>비고</td></tr>
<tr><td>사회성</td><td>사회성숙도 검사</td><td>2008.3.10.</td><td>SQ 65</td><td>이○○</td><td></td></tr>
<tr><td>지능</td><td>지능검사(K-WISC-III)</td><td>2008.3.12.</td><td>IQ 59</td><td>이○○</td><td></td></tr>
<tr><th colspan="6">건강에 대한 정보</th></tr>
<tr><td>신체</td><td colspan="5">과체중</td></tr>
<tr><td>병력</td><td colspan="5">우울증</td></tr>
<tr><th colspan="6">생활습관에 관한 정보</th></tr>
<tr><td>행동 및
정서적 특성</td><td colspan="5">우울한 편이며, 본인에 대한 자아개념이 아주 낮고, 친구와의 관계가 원만하지 않음. 2007년에 우을증으로 정신과 치료를 1개월 정도 받음.</td></tr>
<tr><th colspan="6">간단한 생육사 및 가정환경</th></tr>
<tr><td colspan="6">주로 조모에 의해 양육되었으며, 아버지가 매우 엄한 편이나 어머니는 자상한 편임.</td></tr>
</table>

5. 수학과 개별화교육계획

성명	남○○	통합 학급	2학년 2반	실시 기간	2008.3.17.~ 2008.7.16.	지도교사	이○○(인)
현재 수행 능력	• 받아올림이 있는 덧셈식과 받아내림이 있는 뺄셈식을 계산할 수 있다. (세 자릿수+세 자릿수 / 세 자릿수–세 자릿수) • 문장제 문제를 보고, 식을 세우지 못한다.						
연간목표	[연산] 문장제 문제를 읽고 덧셈/뺄셈식을 세워 계산할 수 있다.						
1학기 목표	교사의 시범을 보고 문장제 문제해결 전략단계를 따라 말하며 문장제 문제의 덧셈/뺄셈식을 세워 계산할 수 있다.						
2학기 목표	문장제 문제해결 전략단계 카드를 보면서, 문장제 문제의 덧셈/뺄셈식을 세워 계산할 수 있다.						

월	주	월간목표	교육내용	교육방법	평가준거	평가 결과
3	3 4	교사의 시범을 보고 문장제 문제해결 전략단계를 따라 말하며, 결합형의 덧셈/뺄셈 문제를 읽고, 덧셈/뺄셈식을 세워 계산할 수 있다.	• 문제 읽고 요지 파악하기 • 문제 읽고 세우는 법	직접교수 문제해결법	교사의 시범을 보고 문장제 문제해결 전략단계를 따라 말하며 결합형의 덧셈/뺄셈 문제를 읽고, 덧셈/뺄셈식을 세워 5문제 이상 연속해서 계산할 수 있는가?	4/5
4	1 2 3 4		• 문제의 구조도 보고 식 세우기 • 결합형 덧셈/뺄셈식 세우기	직접교수 문제해결법		
5	1 2 3 4	교사의 시범을 보고 문장제 문제해결 전략단계를 따라 말하며, 변화형의 덧셈/뺄셈 문제를 읽고, 덧셈/뺄셈식을 세워 계산할 수 있다.	• 교사의 시범 보고 따라 하기 • 변화형 덧셈/뺄셈식 세우기	직접교수 문제해결법	교사의 시범을 보고 문장제 문제해결 전략단계를 따라 말하며, 변화형의 덧셈/뺄셈 문제를 읽고, 덧셈/뺄셈식을 세워 5문제 이상 연속해서 계산할 수 있는가?	4/5
6	1 2 3 4	교사의 시범을 보고 문장제 문제해결 전략단계를 따라 말하며, 비교형의 덧셈/뺄셈 문제를 읽고, 덧셈/뺄셈식을 세워 계산할 수 있다.	• 교사가 식을 세우는 과정에 대해 질문하면 대답하기 • 비교형 덧셈/뺄셈식 세우기	직접교수 문제해결법	교사의 시범을 보고 문장제 문제해결 전략단계를 따라 말하며, 변화형의 덧셈/뺄셈 문제를 읽고, 덧셈/뺄셈식을 세워 5문제 이상 연속해서 계산할 수 있는가?	5/5 (100%)
7	1 2 3 4	교사의 시범을 보고 문장제 문제해결 전략단계를 따라 말하며, 결합형의 덧셈/뺄셈 문제를 읽고, 덧셈/뺄셈식을 세워 계산할 수 있다.	• 문제 읽고 식 세우기 • 결합형 덧셈/뺄셈식 세우기	직접교수 문제해결법	문장제 문제해결 전략단계 카드를 보면서 결합형의 덧셈/뺄셈 문제를 읽고, 덧셈/뺄셈식을 세워 5문제 이상 연속해서 계산할 수 있는가?	3/5

1학기 평가 결과	• 교사의 시범을 보고 문장제 문제해결 전략단계를 따라 말하며, 결합·변화·비교형의 덧셈/뺄셈 문제를 읽고, 덧셈/뺄셈식을 세워 계산하는 과제에서 결합형과 변화형의 경우에는 80%의 수행 수준을 나타냈고, 비교형의 경우에는 100%의 수행 수준을 나타냈다. • 학생이 직접 문제해결 전략카드를 보면서 결합형 덧셈과 뺄셈 문제를 읽고 식을 세워 계산하는 과제에서는 60%의 수행 수준을 나타냈다.

6. 특수교육 관련 서비스

제공 서비스	시작일/ 종료일	장소	참여요일 및 시간	담당자	교육목표	평가 계획		평가 결과
						평가 준거	평가 방법	
통학지원 (통학보조원)			매일 (등교, 하교 시)					
심리·행동 적응훈련	'08.03.17. ~ '08.07.16.	OO 복지관 언어 치료실	월, 수 15:00 ~ 15:30	김OO	독특한 나의 모습을 찾고 긍정적으로 느낀다.	자신이 좋아하는 것, 잘하는 것, 나의 단점을 각각 두 개 이상 찾아 다른 사람에게 말할 수 있다.	수행평가 및 관찰	

7. 교육활동 지원 계획

<table>
<tr><th colspan="3">교육지원 계획</th><th colspan="7">특수학급의 교육지원 계획</th></tr>
<tr><th>교육지원 학급</th><th>책임교사</th><th>주당 지원 시간</th><th>구분 교시</th><th>월</th><th>화</th><th>수</th><th>목</th><th>금</th><th>토</th></tr>
<tr><td>통합학급</td><td>구OO</td><td>13시간</td><td>1교시</td><td>국어</td><td>수학</td><td></td><td></td><td>수학</td><td></td></tr>
<tr><td>특수학급</td><td>이OO</td><td>13시간</td><td>2교시</td><td>수학</td><td></td><td>수학</td><td></td><td>국어</td><td></td></tr>
<tr><td colspan="3">특기 사항</td><td>3교시</td><td></td><td></td><td>사회</td><td>사회</td><td></td><td></td></tr>
<tr><td>특별활동</td><td colspan="2">합창반
(담당교사: 김OO)</td><td>4교시</td><td></td><td></td><td></td><td>사회</td><td></td><td></td></tr>
<tr><td>방과 후 교육활동</td><td colspan="2">여가 및 문화체험활동
학교 자체 프로그램</td><td>5교시</td><td></td><td></td><td></td><td rowspan="2">사회적응 체험학습 및 현장실습</td><td></td><td></td></tr>
<tr><td>학교 외 프로그램</td><td colspan="2">웅변학원, 드럼학원</td><td>6교시</td><td></td><td></td><td></td><td></td><td></td></tr>
</table>

출처: 국립특수교육원(2009). 개별화교육계획 수립 · 운영자료. pp. 138-141.

09 효과적인 교과운영을 위한 교사의 역할

특수학급이나 특수학교에 다니는 특수교육대상자는 단지 기초 수준에서의 읽기 · 쓰기 · 셈하기 능력을 키우기 위해 교육을 받는다기보다는 장차 살아갈 사회에서 시민으로서 잘 살기 위한 준비를 목적으로 교육을 받고 있는 것이다. 이는 대부분 사람이 교육의 목적을 미래 사회에서의 삶을 준비하는 것이라고 추구하는 것과 다르지 않다. 그러므로, 특수교육대상아동에게 올바른 교육적 접근을 위해 공통교육과정과 기본교육과정에 대한 이해는 물론, 개별적 요구와 특성을 반영한 개별화교육계획의 충분한 이해를 바탕으로 교육계획을 수립하고 실행해 나가야 한다(이미숙 외, 2013).

다양한 교육적 요구를 지닌 특수교육대상자를 위한 교육과정에 접근하기 위해 교사에게 요구되는 네 가지 교수전략은 다음의 〈표 3-6〉과 같다.

〈표 3-6〉 특수교육대상자를 위한 효과적인 교육과정 접근

교육과정의 보편적 설계 적용	특수교육대상자를 포함하여 다른 학습적 요구를 지닌 모든 아동의 교육적 필요를 충족시킬 수 있는 내용, 자료, 교수전략을 개발하여 적용하는 것을 의미한다.
자기주도적 학습 증진	일반교육 수업의 과제 완성을 위해 언어적 자기교수나 시각적·청각적 단서를 제시하는 것은 학습뿐 아니라 일반교육 수업이라는 맥락에서 자신의 행동을 조절하거나 문제를 해결하는 방법을 배우는 것을 의미한다.
목표 기술의 체계적 교수	보편적 학습설계의 원리에 기반한 교육과정 수립과 자기주도적 학습이 이루어질 수 있도록 공통교육과정의 접근을 도모하고 전형적인 학습상황에서 직접적이고 체계적인 교수가 필요하다.
준거중심의 개별화교육 계획의 실시	준거중심 개별화교육계획은 아동의 개별적·교육적 요구에 부응하는 것뿐만 아니라 아동이 공통교육과정을 배우는 동안 아동에게 설정된 장기목표를 어떻게 성취해 나갈 것인지를 규정하는 것이 필요하다.

Chapter. 04

시각장애아동 교육

학습목표

1. 시각장애의 정의와 분류를 이해할 수 있다.
2. 시각장애아동의 특성을 이해할 수 있다.
3. 시각장애아동의 교수-학습방법에 대하여 알 수 있다.

생각나누기

국내 최초 시각장애인 이창훈 아나운서는 7일 오후 서울 여의도 KBS 본관 3층 제 1회의실에서 열린 기자간담회에 참석해 "방금 방송이 끝났다. 연습했던 3개월 시간보다 오늘 방송을 제일 잘했던 것 같다"고 웃어 보였다. 이 아나운서는 이날 정오에 방송한 '뉴스12'의 새 코너 '이창훈의 생활뉴스'의 앵커를 맡아, 점자로 된 뉴스 원고를 손으로 짚어가며 읽어가는 형식으로 정보를 전달했다(헤럴드경제, 2011.11.7.).

시각장애인 하면 흔히 생각하는 직업이 있다. 안마사, 사회 복지가, 특수교사 등이다. 그러나 이창훈 아나운서는 이러한 직업군의 고정 관념을 뛰어넘어 자신의 음성으로 세상과 소통하고 정보를 전달하는 데 함께 하였던 것이다.

● 특수교육의 발전사 과거와 현재

▼ 점자 교육

▼ 점자 정보기기

▼ 확대기

● 한국 역사 속의 장애 관련 인물사

구한말 태어난 오봉래는 우리나라 최초로 근대적 특수교육을 받고 특수교육 교사로 근무했던 시각장애인이다. 우리나라에서 장애인을 위한 근대적 특수교육은 미국 북감리교 여선교사였던 Rosett Sherwood Hall(1865~1951)이 1894년 평양에서 선교사업을 하면서 시각장애 소녀였던 오봉래를 가르친 것에서 비롯된다. 오봉래는 우리나라 최초로 특수교육인 점자교육을 받았다(정창권 외, 2014).

▼ 오봉래(?~1919)

● 눈 감고도 너희가 다 보여… 참 유니크한 선생님이지?

시각장애인 1급인 제삼열 교사가 29일 서울 강남구 수서중 301호 자신의 국어교실에서 웃고 있다. 제 교사가 손에 들고 있는 건 늘 곁에 있는 시각장애인용 점자정보단말기다. 단말기에는 입력 키보드와 점자 출력 패드가 있다. 이걸로 출석부에 학생 특징을 입력하고 수업을 준비한다. 이제는 눈 감고도 갈 수 있지만…. 소리로 길을 그려야 하는 나에게는 아득해지는 순간도 있었다. 2015년 처음 이 학교에 왔을 때도 뛰어다니는 녀석들 틈에서 교실을 찾느라 얼마나 마음 졸이며 헤맸던가. 오랜만에 학교에 들어서니 귀가 웅웅 울린다. '계단 15칸 올라간 다음 오른쪽으로 두 걸음, 꺾어지는 부분이 나오면 끝까지 간다.' 4년 전부터 수없이 외웠던 나만의 공식이 아득하기만 하다.

출처: http://www.donga.com. 2019.1.30.

우리는 눈이라는 소중한 인체 기관의 시각적인 과정을 통하여 세상과 상호작용을 한다. 시각적 기능은 다양하며, 문자나 그림 등의 자료를 보고 학습하고, 자신이 인식한 시각적 표상을 토대로 공간을 이동한다. 다른 사람의 표정이나 제스처에 대한 피드백을 받음으로써 올바른 사회기술을 습득하게 된다.

01 시각장애의 정의

시각장애는 시력장애와 시야결손장애로 구분된다. 시력장애는 안경, 콘택트렌즈를 포함한 모든 종류의 시력 교정법을 이용하여 측정된 교정시력을 기준으로 한다. 시야결손장애는 시각로가 차단되어 볼 수 없게 되는 경우를 말한다. 시각장애를 정의하는 가장 일반적인 방법은 법적인 정의와 교육적인 정의이다(정대영, 2011). 교육적 정의는 아동이 지닌 시각장애를 저시력과 전혀 보지 못하는 맹으로 나누고, 남아 있는 잔존시력의 능력을 발휘하거나 다른 감각(청각, 촉각)을 수단으로 하여 학업 성취를 달성하는 것을 말한다.

1) 교육적 관점의 법적 정의: 「장애인 등에 대한 특수교육법」

「장애인 등에 대한 특수교육법」에서 시각장애를 지닌 특수교육대상자는 "시각계의 손상이 심하여 시각 기능을 전혀 이용하지 못하거나 보조공학기기의 지원을 받아야 시각적 과제를 수행할 수 있는 사람으로, 시각에 의한 학습이 곤란하여 특정의 광학기구 · 학습 매체 등으로 학습하거나 촉각 또는 청각을 학습의 주요 수단으로 사용하는 사람"을 말한다.

2) 의학적 관점의 법적 정의 「장애인복지법」

① 좋은 눈의 시력(공인된 시력표로 측정한 것을 말하며, 굴절이상이 있는 사람은 최대 교정시력을 기준)이 0.06 이하인 사람
② 좋은 눈의 시력이 0.2 이하인 사람
③ 나쁜 눈의 시력이 0.02 이하인 사람

시각은 시력(visual acuity)과 시야(visual field)에 의해서 결정된다. 대부분의 경우 시야에는 문제가 없지만 시력이 낮아서 시각장애를 일으키는 경우가 많다. 그러나 터널비전과 같이 시야가 극도로 부분적이기 때문에 시각장애를 초래하는 경우도 있다. 다음의 [그림 4-1]은 그 예이다(이소현 외, 2011).

[그림 4-1] 정상 시야와 주변부 시야 결손을 보이는 환자의 시야

출처: 보건복지부 홈페이지(www.mohw.go.kr).

(1) 저시력

보조기구나 물리적인 확대 및 수정을 통해서도 시각적 과제수행이 어려운 시력이다. 미국의 법적 저시력은 교정시력이 20/20(0.1) 이상 20/70(0.3) 이하이거나 시야가 30° 이하를 말한다. 그러나 저시력을 수치로 정의하기보다는 학습 및 기타 활동을 하는 데 있어 여러 가지 보조기기의 활용과 환경 수정을 통한 시각적 과제수행율 여부에 따라 구분하는 것이 교육적으로 의미를 가진다.

3) 시각인식 메커니즘과 눈의 구조

눈은 시각 정보를 수집하고 이를 전기·화학 정보로 변환하여 시신경이라는 통로를 통하여 뇌로 전달하는 기관이다.

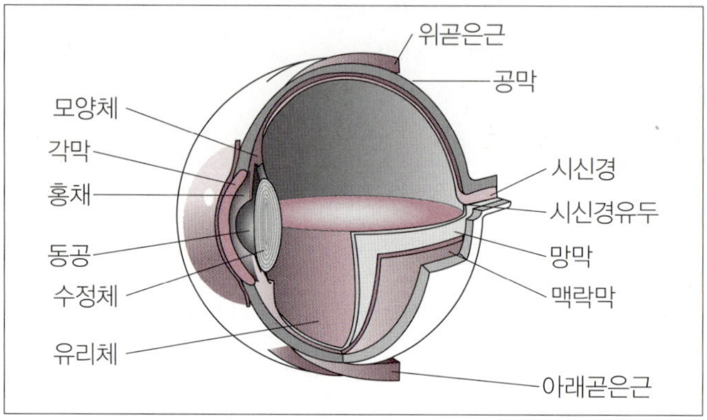

[그림 4-2] 눈의 구조

출처: 네이버 건강백과(서울대학교병원 신체기관정보).

(1) 시각인식의 메커니즘과 기능

빛 → 각막 → 동공 → 수정체 → 유리체 → 망막(시각 세포) → 시신경 → 대뇌

- 각막: 빛이 제일 먼저 통과하는 막으로 안구를 보호하는 방어막의 역할과 빛을 약간 굴절시켜 망막으로 도달시켜 초점을 맞추는 기능
- 동공: 빛이 들어오는 통로로 주위가 밝아지면 동공이 작아지고, 반대로 주위가 어두워지면 동공이 커져서 눈 안에 들어오는 빛의 양을 조절하는 기능
- 홍채: 각막과 수정체 사이에 위치한 고리 모양의 막으로 동공의 크기를 조절하여 망막에 비치는 빛의 양을 조절하는 조리개 역할의 기능
- 수정체: 양면이 볼록한 모양의 투명한 조직으로 홍채 뒤에 위치하여 각막과 함께 눈의 주된 굴절 기관으로 가까운 곳을 볼 때는 두꺼워지게 하고 먼 곳을 볼 때는 얇아지게 하는 기능

- 유리체: 수정체 후방에 위치한 투명하고 젤리 같은 조직으로 넓은 안구의 내강을 채워서 안구의 형태를 유지하고 빛을 통과시키는 기능
- 망막: 얇고 투명한 막으로 안구 뒤쪽 2/3를 덮고 있는 투명한 신경조직으로 빛을 감지하는 시각 세포가 넓게 펴져 있다. 눈으로 들어온 빛이 최종적으로 도달하는 곳이며, 망막의 시각 세포들이 시신경을 통해 뇌로 신호를 보내는 기능

02 시각장애의 분류

시각장애의 분류는 의학적 · 학문적 · 장애인복지지원의 종류에 따라 다양하게 분류한다. 이 절에서는 학문적 관점의 한국통합교육학회(2009)가 제시한 분류기준과 장애인복지지원 관점의 「장애인복지법」에서 명시하고 있는 분류기준과 세계보건기구(WHO) 분류기준을 살펴보면 다음과 같다.

1) 한국통합교육학회의 시각장애 분류

(1) 장애정도에 따른 분류

- 정상시력 근접 집단: 교정 렌즈나 읽기 보조기를 통해 특수한 훈련을 받지 않아도 정상적인 기능을 할 수 있는 아동
- 중등도 기능장애 집단: 시각 예민도가 중간 정도로 감소되었으나 시야의 손실은 없는 아동으로서 특수한 보조기기나 조명이 필요
- 중심 시야 감소 집단: 중등도의 시야손실이 발생하여 신체적 · 심리적으로 잘 대처하지 못할 가능성이 있으며, 법적 맹인으로서 특수한 서비스를 받을 권리가 부여
- 기능적 시력이 낮아 중심시력이 낮을 가능성이 있는 집단: 시야손실이 현저하고, 신체적 적응에 문제가 따른다.

(2) 장애 발생 시기에 따른 분류

- 선천성 시각장애
- 후천성 시각장애

(3) 교육상의 분류

- 중등도 시각장애: 일반학급이나 학습도움실에서 시각 보조기기의 도움으로 거의 완전하게 교정될 수 있는 아동
- 고도 시각장애: 시각 보조기기의 도움을 어느 정도 받을 수 있고, 시각을 학습 경로로 이용할 수 있는 아동이며, 법적 분류체계에서는 약시에 해당
- 최고도 시각장애: 시각을 교육 수단으로 사용할 수 없으므로 촉각과 청각이 중요 학습 경로이며, 법적 분류체계에서는 맹에 해당

2) 「장애인복지법」의 시각장애 분류

장애인복지법의 개정으로 〈표 4-1〉과 같이 장애등급이 장애정도로 변경되었다.

〈표 4-1〉 시각장애 분류 구법과 신법 비교

<table>
<tr><th colspan="2">장애등급 기준(구법)</th><th colspan="2">장애정도 기준(신법)</th></tr>
<tr><td>1급</td><td>좋은 눈의 시력이 0.02 이하</td><td rowspan="3">장애의 정도가 심한 장애인</td><td rowspan="3">1. 좋은 눈의 시력(공인된 시력표로 측정한 것을 말하며, 굴절이상이 있는 사람은 최대 교정시력을 기준으로 한다.) 이 0.06 이하인 사람
2. 두 눈의 시야가 각각 모든 방향에서 5° 이하로 남은 사람</td></tr>
<tr><td>2급</td><td>좋은 눈의 시력이 0.04 이하</td></tr>
<tr><td>3급</td><td>1호: 좋은 눈의 시력이 0.06 이하
2호: 두 눈의 시야가 각각 모든 방향에서 5° 이하</td></tr>
<tr><td>4급</td><td>1호: 좋은 눈의 시력이 0.1 이하
2호: 두 눈의 시야가 각각 모든 방향에서 10° 이하</td><td rowspan="3">장애의 정도가 심하지 않은 장애인</td><td rowspan="3">1. 좋은 눈의 시력이 0.2 이하인 사람
2. 두 눈의 시야가 각각 모든 방향에서 10° 이하로 남은 사람
3. 두 눈의 시야가 각각 정상시야의 50% 이상 감소한 사람
4. 나쁜 눈의 시력이 0.02 이하인 사람</td></tr>
<tr><td>5급</td><td>1호: 좋은 눈의 시력이 0.2 이하
2호: 두 눈의 시야가 각각 모든 방향에서 50% 이상 감소</td></tr>
<tr><td>6급</td><td>나쁜 눈의 시력이 0.02 이하</td></tr>
</table>

출처: http://www.law.go.kr(장애인복지법시행령 2019.7.2.).

3) 세계보건기구(WHO)의 시각장애 정도별 분류와 과제수행 수준

〈표 4-2〉 세계보건기구의 시각장애 정도별 분류와 과제수행 수준

분류	시력정도	과제수행 수준
정상	정상시력, 정상근접시력	특별한 도움 없이 과제수행 가능
	중등도	특별한 도움을 받으면 거의 정상적인 과제수행 가능
저시력	중도	도움을 받아 속도, 정확도, 지속도가 낮아진 수준에서 과제수행 가능
맹	최중도	시각과제에 전반적으로 어려움이 있고 아주 섬세함이 요구되는 과제수행 불가
	실명근접시력 맹·실명	시력에 의존할 수 없고, 기본적으로 다른 감각에 의존시력이 전혀 없음, 오로지 다른 감각에 의존해야 함

출처: 김종현 외(2011). 특수아동의 이해와 교육. 서울: 창지사.

03 시각장애의 원인 및 출현율

1) 시각장애의 원인

시각장애는 빛을 통하여 사물을 인식하는 눈의 광학체계 구조와 신경계에 손상을 입게 되면서 발생한다. 이와 같은 시각손상은 선천적인 유전적 원인과 후천적인 환경적 원인으로 인하여 발생할 수 있다.

대부분 학령기 아동의 시각장애는 선천적인 것이다. 언제 아동이 시각손상을 입었는가를 아는 것은 교사에게 매우 중요하다. 선천적 시각장애의 경우 청각, 촉각 그리고 다른 비시각적인 감각을 통하여 학습하는 배경을 가지는 반면 후천적으로 시력을 상실한 경우에는 전에 본 사물에 대한 시각적 기억인 색깔, 공간, 지도, 인쇄물 등의 모양을 기억하고 있어 아동의 교육에 커다란 도움을 줄 수 있다(송준만 · 유호순, 2011).

국가건강정보센터에서 제시하는 의학정보에는 시각장애의 원인을 다음과 같이 설명하고 있다.

- 시각장애의 원인은 굴절 이상 및 백내장과 녹내장을 들 수 있다. 굴절이상은 아동에게 가장 흔히 발생하는 이상으로 근시, 원시, 난시를 말한다. 또한, 근육 기능 이상으로 인해 안구진탕증과 사시를 초래할 수 있으며, 인큐베이터에서의 지나친 산소 공급과 간질이 시각장애를 가져온다.

〈표 4-3〉 시각장애의 발병 원인 (단위: %, 명)

구분		남자	여자	전체
선천적 원인		4.5	5.3	4.8
출생 시 원인		0.7	0.4	0.6
후천적 원인	질환	51.1	57.3	53.6
	사고	38.8	31.3	35.8
원인불명		4.8	5.7	5.2
계		100.0	100.0	100.0
전국 추정 수		185,087	124,052	309,139

출처: 보건복지부(2014). 2014년 장애인 실태조사. p. 148.

2) 시각장애의 원인별 시력 특성

시각장애는 의학의 발달로 수술에 의해 시력을 회복하기도 하지만, 아직까지는 의학적으로 해결하기 어려운 시각장애가 많기 때문에 각 원인별로 예측되는 결과 및 시력을 알고, 이에 대한 적절한 교육적 조치를 취하는 것이 중요하다. 시각장애를 초래하는 대표적인 원인들은 〈표 4-4〉와 같다(김이영 외, 2015).

〈표 4-4〉 시각장애의 원인별 특성과 시력

눈의 상태	신체적 특성, 의학적 처치와 원인	예측되는 결과 및 시력	참고 그림
백내장	• 수정체의 불투명이나 혼탁 • 손상이나 외상의 원인인 약물, 영양실조 또는 임신 중의 풍진, 노화, 눈질환	• 시력의 감소, 시야의 흐려짐 • 색각에의 어려움, 눈부심, 때때로 녹내장	
무홍채	• 전체적이거나 부분적인 홍채의 결함 • 유전: 일반적으로 보통염색체 우성질환이나 보통염색체 열성 질환으로 나타날 수 있음	• 시력의 감소, 눈부심, 홍채가 부재한 부분의 시야손실 • 백내장과 녹내장이 수반되는 경우가 많음 • 조명의 상태와 눈부심이 시력에 영향	
사시	• 한쪽 눈을 사용하는 아동의 경우 사용하지 않는 한쪽 눈의 시력이 기능적으로 감퇴함 • 질병, 사시, 비균 등 굴절이상, 각막이나 수정체의 혼탁으로부터 발생	• 단안, 심한 시지각 결함, 한쪽 눈의 실명으로 발전될 수도 있음	
백색증	• 전체 또는 부분적인 색소의 결핍 • 피부색으로 나타나지 않는 경우도 있음 • 태양 빛에 노출되는 것에 대해 민감할 수 있음.	• 시력의 감퇴, 광선공포, 높은 굴절이상, 난시, 눈부심, 중심에 황반과 사시	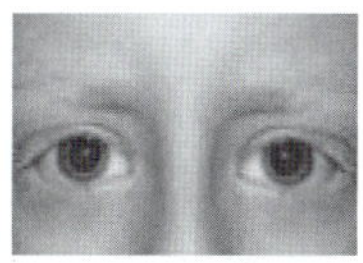
녹내장	• 시신경에 이상이 생겨 시야결손이 나타나는 질환 • 안압이 높아서 발생되는 경우 또는 시신경으로 가는 혈액 순환이 잘 안 되거나 유전자 이상 등	• 시야가 좁아짐, 방치하면 실명에 이르게 됨	
색약/색맹	• 추체 기형, 황반 결핍, 부분적 혹은 전체적인 추체의 부재 • 유전: X염색체와 관련 또는 망막질환이나 중독에서 기인	• 색 변별에 어려움을 겪음 • 광선공포, 안구진탕, 황반결핍, 중심 부분의 맹점	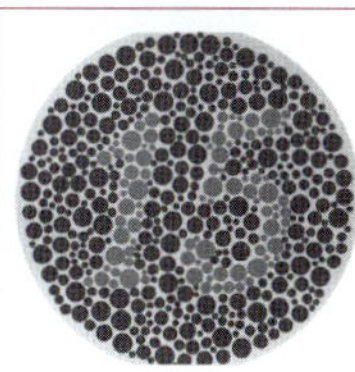

눈의 상태	신체적 특성, 의학적 처치와 원인	예측되는 결과 및 시력	참고 그림
황반 변성	• 진행되거나 악화된 망막 추체의 중심 부분에 손상 미침	• 중심시야의 영향, 광선공포, 낮은 색각 능력, 일반적인 말초시각	
망막 박리	• 망막의 일부분이 위축되어 떨어짐 • 떨어진 망막은 짧은 시간 내에 재부착 가능 • 당뇨병, 머리의 충격, 외상, 퇴행성 근시 때문에 발생	• 시야의 손상, 흐려지는 시각, 맹점, 황반 중심시력의 손상 가능성, 잔존시력이 있을 때 종종 발생되는 근시와 사시 • 망막박리가 중앙 부분에서 일어났을 때에는 황색변성증 발생 가능	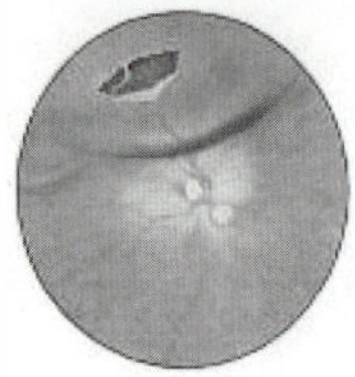
근시	• 망막 앞에 초점이 맺힘	• 가까운 곳이 잘 보이고 먼 곳이 잘 안 보이는 것	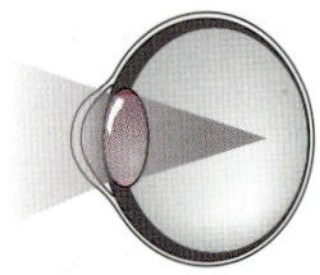
원시	• 망막 뒤에 초점이 맺힘	• 먼 곳이 잘 보이고 가까운 곳이 잘 안 보이는 것	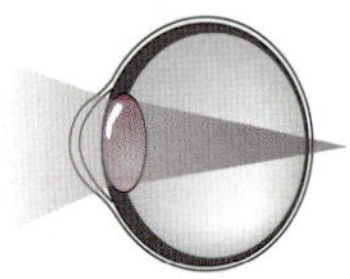
난시	• 두 점 혹은 그 사상의 초점을 갖는 것	• 각막을 통과한 모든 방향의 빛의 굴절력이 균일하지 않고, 눈의 경선에 따라 굴절력에 차이가 있음	

출처: Sacks, S. Z. & Silderman, R. K.(2005). Education students who have visual impairments with other disabilities. Boston:Paul H. Brookes. 김이영(2015). 재인용, 국가건강정보 포털에서 수정 및 보완.

3) 시각장애의 출현율

시각장애 출현율은 전체 특수교육대상자 2.21% 중에서 0.06%에 해당한다(국립특수교육원, 2001). 교육부 특수교육 연차보고서에 의하면 2023년 4월 기준으로는 시각장애로 선정되어 특수교육 서비스를 받는 아동은 1,745명으로 전체 특수교육대상자의 1.6%에 이른다.

〈표 4-5〉 연도별 시각장애아동 현황 (단위: 명, %)

구분	2019년	2020년	2021년	2022년	2023년
전체 특수교육대상아동	92,958 (100)	95,420 (100)	98,154 (100)	103,695 (100)	109,703 (100)
시각장애아동	1,937 (2.1)	1,908 (2.0)	1,826 (1.9)	1,753 (1.7)	1,745 (1.6)

출처: 교육부(2019, 2020, 2021, 2022, 2023).

4) 시각장애의 원인별 교육적 조치

시각장애는 다양한 원인에 따라 그 증상이 각기 다르게 나타나므로 올바른 교육적 조치를 마련해 주는 것이 무엇보다 중요하다(표 4-6).

〈표 4-6〉 시각장애의 원인별 교육적 조치

원인	교육적 조치
선천적 백내장	① 직사광선이나 광택이 있는 표면으로부터 눈부심을 피하게 한다. ② 글자와 종이의 색깔이 적절한 대비를 이룬 학습 자료를 사용한다. ③ 각 아동에게 알맞은 글자의 크기나 대비를 파악하기 위하여 학습 매체 평가를 실시한다. ④ 근거리, 원거리 활동에 저시력 기구를 제공하고 적절한 훈련을 실시한다. ⑥ 시력은 백내장의 위치, 크기, 정도에 따라 다르므로 백내장이 수정체 가장자리에 있는 아동에게는 고도 조명을, 중심부에 혼탁이 있는 아동에게는 낮은 조명을 사용한다. ⑦ 안경을 착용하면 일반적으로 중심시력이 향상되지만 주변시력은 감소되어 보행에 영향을 주므로 보행교육을 실시한다. ⑧ 선천성 백내장의 약 1/3은 유전성이므로 유전 상담이 필요하다.

원인	교육적 조치
사시	① 일부 아동에게는 눈이 고정되지 않을 때 복시현상이 나타나므로 게임, 화학실험, 식품 다루기, 단안 시력을 사용하는 활동 등을 할 때는 아동을 관찰하면서 지도한다. ② 시력을 잘 사용할 수 있도록 좌석을 배치한다.
무홍채	① 근거리 작업을 하는 동안 눈의 피로, 두통 또는 불쾌감이 나타나므로 약 40~50분 동안 작업을 한 후에 10분 정도 휴식을 취하도록 한다. ② 글자와 종이의 대비가 잘 되도록 학습 자료를 제작한다. ③ 무홍채증 아동에게 맞는 저시력 기구(핀홀, 콘택트렌즈, 색안경 등) 사용을 지도한다. ④ 안구진탕이 있으면 의사에게 진료를 받도록 한다. ⑤ 차양이 있는 모자와 색안경을 착용하도록 한다. ⑥ 창문을 통해 들어오는 빛을 등지고 앉게 한다. ⑦ 밝은 조명보다 약간 어두운 조명이 좋다.
백색증	① 햇빛이 비치는 실외로 나갈 때 빛을 흡수하여 여과시키는 안경을 착용하고 차양이 있는 모자를 쓰도록 한다. ② 교실의 자연조명도 조절해야 한다. 예를 들어, 직사광선을 차단하기 위하여 커튼이나 블라인드를 설치한다. ③ 광택이 있는 표면은 반사되어 눈이 부시므로 교실의 전체 조명보다 낮은 조명을 선택해야 한다. ④ 백색증 아동은 원거리 활동을 가까운 거리에서 하는 것을 좋아하므로 독서대 또는 높이를 조절할 수 있는 책상을 제공하고, 저시력 기구를 사용하도록 한다.
선천성 녹내장	① 정상 안압을 유지하기 위하여 안약을 사용하도록 한다. 그러나 동공이 팽창되어 심한 눈부심을 느낄 수도 있으므로 세심한 관찰이 필요하다. ② 정확한 시간에 안약을 넣어야 하므로 교사는 수업 중에도 약을 넣도록 지도한다. ③ 약물을 복용하는 아동은 감각이 둔해질 수 있으므로 감각훈련을 실시한다. ④ 녹내장이 진행되어 시야가 좁아진 아동은 독서할 때, 읽는 줄을 자주 혼동하므로 타이포스코프를 사용하도록 한다. ⑤ 시야가 좁은 경우, 보행에 어려움이 있으므로 보행지도를 실시한다. ⑥ 밝은 빛에는 눈부심을 호소하므로 책을 읽을 때 아동에게 맞게 빛의 양을 조절한다.
황반 변성	① 손잡이형 확대경 또는 CCTV를 사용하는 것이 좋다. ② 모든 과제수행 시 적절한 조명이 필요하다. ③ 독서할 때 줄을 잃지 않도록 타이포스코프를 사용하도록 한다. ④ 글자와 종이의 대비가 선명한 자료를 사용하도록 한다. ⑤ 필기할 때, 굵고 진한 선이 있는 종이와 검은색 사인펜을 사용하도록 한다. ⑥ 암점이 발달하고 확대되므로 중심외 보기 방법을 지도한다.
망막 박리	① 아동이 고도근시일 경우 충격을 주는 체육활동을 피하게 하고, 의사와 상의하여 안정을 취하도록 한다. ② 시야검사를 실시하여 남은 시야로 학습할 수 있도록 지도한다. ③ 학습 매체 평가를 실시하여 아동에게 적합한 읽기 매체를 선정한다.

원인	교육적 조치
당뇨 망막 병증	① 인슐린 의존형일 경우에는 매일 인슐린을 맞도록 격려한다. ② 점차 촉각이 둔해지므로 듣기 교재를 사용하도록 한다. ③ 화면 읽기 프로그램을 익혀 사용할 수 있도록 지도한다. ④ 의사와 상의하여 신장병과 말초혈관장애로 합병증이 있는가를 관찰·지도한다.
근시	① 책을 읽을 때 오목렌즈를 사용하도록 한다. ② 일정 시간 동안 책을 읽은 후에는 5~10분 정도 눈을 쉬게 하는 것이 좋다. ③ 근시 아동은 칠판의 글씨를 잘 보지 못하기 때문에 앞 좌석에 앉게 한다. ④ 높이를 조절할 수 있는 책상을 사용하여 읽거나 쓸 때 바른 자세를 유지하도록 한다. ⑤ 아동에게 주는 인쇄물을 글자의 크기나 대비를 파악하기 위하여 학습 매체 평가를 실시한다. ⑥ 고도근시아동의 경우 신체적 운동, 즉 권투나 레슬링과 같은 운동에 참가하기 전에 안과의사에게 문의한다.
시신경 위축	① 눈부심을 피하고 스탠드와 같은 부분 조명을 설치한다. ② 조명장치가 있는 손잡이형 확대경, CCTV, 망원렌즈를 사용하도록 한다.
원시	① 원시 아동이 오랫동안 책을 읽으면 눈의 피로, 두통 등을 느끼므로 장시간 독서하지 않도록 한다. ② 일부 아동은 확대경, 망원경, CCTV와 같은 저시력 기구를 사용하도록 지도한다.
난시	원시와 유사한 점이 있으나 다음과 같은 점에 유의하는 것이 좋다. ① 어린 아동은 글자와 숫자를 혼동할 수 있다. ② 시각적 활동을 한 이후 또는 오후에 눈의 피로를 느끼므로 충분히 쉬도록 한다.

출처: 임안수(2008). 시각장애아교육. 서울: 학지사.

04 시각장애아동의 판별 및 검사

1) 선별

아동이 가정과 학교에서 시각을 통한 생활과 학업을 수행함에 어려움을 지니는지는 부모와 교사가 평소에 꾸준한 관심을 가지고 세밀하게 살펴보면 발견할 수 있다. 다음의 〈표 4-7〉은 미국실명협회에서 제시한 아동의 시각 기능 이상에 대하여 의심해 볼 수 있는 선별적 의미 내용이다. 일관성 있게 지속적으로 일정시간 이러한 시각 기능의 이상이 계속될 때에는 관련 전문가에게 의뢰하여 좀 더 세밀한 의료적인 검진평가와 함께 교육적 학습 지원을 위한 방법을 지원해야 한다.

〈표 4-7〉 시각 기능 이상을 의심해 볼 수 있는 징후

행동	• 눈을 지나치게 비빈다. • 눈을 가늘게 뜨고 보거나 가리거나 감는다. • 책을 읽을 때 머리를 이상한 각도로 하거나 머리를 기울인다. • 물건을 눈에 가까이 대고 본다. • 눈을 지나치게 깜박이거나 가까이 보면서 하는 일을 어려워한다. • 책을 읽을 때 눈을 움직이는 대신 머리를 움직인다. • 밝은 빛이나 반사를 싫어한다. • 칠판이나 책을 보고 옮겨 적는 것을 어려워한다.
외모	• 눈의 초점이 맞지 않는다. • 눈두덩이가 붉거나 부어 있다. • 충혈되거나 눈물이 고여 있다. • 사진 속 눈에 일반적인 붉은 점이나 아무 반사가 없는 대신 하얀 반사점이 보인다. • 눈동자 움직임이 통제가 잘 안 되거나 눈꺼풀이 내려와 있다.
아동의 불평	• 눈이 가렵거나 화끈거린다. • 잘 안 보인다. • 가까이 보면서 하는 일을 하고 나면 어지럽거나 두통, 구역질이 난다. • 흐릿하거나 이중으로 보인다.

출처: Lewis, R. B., & Doorlag, D. H.(2011). Teaching students with special needs in general edication classroom(8th ed., p. 300). Boston:Pearson. 이소현 외(2011). 특수아동교육. p. 343.

2) 진단 및 평가

「장애인 등에 대한 특수교육법」에서는 시각장애 대상자의 선별검사 및 진단 · 평가를 위한 검사 도구로 기초학습기능검사, 시력검사, 시기능검사를 실시하도록 규정하고 있다.

시력검사에는 객관적 시력검사, 주관적 시력검사 그리고 기능시력검사의 세 가지가 있다(임안수, 2008).

(1) 객관적 시력검사

객관적 검사는 다음과 같은 검사를 통하여 아동의 시력 상태를 알 수 있다.

- 눈의 외모와 안저 반응
- 양안의 위치 및 안구 운동
- 전기 · 생리학적 검사에 대한 반응
- 안진검사에 대한 반응
- 광선을 눈에 비출 때 동공의 모양 및 크기 변화

(2) 주관적 시력검사

일반적으로 의료 전문가나 시각장애아동 교사에 의해 수행된다.

- 원거리 시력검사
- 근거리 시력검사
- 시야검사
- 색각검사
- 대비감도검사

(3) 기능시력검사

기능시력평가란 과제를 수행하기 위하여 시력을 사용하는 능력을 말한다.

- 아동이 전맹으로 판정 났으나 교사나 부모가 아동의 시력이 있다고 느낄 때
- 교사가 학습과제와 관계되는 특수한 시각적 행동을 문서화할 필요가 있을 때
- 교사가 가장 적합한 시환경을 결정함으로써 아동을 도와야 할 때
- 아동이 시기능의 변화를 경험할 때

05 시각장애아동의 특성

시각장애를 지닌 아동의 발달은 정안(일반)아동과 비교하여 크게 다르지 않지만, 시각장애가 인지 및 언어, 사회, 일상생활 등의 발달영역에 영향을 미칠 수도 있다(권요한 외, 2010). 시각장애와 관련하여 연구한 학자들의 견해는 다양하다. 다만, 시각장애를 지니기 때문에 이러한 특성들이 발견되는 경향이 있지만 꼭 필연적이지는 않다는 견해에는 의견을 같이하고 있다.

1) 언어적 특성

시각장애를 지닌 아동은 시각 대신 청각이나 다른 감각들이 발달하는 경우가 많다는 것이 일반적인 상식이다. 사물이나 상황, 상태를 시각적으로 보지 않고 개념을 형성하게 되기 때문에 실제의 의미와 다르게 인식할 수가 있다. 따라서 그렇게 습득하게 된 낱말을 사용하면서 의미가 정확하게 전달되지 않는 경우도 발생할 수 있다(정대영 외, 2012). 시각장애인의 사용 어휘 수는 풍부하지만 명사, 형용사, 부사, 동사 등에서 추상적 표현의 구체적인 의미를 모르고 사용하는 경우가 가끔 있으며, 회화는 음성의 다양성이 부족하고 말을 크게 하는 경향이 있으며, 말의 속도가 느리고 몸짓이나 입술의 움직임이 적은 편이다. 또한, 시각적 모방이 불가능하여 언어발달에 지체를 가져올 수 있으므로 시각적 경험과 관련된 언어 지도를 강조하여야 한다(한국특수교육학회, 2008). 시각장애아동의 구체적인 언어 사용 패턴의 특성은 다음과 같다.

- 자기중심적인 언어를 많이 사용하며, 지나치게 말을 많이 하는 경향이 있다.
- 다른 사람과의 의사소통에서 언어(말)의 속도가 평균적으로 정안아동보다 느리다.
- 사람이나 구체적인 사물에 대한 내용을 상세하게 표현하지 않고, 자신에게 별 의미 없는 단어를 사용하는 장황한 언어로 표현한다.

- 시각장애로 인하여 비언어적 의사소통의 수단인 몸짓, 표정을 덜 사용한다.
- 조음(발음)에 있어서 입술 주변 근육의 움직임이 작으며, 억양의 변화가 적다.
- 시각적 경험의 결핍으로 인한 과도적 표현으로 독특한 추상적인 언어를 사용한다.

2) 인지 · 학업적 특성

(1) 인지적 특성

시각장애아동의 인지 능력 특성 역시 정안(일반)아동과 큰 차이는 없으나 환경적 경험의 부족으로 지적 능력이 인지발달에 영향을 주며, 사실에 대한 지식을 가지고 있으나, 통합 능력이 부족하고 추상적 문제의 접근을 구체적 수준에서 해결하려는 경향을 보인다(한국특수교육학회, 2008). 이러한 시각의 손상으로 정보 획득이 어렵고 경험의 기회가 부족하여 지각이나 개념 형성에도 많은 어려움이 있다.

시력을 가진 일반아동은 물체를 전체적으로 본 후, 특정 세부사항에 초점을 둔다. 그러나 시각장애아동은 물체의 부분에서 전체로 이동하며, 직접적으로 물체의 여러 속성과 특징에 대해 탐색하고 인지할 수 있는 시간적 여유가 더 필요하다.

(2) 학업적 특성

시각장애아동은 정안아동에 비해 학업 성취가 다소 뒤지며, 학습장애아동의 학업 성취와 유사하다. 그리고 시각장애아동은 상대적으로 경험에 제약을 많이 받기 때문에 정안 아동만큼 읽기과제를 통해 정보를 파악하지 못한다(정대영, 2011).

학습과 기억은 시각장애아동의 대뇌에 지적 기능을 담당하는 부위에 장애 영향을 미치는 병인이 없는 한 정안아동과의 비교에 질적인 차이는 없다. 또한, 촉각이나 청각적 자극을 이용한 학습이나 기억의 연구에 관해서도 시각장애아동과 정안아동 사이에 뚜렷한 차이가 나타나지 않았다. 시각장애 학교에서 동작모방이나 촉각지도 등을 중시하는 것은 시각 경험의 부족을 보상하기 위해 행위적 표상을 통한 학습을 경험적으로 적용하기 위한 것이다(국립특수교육원, 1998). 시각장애아동은 장애의 정도에 따라 제각기 다양한 학업 성취 수준을 나타낸다. 따라서 취학 전 · 후 아동에게 필요한 모든 교육적인 지원을 제공하여 시각적 학습 경험의 결핍을 극복하도록 해야 할 것이다.

3) 사회 · 정서적 특성

시각장애아동은 일차적인 장애의 문제로 인하여 이차적인 사회 · 정서 발달에 영향을 받는다. 자신의 신체를 볼 수 없기 때문에 신체상을 제대로 형성하기 어려워 자아에 대한 왜곡된 태도를 형성하게 된다. 또래와의 관계 형성에 필요한 사회적 기술을 어려워하고 수동적이고 소극적이며 조용한 성향을 지니게 된다.

또한, 가족 간의 상호작용이나 사회적 상황의 인식이 어렵고, 우연적인 관찰을 통한 사회적 기술의 습득 기회의 제한으로 인하여 다양한 환경에서 상호작용하고 행동하는 등의 모방에 어려움을 겪는다(이경림, 2008).

또래아동이 보내는 표정과 몸짓 그리고 의사소통 상황의 시각단서를 알지 못하기 때문에 다른 아동의 관심에 어떻게 반응해야 하는지 어려움을 느끼며, 적절한 사회적 상호작용을 시작하고 유지하는 법을 잘 모른다. 이로 인하여 학교생활에서 또래들로부터 관계 형성에 거부당할 수 있고, 관심을 받으려고 질문을 너무 많이 하거나 부적절한 정서행동의 표출로 나타나기도 한다.

4) 방향감각과 신체운동 특성

(1) 방향감각과 이동기술 특성

방향감각과 이동기술은 사람이 성공적으로 적응하는 데 매우 중요하다. 다른 사람, 사물, 표지 등과 관련하여 어떤 위치 관계에 놓여있는지를 느끼고(방향감각), 환경 속에서 이동하는 능력을 말하며, 공간 능력에 크게 의존한다(정대영, 2011). 시각장애아동은 시각적인 제약 때문에 이동 시 과거 경험한 신체 부딪힘의 상해로부터 위험성과 두려움을 느껴 본능적으로 자신을 보호하기 위해 움직임을 제한한다.

(2) 신체운동 특성

신체발달은 정안아동(일반아동)과 비슷하나, 신체 움직임의 활동 제한으로 체력과 기본적인 동작의 운동 능력이 많이 지체되어 있다. 신체 움직임은 몸을 흔들고, 머리를 내저으며, 눈을 비비는 등 사회적으로 부적절한 행동을 하는 경우가 있다.

06 시각장애아동의 통합교육

시각장애아동의 통합교육이 효과적으로 이루어지기 위해서는 잘 훈련된 교사가 확보되어야 한다. 또한, 특수장비와 광학보조기기를 이용할 수 있어야 하고, 점자번역 서비스를 받을 수 있어야 하며, 시각장애아동을 위한 적절한 프로그램이 다양하게 개설되어야 한다(한국통합교육학회, 2009).

1) 일반학급 교사의 준비

시각장애아동은 대부분이 독특한 교육적 요구를 지니므로 담당교사가 알아두어야 할 교육활동의 범위는 다음과 같다.

- 점자 읽기 준비도, 시지각, 이동성 및 사회적 발달 등에 대한 평가
- 점자 읽기, 점자 수학 및 기타 교과목의 프로그램 설계와 지도
- 신체자립 기능에 대한 계획과 지도
- 아동에게 알맞은 학습 자료 적용시키기
- 시각보조기기와 전자식 읽기기기의 사용법 지도
- 교육자의 역할 및 옹호자, 해설가, 상담가의 역할하기
- 순회지도 및 학습도움실 프로그램 개발
- 부모와 일반교사에 대한 상담과 중재 역할

2) 일반학급 또래들의 준비

통합교육이 성공적으로 이루어지기 위해서는 일반아동이 그들을 받아들일 준비가 되어야 한다. 예비교육의 내용을 요약하여 제시하면 아래와 같다.

- 시력장애, 광학기기, 점자 등에 대하여 설명회를 가지고, 저시력아동이나 맹아동에 대한 느낌을 이야기하도록 한다.
- 시각 및 시력에 어려움을 나타내는 특성을 간접 경험해 보고, 저시력 또는 맹아동이나 어른을 학급에 초대하여 그들과 접할 수 있는 기회를 제공해 준다.
- 시력장애인을 주제로 쓰인 책을 비치하여 읽도록 한다.

3) 교실 환경의 준비

시각장애아동, 특히 저시력아동의 교육을 위해서는 다음과 같은 교실 환경에 대한 조정을 우선적으로 고려해야 한다(이해균 외, 2006).

〈표 4-8〉 저시력아동을 위한 교실 환경 조정

① 자리의 위치

• 대개 가운뎃줄의 맨 앞자리에 앉으면 잘 볼 수 있으리라 생각하지만, 자리 배치를 고려할 때는 반드시 수명현상의 영향을 직시해야 한다.
• 수명현상이란 눈이 부셔 보이는 것을 말한다. 정안아동은 빛이 칠판 혹은 벽에 반사를 일으켜 잘 볼 수 없을 때 자리를 이동함으로써 보이는 각도와 위치에 변화를 주어 문제를 해결하지만, 저시력아동은 완전히 해결할 수는 없다.
• 가운뎃줄을 기준으로 창이 있는 방향으로 한 줄 정도 건너가 앉히는 것이 좋다.

② 자료의 확대

• 저시력아동은 시각을 활용한 교육이 가능하므로 아동 시각 상태를 정확히 파악한다.
• 개인의 특성에 맞은 교육적인 환경조건을 구성하여 잔존시력을 최대한 활용한다.
• 시각에 대한 인지 능력을 높이고, 자신감을 잃지 않도록 지도한다.
• 교과목별로 확대교과서를 제공하거나 광학보조기구, 확대독서기를 지원한다.

③ 그림의 단순화

• 저시력아동은 한 지면을 보고 이해해야 하는 내용이 많거나, 그림의 내용도 세세한 부분이 많으면 잘 이해하지 못한다. 그 대표적인 예가 지도이다.
• 작은 글씨나 그림이 복잡하게 가득 들어 있는 정보 중에서 필요한 정보를 선택적으로 볼 수 있도록 지도한다.
• 특별히 중요하거나 꼭 숙지해야 할 내용은 색칠 또는 굵은 선으로 표시한다.

④ 색상 대비 제시

• 그림이나 도형 등의 단순화와 함께 그림과 지면의 색상 대비를 적절히 수정한다.
• 인쇄물과 그림 등은 굵고 진한 글씨나 그림으로 수정하여 제시한다.
• 저시력아동 중에는 색채 반응이 떨어지는 경향이 있으므로 이를 인지하고 지도한다.
• 인지하기 쉬운 색채는 저시력아동도 보기 쉬우므로 이를 고려해서 교재를 준비한다.

⑤ 조명 밝기 조정

• 시각장애아동에게 조명 밝기는 매우 중요하다. 일반적으로 1,000lux가 적당하다.
• 조도에 따라 눈부심을 느끼는 경우 빛을 조절할 수 있는 조도조절기 설치를 지원한다.
• 어느 정도의 조명을 보장하기 위한 전체 조명과 함께 스탠드형 부분 조명을 제공한다.
• 조명의 밝기와 함께 채광의 양도 적절하게 조절해야 하므로 블라인드를 설치한다.

4) 통합교육의 교수지침

일반학급의 시각장애아동을 위한 교수방법 수정은 아동의 개인적인 필요와 능력에 따라 수정의 정도가 달라진다. 많은 경우에서 시각장애로 인하여 인쇄물을 보지 못하는 문제를 해결하기 위해 점자 및 녹음 자료를 사용해야 하며, 저시력아동을 위하여 확대 자료를 제작하는 등 대안적인 교수 자료의 활용이 필요하다. 이 외에도 시각장애아동의 특성을 고려하여 가능한 한 또래들과 동일한 교육 경험을 제공하기 위한 노력이 요구된다. 또한, 교사는 시각장애아동이 사용할 수 있는 다양한 보조기기에 대한 지식도 숙지하여 적절히 지도할 수 있어야 한다. 이를 위한 세부적인 지침은 〈표 4-9〉와 같다.

〈표 4-9〉 통합된 시각장애아동을 위한 세부적 교수지침

- 교수방법은 꼭 필요한 때만 수정하도록 하고, 교육목표는 시각장애학생과 일반학생 모두에게 동일하게 적용한다.
- 일반학급에서 사용하는 인쇄자료를 시각장애아동이 필요로 하는 형태의 자료로 제공한다.
  - 특수교육교사와 협의하여 확대복사물, 점자 또는 녹음된 교재를 준비한다.
  - 필요한 때에 제공할 수 있도록 충분한 시간을 두고 자료를 준비하도록 한다.
- 책을 읽을 때 충분히 시간을 준다. 시각장애학생은 책을 찾고, 읽기 시작할 곳을 찾는 데 시간이 더 걸릴 수 있다.
- 워드 프로세서의 사용을 장려한다.
  - 묵자로 자신의 의사를 표시할 수 있도록 하기 위해 워드 프로세서를 사용하도록 지도하는 것이 좋다. 자신이 쓴 묵자를 컴퓨터가 읽어서 확인해 주는 프로그램이 국내에도 개발되어 있으므로 이를 이용하여 스스로 워드 프로세서를 사용할 수 있도록 지도한다.
- 칠판이나 OHP를 사용할 때 내용을 크게 말하면서 적는다.
- 시각장애학생에게도 강도 높은 운동이 필요하다. 가능한 한 일반학생과 경쟁하도록 한다.
- 시각장애학생이 사용하는 다양한 특수기기에 익숙해지도록 한다. 점자타자기, 점필과 점판 등이 점자를 쓰는 데 필요한 대표적인 필기도구다.
- 저시력아동을 위하여 가능한 한 대비효과가 큰 자료를 사용하도록 한다.
  - 배경 그림 위에 글씨가 있는 자료는 사용하지 않는다.
  - 칠판은 항상 깨끗이 지운 후 사용한다.
  - 종이의 한쪽 면만 사용한다.
  - 한 페이지에 글씨가 너무 많이 몰려 있어 혼동스럽지 않도록 한다.

출처: Hallahan et al.(2009); Smith, Polloway, Patton, & Dowdy(2006); 이소현 외(2011). 특수아동교육. p. 349.

07 시각장애아동의 특수교육

1) 점자교육

한글 점자는 6점(세로로 3점, 가로로 2점)으로 구성되고, 왼쪽 위에서 아래로 1, 2, 3점, 오른쪽 위에서 아래로 4, 5, 6점의 번호를 붙여 사용한다(그림 4-3). 그리고 6개의 점을 조합하여 64(2^6)개의 점형을 만든다. 즉, 점자는 많은 점형으로 이루어지고, 그 점형에 의미가 부여된 문자이다. 점자일람표는 다음의 [그림 4-4]와 같다(임안수, 2008).

점자는 왼쪽에서 오른쪽으로 읽어야 하며, 점자를 찍을 때는 반대로 오른쪽에서 왼쪽으로 찍는다. 이러한 규칙은 점자를 처음 접하여 배울 때 혼동과 착각으로 인하여 실수하는 경우가 쉽게 발생하므로 유의하여야 한다. 최근에는 보조공학기기의 도움을 받아 점자프린터로 대신하거나 점자정보단말기를 사용하여 필기를 하기도 하지만 기본적인 점자 배열의 규칙은 숙지하고 있어야 한다.

읽을 때 (좌에서 우로)	찍을 때 (우에서 좌로)
①④ ②⑤ ③⑥	④ ① ⑤ ② ⑥ ③
찍기(오목점)	읽기(볼록점)

[그림 4-3] 점자번호와 읽고 쓰는 방법

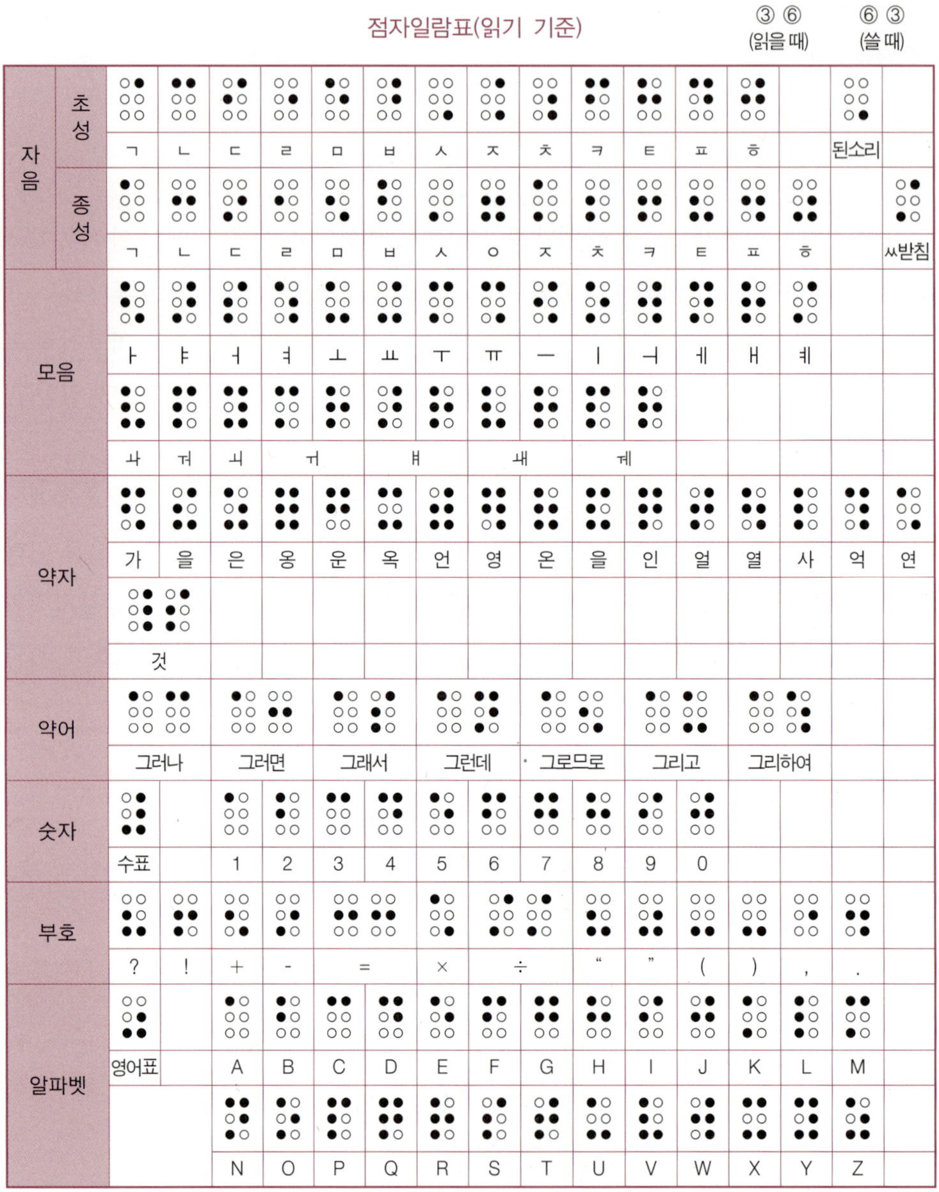
점자일람표(읽기 기준)
③ ⑥ (읽을 때)
⑥ ③ (쓸 때)
자음
초성
ㄱ ㄴ ㄷ ㄹ ㅁ ㅂ ㅅ ㅈ ㅊ ㅋ ㅌ ㅍ ㅎ 된소리
종성
ㄱ ㄴ ㄷ ㄹ ㅁ ㅂ ㅅ ㅇ ㅈ ㅊ ㅋ ㅌ ㅍ ㅎ ㅆ받침
모음
ㅏ ㅑ ㅓ ㅕ ㅗ ㅛ ㅜ ㅠ ㅡ ㅣ ㅢ ㅔ ㅐ ㅖ
ㅘ ㅝ ㅚ ㅟ ㅒ ㅙ ㅞ
약자
가 을 은 옹 운 옥 언 영 온 을 인 얼 열 사 억 연
것
약어
그러나 그러면 그래서 그런데 그로므로 그리고 그리하여
숫자
수표 1 2 3 4 5 6 7 8 9 0
부호
? ! + - = × ÷ “ ” ( ) , .
알파벳
영어표 A B C D E F G H I J K L M
N O P Q R S T U V W X Y Z

[그림 4-4] 점자일람표

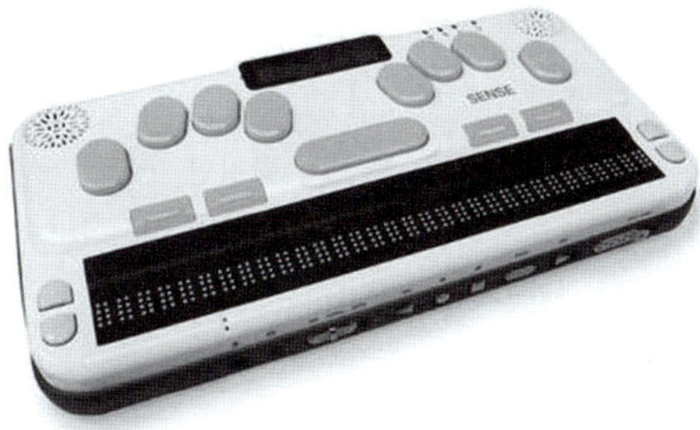

[그림 4-5] 점자정보단말기(한소네)

출처: 경기도재활공학연구서비스지원센터(http://atrac.or.kr).

점자정보단말기 기능

1) 점자 키보드를 사용하여 문서를 작성할 수 있다.
2) USB 키보드를 사용하여 한소네 U2의 다양한 기능을 사용할 수 있다.
3) 문서를 열어 점자 프린터로 출력하거나 묵자 프린터로 출력할 수 있다.
4) '한글', 'MS 워드' 등의 일반 워드 프로세서로 작성한 문서를 한소네 U2의 워드 프로세서에서 음성이나 점자로 읽을 수 있. 그리고 문서의 내용을 편집하여 저장할 수 있다.
5) 다른 사람과 이메일을 주고받을 수 있다.
6) 중요한 일정을 미리 기록해 두고 원하는 시각에 알람이 울리도록 설정할 수 있다.
7) 여러 사람의 개인정보를 입력해 두고 원할 때에 효율적으로 찾아볼 수 있다.
8) 인터넷에 접속하여 다양한 방법으로 웹 페이지를 읽을 수 있다.
9) wav, mp3, wma, ogg 등의 미디어 파일을 재생하고 음성을 녹음할 수 있다.
10) 계산기를 사용하여 복잡한 수식을 계산할 수 있다.
11) PC와 연결하여 편리하게 파일을 주고받거나 화면에 출력된 내용을 음성이나 점자로 읽을 수 있다(PC의 화면을 읽고자 하는 경우에는 별도의 스크린 리더 프로그램이 필요).
12) 파일 이름을 변경하거나 파일을 복사, 이동, 삭제할 수 있다.
13) 음성 크기, 속도, 고저 조절 등을 조절하거나 스톱워치, 자명종 등의 부가 기능을 사용할 수 있다.
14) 점자를 모르는 사람도 LCD를 통해 손쉽게 점자를 배우고 한소네 U2를 사용할 수 있다.
15) 실로암 전자영한사전, 전자교재, 노래방 검색, 점자학습 등의 다양한 콘텐츠 프로그램이 내장되어 있어, 학업 및 취미생활에 사용할 수 있다.
16) 프로그램의 다양한 게임을 통해 즐거움을 느낄 수 있다.
17) 소셜 네트워킹을 통해 실시간 문자 채팅이나 음성 채팅을 할 수 있다.
18) 라디오를 들을 수 있다.

2) 보행훈련

보행은 주위 환경과 공간관계 속에서 현재 자신의 위치를 인식하고 목적하는 장소로 이동하는 것을 말한다. 보행은 자신이 위치한 순간적 공간관계를 인식하는 능력인 방향정위와 한 공간에서 다른 공간으로 갈 수 있는 능력인 이동성으로 구성된다. 보행의 종류는 다음의 [그림 4-6]과 같다.

▼ 흰지팡이 보행

▼ 안내견 보행

▼ 안내 보행

[그림 4-6] 보행의 종류

〈표 4-10〉 보행의 기본적인 방법과 특징

보행방법	특징
안내인 보행	• 시각장애아동이 안내인의 팔꿈치 바로 윗부분을 잡고 반보 정도 뒤에서 걸어가는 방법 • 팔로 전달되는 근육감각적인 지각을 통해서 안내인의 움직임을 안전하게 따라갈 수 있게 해 줌 • 좁은 길 통과 시 안내인의 팔을 뒤로 돌려주고, 시각장애아동이 안내인의 한 보 뒤에서 따라올 수 있도록 함
흰지팡이 보행	• 가장 보편적인 보행방법 • 지팡이는 접이 지팡이와 긴 지팡이가 있음 • 보행자는 지팡이를 반원 모양으로 흔들며 지팡이를 두드려서 나는 소리와 함께 손으로 전달되는 진동을 느껴 주입된 정보로 앞에 있는 장애물의 출현이나 보행 표면의 변화가 있는지 파악함
안내견 보행	• 안내견 보행을 위해 시각장애인은 방향정위와 이동기술을 잘 터득하고 있어야 함 • 안내견 신청자격 – 안내견과 안전한 독립보행을 원하는 전맹 및 저시력 시각장애인 – 정기적인 활동을 바탕으로 안내견 보행이 일정 수준 유지될 수 있는 사람 – 안내견을 돌볼 관리 능력과 책임감이 있는 20세 이상의 성인으로 4주 교육 참석 가능

출처: 박순희(2014). 시각장애아동의 이해와 교육. 서울: 학지사.

3) 보조공학기기

시각장애아동의 교수를 위해 자료 및 보조도구를 적절히 선택하고 수정하는 것은 매우 중요하다. 아동의 기능 수준, 교육적 필요, 연령, 장 · 단기 교수목표를 고려하여 최신 보조도구와 자료를 제공하도록 노력하며, 청각 · 시각 매체를 다양하게 사용할 수 있도록 제공해야 한다(전헌선 외, 2012).

〈표 4-11〉 주요 보조공학기기의 종류와 특징

명칭	특징	사진
점자정보 단말기	• 문서의 내용을 점자나 음성으로 출력할 수 있음 • 학습과 업무처리에 필요한 워드 프로세서, 주소록, 일정관리, 음성녹음, 계산기, 인터넷, 메신저, e-mail 사용 가능	
단원망원경	• 멀리 있는 것까지 잘 볼 수 있음 • 2.2배에서 10배까지, 30m까지 선명하게 볼 수 있음	
주머니형 확대경	• 소지하기 용이함 • 제품에 따라 4배 또는 7배 배율로 확대됨	
휴대용 확대경	• 근거리용으로 활자 및 그림 확대 가능함 • 휴대가 간편하도록 접어서 사용할 수 있음 • 제품에 따라 3.5배, 5배, 6배, 15배, 20배 배율로 확대됨	
조명형 확대경	• 근거리용으로 문자 및 그림 확대 • 조명 기능이 있어 밝은 곳에서 독서하는 것에 편안함을 느끼는 저시력인 경우 사용하기 편리함	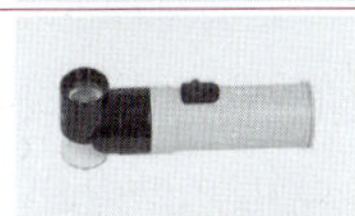
센스뷰데스크탑 (화면확대기)	• 2배에서 73배까지 확대 가능(19인치 모니터 기준) • 대비조절 기능/라인, 윈도우마커 기능/초점고정 기능	
센스뷰라이트 (휴대용 독서 확대기)	• 두 개의 카메라 내장 • 근거리 카메라: 근거리 확대 및 쓰기모드 기능 • 원거리 카메라: 길거리 표지판, 칠판 등 확인 기능, 이미지 저장 및 스크롤 확대 화면을 20장까지 저장할 수 있으며, 저장된 이미지 또는 정지된 이미지를 확대해서 숨겨진 부분을 스크롤하여 볼 수 있음	

출처: 김이영 외(2015). 실로암시각장애인복지관(http://www.silwel.or.kr).

08 시각장애아동의 교육 사례

1) 사례- 1 초등부

시각장애 2급 장애를 가진 주환이는 세상의 정보를 받아들이는 주요 감각수단인 시각이 손상되었지만, 청각을 이용하여 주변 사람들의 목소리를 구분한 뒤 주환이만의 음률로 표현하였다. 담임교사의 목소리를 들으면 베토벤 바이러스의 음을 흥얼거리고, 활동보조교사의 목소리를 들으면 산토끼의 음을 흥얼거리고, 발달센터의 인지치료교사에게는 "집에 가자, 집에 가자."라는 표현을 하였다.

주환이는 일반아동이 각 교사의 이름을 부르는 것처럼 음률로 교사의 이름을 표현하였다. 주환이는 8세 후반까지 부모님의 과잉보호로 유동식으로 식사한 결과 씹는 기능과 미각이 예민해서 주스, 우유 이외의 음식물에 대한 거부가 심했다. 담임교사와 특수학급교사는 주환이의 특성을 파악하여 예민하고 편식이 심한 주환이의 특성을 파악하고 과제분석하여 1년 동안 식사지도를 한 결과 편식이 많이 좋아졌다.

담임교사는 주환이의 수명현상을 고려하여 햇빛의 방향과 조명의 밝기에 적합한 곳인 창문에서 조금 떨어진 위치의 자리에 앉아 수업을 진행하고 있다. 담임교사와 특수보조교사는 안전하고 독립적이며 효율적인 방향정위와 이동훈련을 위한 보행 기능 강화를 위한 방법으로 왼쪽과 오른쪽의 방향을 지도할 때 언어적 촉진과 함께 주환이의 신체 부위를 이용하여 반복지도하였다.

교실에서 화장실로 이동할 때는 트레일링 기법을 하도록 지도하였다. 시각장애아동에게 많이 나타나는 특이하게 걷는 걸음걸이를 바르게 하기 위한 활동으로 주환이가 좋아하는 리듬에 맞추어 걸어 보기와 윗몸 일으키기, 음악을 들으면서 트램펄린에서 뛰는 활동을 하였다. 특수학급 교사는 주한이가 이동훈련교육을 하고 난 뒤에는 칭찬으로 정서적 보상을 해 주었다.

주환이의 부모님은 가정에서 초등학교에 다니는 누나와 함께 시각장애아동이 할 수 있는 보드게임(오셀로)으로 촉각·청각적 자극을 주고 있다. 오셀로 게임은 흰 돌과 검은 돌의 촉감이 다르게 되어 있으며 보드의 각 칸이 양각으로 되어 있다. 보드판에 자력이 있어 흰 돌과 검은 돌이 서로 붙게 되어 있어 촉각을 통해 시각장애아동도 할 수 있는 게임이다. 주환이는 누나와 함께 하는 보드게임을 통하여 시각이 아닌 다른 감각으로 세상과 소통하고 있는 것이다.

2) 사례- 2 중등부

◎ 특성

재민이는 일반 고등학교 2학년에 재학 중인 저시력학생으로 특수학급교사의 도움을 받으면서 통합학급에서 교육을 받고 있다. 초등학교에 들어가서 칠판 글씨가 안 보이기 시작하더니 밤에는 더 안 보이기 시작하였다.

초등학교 다닐 때는 선생님께서 재민이의 저시력 특성을 잘 이해하지 못해 필기를 늦게 한다고 여러 번 지적을 하고 야단도 맞았다고 하였다.

재민이의 성격은 내성적이며 유창성장애도 동반하고 있다. 수업시간 중에는 휴대용 독서확대기를 이용하기 때문에 수업의 내용을 읽고 이해하는 데 다른 친구들보다는 시간이 많이 걸렸다. 수업시간 이외에는 친구들의 관심이 싫어 휴대폰을 보거나 다른 인쇄물을 볼 때는 오른쪽으로 살짝 기울여서 오른쪽 눈 가까이 들여다본다.

재민이는 친구들과 이야기를 할 때 약간 떨어져 있는 얼굴을 잘 알아보지 못하기 때문에 갑자기 친구 얼굴에 앞으로 들이대는 재민이를 어떤 친구들은 싫어하고 밀쳐내는 경우도 있다.

재민이는 사물이 뿌옇게 보이고 두 개로 보이는 현상을 뿌연 비닐에 구멍이 겹치게 뚫어서 보이는 것 같다고 이야기한다.

◎ 교사의 교육지원방법

중학교와 고등학교에서 수업내용의 학습과 관련하여 어머니가 적극적으로 신학기가 시작될 때 일반학급 담임교사에게 재민이의 저시력 특성과 이로 인한 정서 및 행동에 관련하여 정보제공과 함께 상담을 하였다.

담임교사는 재민이를 교육하는 과목 담당교사와 특수교사에게 재민이의 저시력으로 인한 학습특성을 서로 공유하고 협력하였다. 특수교사는 특별한 교육적 서비스가 요구되는 재민의 저시력에 대하여 학급 자리의 배치(교탁에서 두 번째 줄 형광등 반사로 인한 눈부심이 없는 위치), 보조공학의 지원과 학습 인쇄물의 2~3배 확대 복사하여 제공, 읽기의 소요시간을 배려해 주는 등 구체적인 학습지원방법을 담임교사와 과목 담당교사에게 자문하여 주었다.

또한, 장시간 요구되는 학습의 효율성을 높이기 위하여 독서확대기를 제공해 줄 것을 학교 행정실에 건의하고, 체육시간에 신체활동을 통한 움직임 교육에도 친구들의 이해와 배려를 통한 도움으로 긍정적 결과를 가지고 있다.

Chapter. 05

청각장애아동 교육

소리의 방향을 알아내는 방향탐지기 토포폰(소리의 장소라는 뜻, 1880년 특허). 해무가 가득한 해상에서 두 개의 트럼펫 모양의 귀로 다른 선박의 위치를 경적으로 방향을 확인함.

출처: 타임라이프 소리와 청각(1990). p. 101.

학습목표

1. 청각장애의 정의와 분류를 이해할 수 있다.
2. 청각장애아동의 특성을 이해할 수 있다.
3. 청각장애아동의 교수-학습방법에 대하여 알 수 있다.

생각나누기

- 청각장애인은 어떻게 다른 사람들과 의사소통할까?
- 안경을 착용하면 잘 보이는 것처럼 보청기만 착용하면 소리가 잘 들릴까?

2012년 12월 15일 KBS-2TV, 이야기쇼 두드림을 통해 방영된 청각장애를 가지고 있는 김수림 씨는 수화를 사용하는 대신 한국어, 일본어, 영어, 스페인어 등 4개 국어를 능숙하게 구사하며 사람들과 소통한다.

그녀는 2세 때 부모의 이혼으로 친척 집을 전전하며 살다가 심한 열병을 앓았고 그 뒤로 소리를 잃었다. 그녀는 피나는 연습과 노력 끝에 상대방의 입술 모양을 읽는 구화법을 터득했고 그때부터 듣지 않고도 말을 하는 방법을 배웠다.

김수림 씨는 “목의 진동을 느껴 보려고 만져 보기도 하고 입을 열어서 혀의 움직임도 보고.. 언젠가는 이야기할 수 있겠지, 그렇게 100번 1,000번 연습했다.”라고 말을 할 수 있기까지의 노력을 밝혔다.

김수림 씨는 “상대방 입 모양을 보고 소통한다. 사람이 기분에 따라 입 모양이 달라질 때는 오히려 내겐 상대방을 파악할 수 있는 힌트다. 화났을 때 입 모양, 얼굴 모양을 보고 감정을 파악한다.”라고 말했다.

출처: 뉴스엔(2011.11.18.); 헤럴드경제(2012.12.16.).

● 특수교육의 발전사(과거와 현재)

▼ [과거 1890년대] 수화 · 지화

출처: 한국의 특수교육역사(2002).

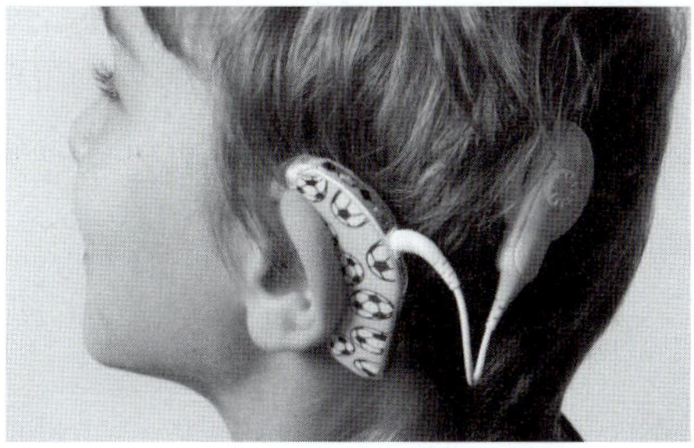

▼ [현재 2017년] 인공와우기기 조기교육

출처: http://blog.naver.com.

● 한국 역사 속의 장애 관련 인물사

▼ 안흥군 이숙의 묘

조선시대 왕족이었던 이숙(1693~1763)은 청각장애와 언어장애를 함께 지닌 중복장애인이었으나, 다행히 왕족이었으므로 글을 알았기에 문자로 글을 써서 타인과 대화할 수 있었다.

현대는 손짓언어인 수어(手語) 또는 입의 모양을 보고 상대방의 말을 이해하는 구어(口語)로 교육을 실시하는데 조선시대에는 어떤 방법으로 교육을 시켰는지 궁금하지만 글을 가르쳤기 때문에 필담으로 의사소통을 할 수 있었다는 것은 장애인에 대해 많은 관심을 갖고 배려를 했다는 역사적 사실을 발견하게 된다(정창권 외, 2014).

인간은 모든 소리를 귀의 메커니즘인 청각경로, 즉 외이 → 중이 → 내이 → 청신경을 통하여 감지하고 듣는다. 이러한 귀의 청각경로 중에서 특정 부위에 장애를 지니게 되면 청력에 손실을 입어 소리를 전혀 들을 수 없거나, 어느 정도의 소리만을 들을 수 있는 상태가 되어 의사소통에 어려움을 겪는다.

01 청각장애의 정의

청각장애란 경도에서 최중도에 이르는 청력손실의 전 범위를 포괄하는 용어로, 청각경로인 귀에서 뇌에 이르기까지 관여하는 기관의 이상으로 소리를 듣지 못하거나 소리의 뜻을 이해하지 못하는 경우를 말한다. 청각장애를 지칭하는 용어로 농(deaf)과 난청(hard of hearing)의 두 가지로 분류할 수 있다.

청각장애는 의학적 관점과 교육적 관점에 따라 다르게 정의할 수 있다. 의학적 관점에서 청각장애는 청력손실의 정도에 따라 정의하며, 교육적 관점으로는 청력손실이 언어발달과 교육 성취와 같은 학업수행에 부정적인 영향을 미치는 경우를 일컫는다(한국청각언어장애학회, 2012).

1) 교육적 관점에서의 정의:「장애인 등에 대한 특수교육법」

「장애인 등에 대한 특수교육법」에서는 청각장애인을 "청력손실이 심하여 보청기를 착용해도 청각을 통한 의사소통이 불가능 또는 곤란한 상태이거나, 청력이 남아 있어도 보청기를 착용해야 청각을 통한 의사소통이 가능하여 청각에 의한 교육적 성취가 어려운 사람"으로 정의하였다. 또한, 청각장애의 정의를 청력의 손실 정도가 아닌 의사소통 능력과 교육적 성취 능력에 초점을 두고 있다.

한국특수교육학회(2008)의 정의

- 청각장애: 청각기관의 손상을 지칭하는 일반적인 용어로 농과 난청을 포함한다.
- 농: 청각보조장치를 사용하거나 사용하지 않은 상태에서 청각에 의한 언어정보의 처리가 매우 어려워 교육수행에 부적 영향을 미치는 심한 청각장애를 의미한다.
- 난청: 청각보조장치를 사용하거나 사용하지 않은 상태에서 청각에 의한 언어정보의 처리가 원활하지 않은 교육수행에 부적 영향을 미치는 청각장애를 의미한다.

2) 의학적 관점에서의 정의: 「장애인복지법」(2019. 7. 7. 시행)

「장애인복지법」에서는 "청각장애로 인하여 장기간에 걸쳐 일상생활 또는 사회생활에 상당한 제약을 받는 자"로 다음과 같이 구법의 장애등급 분류에서 장애정도의 분류로 변경하여 법을 개정하였다.

<table>
<tr><th colspan="2">정도</th><th>장애 기준</th></tr>
<tr><td rowspan="2">청력 손실</td><td>장애의 정도가 심한 장애인</td><td>두 귀의 청력을 각각 80dB 이상 잃은 사람(귀에 입을 대고 큰소리로 말을 해도 듣지 못하는 사람</td></tr>
<tr><td>장애의 정도가 심하지 않은 장애인</td><td>1. 두 귀에 들리는 보통 말소리의 최대의 명료도가 50% 이하인 사람
2. 두 귀의 청력을 각각 60dB 이상 잃은 사람(40cm 이상의 거리에서 발성된 말소리를 듣지 못하는 사람)
3. 한 귀의 청력을 80dB 이상 잃고, 다른 귀의 청력을 40dB 이상 잃은 사람</td></tr>
<tr><td rowspan="2">평형 기능</td><td>장애의 정도가 심한 장애인</td><td>양측 평형기능의 소실로 두 눈을 뜨고 직선으로 10m 이상을 지속적으로 걸을 수 없는 사람</td></tr>
<tr><td>장애의 정도가 심하지 않은 장애인</td><td>평형기능의 감소로 두 눈을 뜨고 10m 거리를 직선으로 걸을 때 중앙에서 60cm 이상 벗어나고, 복합적인 신체운동이 어려운 사람</td></tr>
</table>

「장애인복지법」에서는 청각장애의 정의를 청력손실의 정도로 나누고 이에 따른 등급 부여에 대한 규정을 제시하고 있으며, 청각장애인을 청력을 잃은 사람과 평형 기능에 장애가 있는 사람으로 구분하고 있다.

02 귀의 해부생리와 청각경로

귀는 우리 몸에서 가장 복잡하고 정밀한 기관 중 하나이며, 소리가 뇌로 전달되는 과정에서 음향 자극을 신경 자극으로 변환시켜 주는 청각기관을 포함하고 있다. 귀가 포함하고 있는 청각기관은 외이(outer ear), 중이(middle ear), 내이(inner ear)로 구성되어 있다(한국청각 · 언어장애학회, 2012).

소리가 이개를 통하여 집음 되어서 외이와 중이를 거쳐 내이에 전달될 때 외이와 중이는 전음의 기능을 하며, 내이는 감음의 기능을 한다(그림 5-1).

▣ 기도로 전달(외부의 공기입자를 통한 매체로 전달)

소리 – 이개(귀바퀴) – 외이 – 중이 – 내이 – 중추 청신경

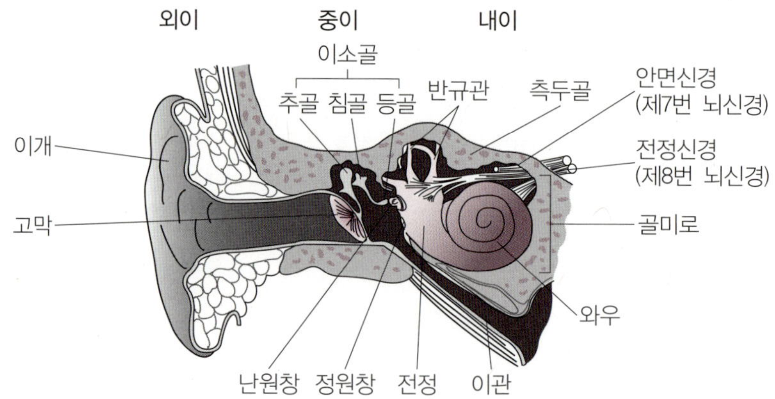

[그림 5-1] 귀의 구조

출처: 김영욱(2014). 청각장애아동교육의 이해. p. 68.

▣ 골도로 전달(외부의 소리 파장이 두개골(bone)로 전달)

소리 – 두개골(bone) – 내이 – 중추 청신경

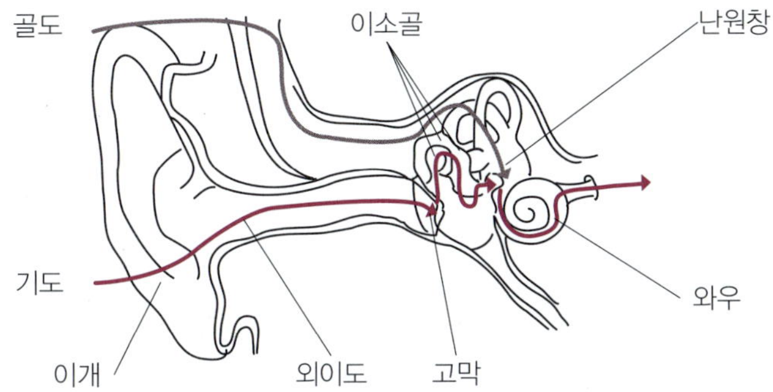

[그림 5-2] 소리 청취 경로

출처: 유은정 외(2013). 청각장애아동교육의 이해. p. 35.

청각기관의 외이, 중이, 내이의 기능을 간단히 서술하면 다음과 같다(김규상 외, 2014).

1) 외이

외이에는 이개와 외이도가 있다. 이개는 소리를 모아 외이도로 소리를 전달하며, 이러한 소리는 외이도를 거치면서 공명된다. 외이도에서 공명된 음파는 중이의 시작 부위인 고막으로 전달된다.

[외이의 기능]
- 보호 기능을 한다.
- 청소 기능을 한다.
- 음향학적으로 필터의 역할을 수행한다.
- 소리의 분별 또는 위치 분별에 중요한 역할을 한다.

2) 중이

중이는 고막, 이소골, 이내근, 이관 등으로 구성되어 있다. 외이도의 음파가 중이의 시작점인 고막을 진동시키고, 고막의 떨림은 우리 몸에서 가장 작은 뼈들인 이소골(추골-침골-등골)연쇄로 전달된다. 즉, 고막의 진동이 이소골을 움직이게 하며, 외이의 음파는 중이에서 기계에너지로 바뀌면서 증폭되어 내이의 와우에 전기적 에너지로 전달한다.

[중이의 기능]
- 고막의 면적과 등골 발판의 면적의 비에 의한 압축효과로 소리 압력 증가
- 고막의 원추형 모양, 추골과 침골의 지렛대 효과로 소리에너지 증폭
- 이내근(고막장근, 등골근): 외부의 소음으로부터 중이와 내이를 보호
- 이관: 고막의 전·후 공기의 압력을 동일하게 유지, 조직의 신진대사 공기 공급, 중이 분비물 배출

3) 내이

내이는 아주 복잡한 구조와 형태를 가지고 있기 때문에 미로(labyrinth)라고도 하며, 앞쪽에 있는 와우(달팽이관), 뒤쪽에는 세반고리관(semi-circular)과 이들 사이에 있는 전정(vestibule)으로 구성되어 있다. 중간계에 있는 코르티 기관에서 전기적 신호로 바꾸어 주는 유모세포가 있으며, 유모세포의 손상은 곧 고도난청으로 이어진다. 이들 중 와우는 소리를 받아들이는 청각기관이며, 세반고리관과 전정은 신체의 균형을 유지하는 평형감각기관이다(한국청각 · 언어장애교육학회, 2012).

[내이의 기능]
- 중이의 기계적인 반응을 전기신호로 전환하여 청신경 또는 뇌로 전달하는 역할
- 내이에 있는 림프액의 파동으로 유모세포가 반응하여 소리를 청신경으로 전달
- 세반고리관과 전정은 중력에 대한 신체의 균형 위치 지각으로 평형감각을 조절하는 기관

03 청각장애의 분류

청각장애는 청력손실 시기, 청력손실 정도, 청력손실 부위 등 다양한 기준에 따라 분류하지만, 학교 현장의 교육적인 측면에서는 청력손실 시기에 많은 관심을 가진다. 왜냐하면, 취학 전 · 후기의 언어발달과 학업 성취도에 밀접하게 관련되기 때문이다.

1) 청력손실 시기에 따른 분류

청력손실 시기를 교육적 측면에서는 언어습득 전 · 후로 나누어 분류하고 있다.

언어 습득 전	언어 습득 후
• 듣고 말하는 언어를 습득하기 이전에 청각장애로 판명 • 선천적이거나 영유아기 전후	• 언어를 습득한 후 외부 환경의 어떠한 요인으로 청각장애로 판명 • 후천적으로 유·아동기 전후

2) 청력손상 부위와 청력형에 따른 분류

❶ 청력손실 부위에 따른 분류

청각기관의 손상 위치의 부위에 따라 분류는 [그림 5-3]과 같다.

- 전음성 난청: 외이나 중이의 문제로 발생(청력손실이 심하지 않은 경우)
- 감각신경성 난청: 내이나 청신경의 손상으로 발생(청력손실 경도부터 최고도까지 다양)
- 혼합성 난청: 전음성 난청과 감각신경성 난청이 혼합된 경우

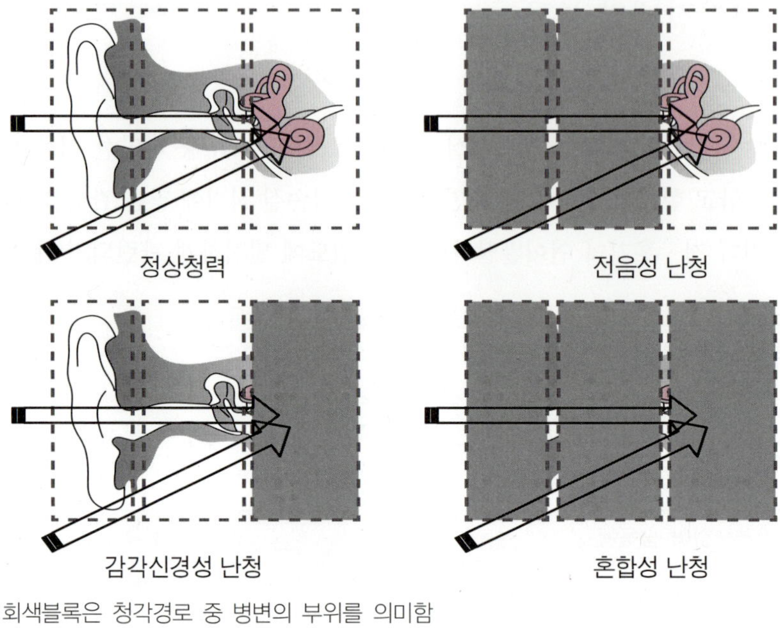

[그림 5-3] 정상청력, 전음성 난청, 감각신경성 난청, 혼합성 난청

출처: 김규상 외(2015). 청각학개론. p. 85.

위에서 언급한 병변 위치에 따른 분류는 다시 말초청각장애와 중추청각처리장애로 구분된다. 말초청각장애는 외이, 중이, 내이, 청신경의 병변으로 발생하며, 중추청각처리장애는 청신경을 거쳐 중추에 이르는 과정에서의 문제로 발생한다. 특성을 간략히 정리하면 다음의 〈표 5-1〉과 같다(고은, 2017).

〈표 5-1〉 손실 부위에 따른 특성

유형	분류	특성	손실부위
말초청각 장애	전음성 난청	일반적으로 청력손실이 60~70dB을 넘지 않으며, 보청기로 소리를 증폭시켜 줌으로써 어느 정도 효과를 기대할 수 있다. 골도청력은 거의 정상에 가깝다.	외이 또는 중이의 이상
	감각 신경성 난청	청력손실이 많고 기도청력과 골도청력에 모두 결함을 보이며, 골도청력 역치와 기도청력 역치 사이에 차이가 거의 없다.	내이(유모세포) 또는 청신경의 이상
	혼합성 난청	전음성 난청과 감각신경성 난청의 혼합, 청력손실이 많고 기도청력과 골도청력이 모두 손상되어 있다. 골도 청력역치와 기도청력 역치 사이에 차이가 있으며, 이때 기도청력 손실이 더 많다.	중이의 증폭기능과 내이의 이상
중추청각 처리장애	중추성 난청	청각신호의 정보처리 과정에서의 결함으로 말소리를 종합하고 분석하여 이해하는 데 문제를 보인다.	중추신경계의 이상

❷ 청력형에 따른 분류

청력검사를 통해 얻은 청력도(audiogram)의 형태에 따라 청각장애를 분류해보면 다음의 [그림 5-4]와 같다(석동일 외, 2007).

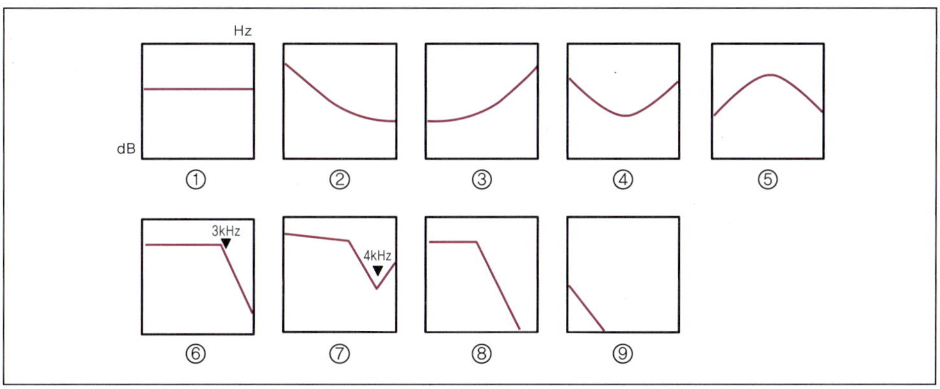

[그림 5-4] 청력도에 의한 청각장애의 분류

① 수평형(flat): 각 주파수의 최소가청역치가 ±20dB 범위 내의 청력도이다. 청력손실이 각 주파수에서 거의 같은 정도로 5dB 이내이다.

② 고음점경형(sloping): 주파수가 증가함에 따라 청력손실이 증가하는 청력도이다. 고음역으로 갈수록 5~12dB씩 떨어지는 청력손실을 나타낸다.

③ 저음장애형(rising): 주파수가 증가함에 따라 청력손실이 감소하는 청력도이다. 저주파수대의 청력손실이 크고 고주파수대의 청력손실이 작은 경우이다.

④ 곡형(scoop or trough shape): 중추파수대역의 청력손실이 가장 크고, 저주파수대역과 고주파수대역의 청력손실은 작다.

⑤ 산형(inversed scoop or though shape): 저주파수대역(500Hz)과 고주파수대역(4,000Hz)의 청력손실(20dB 이상)이 가장 크고, 중주파수대역의 청력손실은 작다.

⑥ 고주파수형(high frequency): 저주파수에서 수평형 혹은 경사형의 형태를 나타내다가 2,000~3,000Hz의 어음역에서 25dB 이상 급격한 청력손실을 보인다.

⑦ 딥(dip)형: 극히 국한된 주파수대, 특히 고음부의 4,000~6,000Hz 범위에서 급격한 청력손실(sharp drop)이 나타나고, 저주파수대역에서 3,000Hz까지의 청력손실은 나타나지 않는 수평형이거나 작게 나타난다.

⑧ 고음급추형(precipitous): 저주파수대역의 청력손실은 수평형으로 나타나지만, 2,000Hz 이상에서는 급격히 청력손실 정도가 높아진다.

⑨ 전농형(fragmentary): 저음역의 일부 주파수만 청력이 측정되나 다른 주파수대는 거의 청력이 나타나지 않는다.

☞ 이와 같이 청력도에 나타난 주파수별 개인의 다양한 청력손실에 대한 청력형으로 분류하는 것은 청력손실의 대체적인 원인의 추정 그리고 보청기 조절과 청능훈련 및 언어지도의 기초자료로 활용되기 때문이다.

3) 청력손실 정도에 따른 분류와 교육적 조치

평균청력 손실정도	청력손실이 언어이해에 미치는 영향	교육적 처치
25~40dB	• 희미한 소리나 먼 곳에서 하는 말을 듣기에 곤란을 느낀다. • 언어를 주로 하는 교과에 약간 곤란을 느낀다.	• 청력손실이 40dB 정도면 보청기를 착용한다. • 어휘발달에 역점을 두고 지도한다. • 좌석과 조명에 주의한다. • 필요하면 독화지도, 언어치료를 한다.
41~55dB	• 90~150cm 거리에서 얼굴을 마주 보고 하는 대화는 이해한다. • 희미한 소리이고, 말하는 사람을 볼 수 없으면 학급 토의를 50% 정도밖에 이해하지 못한다. • 사용 어휘가 한정되고 언어의 이상을 나타낸다.	• 특수교육을 시켜야 한다. • 진단에 따라 개인용 보청기를 착용하고 그 사용법을 훈련시킨다. • 특히, 저학력 아동의 경우 좋은 좌석을 배치하고, 가능하면 특수학급에 배치한다. • 어휘와 읽기 지도에 주의한다. • 필요하면 회화지도, 언어교정을 한다.
56~70dB	• 큰 소리로 하는 대화만 이해한다. • 집단 토의에서 곤란도가 증가한다. • 대화에 결함이 있다. • 언어를 사용하는 데 어려움이 있다. • 사용 어휘가 한정되어 있다.	• 특수교육을 시켜야 한다. • 개인특별지도 또는 특수학급에 배치한다. • 언어지도에 특별한 조치를 취한다(예: 어휘발달, 활용, 읽기, 쓰기, 문법 등). • 진단에 따라 개인용 보청기를 착용하고 청능훈련을 받아야 한다. • 항상 시각적·청각적 상황에 주의를 갖고 지도한다.
71~90dB	• 귀에서 30cm 정도 떨어진 큰 목소리를 듣는다. • 주위의 소리를 식별할 수 있다. • 모음은 구별이 가능하나 자음은 일부만 구별한다. • 대화의 언어 사용에 결함이 있고, 이해가 곤란하다.	• 특수교육을 시켜야 한다. • 언어 기능, 개념발달, 대화지도에 역점을 둔 특수교육을 전반적으로 실시한다. • 진단에 의해 개인 보청기를 착용한다. • 개인·집단보청기로 청능훈련을 한다. • 필요할 때 일부 시간은 정상학급에 배치한다.
91dB 이상	• 큰 소리를 약간 들으나 소리의 진동으로 깨닫는다. • 의사소통을 위한 일차적인 수단으로 청력보다 시력에 의존한다. • 대화와 언어 사용에 결함이 있고 이해가 곤란하다.	• 특수교육을 시켜야 한다. • 언어 기능, 개념발달, 대화지도에 역점을 둔 특수교육을 전반적으로 실시한다. • 구화 및 수화에 대한 계속적인 평가가 필요하다. • 주의해서 선발한 아동만 일부 시간에, 정상 학급에 배치한다.

출처: 송준만·유호순(2012). p. 398. 수정 발췌.

04 청각장애의 원인 및 출현율

1) 청각장애의 원인

청각장애의 원인을 명확히 알 수 있는 요인을 찾아 밝혀내는 일은 여전히 어려운 일이다. 현재도 '원인 불명'으로 판단되는 것이 상당 부분을 차지하고 있기 때문이다. 미국의 전국 단위 결과에서도 청각손상의 원인을 400가지가 넘은 것으로 조사되어 정확한 청각장애의 원인을 알 수 없다(Gallaudet Research Instiude, 2008). 청각장애의 원인을 출생 전 · 후로 살펴볼 때 출생 전 난청의 원인은 다음과 같다(김삼섭 외, 2012).

(1) 출생 전 원인

- 모체의 풍진: 임신부가 임신 초기에 감염이 되는 경우에 다양하고 심한 장애를 유발하게 된다.
- 유전: 유전적인 원인에는 상염색체의 열성 유전과 우성 유전이 있으며, 태어날 때는 청력에 이상이 없다가 출생 후 몇 년이 지나 성장하면서 난청으로 진행하는 유전 질환도 있다. 하지만 유전적인 원인으로 청각장애를 갖게 되는 경우를 정확히 밝히기는 쉽지 않다.
- 선천적 농: 출생 시 유전자 이상으로 발생하는 경우로 내이 형성에 이상이 있다. 유아가 2세가 지나도 말을 하지 못할 때 선천적 농이 의심된다.
- 선천성 거대세포 바이러스 감염: 바이러스 감염인 거대세포 바이러스는 청각장애를 포함하는 여러 장애를 야기할 수 있다(예: 조산/임신기간 중 합병증)

(2) 출생 후 원인

- 중이염: 소아에서 가장 흔한 난청의 원인은 감기에 의한 중이염으로 급성 중이염을 조기에 치료하지 않고 그대로 방치할 경우 만성 중이염으로 이환되어 청력이 저하될 수 있다.
- 뇌막염: 언어발달 후 청력손실을 일으키는 가장 큰 원인이라고 보고 있다. 뇌막염은 중추신경계 박테리아나 바이러스 감염에 의한 것으로 내이의 정밀한 청각기관을 파괴할 수 있다.
- 소음: 큰 소음(시끄러운 음악, 비행기 소리, 공장 소음 등)에 반복적으로 노출되면 청력손실의 치명적 원인이 된다.

2) 청각장애의 출현율

청각장애 출현율은 전체 특수교육대상자 2.21% 중에서 0.06%에 해당한다(국립특수교육원, 2001). 교육부 특수교육연차보고서에 의하면 2023년 4월 기준으로 청각장애로 선정되어 특수교육 서비스를 받는 아동은 2,907명으로 전체 특수교육대상자의 2.6%에 이른다.

3) 청력도

순음청력검사의 청력손실치의 결과로 [그림 5-4]와 같이 청각장애의 유형을 알아볼 수 있다. 전음성 난청의 경우 골도청력은 정상이지만 기도청력에서는 30~45dB의 손실치를 보인다. 그러나 감각신경성 난청의 경우에는 골도청력과 기도청력에서 모두 750Hz 이상에서 30~70dB의 손실치을 보이며, 저주파수대 범위보다는 고주파수대의 범위에서 상대적으로 손실치가 더 클 수 있다.

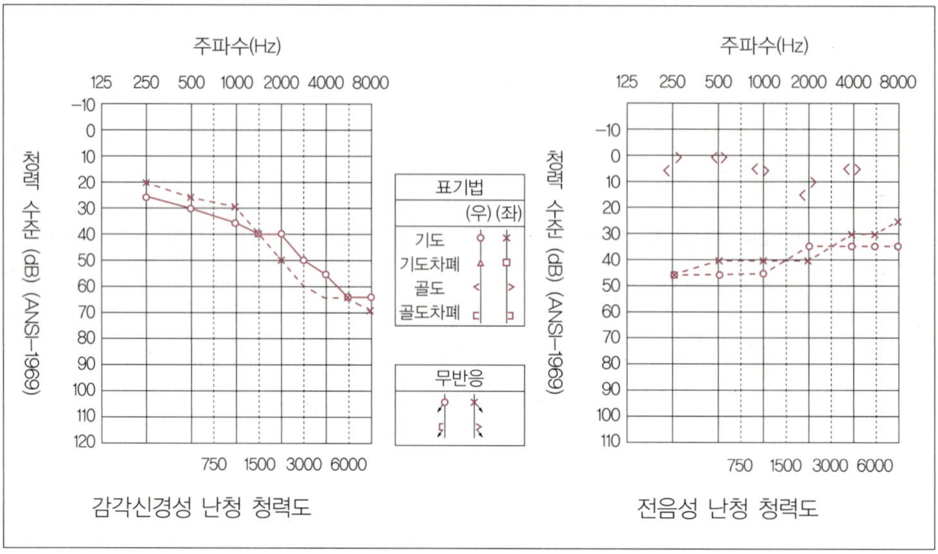

[그림 5-5] 순음청력검사의 청력손실치 결과

출처: 김영욱(2014). 청각장애아동의 이해. p. 83.

05 청각장애아동의 판별 및 검사

청력을 진단하는 검사에는 주관적 검사와 객관적 검사로 분류된다. 주관적 검사는 피검자의 적극적 참여의 반응이 필수적이며, 객관적 검사는 피검자의 참여 반응이 요구되지 않는다.

1) 주관적 검사

(1) 순음청력검사(pure-tone audiometry)

▼ 순음청력검사

출처: http://blog.naver.com

① 기도검사: 소리가 외이도를 거쳐 내이에 전달되는 과정을 측정(예: 건강검진 청력검사 시 양쪽 귀에

헤드셋 착용 후- '삐' 소리가 들리면 손을 드세요!)

② 골도검사: 소리가 두개골을 통해 직접 내이에 전달되는 과정을 측정

(2) 어음청력검사(speech audiometry)

① 어음청취역치(speech Reception Threshold: SRT): 말소리를 탐지하고 이해하는 능력

② 말소리변별력검사(speech discrimination test): 말소리의 변별도를 측정

③ 말소리청취역치 저하검사(rolloover test)

▼ 어음청력검사

출처: http://blog.naver.com

(3) 유희청력검사(play h audiometry)

영유아동을 대상으로 구조적인 놀이 상황에서 소리에 반응 행동을 관찰하여 정확한 청력을 파악하는 것은 쉬운 일이 아니므로 다른 객관적인 검사도 고려해야 한다.

2) 객관적 검사

(1) 이미턴스(immittance)

외이도 입구에서 소리자극을 주고 고막에서 반사되어 돌아오는 에너지를 분석하여 고막과 중이 구조물의 저항과 수용에너지를 측정함으로써 중이 또는 내이의 상태를 간접적으로 분석할 수 있다(전헌선 외, 2012).

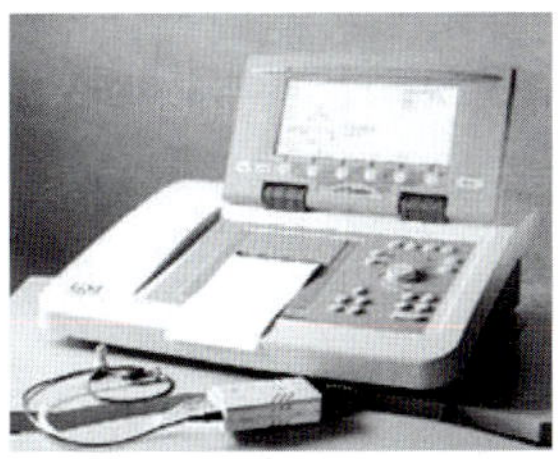

▼ 고막진동검사

출처: http://blog.naver.com

(2) 청성뇌간반응검사(auditory brainstem response)

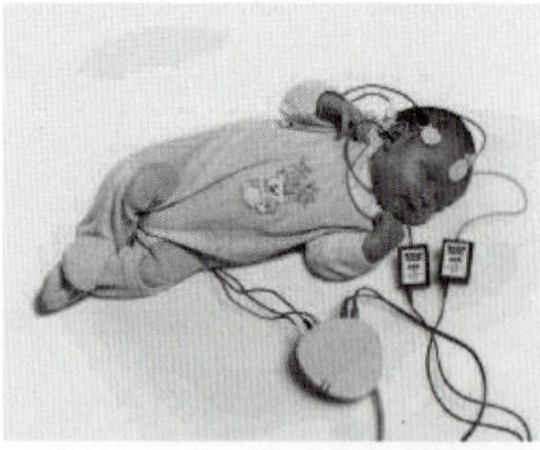

▼ 청성뇌간반응검사

출처: http://blog.naver.com

자극 음이 뇌에서 전기적 활성이 나타나는 반응을 검사한다. 뇌는 소리를 들으면 다양한 뇌파를 보이는데 이러한 뇌파의 변화를 통해 소리를 청취하는 특성을 파악할 수 있다. 다만, 구체적인 청력손실 정도를 파악하는 것은 어렵기 때문에 다양한 청력검사와 전문가의 판단이 필요하다(공주대학교 특수교육연구소, 2016).

06 청각장애아동의 특성

1) 언어와 말의 발달

농이나 난청으로 태어난 아동도 정상청력을 가지고 태어난 아동과 마찬가지로 울고 옹알이를 한다. 그러나 청각장애로 인한 청각적 피드백의 형성이 곤란하기 때문에 청각장애아동의 옹알이는 곧 사라지게 된다. 이처럼 청각장애아동은 사회에서 일반적으로 사용하는 언어를 획득하는 데 상당한 어려움을 겪게 되며, 언어에 의한 의사소통이 곤란해져서 결국 언어 발달에 문제가 생기게 된다(김일명 외, 2013).

청각장애아동의 언어발달을 촉진하기 위해서 언어적인 자극을 줄 때 능동적으로 참여하도록 한다. 청각장애아동은 언어발달이 다소 느리기는 하지만 발달하지 않는 것은 아니기 때문에 청각장애아동이 다양한 자극으로 언어의 의미를 잘 이해하고 표현할 수 있도록 해 주는 것이 언어발달에 중요하다.

다음의 〈표 5-2〉는 청각장애아동의 발달시기별 언어 특성에 대한 내용이다.

〈표 5-2〉 청각장애아동의 발달시기별 언어 특성

발달시기	특성	
생후 3~4개월	몸짓, 움직이기, 울기, 양육자가 의사소통으로 해석할 수 있는 발성	
생후 6~12개월	목적을 달성하기 위해 몸짓과 발성을 사용한 의도적인 의사소통 시작	
생후 6~36개월	비언어적 의사소통기술	• 증가, 단어나 기호습득 시작 시기에 감소되거나 고정
	언어적 의사소통 행위	• 19개월에 시작하여 30개월에 안정되고, 30~36개월 사이에 현저히 발달
	어휘	• 생후 18개월: 평균 0~9개의 단어 사용 • 생후 22개월(통합적 의사소통 프로그램): 60개의 수화와 구어단어 습득 • 생후 22개월(구화 의사소통 프로그램): 10개의 구화와 단어 사용
학령기	어휘 및 단어 의미	• 최중도 청각장애학생: 대략 3년 이상 지체 • 중증도 청각장애학생: 1년 정도 지체
	화용기술	• 대화자로서 역할하기, 화제 꺼내기, 화제 유지하기에 어려움을 보이나, 나이가 들어감에 따라 꾸준히 향상

출처: 김영욱 외(2009). 특수교육학.

2) 인지 · 학업적 특성

청각장애아동의 지적 능력은 대체로 일반아동과 비교했을 때 차이가 거의 없다. 동작성 검사에서는 일반아동과 별 차이가 없지만, 언어성 검사에서는 현저한 차이를 나타냈다. 청각장애아동은 인지력에 결함이 있는 것이 아니며, 단순히 잘 듣지 못하는 것이다. 일반아동과 똑같은 인지발달 단계를 따르나 약간 느릴 뿐이다(권요한 외, 2010).

학업적인 면에서 언어 관련 교과에서는 학업 성취 점수가 현저히 낮지만, 수학 등과 같은 언어성이 요구되지 않는 교과에서는 일반아동과 차이가 없거나 일반아동보다 뛰어난 수준을 보이기도 한다(김희규 외, 2010).

이와 같이 인지 · 학업적 능력이 일반아동과 차이가 없다면 청각장애로 인한 전반적 요인들과 가족의 사회 경제적, 교육지원의 정도가 영향을 주고 있음을 고민해 보아야 할 것이다.

학자마다 청각장애아동의 학업 능력에 대한 연구 결과의 차이가 다소 있지만 대체적으로 다음과 같다.

- 어휘 능력: 난청의 경우 2년, 농아동의 경우는 4~5년 정도 지체된다. 형용사와 부사와 같은 추상적인 의미를 내포하는 어휘 습득에 어려움을 보인다.
- 읽기 능력: 전반적인 읽기이해 능력은 4~5학년 정도의 수준을 나타낸다. 특히, 문법, 비유적 · 은유적인 표현, 문맥 이해 등에서 어려움을 나타낸다.
- 쓰기 능력: 문법의 규칙 습득에 전반적인 어려움을 지닌다. 자기중심적 표현과 배경내용을 알 수 있는 묘사에 부족함을 나타낸다. 특히, 조사 사용에 어려움이 많다. 문장을 구성할 때 단문장 형식으로 아주 짧게 표현하는 경향이 있다.
- 수학 능력: 다른 학습 능력에 비하여 가장 높은 성취 수준을 보이며, 초등학교 고학년에서 중학교 저학년 수준까지 이른다.

다음의 사례는 2013년 D 대학교 특수교육학과 사범대 재학 중인 이○○ 청각장애학생(농인, 구화 안 됨)이 특수교육분석설계 과목을 수강하고 중간고사 평가 시 문제를 읽고 답안을 작성한 내용 중에서 일부 발췌한 내용이다.

1. 특수교육대상 청각장애학생을 위한 개개인의 특성에 적합한 교수 매체를 제공하여 학습의 목표를 지도할 때 수화를 사용하여 의사소통을 증진시켜야 한다. 수화의 정의에 대하여 아는 데로 자신의 생각을 서술하시오.

: 수화는 또 다른 언어이다. 그래서 한국어, 영어, 불어처럼 언어로 인정받길 원해 수어라고 불리기도 한다. 수어는 음성언어와는 엄연히 다른 체계로, 효과적인 의사소통(수업내용 이해, 수화통역사, 통신중계 서비스)을 할 수 있다. 그러므로 음성언어의 한계 또한 수어로 극복할 수 있다고 생각한다.

2. Bloom의 교육목표 분류 체계를 개발할 때 조직원리 설정에 대하여 설명하시오.

- 분류학은 교육단원, 교육 프로그램과 관련해서 짠다.
- 논리적이고 상호 모순적이지 않아야 하며, 일관성이 있어야 한다.
- 일반적이고 알고 있는 지식이 교육내용과 일치해야 한다.
- 교육내용이 포괄적이므로 중립적인 목표를 설정해야 한다.

3. 수업분석의 개념에 대하여 서술하시오.

: 교사가 자신의 수업방식을 막연히 분석하는 것이 아니라 실질적인 방법을 사용해서 체계적으로 분석하고 이를 통해서 수업의 질을 향상시키는 활동을 말한다.

SK텔레콤은 19일 서울 상도동 국사봉 중학교에서 스마트기기를 활용한 수업 시스템을 통해 청각장애학생의 학습을 도왔다. 이번 시범 강의는 강사의 목소리가 원격지원센터를 통해 문자와 수화로 바뀌어 청각장애 수강생들에게 전달되는 방식으로 이루어졌다. 수강생들이 질문 내용을 태블릿 PC에 문자로 작성하면 음성으로 바뀌어 스피커로 전달된다. 청각장애학생들이 비장애학생들과 함께 수업을 받을 수 있었던 이유다.

출처: http://news.naver.com

3) 사회 · 정서발달

건강한 정서를 발달시키기 위해서는 출생 이후부터 부모와의 바람직한 애착관계가 형성되어야 하며, 인지 능력과 언어기술이 뒷받침되어야 한다. 그러나 청각장애아동은 언어지체로 인해 자기표현이 어려우며, 감정을 표현하는 정서적인 단어를 잘 이해하지 못함으로써 자기이해가 부족할 뿐만 아니라 다른 사람의 감정을 인지하고 이해하는 데 어려움을 겪는다. 특히, 청각장애인의 낮은 사회인지 능력과 감정을 전달하기 위한 의사 표현의 어려움은 사회정서발달과 자신의 정서적 특성, 그리고 사회적 상호작용 능력에 부정적인 영향을 미치게 된다. 결국, 의사소통 결함으로 인해 구성원들 간의 정서적 유대관계 및 상호작용에 어려움을 겪게 된다(김삼섭 외, 2012).

이러한 점에서 청각장애아동의 사회 · 정서발달을 위해 일반아동과 함께 서로가 폭넓은 이해를 통해 원활한 의사소통을 위한 다양한 방법으로 접근할 수 있는 길을 모색하여야 할 것이다.

전주공예품전시관 무대에 모인 관객들이 전주선화학교 청각장애인 학생들의 전주공예품전시관 무대에서 열리는 난타 공연에 함께 자리를 하여 노래를 따라 부르며, 흥겨운 무대를 즐기고 있다. 이날 난타 공연을 성공리에 마친 청각장애 강성범(고3) 학생은 "난타를 하니 진동 소리에 느낌이 있다는 것을 몸으로 느낄 수 있어서 좋았다."라며 "난타는 혼자만 잘해서 되는 건 아니기 때문에 친구들과 함께 맞춰가는 과정이 재미있었다."라고 했다.

출처: http://news.naver.com(2012.11.29.)

07 보청기와 인공와우기기

1) 보청기

보청기는 외부에서 들어오는 음향신호를 송화기에서 전기신호로 바꾸고, 전달된 전기신호는 증폭기에서 소리가 커지며, 수화기에서는 증폭된 전기신호를 음향신호 다시 바꿔 준다(그림 5-6).

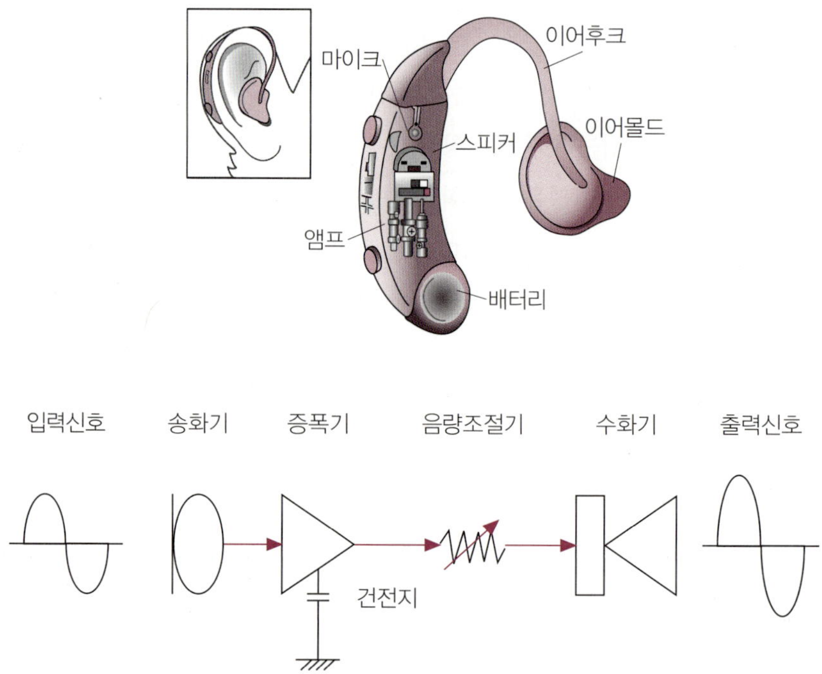

[그림 5-6] 보청기의 기본 구조

출처: 대한청각협회(2008). 청각검사지침. p. 300.

〈표 5-3〉 보청기의 종류

종류	특징	그림
상자 보청기	• 보청기 중 크기가 가장 큰 형태이다. • 송화기와 수화기의 거리가 있어서 음향피드백을 줄일 수 있다. • 송화기의 위치 때문에 소음이 발생하거나 실물감이 떨어진다. • 이득과 최대출력이 높아서 심도 이상의 난청에도 사용이 가능하다.	
귀걸이 보청기	• 귓바퀴에 걸칠 수 있는 형태이다. • 이어몰드를 사용하여 고막으로 음향을 전달한다. • 텔레코일, 음향입력잭을 설치할 수 있다. • 주로 중도에서 고심도 난청에 적합하다.	 일반형
	• 2005년 이후 본격적으로 출시되었다. • 외이도를 폐쇄하지 않아서 폐쇄효과를 줄이는 데 효과적이다. • 귀걸이보청기의 형태지만 타인의 눈에 잘 띄지 않는다. • 낮은 이득과 출력으로 인해 고심도 난청에는 적합하지 않다.	 개방형
귓속 보청기	• 갑개의 모든 부분을 사용한다(full-concha type). • 귓속보청기 중 가장 높은 이득과 출력을 제공한다.	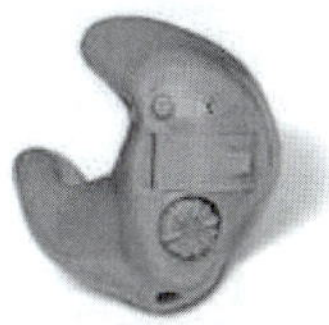 갑개형
	• 갑개의 일부만 사용한다(half-concha type). • 보청기를 외이도에 넣고 빼기가 비교적 쉽다.	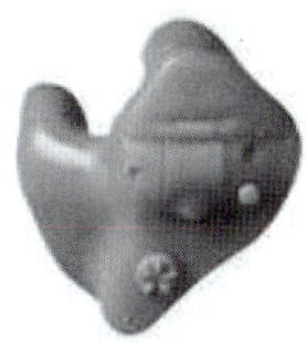 외이도형
	• 귓속보청기 중 가장 작은 형태이다. • 미용적으로는 좋지만 넣고 빼기가 어렵다. • 고주파수의 증폭이 용이하다. • 폐쇄효과를 줄이기 용이하다.	 고막형

출처: 김규상 외(2014). 청각학개론. p. 176.

2) 인공와우

인공와우(Cochlear Implant: CI)는 와우 안에 전극을 심어 내유모세포의 기능을 하도록 고안된 전기장치이다. 인공와우는 외부장치와 내부장치로 구성되어 있으며, [그림 5-7], [그림 5-8]의 구조로 되어 있다.

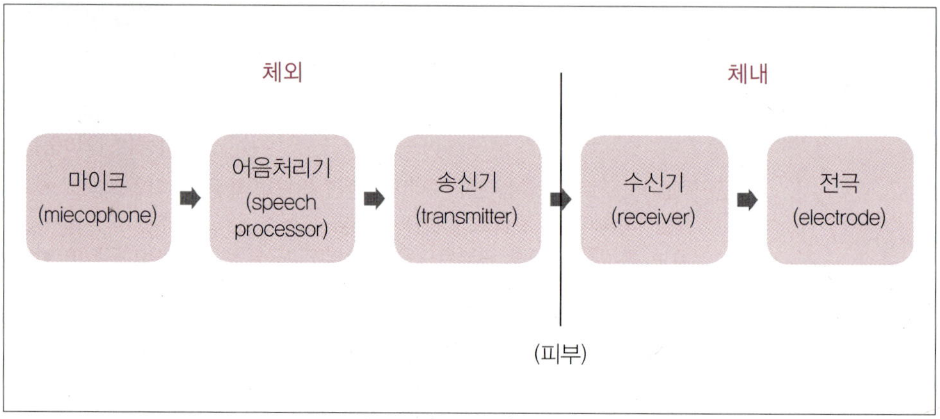

[그림 5-7] 인공와우의 소리전달 구조

출처: 한국청각언어장애교육학회(2012). 청각장애아동교육. p. 352.

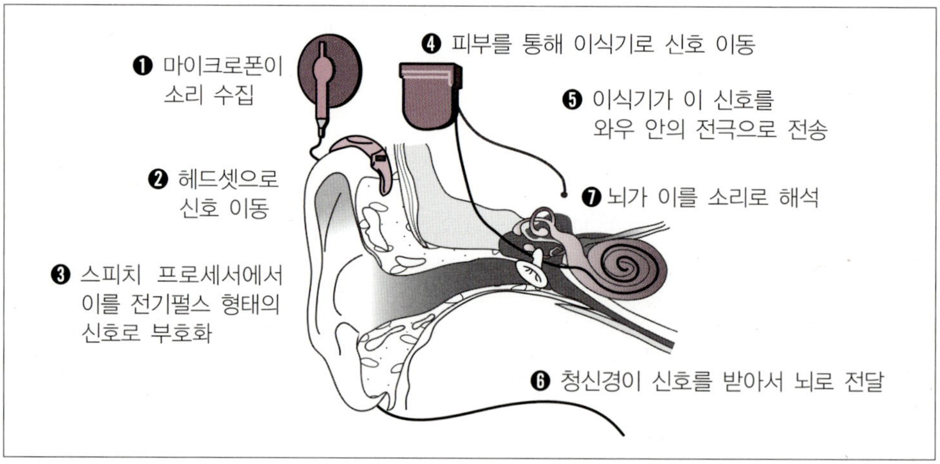

[그림 5-8] 인공와우기기의 기본 구조

- 귀나 신체에 착용한 음향처리기가 음향을 포착해 디지털 코드로 변환한다(음향처리기는 전체 시스템에 전력을 공급하는 배터리가 들어 있다).
- 음향처리기가 머리 외부에 있는 코일을 통해 이 디지털 코드 음향을 임플란트에 전달한다.
- 임플란트가 디지털 코드 음향을 전기 자극으로 변환해 와우(내이) 안에 위치한 전극 배열에 전달한다.
- 임플란트 전극이 와우 청신경을 자극해 전기 자극을 뇌로 보내고 뇌에서 이것을 소리로 인지한다.

08 청각장애아동의 통합교육과 사례

1) 통합교육

청각장애아동을 일반학급에서 성공적으로 통합시키기 위해서는 청각장애아동 자신이 적절한 사회적 기술의 습득, 학습 능력, 언어 능력, 대인관계기술 등을 갖추어야 하며, 교사는 일반학급에 통합된 청각장애아동의 교육에 필요한 지식과 교수-학습기술을 가지고 있어야 한다. 또한, 학교는 일반학교에 통합된 아동의 교육에 필요한 교재 · 교구 학습 및 편의시설을 갖추고 있어야 하는데, 이는 동료 아동 및 학부모의 청각장애아동에 대한 깊은 이해와 배려가 수반되어야 가능한 일이다(권순우, 2010).

청각장애아동의 성공적인 통합교육을 위한 조건은 교실 환경의 구성, 교사의 지원과 다음의 〈표 5-4〉와 같은 교수방법이 실천되어야 할 것이다.

〈표 5-4〉 청각장애아동의 성공적인 통합교육 조건

- 가르치는 개념에 대해 명확하게 설명하고 시각적 예를 많이 사용한다.
- 청각장애아동이 보청기나 인공와우를 항상 착용하도록 독려한다.
- 청각장애아동이 교사의 말하는 내용을 독화하기 가장 좋은 자리를 아동과 함께 결정한다.
- 시각적인 교수방법을 최대한 활용한다(게시판 사용, 사진, 그림, 도표, 컴퓨터그래픽 등).
- 중요한 단어나 새로운 단어는 칠판에 써 주고 수업 전에 새로운 단어를 미리 예습한다.
- 비디오나 컴퓨터 동영상 자료를 볼 때 자막이 있는 것으로 선택하거나, 지원해야 한다.
- 청각장애아동이 수업 내용을 이해했는지 물어봄으로써 확인한다. 항상 잘 이해하는 것이 아니며 교사에게 질문하는 것을 어렵게 생각하는 경우가 많기 때문이다.
- 보조공학기기(보청기와 인공와우)의 상태를 매일 확인한다.
- 수업을 시작 때 중요한 내용을 미리 요약하고, 마칠 때도 요점을 정리해 주어야 한다.
- 많은 청각장애아동이 지능의 결함 때문이 아니라 언어 능력의 문제 때문에 학업성적이 떨어지므로 청각장애아동의 학업 성취를 유의하게 관찰한다.
- 전문가와 긴밀히 협조하여 일반학급 내에서 적절한 교육 경험을 하도록 한다.

출처: 이소현 · 박은혜(2011). p. 257. 재인용 발췌.

2) 통합교육 사례 -1

현아는 만 4세가 되었지만, 말을 제대로 하지 못하고 큰 소리로 불러야 돌아보는 정도였다. 현아의 부모는 현아를 집과 가까운 농학교에 입학시켰다. 유치부가 없었지만 다행히 그 학교에서 조기교육을 강조하고 있던 터라 1학년에 입학시켜 주었다. 입학 후 청능교육 담당교사가 추천하는 보청기를 착용하였다. 수업시간에는 그해 처음 도입한 FM 보청기를 이용하여 청각-구화법으로 교육을 받았다. 현아는 입학 후 3개월이 지나자 자기 이름을 부르면 대답을 하였고, 1학년 말경에는 다른 장애아동이 말 읽기와 듣기를 통해 알아듣는 말을 듣기만으로 알아들었다. 현아는 나이가 어려서 1년 더 1학년 학급에서 지도를 받았다.

현아는 선생님의 입을 보지 않고 듣기만으로 95% 이상 정확하게 받아쓰기를 할 수 있게 되었다. 농학교에서 2년간 공부를 하고, 만 6세 되던 해에 일반초등학교 1학년에 입학하였다. 그 후 초등학교 학급에서 중간 정도의 학력을 유지했고, 졸업한 후에도 일반 중학교에 진학하여 계속 공부를 하였다.

3) 통합교육 사례 -2

선영이 부모님은 선영이가 20개월쯤에 언어발달이 늦고, 소리자극에 대한 반응이 없는 것을 의심하여 C 병원에서 청력검사를 받았다. 그 결과 고도 난청(좌 90dB, 우 100dB)의 청각장애로 판명받아 보청기를 착용한 후 주 3회 언어재활치료 교육을 받다가 5세 때에 부산 D 병원에서 인공와우 시술(좌 35dB, 우 35dB)을 받고 7세 취학 전까지 창원 S언어치료실에서 언어청능 재활치료와 장애통합 D 어린이집을 다녔다.

취학 후 초등학교 일반학급에 입급되었지만, 청각장애로 인한 언어청능과 학교생활에 도움이 될 수 있는 특수교육대상자로서의 별다른 지원사항은 없었으며, 일반아동과 동일하게 교과과정을 이수하였다. 다만 교실 앞자리에서 선생님의 목소리와 얼굴을 잘 볼 수 있는 자리에 앉혀 주는 배려로 수업시간에 도움을 조금 받는 것이 전부였다. 초등학교 5학년 이후부터 학년이 올라갈수록 또래와의 관계 형성이 매우 어려워 고민하다가 인근 S 중학교 진학 후 학교생활에 적응하지 못하고 결국 1학년 2학기에 인근 C 특수학교로 전학을 갔다.

창원 C 특수학교 중등부 학교생활에서는 주로 수화로 청각장애아동과 의사소통을 하였으나, 특수교사(수화 및 지문자를 잘 사용하지 못함)와는 수업시간 어눌한 구어의 사용으로 특수교사가 선영이의 발음을 알아듣고 이해하기 힘들 정도의 명료도를 보여 교과내용의 수업지도와 의사소통에 어려움이 많았다. 그러나 다행히 학교에 잘 적응하여 즐겁게 생활하였다.

3년 뒤 고등부 생활에서 학급생 7명 중 유일하게 의사소통을 하며 지내던 B 청각장애아동이 타 지역으로 전학을 가고 6명 중 5명이 지적장애아동이나 뇌병변장애아동으로 의사소통이 어려워 결국 창원에서 서울에 있는 M 청각장애 특수학교로 전학을 갔고, 서울 M 청각장애 특수학교(기숙형)에서는 수업시간 다양한 의사소통수단과 청각장애아동을 위한 개별화교육계획의 적절한 교과내용의 지도로 수업시간과 방과 후 기숙사 생활에서 또래 청각장애아동과 지내는 학교생활이 만족스러웠다고 한다.

대학교는 특수교육대상자 특례전형으로 합격하여 2016년 현재 ㅎ 재활복지대학에 귀금속보석공예과 2학년에 재학 중이다.

4) 통합교육 사례 - 3

홍우는 시골 작은 마을에서 태어났는데 나면서부터 귀가 들리지 않았다. 홍우의 부모는 홍우가 같은 마을에 사는 L 씨처럼 평생 듣지도 못하고 말도 할 수 없으니 농사일을 가르쳐야겠다고 생각하였다.

홍우가 만 9세가 되던 어느 날 동생 담임선생님이 가정방문을 와서 홍우를 보더니 대도시에 있는 농학교는 기숙사도 있고 학비도 비싸지 않으니 홍우를 그 학교에 보내라고 권하였다. 그래서 홍우의 부모는 홍우가 만 10세 되던 해에 B 공립농학교에 입학시켰다. 입학 후 청능훈련 담당교사의 추천으로 보청기를 사서 착용하였고, 1~2학년까지는 말하기, 듣기, 말 읽기를 통하여 언어학습 중심으로 공부를 하였다. 3학년부터는 구화-청각법과 더불어 수화도 사용하기 시작하였다.

홍우는 초등학교 과정을 졸업한 후 같은 학교 중학교 과정을 거쳐 고등학교 과정에 진학하였다. 직업교육시간에 구두 만드는 기술을 배워 고등학교 3학년 2학기에 시내 중심가에 있는 유명 제화점에 취직하였다.

그리고 7년 동안 열심히 일하여 경제적으로 자립할 수 있었고 고등부 2년 후배와 결혼도 하여 1남 1녀의 아버지가 되었다. 아들은 정상 청력으로 태어나서 어릴 때 조부모님이 양육하여 말을 배울 수 있었다. 그렇지만 청각장애인 부모의 말을 들을 기회가 많아서인지 발음이 약간 불명확하였다. 딸은 부모처럼 95dB 정도의 청력손실이 있어서 부모가 어릴 때부터 수화를 가르치면서 키웠다.

출처: 한국통합교육학회(2009). 통합교육.

09 청각장애아동의 특수교육

1) 청각장애아동의 의사소통교육

청각장애아동의 의사소통 양식에 대한 과거의 전통적인 교육은 듣기의 어려움을 강조하면서, 구화법과 수화법의 대립구도를 놓고 많은 논쟁을 가졌었다. 그러나 현재는 토털커뮤니케이션의 접근에 이어서 이중언어-이중문화 접근을 통한 청각장애아동의 의사소통 능력의 향상에 초점을 맞추고 지향하고 있다.

- 이중언어-이중문화 접근(bilingual-bicultural method)이란 청각장애아동이 청각장애인의 언어와 일반언어, 그리고 청각장애인의 문화와 일반 문화를 모두 습득하도록 해야 한다는 것이다(Turnbull et al., 2009).

(1) 구어 및 청각적 교육법

구어 및 청각적 교육법에서는 아동의 잔존청력을 최대한 활용하고, 구화를 명료하게 사용할 수 있도록 청능훈련, 보청기 및 인공와우 사용, 발성·발어훈련, 독화훈련 등과 같은 접근법으로 교육한다(석동일 외, 2002).

❶ 청능훈련

단계별로 계획된 프로그램으로 잔존청력을 최대한 활용할 수 있는 잠재 능력을 향상시켜 더욱 잘 들을 수 있도록 교육하는 과정이다(그림 5-9).

탐지 (detection)	소리가 있고 없음을 구분하는 것으로 가장 기본적인 청각기술로 음의 유무 인식단계
⬇ 변별 (discrimination)	두 개의 소리가 같고 다름을 구분하는 것으로 청취할 음의 동일성 및 차이성을 인지하는 단계
⬇ 확인 (indentification)	청취한 소리가 어떠한 것인지 인지하여 알고 사물에 이름이 있음을 인식하는 단계
⬇ 이해 (comprehension)	말하는 사람의 이야기한 내용을 듣고 이해하여 질문하고 답변을 하는 가장 높은 단계

[그림 5-9] 청능훈련의 단계

❷ 발성 · 발어훈련

말(Speech)의 산출과정은 호흡 → 발성 → 공명 → 조음의 단계로 이루어진다. 폐에서 나온 공기를 성대로 보내고, 성대의 진동으로 만들어진 후 원음은 인두강, 구강, 비강, 입술강에서의 공명을 통해 음성을 생성한다. 이러한 음성 산출의 메커니즘 이해를 통하여 발성 감각훈련을 한다(호흡훈련 → 조음기관훈련 → 시각훈련 → 촉각훈련 → 청능훈련).

[그림 5-10] 피아노 소리를 통한 청능훈련

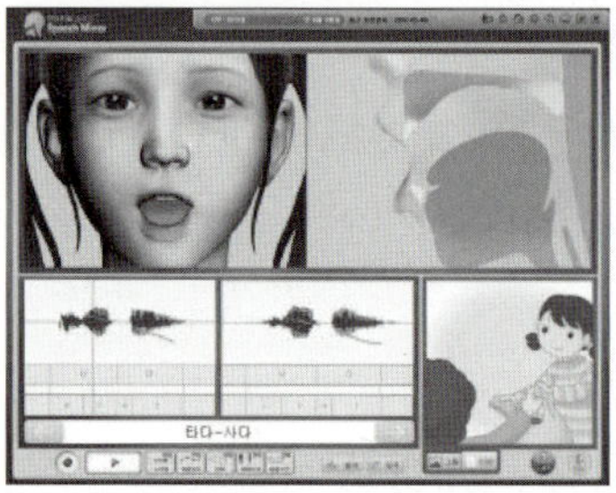

[그림 5-11] 언어발성 프로그램(스피치미러(Pro))

출처:http://blog.naver.com

❸ 독화훈련

말의 시각적인 수용으로 상대방의 입 모양이나 표정을 보고 화자의 사고를 이해하는 기술로 독화과정에 포함할 수 있는 변인으로는 화자의 말소리인 음성단서, 화자의 조음운동에 의해 나타나는 시각단서, 전언에 수반되어 화자에 의해 표현되는 비음성단서(표정, 손짓과 몸짓 등), 환경으로 오는 단서를 들 수 있다(김영욱 외, 2009). 독화는 상대방의 말에 대한 시각적인 수용을 통한 의사소통 양식이므로 청각장애아동과의 대화에서는 말의 속도와 비언어적 정보를 함께 배려해 주어야 한다.

독화단서의 활용은 독화자의 지적 요인에 포함된 특정 능력과도 관련될 수 있다. 예를 들어, 어휘력, 언어 이해력, 추리력이 높은 아동은 낮은 아동에 비해 독화과제의 구조적 특성인 통사구조 및 화용적 맥락을 효과적인 독화단서로 더 잘 활용하며, 지각속도, 공간지각력이 높은 아동은 시각단서를 효과적으로 활용할 수 있다.

[그림 5-12] 말하는 사람의 입 모양 보고 읽기

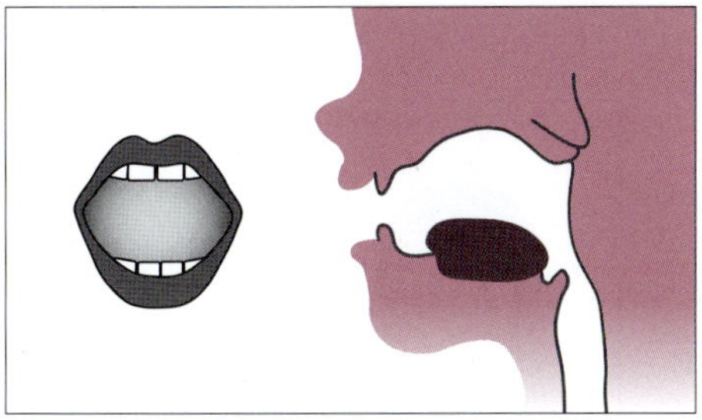

[그림 5-13] 입 모양 /아/ 발음

(2) 토털 커뮤니케이션

청각장애아동과 의사소통할 때 구화법만을 사용한다면, 청력손실이 고도 이상의 청각장애아동은 청각과 말로 정보를 받아들이는 데 한계가 있다. 토털 커뮤니케이션은 청각장애아동이 의사소통하는 데 이러한 어려움을 덜어 주기 위해 개인의 의사소통 요구에 초점을 맞추어 청각, 구화, 수화, 지문자, 쓰기 등의 모든 의사소통 양식을 활용하는 것이다(전헌선 외, 2012).

❶ 수어

수어(sign language)는 농인 사회에서 사용되는 의사소통 양식으로 비음성 언어이며, 규칙 지배적인 시각화된 운동언어 체계이다. 손짓과 몸짓을 사용한다.

[수어를 사용할 때 주의점]

① 수어 동작의 범위는 가슴 높이에서 양어깨를 한계점으로 필요에 따라 큰 동작과 작은 동작으로 절도 있게 해야 한다.
② 지화를 사용할 때는 반드시 오른손을 사용하고 천천히 한 음절씩 또박또박해야 한다.
③ 수어를 처음 시작할 때는 상대편의 손동작을 보게 되지만 차츰 수어가 익숙해짐에 따라 상대편의 표정에 초점을 맞추어 대화하게 된다. 수어에 있어서 가장 중요한 점은 상대편에게 자신의 의사전달이나 음(音)이 아니고 감정이라는 점을 주의해서 표정에 주력해야 할 것이다.

기본 인사말

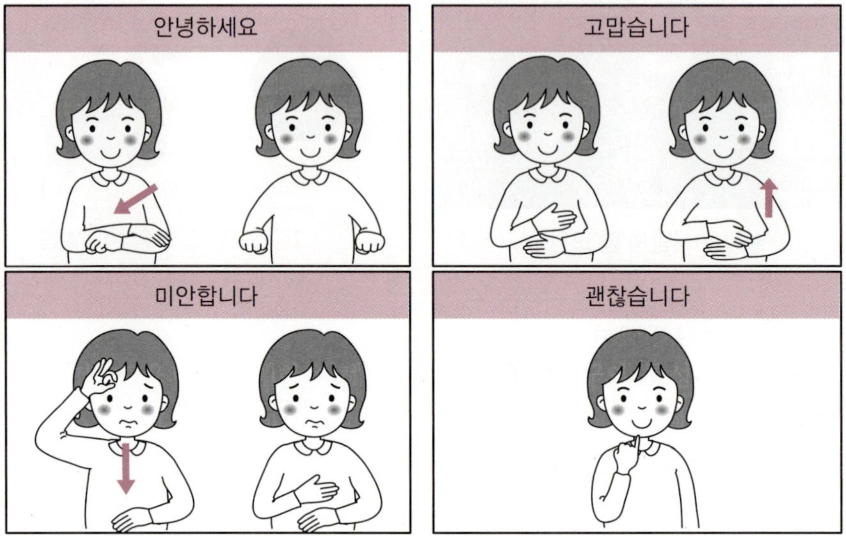

[그림 5-14] 수어로 표현한 기본 인사말

출처: 두산백과(http://terms.naver.com).

❷ 지화

지화는 지문자를 손 모양으로 사용하여 시각적으로 구어의 철자와 동일한 형태로 만든 것이며, 수화를 보충하는 것으로 많이 사용되고 있다. 수화 시에 음성언어와 함께 사용되기도 한다(권요한 외, 2010). 한국 지문자는 24개의 한글 자 · 모음으로 구성되어 있다(쌍자음, 복모음 제외).

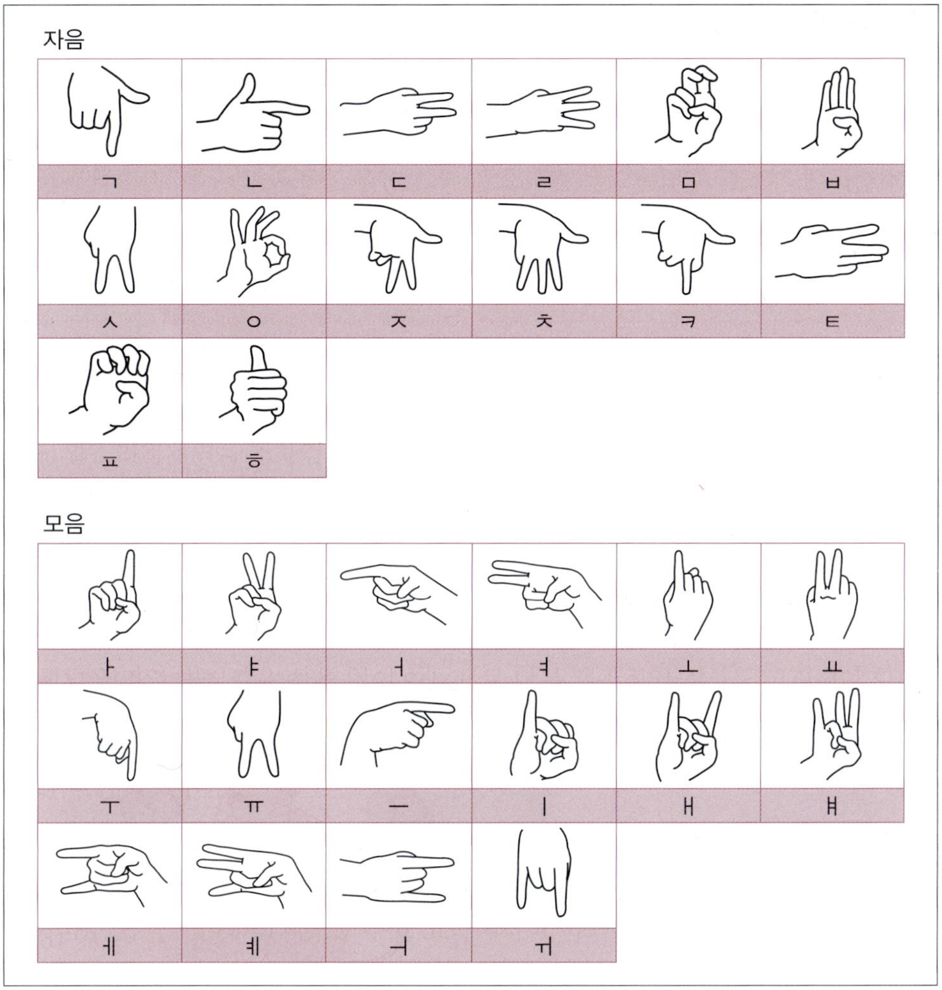

[그림 5-15] 지화(지문자): 자음과 모음

출처: 두산백과(http://terms.naver.com).

(3) 이중언어-이중문화 접근

청각장애아동을 대상으로 하여 기본적으로 수화를 가르치고, 모국어를 이차언어로 가르치는 교수법이다. 이 접근법은 청각장애인의 문화와 일반인의 문화 모두를 가르침으로써 청각장애인이 자신의 언어에 대한 욕구를 표현하면서도 건청인 문화에서 소외되지 않도록 하는 데 주안점을 두고 있다(국립특수교육원, 2009). 최성규는(2007) 학교교육에서 이중언어 접근법의 수업목표는 농아동의 수화언어와 국어의 향상을 통하여 높은 학업 성취를 실현하는 것이며, 사정, 교육과정, 부모참여, 공학적 접근에 기초한 수업운영을 원칙으로 해야 함을 강조하고 다음의 [그림 5-16]과 같은 이중언어 접근법 모형을 제시했다.

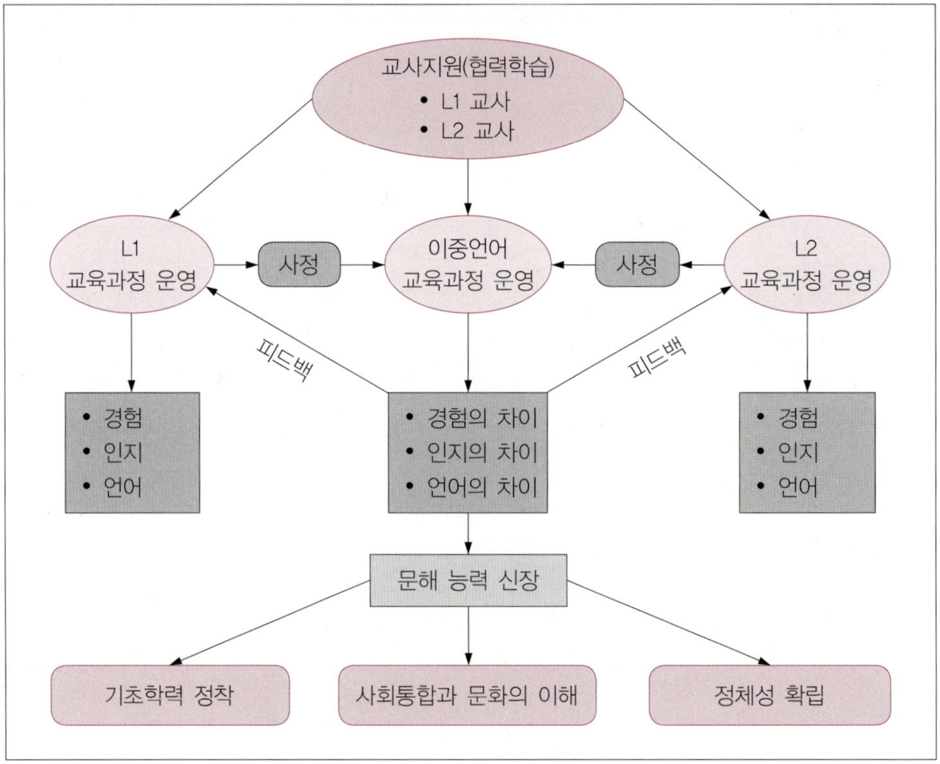

[그림 5-16] 청각장애아동을 위한 우리나라 이중언어 접근법 모형

출처: 한국청각언어장애교육학회(2012). 청각장애아동교육. p. 173. 재인용.

Chapter. 06

지적장애아동 교육

학습목표

1. 지적장애의 정의와 분류를 이해할 수 있다.
2. 지적장애아동의 특성을 이해할 수 있다.
3. 지적장애아동의 교수-학습방법에 대하여 알 수 있다.

생각나누기

◀ 카페 '모두'에서 바리스타 체험을 한 민병희 교육감이 춘천 동원학교 실습생들과 함께 기념촬영을 하며 활짝 웃고 있다.

민 교육감은 도교육청 별관 1층에서 장애학생 직업교육의 일환으로 문을 연 카페 '모두'에서 이날 점심시간 동안 춘천 동원학교 김진규(21) · 석경찬(21) · 이이(20) 실습생들과 함께 커피 100여 잔을 만들어 카페를 찾는 손님들에게 무료로 제공했다. 카페 '모두'는 동원학교에서 바리스타 과정을 배운 학생들이 실습을 하는 곳이다. 민 교육감은 "'나는 오늘 여자가 될 수는 없어도, 장애인이 될 수는 있다'는 미국 칼럼니스트의 말이 생각난다."라며 "우리 모두가 장애에 대한 편견에서 벗어나 '조금 다름'의 차이를 인정하고, 경계를 허물어야 한다."라고 말했다. 이어 "도내 장애학생들이 사회의 한 구성원으로서의 역할을 충실히 할 수 있도록 아낌없는 지원에 나서겠다."라고 약속했다. 카페 '모두'에서 실습생으로 일하고 있는 김진규 학생은 "교육감님과 함께 커피를 만들고, 많은 이야기도 할 수 있어서 너무 좋은 시간이었다."라고 말했다.

출처: 강원도민일보(2013.4.20.)(http://www.kado.net/news).

● 과거 특수학교

▼ 최초 지적장애학교
: 대구보명학교

대구보명학교는 우리나라 최초의 사립 정신지체아 교육기관으로 1966년 12월 초등학교 과정 12학급을 인가받아 이듬해 4월에 개교하였다(김정권 · 김병하, 2002).

● 현재 특수학교

▼ 최근 지적장애학교: 대구세명학교(2014년 개원)

대구세명학교는 가장 최근 개교한 공립 지적장애아 교육기관으로 2014년 9월에 첫 최첨단 교육시설의 준비된 환경 제공으로 양적인 측면은 물론 질적인 측면의 다양한 교육 프로그램(수영교실, 계절학교 운영 등)의 제공으로 특별한 교육적 서비스가 필요한 장애학생들의 잠재 능력 향상과 부모님들의 특수교육 만족도가 굉장히 높다고 한다(대구세명학교, http://blog.naver.com/dgeduon).

장애인의 날을 기념하기 위해 어느 방송사의 라디오 특별 코너에 초대한 사연에서 이러한 내용이 나옵니다. 초대받은 가톨릭 신부님이 하시는 말씀은

"이 세상이 지적장애인처럼만 생각하면 참으로 아름다운 세상이 될 것입니다.!"

01 지적장애의 정의

2016년 2월 3일 「장애인 등에 대한 특수교육법」 일부 개정으로 그동안 '정신지체'로 사용되던 용어가 '지적장애'로 변경되었다. 이로써 「장애인복지법」에서 이미 사용하고 있는 지적장애 용어와 동일하게 되었다.

과거 지적장애의 정의는 용어 규정의 문제, IQ 검사에 기초한 지능 그리고 사회적 · 개인적 능력에 기초한 적응행동 등에서 입장 차이를 보이며, 기관과 시대에 따라 다양하게 변천해 왔다.

용어 변천사: 정신박약, 저능아 ▶ 정신지체 ▶ 지적장애

1) 「장애인 등에 대한 특수교육법」에서의 정의

「장애인 등에 대한 특수교육법」에서는 장애인을 "지적 기능과 적응행동상의 어려움이 함께 존재하여 교육적 성취에 어려움이 있는 사람"으로 정의하고 있다.

2) 「장애인복지법」에서의 정의

장애정도	장애상태
장애의 정도가 심한 장애인	1. 지능지수가 35 미만인 사람으로 일상생활과 사회생활의 적응이 현저하게 곤란하여 일생동안 타인의 보호가 필요한 사람 2. 지능지수가 35 이상 50 미만인 사람으로 일상생활의 단순한 행동을 훈련시킬 수 있고, 어느 정도의 감독과 도움을 받으면 복잡하지 아니하고 특수기술을 요하지 아니하는 직업을 가질 수 있는 사람 3. 지능지수가 50 이상 70 이하인 사람으로 교육을 통한 사회적·직업적 재활이 가능한 사람

3) 미국 지적 및 발달장애협회의 정의

미국정신지체협회(American Association on Mental Retardation: AAMR)는 1921년 처음으로 정신지체를 정의하고 편람을 발간한 후 대략 10년 주기로 새로운 편람을 개정 · 출판하고 있다. 미국정신지체협회는 2007년 1월 미국 지적 및 발달장애협회(AAIDD)로 명칭을 바꾸었으며, 2010년에는 지적장애의 11차 정의를 제시하였다. AAIDD의 11차 정의는 2002년의 10차 정의를 그대로 계승하면서 정신지체라는 용어를 지적장애로 대체한 것 외에는 큰 변화가 없는데, 여기서 지적장애는 다음과 같이 정의되어 있다(강대옥 외, 2016).

> 지적장애는 지적 기능과 개념적, 사회적, 실제적 적응기술로서 표현되는 적응행동 양 영역에서 유의한 제한성을 가진 것으로 특징지어진다. 이 장애는 18세 이전에 시작된다.

모든 검사의 기준이 그렇지만, 특히 지적 기능의 기준은 주로 IQ 검사에 의해 결정되며, 경계선에 해당하는 아동은 검사 당일 심리적 · 정신적 · 신체적 조건과 검사자의 라포 형성 등의 여러 요인으로 인하여 1~2점의 오차 가능성이 있을 수 있다. 그렇기 때문에 IQ 검사만으로는 지적장애를 정의하는 유일한 요소가 아니므로 전문가와 주위의 임상적 판단이 중요하게 고려된다(표 6-1).

〈표 6-1〉 지적장애의 적응행동과 지적 기능 기준

적응행동 기능 수준		지적 기능기준(IQ)	
		유의하게 지체됨	유의하게 지체되지 않음
적응행동기준	유의하게 지체됨	지적장애 (O)	지적장애 (X)
	유의하게 지체되지 않음	지적장애 (X)	지적장애 (X)

적응행동은 인간이 살아가는 모든 환경과의 일상적인 상호작용에서 개인적 또는 사회적 생활에서 원활히 기능하기 위해 학습해 온 개념적 · 사회적 · 실제적 기술의

집합체이다. 2002년 AAMR 체계에서는 〈표 6-2〉, 〈표 6-3〉과 같이 적응행동의 정의와 그에 따른 실제적 적응기술에 대하여 서술하고 있다.

〈표 6-2〉 적응행동의 정의

- 적응행동은 사람들이 일상생활 속에서 기능하기 위해 학습하여 왔던 개념적·사회적·실제적 기술들의 집합체다.
- 적응행동에서 제한성은 일상생활을 하는 데 영향을 미치며, 삶의 변화 및 환경적 요구에 반응하는 능력에도 영향을 미친다.
- 적응행동에서 제한성은 지적 능력, 참여·상호작용·사회적 역할, 건강, 맥락의 네 가지 차원의 관점에서 고려되어야 한다.
- 지적장애 진단의 경우, 적응행동의 제한성은 장애인과 일반인이 포함된 일반 모집단을 표준화된 측정 도구를 사용하여 진단하게 된다.
  이러한 표준화된 측정에서 적응행동에서의 유의미한 제한성은 다음과 같다.
  ① 개념적, 사회적 및 실제적 적응행동의 세 가지 유형 중 하나가 평균 이하, 혹은
  ② 개념적, 사회적 및 실제적 기술들의 표준화된 측정 도구로 전반적 점수가 평균보다 적어도 2 표준편차 이하의 수행으로서 조작적으로 정의된다.

〈표 6-3〉 개념적, 사회적 및 실제적 적응기술의 예

구분	예
개념적	• 언어(수용과 표현 언어) • 읽기와 쓰기 • 금전 개념 • 자기 지시
사회적	• 대인관계 • 책임감 • 자존감 • 속기 쉬움 • 규칙 준수 • 법률 준수 • 희생되는 것을 피함
실제적	• 일상생활 활동 – 먹기 – 이동 – 화장실 이용하기 – 옷 입기 • 일상생활의 도구적 활동 – 식사 준비 – 가사 – 교통 – 약물복용 – 금전 관리 – 전화 사용 • 작업기술 • 안전한 환경의 유지

02 지적장애의 분류

지적장애의 분류는 전통적 관점에서 일반적으로 장애정도에 따른 기준으로 하는 IQ 검사의 결과에 기초하였다. 그러나 1992년 AAMR의 9차 정의가 발표되면서 지능지수에 의한 분류를 삭제하고, 적응기술 영역에서 개인이 필요로 하는 지원의 강도를 기준으로 새롭게 제시되었다.

이러한 분류는 아동 중심 관점에서 접근하는 새로운 관점을 제시하였는데, 최근 2002년 발표된 10차 정의는 다시 분류체계를 수정하여 지원 강도, 지능지수 범위, 적응행동 제한성, 원인론, 정신건강 범주 등에 의해 분류하도록 하였다. 이렇게 제시한 내용의 의미는, 즉 다양하게 적용하는 목적에 따라 지능지수에 의한 분류와 강도에 따른 분류를 함께 사용하는 것이다.

1) 지적 정도에 따른 분류

〈표 6-4〉 과거 지능 수준에 따른 지적장애 분류(1992년 이전)

심한 정도	IQ 지수	내용
경도(mild)	50~70	교육가능급
중등도(moderate)	35~49	훈련가능급
중도(severe)	20~34	완전보호급
최중도(profound)	20 이하	완전보호급

* 현재는 더 이상 지적장애 정의에 이러한 단순한 지능지수 IQ 개념만을 사용하지 않음

〈표 6-5〉 한국특수교육학회의 지적장애 분류

지적장애 정도	IQ 점수 범위	IQ 분류 표준편차	적응행동의 제한 범위
경도	55~70	−2SD	두 개 또는 그 이상의 영역
중등도	35~54	−3SD	두 개 또는 그 이상의 영역
중도	20~34	−4SD	모든 영역
최중도	20 미만	−5SD	모든 영역

출처: 황보명 · 김경신(2010). 지적장애아동 언어치료. p. 45.

2) 지원의 강도에 따른 분류

요구되는 지원	특성
간헐적 지원 (intermittent support)	필요할 때마다 제공되는 지원으로 간헐적 성격의 특성을 지닌다. 개인이 항상 지원을 필요로 하는 것은 아니지만 인생의 전환기에 단기간의 지원을 필요로 하는 경우(실직, 심각한 의료적 위기)에 지원한다. 간헐적 지원은 고강도 또는 저강도로 제공될 수 있다.
제한적 지원 (limited support)	일정한 시간에 걸쳐 일관적으로 그러나 간헐적이 아닌 시간 제한적이다(시간 제한적인 고용훈련, 학교에서 성인기로 전환 지원 등).
확장적 지원 (extensive support)	적어도 몇몇 환경(직장 또는 가정)에서 장기적으로 요구되는 지원으로 시간 제한적은 아니다(장기간의 가정생활 지원).
전반적 지원 (pervasive support)	항구성을 지닌 고강도 지원으로 전반적 환경에 걸쳐 제공되며, 잠재적으로 삶을 유지하는 데 필요한 성격의 특성을 지닌다. 일반적으로 확장적 또는 시간 제한적 지원에서보다 더 많은 직원(staff)이 필요하며, 개인에게는 더 개입적일 수 있는 지원을 포함한다.

출처: American Association on Mental Retardation(1992). Definition, classification and system of support(9th ed.). Washington, DC: Author

▼ 전반적 지원, 확장적 지원, 제한적 지원, 간헐적 지원 사례

3) 사회생활의 적응기술 영역

지적장애아동이 성인이 되어 지역사회 구성원의 일원으로 살아갈 때 사회적응기술은 매우 중요하다. 다음의 [그림 6-1]은 사회적응기술의 사례이다.

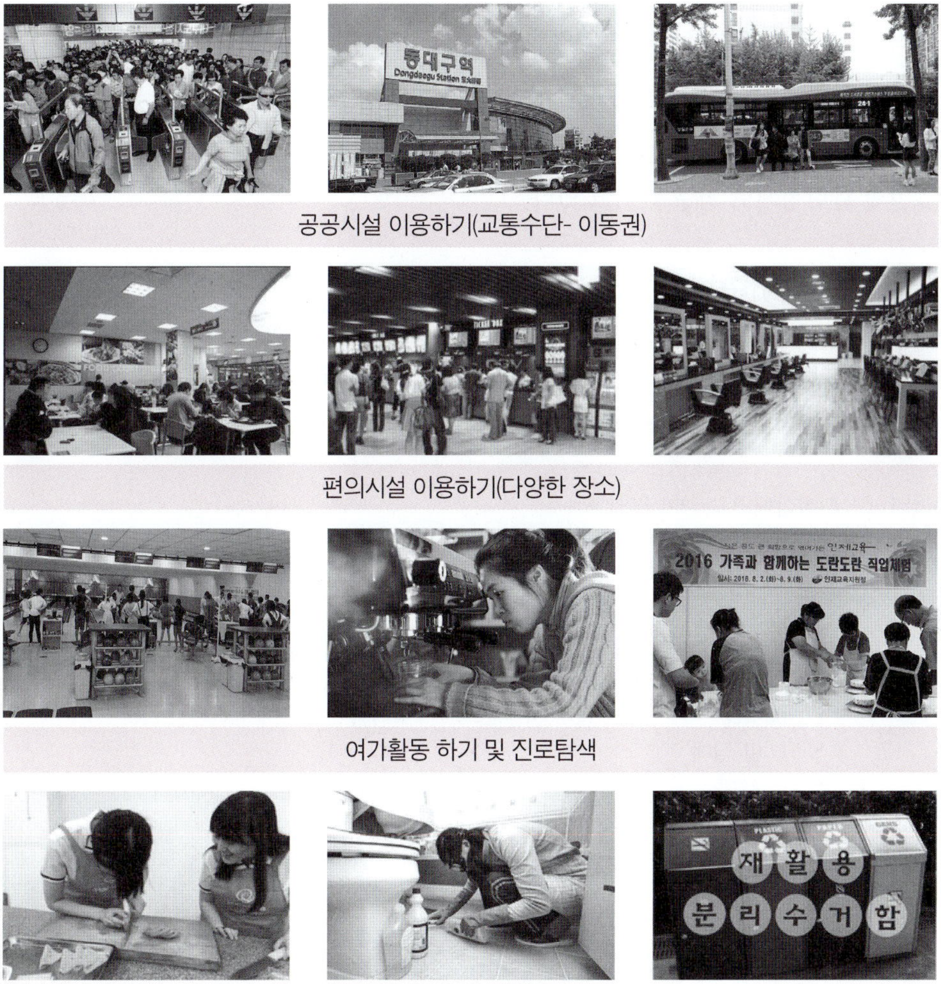

공공시설 이용하기(교통수단- 이동권)

편의시설 이용하기(다양한 장소)

여가활동 하기 및 진로탐색

일상생활의 자립활동

[그림 6-1] 사회적응기술 사례

03 지적장애의 원인 및 출현율

지적장애의 원인에 대하여 현재까지는 다요소적인 원인이 두 가지 이상 결합되어 발생되는 것으로 추론하고 있다. 일반적으로 생물학적 요인, 사회 환경적 요인, 유전적 요인 및 약물오남용 등으로 제시하지만 아직까지 명확히 밝혀진 것은 의학적 진단에 의한 증명으로 확인된 다수의 증후군이다(예: 염색체 이상인 다운증후군, 윌리엄스증후군 등). 최근에는 초음파, 초미세먼지, 환경 호르몬 등의 외부 환경적인 요인의 관련성에도 염두를 두고 있다.

1) 발생 시기별 원인

미국지적발달장애협회(AAIDD)에서는 지적장애의 원인을 다음의 〈표 6-6〉과 같이 다양한 요인으로 제시하고 있다(AAMR, 2002).

〈표 6-6〉 지적장애의 다양한 원인

시기	생의학적	사회적	행동적	교육적
출산 전	• 염색체 이상 • 단일유전자 장애 • 증후군 • 대사장애 • 뇌발달 장애 • 산모 질병 • 부모 연령	• 빈곤 • 산모 영양실조 • 가정폭력 • 출산 전 관리 부족	• 부모의 약물복용 • 부모의 음주 • 부모의 흡연 • 부모의 미성숙	• 인지적 장애를 보이는 부모의 지원 결여
출산 전후(주산기)	• 조산 • 출산 시 손상 • 신생아 질환	• 출산 관리의 결여	• 부모의 양육 거부 • 부모의 아동 유기	• 퇴원 시 중재 서비스를 위한 의료적 의뢰 결여
출산 후	• 외상성 뇌손상 • 영양실조 • 뇌막염 • 발작장애 • 퇴행성 질환	• 아동-양육자 간 상호작용 문제 • 적절한 자극의 결여 • 빈곤한 가정 • 가정 내 만성질환 • 시설 수용	• 아동 학대 및 유기 • 가정폭력 • 부적절한 안전조치 • 사회적 박탈 • 다루기 힘든 아동의 행동	• 잘못된 양육 • 진단의 지체 • 부적절한 조기중재 서비스 • 부적절한 특수교육 서비스 • 부적절한 가족 지원

2) 유전적 원인의 분류

유전적 원인으로는 갈락토세미아, 손상된 엑스증후군, 레트증후군, 다운증후군, 윌리엄스증후군, 프래더윌리증후군 등이 있다.

〈표 6-7〉 대표적인 유전적 원인과 특성

유전적 원인	원인	특성
갈락토세미아	유전적으로 특정 물질을 분해하는 효소가 체내에서 생성되지 않아 발생	먼저 체중이 감소하고, 황달이 옴. 이 상태로 6~12개월이 지나도록 치료를 하지 못하면 뇌손상이나 백내장, 내장 기관에 기능적인 이상이 발생
손상된 엑스증후군	성염색체 중 X 염색체 끝부분의 손상으로 인하여 발생	다운증후군처럼 얼굴 형태에서 공통점을 찾을 수 있는데, 긴 얼굴, 넓고 큰 귀, 큰 머리가 특징이며, 지적장애를 나타냄
레트증후군	X 염색체의 변이로 인하여 발생	생후 6개월에서 18개월까지 정상적으로 발달. 이 시기를 넘어서면서 퇴보하기 시작하여 말과 언어 및 운동 기능을 상실. 구어 사용이 어려움. 운동 기능 상실로 심한 경우 걸을 수 없게 됨. 사회적 상호작용의 감소로 사람들과의 소통이 줄어들며, 운동 기능상의 문제, 의미 없는 행동을 반복함
다운증후군	23쌍의 염색체 중 21번 염색체 수가 3개로 변형되어 발생	코가 낮고 눈과 눈 사이의 거리가 멀며, 혀가 두터워서 입을 벌리고 있는 경우가 많음. 손과 발도 작은 편이며, 근육의 긴장도가 적고 관절 부위가 과하게 유연함. 일반적으로 사회성이 좋아 사람과 대화하기를 좋아함
윌리엄스증후군	7번 염색체의 돌연변이로 인해 발생	수학적 능력은 부족하나 상대적으로 언어 사용 능력은 우수한 편. 음악을 좋아하며, 시각적 기억이 뛰어나 사람의 얼굴을 잘 기억함. 사람과 잘 어울리며, 지적 기능이 경계선급이어서 IQ가 70이 넘는 경우에는 지적장애 판정을 받지 못하는 경우도 있음
프래더윌리증후군	15번 염색체의 이상으로 발생	식욕을 조절하지 못해 비만이 되고 키가 잘 자라지 않음. 비만은 고혈압이나 당뇨, 뇌혈관 질환 등의 큰 질환을 가져오게 되고, 선천적으로 불임인 경우도 있음

출처: 정대영 · 김영익 · 박은미(2012). 특수아동지도 p. 217.

3) 출현율

전문가들은 대체로 지적장애인을 전 인구의 약 2~3%의 범위에 걸쳐 다양하게 분포되어 있는 것으로 보고 있다. 지능 측정을 위한 도구로 -2 표준편차 절선은 70이기 때문에 0~70 이하까지를 지적장애 판별의 범위라고 볼 때 이론상으로는 그 비율이 2.27%가 된다. 최근의 조사결과인 국립특수교육원(2023)은 전체 특수교육대상자를 109,703명으로 추정하고, 그중 지적장애아로 판별된 아동은 55,867명으로 50.9%를 나타내었다. 그러나 지적장애인으로 판별 받은 아동의 실제 비율은 이보다 훨씬 낮다. 연구자들은 지적장애인의 진단을 위한 지적 능력으로서 지능지수보다는 지능에 대한 좀 더 광범위한 정의나 혹은 적응행동을 고려해서 학령인구를 추정하기 때문에 이같이 낮은 출현율을 보일 수 있다. 더불어 IQ 70 정도인 학생일 경우 부모나 교직원들은 지적장애인으로 판별 받는 것보다는 학습장애로 판별 받기를 선호하는 경향이 있기 때문일 수도 있다.

〈표 6-8〉 연도별 지적장애아동 현황 (단위: 명, %)

구분	2019년	2020년	2021년	2022년	2023년
전체 특수교육대상아동	92,958 (100)	95,420 (100)	98,154 (100)	103,695 (100)	109,703 (100)
지적장애아동	47,716 (54.2)	50,693 (53.1)	51,788 (52.8)	53,718 (51.8)	55,867 (50.9)

출처: 교육부(2019, 2020, 2021, 2022, 2023).

04 지적장애아동의 판별 및 검사

지적장애아동에 대한 판별은 유의하게 평균 이하의 지적 수준과 실제 사회 · 적응 기술에서의 어려움을 준거로 한다. 이와 관련된 검사 도구는 다음과 같다.

1) 지적능력검사

한국 웩슬러 아동지능검사(K-WISC)는 만 6세 0개월에서 만 16세 11개월까지의 아동을 대상으로 인지적 능력을 측정하기 위한 개별 검사 도구이다. 하위 소검사는 상식, 공통성, 산수, 어휘, 이해, 빠진 곳 찾기, 기호 쓰기, 차례 맞추기, 토막 짜기, 모양 맞추기, 공통 그림 찾기, 순차 처리, 행렬 추리, 선택, 단어 추리 등 15개로 구성되어 있다. 이 검사는 전반적인 인지 기능에 대한 평가 도구로 지적 영역에서 영재, 지적장애, 그리고 인지적 강점과 약점을 확인하기 위하여 임상 장면 및 교육 현장에서 매우 유용하게 사용된다. 표준화된 검사 도구를 통해 획득한 점수를 분석하고, 아동이 정상아동으로부터 얼마나 이탈되어 있는가의 편차를 통해서 지능지수를 측정한다.

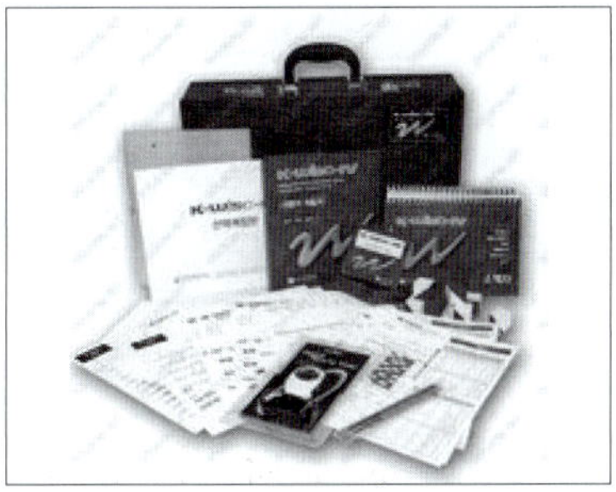

▼ 한국 웩슬러 아동지능검사 도구

출처: 학지사 심리검사연구소.

- 한국 웩슬러 아동지능검사 4판
- 국립특수교육원 한국형 개인지능검사
- 한국 웩슬러 유아지능검사
- 한국판 그림지능검사
- 카우프만 아동지능검사 2판

[지적능력검사의 한계점]
: 인간의 지적 능력을 분명하고 포괄적으로 측정할 수 없으며, 문화적으로 특정한 한계를 지니며, 개인의 IQ는 검사에 따라 변화 가능

2) 적응행동검사

▼ 사회성숙도검사

출처: www. sensorytrain.com

사회성숙도검사(SMS)는 검사 대상의 연령 범위가 0세부터 만 30세까지이다. 한국의 사회성숙도검사는 6개의 행동 영역에 걸쳐 117문항으로 구성되어 있고, 자조(39문항), 이동(10문항), 작업(22문항), 의사소통(15문항), 자기 관리(14문항), 사회화(17문항)를 포함한다. 사회성숙도검사는 검사 대상을 잘 아는 부모와의 면담을 통하여 실시되며, 부모가 없는 경우에는 검사 대상을 잘 아는 형(오빠), 누나(언니), 친척 또는 후견인과의 면담을 통해서 실시된다. 사회성숙도검사는 사회연령(social age: SA)과 사회지수(social quotient: SQ)를 제공한다. 사회연령은 총점을 이용해 사회연령 환산표에서 구하며, 사회지수는 사회연령을 생활연령으로 나눈 후 100을 곱해 구한다.

개인의 적응행동은 주로 적응행동검사를 통하여 측정되며, 이때 사용되는 도구는 장애가 있는 사람과 없는 사람을 모두 포함한 인구 표본을 대상으로 표준화한 측정 도구여야 한다. 그리고 이와 같은 표준화된 측정에서 적응행동의 심각한 제한이 확인되어야 지적장애를 지닌 것으로 간주된다.

AAMR(2002)에서는 지적장애 판별을 위한 적응행동의 준거를 다음과 같이 제시하였다(강대욱 외, 2016).

① 개념적, 사회적 및 실제적 적응행동의 세 가지 유형 중 한 가지에서 유의미한 제한성

② 혹은 개념적, 사회적 및 실제적 기술들을 표준화된 측정 도구에서 전반적인 점

수의 평균보다 적어도 2 표준편차 이하의 수행

- 사회성숙도검사
- 한국판 적응행동검사
- 지역사회적응검사
- 국립특수교육원 적응행동검사

[적응행동검사의 한계점]

: 적응행동은 정의하는 것보다 측정이 어렵고, 적응행동과 지능의 관련성을 밝히기 어려우며, 면접 형태로 이루어져 타당성에 의문이 있다.

05 지적장애아동의 특성

지적장애아동의 특성은 그것이 어떠한 영역이라고 해도 개인의 다양성을 지니고 있고, 또한 지적 수준과 적응행동의 능력 정도에 따라 개인 간 차이와 개인 내 차이가 존재한다는 것을 염두해야 한다.

1) 정보처리

지적장애아동의 가장 명확한 특성은 외부에서 투입되는 정보 자극에 대해서 바람직한 것으로 여겨지는 반응을 산출하는 데 결핍을 가진다는 것이다. 정보처리는 외부세계의 어떠한 정보에 대하여 분석 → 분류 → 저장 → 기억 → 인출 → 실행하는 과정인데, 지적장애아동은 이러한 정보를 정확하게 파악 및 선택하고 비교하여 결정할 수 있는 능력의 결핍, 자료를 종합하여 평가할 수 있는 능력의 결핍, 추론 능력과 가설검증 능력의 결핍 등의 특성을 보인다(강영심 외, 2010).

2) 언어발달

언어발달은 인지발달과 밀접한 상호작용 관련성이 있기 때문에 인지발달이 지체된 지적장애아동의 경우 대부분 언어발달이 지체되는 경향이 있다. 지적장애아동이 일반아동보다 말과 언어에 더 많은 문제를 보이는 것은 새삼 놀라운 일이 아니다(Polloway et al., 1982, 전헌선 외, 2012 재인용).

- 전반적인 언어발달지체(구문론: 문장, 의미론: 비유어, 화용론: 대화 상황)
- 언어발달의 속도가 느리며 수준이 낮음
- 언어 능력 수준이 낮지만 기능적인 낮은 수준의 의사소통에는 어려움이 없음
- 조음음운장애: 발음과 음운규칙(예: 생략, 대치, 왜곡, 첨가)의 오류가 자주 발생

3) 인지 · 학업적 특성

대부분의 지적장애아동은 학습 능력과 주의집중력, 기억력, 추론 능력, 사고력, 일반화 능력, 창의력 등에서 일반아동에 비해 낮은 수준을 보인다.

- 학습 시 개념적 수용, 이해, 기억 등에서 다양한 인지 능력 저하
- 특정 대상이나 과제 혹은 개념에 초점을 기울이는 선택적 주의집중 결여
- 자신이 습득한 지식이나 기술을 새로운 상황에서 일반화하는 능력 결여
- 관찰이나 모방을 통해 배우는 모방학습이나 우연학습의 능력 저하
- 잦은 실패의 경험으로 인한 낮은 동기부여와 자기효능감
- 장기기억보다는 단기기억력의 저하
- 지각 능력 및 상상력, 추상적 개념의 이해력 및 분별력의 결여

출처: 김기흥(2014). 장애아교육학. p. 246. 수정 발췌.

4) 사회 · 정서적 특성

지적장애아동은 또래 친구들과 어떻게 상호작용해야 하는지 잘 몰라 친구를 사귀지 못하는 경우가 많다. 또한, 어렸을 때부터 자신이 친구들과 다르다는 것을 인식하고 자신에게 대한 자아개념이 낮아져서 사회성 발달에도 부정적인 영향을 미치기

도 한다(조윤경 · 김수진, 2013).

- 적응행동의 결함과 반복된 실패의 경험으로 또래와의 대인관계 결여
- 가정이나 학교에서 자신감 결여로 해야 할 일을 잘 못 하며 의존성이 강함
- 자신의 주변 상황에 별로 관심이 없고, 외모나 복장 상태에 개의치 않음
- 자기지향성, 책임감, 사회적 기술 등의 부족으로 인해 부적절한 행동을 함으로써 또래 친구들과의 상호작용에서 거부를 자주 경험
- 주의가 산만하고, 부주의하며, 사회적 단서를 파악하지 못해 충동적 행동의 경향이 있음

06 지적장애아동의 통합교육과 사례

지적장애아동에 대한 통합교육은 국가 수준의 교육과정으로 일반학급과 특수학급에서 통합교육을 받고 있는 지적장애아동은 물론 특수학교 및 순회교육을 실시하는 학교 등에 취학 중인 모든 아동을 대상으로 편성 · 운영하여 학교 교육과정에서 공통적이고 일반적인 기준을 제시하고 있다.

1) 통합교육

일반학급에서 성공적으로 통합되기 위해서는 여러 가지 면에서 교사의 배려가 필요하며 일반적인 지침은 다음과 같다(이소현 · 박은혜, 2010).

(1) 일반적인 지침

① 아동이 반에 들어오기 전에 일반아동에게 적절한 오리엔테이션을 통한 또래 사이에서 지적장애아동이 소외되지 않고 잘 수용될 수 있는 활동을 한다.

② 장애에 대한 지식을 갖추고 모의 장애체험이나 장애인 초청 또는 특수학급 견학 등을 통해서 장애를 접할 수 있는 활동을 한다(예: 지역 장애인종합복지관 견학).

③ 지적장애아동이 학습에 들어온 후에는 또래와의 상호작용이 증진될 수 있도록 한다(또래교수 → 협력학습 → 학습 환경 조성 → 참여 기회 → 자기 효능감).

④ 지적장애아동은 일반교육과정 이외에 장애정도와 특성에 따라 기능적 학업 교과를 학습하거나 일반적인 학습준비기술의 습득에 중점을 두기도 한다.

⑤ 지적장애아동이 통합교육에서 교사의 역할과 태도는 매우 중요하다. 즉, 교사의 긍정적인 태도와 장애아동의 특성을 빨리 파악하는 것이 중요하다.

(2) 교과지도

지적장애아동이 통합된 수업 장면에서 교과수업을 지도할 때는 지적장애아동의 참여 기회를 많이 가질 수 있도록 수업 성취도의 난이도 조정을 통한 교수적 수정과 또래 친구들의 도움 그리고 교사의 세심한 배려와 격려의 지지가 필요하다. 다음은 미술과에서 지적장애아동을 위해 활용할 수 있는 교수적 수정 방법의 사례이다.

- 수업내용 교수적 조정하기(예: 오려 붙이기 → 찢어 붙이기 → 준비된 스티커)
- 과제를 쉽게 성취할 수 있도록 작은 단위의 단계로 나누어 제시 지도(예: 물감으로 색칠하기 → 물감을 팔레트에 사용할 만큼의 양으로 짜기, 팔레트에 물을 붓고 붓으로 섞기 → 붓에 물감의 농도를 조절하기 → 밑바탕 그림 위에 채색하기)
- 지적장애아동이 스스로 조작 가능한 재료로 활용 수업 재료 제시하기(예: 물감 → 사인펜, 또는 색연필, 풀 → 고체풀(딱풀), 또는 스티커형)
- 지적장애아동이 성취 가능한 과제의 분량을 줄여 주기(예: 5가지 과제를 2가지로 줄이기)
- 학급 또래 친구들과 함께 협동 작업을 통한 공동작품에 참여할 수 있는 기회 제공하기

(3) 지적장애아동을 위한 교수방법

경도의 지적장애아동을 위한 교수과정의 절차는 다음의 [그림6-2]와 같이 일반형, 수정형, 대안형의 세 가지로 구분할 수 있다(권요한 외, 2011).

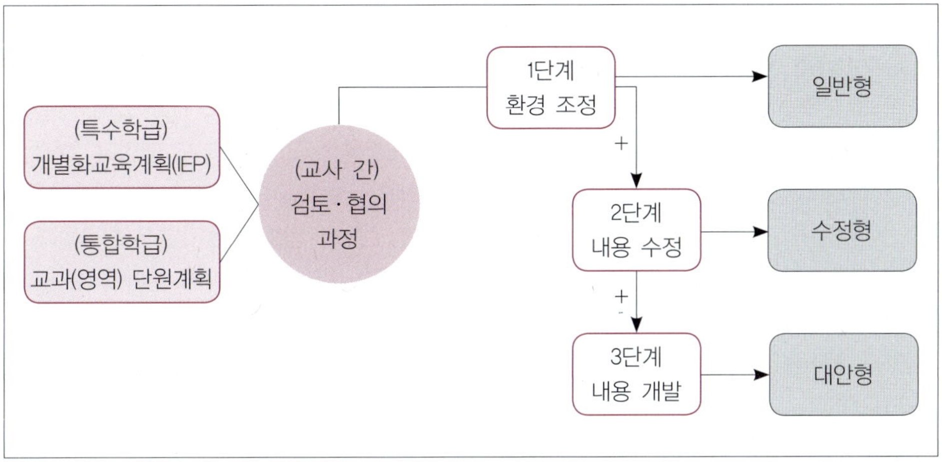

[그림 6-2] 교육과정 유형의 결정 절차 및 단계

출처: 권요한 외(2011). 특수교육 교육과정론. p. 345.

2) 통합교육 사례

(1) 사례 1

경식이는 올해 초등학교 5학년으로 입학할 때 지적장애 3급의 장애등급 판정을 받았으며, 초등학교 하교 후에는 발달 센터에서 심리운동재활치료와 함께 학습에 대한 특수교육을 받고 있다. 초등학교 4학년 때까지는 학교생활에 별다른 문제가 없었지만, 초등학교 5학년이 되면서부터 신발주머니와 필통을 자주 잃어버리고 집에 오는 일이 많았으며, 어떤 날은 신발을 잃어버리고 실내화를 신고 오는 날도 있었다. 그리고 집에 와서 동생 두 명에게 폭력적인 행동과 화를 내는 일이 많아졌다.

경식이 부모님은 경식이가 통합학급에서 또래친구들과 함께 어울리면서 친구들과의 갈등상황을 해결해 나가는 것 또한 성인이 되었을 때 사회 속에서 살아갈 수 있다고 생각하였다. 어머니는 경식이에게 친구가 자기 물건을 창문 밖으로 던지거나 신발을 감추거나 하는 나쁜 행동을 할 때 분명하게 하지 말라는 의사 표현을 하도록 지도하였다. 그러나 학교에서 짱이라고 소문난 아이가 경식이를 괴롭히는 행동은 줄어들지 않았다.

경식이 부모님은 학교 담임선생님에게 부탁하였다. 담임선생님은 특수학급교사와 의논하여 통합학급 반에서 프로젝트를 진행하였다. 친구를 괴롭히는 장면을 목격하면 "STOP" 외침과 함께 반 전체 아이들과 회의를 열고 아이들 스스로 문제를 해결을 해 나가는 프로젝트를 하였다.

처음에는 괴롭히고 사과하지 않던 친구가 통합학급 프로젝트 후 경식이를 더 이상 괴롭히지 않았다. 경식이 부모님은 경식이와 그 친구를 경식이가 다니고 있는 태권도 관장님에게 부탁하여 태권도장 1박 2일 캠프에 함께 참여하도록 하였다.

(2) 사례 2

통합학급에 지적장애아동이 배치되었을 때는 교실 안에서 또래들과 함께 이루어지는 다양한 학급활동에 많이 참여할 수 있어야 한다.

그러면 지적장애아동은 통합학급 환경 속에서 교사와의 상호작용, 또래와의 긍정적 상호작용의 경험을 통하여 학급 구성원으로서의 소속감과 함께 더 나아가서는 사회의 한 구성원으로 자리를 잡을 것이다.

통합학급 교사는 사회교과 활동 시 다양한 자료 수집을 통한(신문, 시각적 자료가 풍부한 전단지) 모둠별 수업 시 지적장애아동과 일반아동이 함께할 수 있는 활동의 기회를 제공하여 일반교육과정을 충분히 경험할 수 있도록 한다.

교과시간에 지적장애아동과 일반아동은 동일한 주제와 학습목표를 가지고 다른 학습 자료를 이용하여 동일한 교육과정의 수업활동에 참여할 수 있다(예: 신문, 광고전단지, 동네기관 사진 자료, 전지 미술용품 등).

- 일반아동: 지역사회에 대한 수업(우리 동네 꾸미기) – 전지에 학교 주변 도로와 주변에 있는 건물, 동네기관을 마인드맵으로 그린다.
- 장애아동: 전단지나 신문을 활용하여 아동이 익숙하게 경험한 내용과 동네기관(예: 문구점, 마트, 분식집 등)에서 볼 수 있는 물건에 표시한다.

지적장애아동은 수업시간에 배제되지 않고 친구들과 함께 참여할 수 있다. 통합교육 속에서 일반아동은 다양성이 존재하는 지적장애아동과 자연스러운 상호작용을 통한 학급활동으로 서로를 이해하고 배려하는 진정한 통합교육의 장을 경험하고 실현하는 것이다.

(3) 사례 3

올해 중학교에 입학한 민수는 하루에 두 시간씩 특수학급에서 국어와 수학에 대한 특수교육을 받고 있다. 초등학교 저학년 때는 별다른 문제가 없었는데 5학년이 되면서 학습이 뒤처지고 또래들과 잘 어울리지 못하여 혼자 노는 경우가 많으며, 손가락을 물어뜯는 행동을 자주 보였다. 특히, 방학이 끝나고 학기가 시작될 시점에서 갑작스러운 틱 증상으로 소아정신과에 내원하여 종합적인 평가를 받았다. 그 결과 지능지수 52로 증등도 지적장애 수준인 지적 능력과 읽기, 쓰기, 산수 영역에서 2년 정도 지연을 보인 것으로 확인되었다. 초등학교를 졸업하면서 부모는 민수의 진로에 대하여 특수교육전문가와 상담을 하였다. 그 결과 민수는 소극적이고 자신감이 부족하고 연령에 비해 독립성이나 사회적 기술이 부족하기 때문에 일반학교에 통합되어 적절한 지원을 받는다면 많이 향상될 수 있다고 판단하였다.

우선 중학교 입학 전에 민수가 다닐 학교의 특수학급교사를 만나 민수에 대한 정보를 제공하고 바람직한 지원방법을 의논하였다. 특히, 민수는 그동안 부모의 과잉보호 때문에 책가방 정리나 등하교는 물론, 가게에서 물건을 사거나 식당에서 음식을 주문하는 등의 사회적 기술이 부족하였다.

그러나 특수학급에서는 제법 자신의 의사를 잘 표현하고 친구들과도 잘 지내며, 충분한 시간과 적절한 강화가 주어지면 속도는 느리지만 학습이 이루어진다.

이상과 같은 민수의 특성을 고려하여 특수교사는 부모로 하여금 가정에서 자기결정 능력을 향상시킬 수 있는 다양한 경험을 제공하여 자신감을 갖도록 하고 스스로 등하교를 하도록 조언하였다. 그리고 통합학급 교사와 협력하여 민수가 학급 친구들로부터 따돌림을 받지 않고 어울릴 수 있도록 도와주었다. 특별히 통합학급 교사는 의도적으로 다른 아이들이 보는 앞에서 민수에게 심부름을 시키고 칭찬을 하면서 아이들이 민수에게 관심을 갖도록 유도하였으며, 학급에서 인기가 있으면서 사려 깊은 학생을 짝으로 정해 학습도우미 역할을 부여하였다. 이러한 지원 속에 민수는 중학교 첫 학기를 성공적으로 마무리하였다.

출처: 강영심 외(2010). 특수교육학개론. p. 100.

07 지적장애아동의 특수교육과 사례

1) 다양한 교육적 접근

(1) 교수적 수정과 적합화

과제의 단위, 난이도, 분량을 수정 및 적합화를 통해 학업의 성취감을 느낄 수 있도록 하여 학습에 대한 긍정적 결과를 가지도록 한다(박승희 외, 2007).

(2) 체계적 교수 및 컴퓨터 보조교수(Computer-Assisted Instrucition: CAI)

- 교수목표 확인
- 다양한 단서 제공 및 촉진
- 특수교육 공학적 접근
- 교육적 목표 달성
- 교수 자료 활동
- 강화와 피드백
- 동기부여, 주의집중 향상

(3) 전환교육

전환교육은 실질적인 사회통합을 의미하며, 종합적인 기관 간 협력을 통한 서비스 전달과 간학문적 협력, 인적 전문가들의 협력을 통한 역동적이고 입체적인 실천을 한다.

(4) 자기결정과 자기주장

- 자신의 환경 알기 → 평가 → 계획 → 행동 → 성과를 경험하고 학습하기
- 권리표현

- 언어적 자기주장
- 비언어적 자기주장
- 자세한 설명표현
- 대화기술

2) 생활 기능적 접근

일반화 능력에 제한이 있는 경우가 많고 학습시간의 제한으로 미래 생활에서 가장 필요하고도 독립적인 성인생활을 영위하기 위한 생활 기능적 접근으로 다음의 〈표 6-9〉와 같다.

〈표 6-9〉 생활 기능적 접근

구분	고용/교육	가정/가족	여가	지역사회 참여	정서/ 신체적 건강	개인적 책임/ 관계
읽기	다양한 직업에 관해 도서관에서 책 읽기	핫케이크 만드는 방법 읽기	신문에서 휴대폰 광고 찾아 읽기	도로 표지와 간판 읽기	전화번호부에서 학교 전화번호 찾기	저학년 학생에게 동화책 읽어주기
쓰기	학급게시판에 이 달의 행사에 대해 쓰기	쇼핑 목록 작성하기	인터넷 카페에 가입하기	은행에서 출금표 작성하기	매일 섭취한 각각의 식품군 항목 적기	생일 초대 카드 쓰기
듣기	예금계좌에 관해 은행 직원의 설명 듣기	요리방법에 대한 TV프로그램을 보면서 듣기	오늘의 날씨에 대한 일기예보 듣기	학생이 재활용하는 방법에 대한 강의 듣기	환절기 건강에 대한 보건교사의 설명 듣기	친구의 주말 가족여행에 대한 계획 듣기
말하기	직업을 갖고 싶은 이유에 대해 말하기	친구와의 외출 약속에 대해 부모 허락 구하기	인터넷 게임에서 친구 초대하기	급식 식단에 대해 친구와 이야기하기	건강에 대해 궁금한 사항 질문하기	학급 환경미화에 대해 의견 말하기
수학	시간 수당에 따른 1일 아르바이트 비용 계산하기	할인되는 상품의 가격 비교하기	영화 보러 갈 때의 비용 계산하기	주문한 피자의 가격에 맞게 나누어 계산하기	여러 장이 들어 있는 파스의 1장당 가격 계산하기	예산에 적절한 선물 구입하기

출처: 박은혜 · 김정연(2010). 강대옥 외(2015). 재인용 p. 151.

[그림 6-3] 일상생활 관련 활동 내용

3) 장애아동에 대한 학교폭력 예방교육 및 사례

심신의 즐거움과 배움을 추구하는 학교생활에서 모든 아동은 학교폭력으로부터 절대적으로 안전하게 예방되어야 한다. 특히, 자기를 보호하고 방어할 수 있는 능력이 없는 장애를 지닌 아동이나 특수교육대상아동에 대해서는 세심한 관심이 필요하다. 장애아동에 대한 학교폭력 관련 법령은 다음과 같다.

(1) 장애인에 대한 학교폭력 관련 법령

「학교폭력예방 및 대책에 관한 법률」 제2조(정의)

'학교폭력'이란 학교 내외에서 학생을 대상으로 발생한 상해, 폭행, 감금, 협박, 약취·유인, 명예훼손·모욕, 공갈, 강요·강제적인 심부름 및 성폭력, 따돌림, 사이버 따돌림, 정보통신망을 이용한 음란·폭력 정보 등에 의하여 신체·정신 또는 재산 상의 피해를 수반하는 행위를 말한다.

「장애인 차별금지 및 권리구제 등에 관한 법률」 제32조(괴롭힘 등의 금지)

① 장애인은 성별, 연령, 장애의 유형 및 정도, 특성 등에 상관없이 모든 폭력으로부터 자유로울 권리를 가진다.
② 괴롭힘 등의 피해를 당한 장애인은 상담 및 치료, 법률구조, 그 밖에 적절한 조치를 받을 권리를 가지며, 괴롭힘 등의 피해를 신고하였다는 이유로 불이익한 처우를 받아서는 아니 된다.
③ 누구든지 장애를 이유로 학교, 시설, 직장, 지역사회 등에서 장애인 또는 장애인 관련자에게 집단 따돌림을 가하거나 모욕감을 주거나 비하를 유발하는 언어적 표현이나 행동을 하여서는 아니 된다.
④ 누구든지 장애를 이유로 사적인 공간, 가정, 시설, 직장, 지역사회 등에서 장애인 또는 장애인 관련자에게 유기, 학대, 금전적 착취를 하여서는 아니 된다.
⑤ 누구든지 장애인의 성적 자기결정권을 침해하거나 수치심을 자극하는 언어표현, 희롱, 장애상태를 이용한 추행 및 강간 등을 행하여서는 아니 된다.
⑥ 국가 및 지방자치단체는 장애인에 대한 괴롭힘 등을 근절하기 위한 인식개선 및 괴롭힘 등 방지 교육을 실시하고 적절한 시행을 강구하여야 한다.

(2) 장애학생 학교폭력 관련 사례

장애학생 폭력 부인 – 피해 학부모가 고소 사건

2014년 5월 경기도 용인시의 한 중학교에서 일어난 지적장애학생 '담배 빵' 사건에 대해 관할 교육장이 학교폭력이 일어난 사실 자체를 부인하는 듯한 발언을 해 논란이 되고 있다. 이에 피해 학생의 부모는 해당 교육장을 명예훼손 등의 혐의로 고소했다.

지난해 5월, 지적장애 2급인 김 군(16세)의 가족은 김 군의 허리에 붉은색 동그란 상처가 있는 것을 발견하고 병원에 데려가 진찰을 받아 보니 "담배로 지짐을 당한 것 같다"라는 말을 듣게 되었다. 가족들이 언어장애가 있는 김 군과 필담을 통해 이야기를 나눈 결과, 김 군은 "화장실, 산, 담배"라는 글자를 적어 냈고, 가족들은 학교폭력을 당했다고 확신하게 되었다. 이에 가족들은 김 군이 가해자로 지목한 학생들에 대한 고소장을 제출하고, 학교 측에 조치를 요구했다. 그러나 학교와 교육청 등은 가해자 처벌 등에 미온적인 태도를 보여 가족들의 분노를 샀다.

○ 김치백 의원: 그러면 교육장님 생각도 그 등에 상처가 개인적으로 운동해서 일어나지 않았느냐 하는 담임선생님의 얘기가 있던데 그러면 그렇게 보시나요?
○ 용인교육지원청교육장: 저희는 확증이, 뭐 그것을 저희가 그렇다라고 할 수는 없지만 <u>지금은 완전히 그 상처도 없고 하는 것으로 봐서는, 화상으로 지져진 상처는 흔적이 남는데 그런 흔적이 남지 않고 지금은 완전히 깨끗한 것으로 봐서</u>는 사실 저희 측에서도 조금 의구심은 있습니다. 그렇지만 저희가 무슨 전문가가 아니기 때문에.
○ 김치백 의원: 아니, 상처가 있는데 안 보인 정도로 깨끗해졌다는 걸 어떻게 확인하세요?
○ 용인교육지원청교육장: 얼마 전에 담임선생님이 확인을 한 걸로 알고 있습니다.
○ 김치백 의원: 아닌데, 그 자국이 지금 남아 있는 사진이 올라와 있거든요, 흉터 자국이?
○ 용인교육지원청교육장: 그런데 사진하고 실제 지금 아이 등하고는 조금 차이가 있는 것 같습니다.

▼ 경기도의회 누리집 2014년도 교육위원회 행정사무감사 회의록 중 차혜숙 교육장의 발언

한편, 사건 당시 피해 학생은 자신에게 가해한 학생들을 지목했으나, 경찰은 증거 불충분으로 수사를 종결했다. 이에 대해 경기도 지역 장애인단체들은 지난 11월 11일 경기도교육청 앞에서 기자회견을 열고 재발방지 대책과 진실규명을 위해 경기도교육청이 나설 것을 촉구했다.

이후 12월 5일 경기도교육감과의 면담으로 △ 진실규명 △ 피해가족 지원 △ 재발방지를 위해 피해자 가족, 경기도장애인인권센터, 용인교육지원청 등이 참여한 TF팀이 꾸려지기도 했다.

출처: 비마이너(2015.1.13.)(http://newsbeminor.blog.me).

문제행동 유형 이해

문제행동 유형에는 타인을 공격하는 행동이나 파괴행동, 자해행동 등의 외현화된 문제와 정서적·심리적으로 어려움을 지니는 내면화된 문제의 유형은 아래 그림과 같다. 어떠한 행위에 대하여 획득을 위한 것과 반대로 회피를 위한 문제행동의 유형이 있다.

- 좌절에 대한 인내력이 낮음
- 부정적인 과민반응
- 참지 못함
- 타인에 대한 의존도가 높음
- 자살에 대한 생각
- 낮은 자아개념
- 무기력
- 불안/우울/위축
- 신경질적 반응
- 사회적 상황에 대한 공포

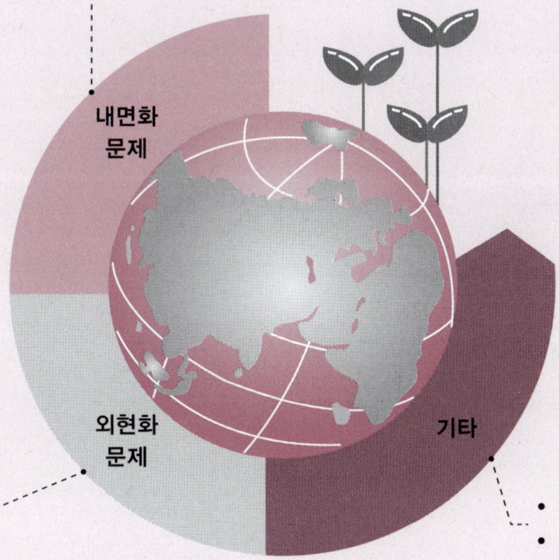

- 성적인 행동
- 자기자극 행동

- 공격적 행동
- 주의산만/부주의
- 충동적 행동
- 책임회피
- 방해 행동
- 파괴 행동
- 불순동, 반항
- 상호작용의 어려움
- 낮은 자기통제력
- 논쟁적
- 일처리가 늦음
- 자해
- 심한 욕설과 비방

내면화, 외현화 문제행동 유형

출처: 부산광역시교육청(2014).

Chapter. 07

자폐성장애아동 교육

학습목표

1. 자폐성장애의 정의와 분류를 이해할 수 있다.
2. 자폐성장애아동의 특성을 이해할 수 있다.
3. 자폐성장애아동의 교수-학습방법에 대하여 알 수 있다.

생각나누기

심한 자폐성장애를 가진 칼리는 노트북에 글자를 타이핑하며 타인과 의사소통을 합니다.

칼리: 저는 자폐아입니다. 그러나 그건 제가 아닙니다. 저를 판단하기 전에 저와 먼저 친해져 보세요.

아빠: 칼리야, 왜 자폐아들은 항상 귀를 막고 손뼉을 치며 이상한 소리를 내지?

칼리: 우리들은 감각을 조정할 수 없어서, 갑자기 감각이 밀려오면 소리나 박수로 밀려오는 감각을 막는 겁니다. 우리의 두뇌는 일반인들보다 더 많은 소리와 시각을 한꺼번에 받아들이고 있습니다.

칼리: 아빠는 제 몸속에 들어온 적이 없어요. 하지만 하루라도 제 몸에 들어올 수 있으면 저를 이해하실 거예요. 제가 쉽지 않은 거 알아요. 그렇지만 저를 항상 안아주고 이해해줘서 고마워요. 사랑해요.

출처: https://www.youtube.com, 칼리 인터뷰 중

영화 「말아톤」과 「7번방의 선물」, 그리고 「증인」은 우리가 함께 살아가는 지역사회의 삶 속에서 자폐성장애로 어려움을 겪는 발달장애인을 이해하고 폭넓게는 장애인의 인식개선에 아주 큰 도움을 주는 영화이다.

어머니: (흥분된 목소리로)"초원아! 이제부터 코치 선생님이 마라톤 가르쳐 주신대. 코치 선생님께 "고맙습니다."라고 인사드려야지."

초원이: (다른 곳을 보며) 코치에게 목을 숙이며 "고맙다~"(존댓말 안됨)

자폐성장애아동은 다양한 장애의 원인으로 인한 의사소통 결여, 사회적 상호작용의 결여, 상동행동이나 물건의 집착 등의 특이한 행동 때문에 또래와의 관계 형성에 어려움을 겪는다.

● 특수교육의 발전사 과거와 현재

▼ 한국경진학교

한국경진학교(韓國耕進學敎)는 1997년 3월 1일 개교한 경기도 고양시 일산동구 마두동에 있는 국립 특수학교이다. 정서 · 행동장애(자폐성 포함)학생을 위한 특수교육기관으로 유치부, 초등부, 중학부, 고등부, 전공과를 두고 있다.

● 한국 역사 속의 장애 관련 인물사

▼ 순종(1874~1926), 자폐증(추정)

순종은 조선 마지막 27대 왕이다. 순종에 대한 자료 중 고종의 서양인 전의였던 에비슨 박사의 기록에 의하면 순종은 놀라운 기억력을 지녔고 수천 자의 한자를 익혔으며, 글씨를 쓰는 즉시 글자의 음을 알 수 있었지만 의미는 몰랐다.

글씨를 불러 주면 쓸 수 있으되 글자를 결합하여 생각을 표현할 수 있도록 문장을 만들 수는 없었다. 그리고 단 한 번 본 사람을 항상 기억하여 이름을 부를 수 있었다(정창권 외, 2014).

● 세계 속의 천재 동물학자

▼ 템플 그랜딘(1947~), 천재 동물학자, 콜로라도 주립대학교 교수

템플 그랜딘은 4살 때 자폐아 진단을 받는다. 의사는 그녀가 평생 말을 할 수 없을 것이고 보호시설에서 살아야 한다고 진단한다. 템플의 어머니는 포기하지 않고 그녀에게 말하기를 가르치고 일반 학교에 진학시키지만 정학 처분을 받고 고등학교를 옮긴다. 그곳에서 그녀가 자폐아라는 장애를 가지고 태어났지만, 남들에게는 없는 놀라운 재능이 있다는 것을 알아봐 준 선생님을 만나게 된다. 템플은 한 번 본 것은 절대 잊어버리지 않고 그림으로 기억하는 능력이 있었다. 이 능력(장애의 특별한 장점)을 알아봐 준 선생님의 도움으로 심리학 학사, 동물학 석박사 학위를 취득하고 지금도 활발히 동물 연구 분야에서 성과를 내고 있다.

템플 그랜딘은 이야기한다. "나는 모자란 게 아니라 다른 것입니다. 우리가 장애라고 생각하는 것은, 사실 세상에 귀히 쓰일 원석과도 같은 것일지도 모릅니다. 나의 장애가 어쩌면 나를 가장 특별하게 만들어 줄 귀한 원동력이 되듯이 말입니다."

자폐성장애아동은 다른 사람과의 의사소통 및 관계 형성, 정서반응, 신체적 반응과 환경변화의 적응에 질적인 어려움을 느낀다. 그리고 감각체계의 독특하고도 특이한 시각반응과 청각반응 등을 보이고 사용한다.

01 자폐성장애의 정의

자폐증(autism)의 어원을 살펴보면 자폐증은 희랍어로 '아우타(auto)'에 해당하는 것으로 영어로는 'self'와 같은 뜻으로 번역하고 있다. 즉, "자기 자신의 혼자만의 생각 세계에 스스로 갇혀 머물고 있다"라고 할 수 있다.

자폐성장애는 자폐증(autism), 자폐성장애(autistic disorder), 자폐범주성장애, 자폐스펙트럼장애(autism spectrum disorder), 전반적발달장애(Pervasive Developmental Disorders: PDD) 등의 다양한 용어로 표현되고 있다. 현재 우리나라에서는 「장애인 등에 대한 특수교육법」에 '자폐성장애'라는 용어로 규정하고 있으며, 사회 통념상으로도 많이 사용되고 있다.

자폐라는 용어는 1943년 미국의 정신과 의사인 Leo Kanner에 의해 처음 사용되었다. Kanner는 자신이 맡고 있던 11명의 아동이 사람이나 상황에 대해 일반적인 방식으로 관계를 형성하지 못하는 사회적 손상, 비정상적인 언어, 한정되고 반복적인 관심을 보이는 특성의 아동에 대하여 '유아자폐'라는 용어를 사용하여 표현하였다.

1) 「장애인 등에 대한 특수교육법」에서의 정의

「장애인 등에 대한 특수교육법」에서는 "사회적 상호작용과 의사소통에 결함이 있고, 제한적이고 반복적인 관심과 활동을 보임으로써 교육적 성취 및 일상생활 적응에 도움이 필요한 사람"으로 정의한다.

2) 「장애인복지법」에서의 정의

「장애인복지법」에서는 자폐성장애인(장애의 정도가 심한 장애인에 해당함) "제10차 국제질병사인분류의 진단기준에 따른 전반성발달장애(자폐증)로 정상발달의 단계가 나타나지 않고, 기능 및 능력 장애로 일상생활이나 사회생활에 간헐적인 도움이 필요한 사람"으로 정의하고 있다.

3) 미국 『정신질환 진단 및 통계편람』의 정의

최근 2013년 미국 정신의학회의 『정신질환 진단 및 통계편람(*Diagnostic and Statistical Manual for mental disorders-5: DSM-5*)』(2013)에서는 〈표 7-1〉과 같이 자폐성장애에 대하여 제시하고 있다.

〈표 7-1〉 자폐스펙트럼장애에 대한 DSM-5 진단기준

A. 현재 또는 과거 병력상, 다양한 맥락에 걸쳐 사회적 의사소통과 사회적 상호작용의 지속적인 결함으로 다음의 3가지 모든 증상을 보인다.

1. 사회적-정서적 상호성의 결함: 비정상적인 사회적 접근, 관심사, 정서, 감정, 반응을 공유하는 것이 어려워 주고받는 대화가 실패함. 사회적 상호작용의 개시에 있어 전반적인 부족
2. 사회적 상호작용에 사용되어지는 비언어적 의사소통 행동의 결함: 언어와 비언어적 상호작용의 통합이 어려움, 눈 맞춤, 바디랭귀지의 이상함, 제스처의 이해·사용의 결함, 얼굴 표정 및 비언어적 의사소통의 전반적인 부족
3. 관계의 형성과 유지의 결함: 다양한 사회적 맥락에 어울리도록 하는 행동의 조절이 어려움, 상상놀이를 공유하는 것이 어려움, 친구를 만드는 것이 어려움, 또래에 대한 관심이 없음

B. 현재 또는 과거 병력 상 제한되고 반복적인 패턴의 행동, 관심, 활동들로 다음에 것들 중 2가지 이상

1. 상동적이고 반복적인 근육운동, 사물이나 말의 사용(예: 단순한 상동운동, 장난감 줄 세우기, 사물 던지기, 반향어, 특이한 문구)
2. 일관된 동일성, 일상생활에 대한 완고한 고집, 언어 또는 비언어적 행동의 의식화된 패턴(예: 작은 변화에도 극도의 고통, 전환의 어려움, 경직된 사고 패턴, 인사 의식, 매일 같은 길을 가거나 같은 식사를 하려고 함)
3. 비정상적인 강도 또는 몰입의 매우 제한되고 고정된 관심사(예: 평범하지 않은 사물에 대한 매우 강한 애착이나 집착, 과도하게 제한되거나 계속적인 관심사)

4. 감각자극에 과도하게 민감하거나 둔감함, 또는 환경의 감각적 측면에 평범하지 않은 관심을 보임(예: 통증/온도 등에 분명한 무관심, 특정의 소리나 문양에 이상한 반응, 사물에 대한 과도한 냄새 맡기나 만지기, 빛 또는 움직임에 대한 과도한 흥분)

현재의 심각도에 대한 세분화: 심각도는 사회적 의사소통의 손상 및 제한적이고 반복적인 행동 패턴에 근거함

C. 초기 발달 기간 동안 증상이 나타나야 함(다만 제한된 능력을 넘어서는 사회적 요구가 있어야 비로소 명백하게 나타날 수 있음 또는 이후에 학습한 전략을 사용해 가장할 수 있음).

D. 증상이 사회적, 직업적 또는 현재 기능 중 여타의 중요한 영역에서 임상적로 유익한 손상을 초래함.

E. 이러한 장애가 지적장애(지적발달장애) 또는 전반적 발달 지연으로 더 잘 설명되지 않음. 지적장애와 자폐스펙트럼장애는 흔히 동반되어 나타남: 자폐스펙트럼장애와 지적장애, 사회적 의사소통 장애를 함께 진단 내리려면 예상되는 일반적 발달 수준 이하여야 함.

주의:

DSM-IV의 자폐성장애, 아스퍼거 장애, 또는 비분류 전반적발달장애로 확실하게 진단받은 사람이라면 자폐스펙트럼장애로 진단 내릴 수 있다. 사회적 의사소통에 현저한 결함을 보이지만 자폐스펙트럼장애의 준거의 다른 증상에 해당되지 않는다면, 사회적 의사소통장애에 대해 평가가 이루어져야 한다.

명시할 내용:

- 지적 손상이 동반됨 또는 동반되지 않음
- 언어 손상이 동반됨 또는 동반되지 않음
- 익히 알려진 의학적 또는 유전적 상태나 환경적 요인과 연관됨
  - 부호화 주의사항: 관련된 의학적 또는 유전적 상태를 확인하여 추가적으로 부호화할 것
- 다른 신경발달장애, 정신장애 또는 행동장애와 연관됨
  - 부호화 주의사항: 관련된 신경발달장애, 정신장애, 또는 행동장애를 확인하여 추가적으로 부호화할 것
- 긴장증 있음(다른 정신장애와 관련된 긴장증의 준거를 참고할 것)
  - 부호화 주의사항: 긴장증의 공병이 확인되면 자폐스펙트럼장애와 연관된 긴장증에 추가적으로 부호화할 것

미국 정신의학회에서 DSM-5를 통하여 발표한 '자폐스펙트럼장애'라는 용어는 자폐성장애 범주의 하위 유형으로 분류하던 자폐장애, 아스퍼거장애, 레트장애, 소아기 붕괴성장애, 비전형성 전반적 발달장애를 일련의 연속된 선상에서 심각도의 수준으로 바라보는 의미의 개념으로 새롭게 정의하였다.

02 자폐성장애의 분류

1) DSM-IV-TR(2000)에서의 분류

전반적 발달장애(자폐범주성장애)를 다섯 가지 하위 장애유형, 즉 자폐성장애, 아스퍼거증후군, 아동기 붕괴성장애, 레트장애, 비전형성 전반적 발달장애로 [그림 7-1]과 같이 분류하여 구분한다.

위의 자폐범주성장애에 대한 하위 유형의 개념을 살펴보면 〈표 7-2〉와 같다.

〈표 7-2〉 자폐범주성장애의 유형에 대한 개념

유형	개념
자폐성장애	사회적 상호작용과 의사소통이 현저하게 비정상적이거나 발달에 장애가 있음
레트장애	정상적인 태아기나 주산기를 가지며, 일정기간이 지난 후에 특정 결함을 보임
아동기 붕괴성장애	2년간 정상발달을 한 후 여러 가지 기능 영역에서 현저한 퇴행을 보임
아스퍼거장애	사회적 상호작용에 심한 장애를 나타내며 제한적이고 반복적인 행동, 관심 또는 활동을 나타냄
달리 분류되지 않는 전반적 발달장애	사회적 상호작용의 발달이나 언어적, 비언어적 의사소통기술의 발달에 전반적으로 심한 장애를 보임

출처: 김영익 외(2015). 특수아동지도. p. 71.

2) DSM-5(2013)에서의 분류

DSM-5에서는 자폐스펙트럼이라는 용어로 정의 하면서 다음의 〈표 7-3〉과 같이 사회적 의사소통 및 제한적이고 반복적인 행동을 나타내는 특성의 정도에 따라 심각도 수준을 3단계로 구분하여 제시하고 있다.

〈표 7-3〉 자폐스펙트럼장애의 심각도 수준

심각도 수준	사회적 의사소통	제한적/반복적 행동
수준 3 : 매우 상당한 수준의 도움을 필요로 함	언어적·비언어적 사회적 의사소통 기능의 사용에 대하여 심각한 장애, 타인과의 사회적 상호작용상황에서 최소한의 제한적인 반응만 보임. 예를 들어, 사회적 상호작용을 좀처럼 시도하지 않는, 이해 가능한 말이 거의 없는 사람은 욕구 충족만을 위해 특이한 방식으로 접근하거나 매우 직접적인 사회적 접근에만 반응함	행동의 경직, 변화를 극도로 어려워함, 또는 다른 제한적/반복적 행동이 모든 영역에서의 기능을 현저히 방해함, 큰 고통/어려움이 초점 또는 행동을 변화시킴
수준 2 : 상당한 도움을 필요로 함	언어적·비언어적 사회적 의사소통기술의 현저한 결손, 적합한 도움이 있더라도 사회적 장애가 명백하고 사회적 의사소통의 제한적인 시작, 타인의 사회적 접근에 대한 감소되거나 비정상적인 반응. 예를 들어, 간단한 문장을 말하는 사람의 상호작용은 특정 흥미에 제한되고 현저하게 특이한 비언어적 의사소통을 함	행동의 경직, 변화를 어려워함, 또는 다른 제한적/반복적 행동이 일반사람이 보기에도 확실하게 흔히 나타나고 다양한 맥락에서 기능을 방해함, 큰 고통/어려움이 초점 또는 행동을 변화시킴
수준 1 : 도움을 필요로 함	적합한 도움이 없다면, 사회적 의사소통의 결손은 뚜렷한 장애를 초래함. 사회적 상호작용을 시작하기 어려움. 타인의 사회적 접근에 대해 비전형적이고 성공적이지 않음. 사회적 상호작용에서 감소된 흥미가 나타남. 예를 들어, 완전한 문장으로 말할 수 있고 의사소통이 어느 정도 가능하나 타인과 주고받는 대화에는 실패하는 사람은 친구를 만들려는 시도가 특이해서 성공적이지 않음	행동의 경직은 하나 또는 그 이상의 맥락에서의 기능을 심각하게 방해함. 활동 사이의 전환에 어려움이 있음.

이러한 관점은 외부 환경보다는 장애를 지니는 아동 중심으로 변화하는 패러다임의 흐름이라고 할 수 있다(예: 지적장애의 분류를 1992년 이전 지능지수 IQ를 기준으로 규정하던 것을 현재는 지원의 강도를 기준으로 정의함).

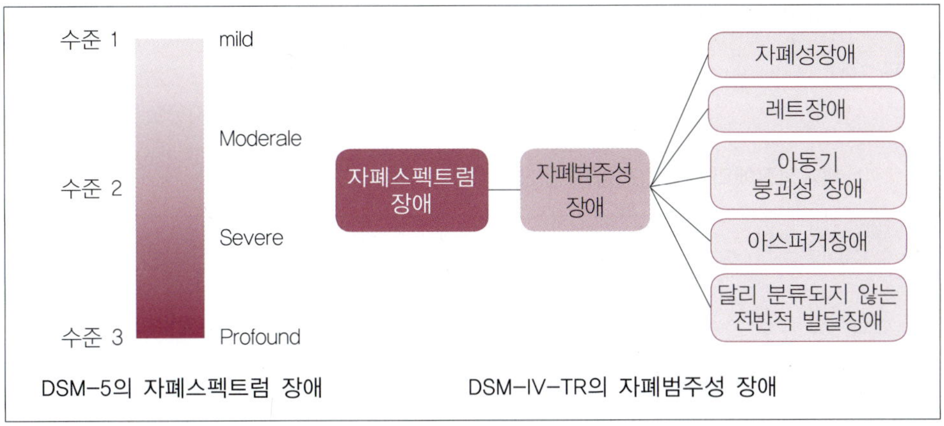

[그림 7-1] DSM-IV-RT와 DSM-5의 자폐성장애의 분류

03 자폐성장애의 원인 및 출현율

1) 자폐성장애의 원인

연구 초기에는 자폐성장애의 원인을 부모의 탓으로 돌렸다. 자폐를 처음 명명한 Kanner는 자폐아동의 부모는 매우 지적이고 차가운 성격을 가진 강박적 인물로 이들을 소위 냉장고형 부모라고 불렀으며, 그런 부모의 양육 태도가 장애의 원인이라고 믿었다. 그러나 부모의 성격과 자폐성장애의 인과적 관계는 밝혀진 것이 없으며, 미국 자폐학회는 1977년 아동의 심리적 환경에서 자폐성장애를 일으키는 원인이 확인된 바 없다고 밝혔다(Heward, 2009). 그럼에도 불구하고 많은 부모는 자녀의 장애에 대해 죄의식을 느끼기도 하고, 이를 극복하는 어려움을 겪기도 한다(정대영 외, 2012).

지금까지 자폐성장애의 원인에 대하여 수많은 요인과 가설이 난무하지만 그 원인이 정확히 무엇인지는 명확히 밝혀지지 않았다. 하지만 일반적인 견해는 생물학적인 유전적 요인, 신경학적인 신경전달물질의 불균형, 뇌기능의 구조적 이상, 다복합적인 생태학적 환경 오염의 요인으로 서로 상호관련성에 의한 것으로 추정하고 있다(표 7-4).

〈표 7-4〉 자폐성장애의 다요인적인 원인

생물학적 요인	특성
선천적인 요인	페닐케톤뇨증, 푸리대사장애, 납중독, 갑상선 기능항진증, 결정경화증 등의 대사장애 및 신체질환, 풍진, 헤르페스 뇌염 등의 감염으로 인한 뇌의 손상
신경학적인 생화학적 불균형	신경학적 전달물질인 세로토닌의 과대함량, 높은 수준의 생체 자연 아편물질 생성으로 타인과의 상호작용 의지가 낮음
뇌의 구조 문제	대뇌 구조 기능 담당 영역의 전두엽의 이상과 좌측 뇌가 작고 우측 뇌가 크거나, 외부 정보에 대한 뇌의 기능적 반응활동 이상으로 인해서 주의력 결핍 및 언어 능력, 강박적 행동 출현

2) 자폐성장애의 출현율

자폐성장애는 인종, 민족, 사회적 계층, 가족의 수입, 생활 양식, 교육 수준을 불문하고 발생할 수 있고 전 세계적으로 나타나는 장애이기 때문에 어느 가정이나 어떤 아동이라도 발생할 수 있다. 자폐성장애 인구는 인구 10,000명당 4~5명 정도 나타나는 것으로 알려졌으나, 1990년대 이후 그 숫자가 점점 증가하여 현재는 세계 인구의 1% 정도가 자폐성장애인으로 추정된다(ASD, 2015). 남녀 발생 비율은 4:1 정도로 현격하게 남성이 높다(공주대학교 특수교육연구소, 2016).

교육부 특수교육통계(2023)에 의하면 자폐성장애를 지닌 특수교육대상자는 19,275명으로써 전체 특수교육대상자 17.6%를 차지하고 있다. 연도별 자폐성장애 아동의 현황은 다음의 〈표 7-5〉와 같다. 자폐스펙트럼장애로 그 범주의 폭이 넓어지고, 장애를 진단하는 기준이나 방법이 다양한 특성을 포괄적으로 포함하고 있어 전문화되고, 외부 환경적인 수많은 요인 등에 의해 출현율이 증가하고 있음을 통계를 통해 유추할 수 있다.

〈표 7-5〉 연도별 자폐성장애아동 현황 (단위: 명, %)

구분	2019년	2020년	2021년	2022년	2023년
전체특수교육대상아동	92,958 (100)	95,420 (100)	98,154 (100)	103,695 (100)	109,703 (100)
자폐성장애아동	13,105 (14.1)	13,917 (14.6)	15,215 (15.5)	17,024 (16.4)	19,275 (17.6)

출처: 교육부(2019, 2020, 2021, 2022, 2023).

[스펙트럼 정의]

빛의 성분을 파장의 순서로 나열한 것을 말한다. 빛을 각 성분으로 나누는 것을 '스펙트럼으로 분해한다'고 표현할 수 있다.

자폐스펙트럼장애 = 자폐 + 스펙트럼 → 즉, 다양한 특성이 연속선상에서 존재

04 자폐성장애아동의 판별 및 검사

자폐성장애를 지니고 있는지에 대한 판별은 여러 가지 면에서 이루어진다. 사회적 상호작용에 결함을 보이고, 의사소통에 질적인 결함을 보이며, 제한되고 감각적 이상행동을 보이면 종합적인 진단과 검사를 받아 볼 필요가 있다.

1) 자폐성장애의 판별 및 진단기준

「장애인복지법」에서는 자폐성장애의 진단기준에 대하여 다음의 〈표 7-6〉에서와 같이 그 기준과 세부항목에 대하여 제시하고 있다.

〈표 7-6〉 자폐성장애의 판별을 위한 진단기준

제1급: ICD-10의 진단기준에 따른 전반적 발달장애(자폐증)로 정상발달의 단계가 나타나지 아니하고, 지능지수가 70 이하이며, 기능 및 능력장애로 인하여 전반적 발달척도 점수(GAS)가 20 이하인 사람

제2급: ICD-10의 진단기준에 따른 전반적 발달장애(자폐증)로 정상발달의 단계가 나타나지 아니하고, 지능지수가 70 이하이며, 기능 및 능력장애로 인하여 전반적 발달척도 점수(GAS)가 21~40점인 사람

제3급: 제2급과 같은 특징을 가지고 있으나 지능지수가 71 이상이며, 기능 및 능력 장애로 인하여 전반적 발달척도 점수(GAS)가 41~50인 사람

[자폐성장애의 능력장애 측정기준]

① 불러도 대답이 없다.	⑪ 가구의 위치를 옮기면 불안해 한다.
② 독립적으로 적절한 식사가 불가능하다.	⑫ 같은 길로만 가려고 한다.
③ 대소변을 가리지 못한다.	⑬ TV에서 광고만 보려고 한다.
④ 또래와 놀지 못한다.	⑭ 밖으로 나가면 그냥 마음대로 가 버린다.
⑤ 남의 말을 이해하지 못한다.	⑮ 머리 크기가 작다.
⑥ 표현언어가 없다.	⑯ 눈을 맞추지 않는다.
⑦ 자기방어를 하지 못한다.	⑰ 손을 비틀거나 씻는 것 같은 행동을 반복한다.
⑧ 충동적인 행동을 보인다.	⑱ 모든 물건을 입에 집어 넣는다.
⑨ 자해적인 행동을 한다.	⑲ 생후 1~2년 정도까지는 정상적으로 발달한다.
⑩ 한가지 장난감에 집착한다.	⑳ 혼자 말은 하는데 대화는 하지 못한다.

다음의 [그림 7-2]의 19가지 항목 중 7가지 이상의 항목에 ○표가 되고 그 행동들이 지속적이며, 아동의 생활연령에 맞지 않는다면 자폐성장애 특성의 위험군으로 선별될 수 있고 좀 더 심층적인 진단평가의 의뢰가 필요하다.

[그림 7-2] 자폐성장애 선별 체크리스트

출처: 창원대학교 보육교사양성(2005). 특수아동지도 강의자료.

2) 학문적 관점의 판별 및 검사 도구

자폐성장애아동에 대한 국내에서 보편적으로 가장 많이 사용되는 판별 검사 도구로는 다음의 〈표 7-7〉과 같다.

〈표 7-7〉 자폐성장애아동 판별을 위한 국내 표준화 검사 도구

자폐성장애 판별 도구	특징	
아동기 자폐평정척도 (CARS)	제작	• 미국의 노스캐롤라이나대학 정신의학연구소에서 제작, 1988년 김태련과 박랑규가 번역
	구성 영역	• 인지, 개념, 의사소통, 사회관계, 모방, 감각 및 정서적 반응 등 60개 문항으로 구성
	대상	• 2세 이상의 아동
	진단 기준	• 30~36.5점 이상 경증 자폐성장애 • 37~60점 중증 자폐성장애
이화-자폐아동 행동발달평가 도구 (E-CLAC)	제작	• 일본 동경 정신의학연구소에서 제작된 CLAC-Ⅱ를 표준화함
	대상	• 1~6세 아동
	구성 영역	• 척도 문항: 식사습관, 배설습관, 수면습관, 착탈의, 위생, 놀이, 집단에서의 적응, 대인관계, 언어, 지시 따르기, 행동, 운동성, 안전관리의 총 43문항으로 구성 • 비척도 문항: 수면습관, 놀이, 운동성, 감정표현, 감각습관의 총 13문항으로 구성
	진단 기준	• 각 영역을 5단계로 평가하고 결과에 따라 사이코르램이 완성됨 • 점수가 낮을수록 자폐적 성향이 높음
한국자폐증 진단검사 (K-ADS)	제작	• 강위영과 윤치연(2004)이 DSM-IV-TR과 길리엄 자폐평정척도(Gilliam Autism Rating Scale)를 우리나라 실정에 표준화함
	대상	• 3~21세 자폐성장애인
	구성 영역	• 상동행동, 의사소통, 사회적 상호작용의 3개 하위검사로 구성 하위검사마다 14개의 문항으로 총 42개의 문항으로 구성됨
	진단 기준	• 표준점수 13~14점 경증 자폐성장애 • 표준점수 15~16점 중증 자폐성장애 • 표준점수 10점

05 자폐성장애아동의 특성

자폐성장애아동의 특성은 다양한 발달영역에서 많은 문제행동을 나타내고 있다. 대표적 특성은 사회적 상호작용의 결함, 의사소통의 질적인 결함, 그리고 제한적이고 반복적인 특이한 상동적 행동, 관심 및 활동을 보인다. 그런데 주의할 점은 이러한 장애는 증상의 심각도 정도, 발생 시기, 다른 장애와의 연관성(예: 지적장애, 언어지체, 뇌전증)에 있어서 매우 다양하다는 점이다(National Research Council, 2001).

자폐성장애의 특성은 다양하나 일반적으로 가장 많이 보이는 특성에 대하여 살펴보면 다음과 같다.

1) 사회적 상호작용의 특성

자폐성장애아동은 다른 사람과의 사회적 관계 형성을 위한 상호작용 과정에서 결함을 보인다. 또래와 상호작용을 잘 하려면 상대방의 마음을 이해하고 감정이입을 할 수 있어야 할 뿐만 아니라 언어의 미묘한 어감과 비언어적 단서(예: 몸짓, 시선, 자세, 옷차림, 행동 등)도 알아차릴 수 있어야 한다. 그러나 자폐성장애아동은 이러한 능력이 부족하여 이를 활용해 타인과 상호작용을 하지 못하고, 소통하는 타인의 반응을 해석하는 데도 어려움을 경험한다.

[한국특수교육학회(2008)]

- 사회적 상호작용을 위한 비구어적 행동(예: 눈 맞춤, 표정, 몸짓)의 사용에 어려움을 보임
- 연령에 적합한 또래관계를 형성하지 못함
- 즐거움, 관심, 성취 등을 다른 사람들과 나누려고 하지 않음
- 사회적 또는 정서적 상호성이 결여됨
- 발달 수준에 적절한 가상놀이와 사회적 모방놀이가 결여됨

2) 의사소통의 특성

자폐성장애아동의 언어 및 의사소통의 특성은 말을 전혀 사용하지 못하는 아동부터 현학적인 대화를 즐기는 아동까지 그 스펙트럼이 다양하다. 인칭 대명사가 바뀜, 반향어 사용, 독특하고 단조로운 억양, 관용어구나 속담을 융통성 있게 이해하지 못하고 언어를 문자 그대로 해석하기 등의 언어적 특성을 보이기도 한다(공주특수대학교 특수교육연구회, 2016).

- 말을 하지 못하거나(함묵증) 언어발달이 지체됨
- 말을 하지 못하는 경우 대체적인 수단으로 보완하고자 하는 시도가 없음
- 말을 하는 경우에도 사회적 의사소통의 기능으로 사용하지 못함
- 상동적이고 반복적인 형태로 언어를 사용하거나 특이한 언어를 사용함

출처: 한국특수교육학회(2008).

3) 상동적인 반복행동과 특정 관심

자기자극행동은 자폐성장애아동에게 흔히 나타난다. 이러한 행동은 상체를 앞뒤 또는 옆으로 흔들기, 얼굴 앞에서 손 흔들기, 사물 돌리기, 물건 제자리에 놓기와 같이 명확한 기능이 없는 반복적이고 정형화된 행동이다. 자기자극행동은 감각적 자극을 얻기 위하여 하는 것 같다(Scheuermann & Webber, 2002, 고은 외, 2015, 재인용).

또한, 특정한 사물에 대해 강한 집착을 나타내거나 지나치게 몰두한다. 얇은 종이를 잡고 손가락으로 탁탁 치거나, 긴 끈을 잡고 돌리거나, 열린 문을 가만히 보지 못하고 모두 닫는 것은 아동만이 느끼는 독특한 감각자극을 추구하는 행동들이다.

- 제한된 영역에 지나치게 강도 높은 독특한 관심을 보임
- 특정 비기능적인 일과나 의례적인 행동에 융통성이 없이 집착함
- 사물의 특정 부분에 대하여 지속적인 집착을 보임
- 자해 행동, 공격 행동, 텐트럼(지나친 떼쓰기) 등의 문제행동을 보이기도 함
- 감각자극에 대한 처리 및 반응이 독특함

출처: 한국특수교육학회(2008).

4) 인지 및 감각적 특성

(1) 인지적 특성

대부분의 자폐성장애아동은 인지 능력과 학습 능력에 많은 어려움을 나타내며, 새로운 학습, 기술을 습득하는 데 일반아동에 비해 더 많은 시간이 필요하다. 지능은 매우 심한 지적장애 수준에서 우수한 능력의 수준까지 다양하다. 자폐성장애아동의 약 70~80%는 지적장애의 지능을 나타내지만 약 10%는 서번트증후군(savant syndrome)으로 특정 영역에서 천재적인 재능을 보이기도 한다. 영화「템플그렌딘」의 실제 주인공인 Temple Grandin은 지금도 미국 콜로라도 교수로 재직 중이다.

(2) 감각적 특성

자폐성장애아동의 감각적 특성은 신경학적 체계가 일반아동과는 다른 방식으로 기능적 정보처리를 하게 되어 행동에 문제를 일으키게 된다.

〈표 7-8〉 감각자극에 대한 자폐성장애학생의 감각수용이상

이상 원인	이상반응
입력된 자극이 다른 유형의 감각자극으로 혼동을 유발	청각자극인 소리가 시각자극인 색깔로 처리되는 반응
자극 둔감 또는 무반응	바로 옆에서 엄청 많은 접시가 깨져도 반응을 보이지 않지만, 자신의 흥미를 끄는 음악 소리나 사탕 껍질 벗기는 아주 작은 소리에는 민감하게 반응
다른 두 유형의 청각자극이 서로 간섭과 방해를 유발하고 청각적 정보의 왜곡	요리를 맛보는 동안 믹서기나 가스레인지 후드 등의 소음을 내는 주방기구는 꺼두어야 하고, 어떤 소리의 특정 주파수에 매우 예민하게 반응
촉각이나 통각에 의한 행동방해와 집착	한복에 받쳐 입는 속치마의 꺼칠한 촉감에 안절부절못하거나, 심하게 다쳐도 울지 않거나, 이상한 물건을 만지는 데 집착

출처: 김미숙 외(2011).

06 자폐성장애아동 통합교육과 사례

1) 통합교육

자폐성장애아동의 사회적 의사소통의 문제와 행동적 문제를 해결하기 위해서는 영유아기 조기교육부터 통합교육의 환경에서 다양한 교육을 제공받고 경험하는 것은 차후의 학령기 교육에 있어서도 효과적이다. 그것은 일반 또래아동의 행동을 보고 따라 하거나 모방하는 등의 배운 교육내용을 자연스럽게 확인하고 적용할 기회가 더 많기 때문이다.

(1) 성공적인 일반적인 지침(이소현 외, 2011)

① 자폐성장애가 지니는 사회적 발달의 일탈적 결함이라는 장애특성에 따라 개별 아동을 위하여 체계적으로 계획되고 실행되는 개별화 통합을 해야 한다.
② 통합 환경의 사회적 맥락과 활동이 환경 중심의 흥미와 동기를 유발해야 한다.
③ 통합 환경 내의 성인과 또래들이 적절한 역할을 수행해야 한다. 학급의 담임교사의 적절한 역할은 통합교육의 성패에 결정적인 영향을 미친다.
④ 자폐성장애아동의 통합교육이 성공적으로 실행되기 위해서는 가능한 한 조기에 통합의 경험이 시작되어야 한다.

(2) 자폐성장애아동을 위한 교수방법

자폐성장애를 지닌 아동이 일반학급에 배치되면 일반적으로 특수보조원과 같은 지원 인사도 함께 배치되어야 한다. 교사 혼자서 아동이 필요로 하는 추가의 지원을 하기 어렵기 때문이다. 다음의 〈표 7-9〉는 자폐성장애아동의 성공적인 통합교육을 위한 효과가 입증된 교수전략 방법이다.

〈표 7-9〉 자폐성장애아동의 성공적인 통합교육 지침

- 시각과 청각의 조화를 분명히 한다.
- 어떤 과제든 그 의미를 명확히 한다.
- 규칙에 대하여 명백히 지도를 한다.
- 과제의 시작과 끝을 명확히 해 준다.
- 교사는 인내심을 가지고 기다려 준다.
- 과제와 청각 메시지를 연결 짓는다.
- 아동의 역할을 분명히 한다.
- 과제를 시각적으로 제시한다.
- 지식을 일반화하고 사전지식을 활용한다.
- 기회를 반복하여 준다.

출처: 정대영 · 김영익 · 박은미(2012). 특수아동지도. p. 251.

2) 통합교육의 실제적 지도방안

자폐성장애아동에게 가장 실용적인 중재방안에 대한 연구가 별로 없다. 이들이 일반학급에서 통합교육을 받는 비율은 높지 않지만 학급에 자폐성장애아동이 있는 경우 실제적인 지도방안은 아래의 〈표 7-10〉과 같다(송준만 외, 2011).

〈표 7-10〉 통합학급에서의 자폐성장애아동 지도방법

	아동의 행동	교사의 행동	대안	또래의 활용
행동	본인이 흥미가 없으면 몸을 계속 앞뒤로 흔들거린다.	아동의 행동을 무시하거나 몸을 흔들지 말라고 지시한다.	왜 아동이 몸을 흔들거리는지 이해하기 위하여 행동분석을 한다.	또래가 아동의 행동을 이해하도록 돕는다. 또래의 수용을 격려하거나 지지해 준다.
사회적 상호 작용	운동장에서 항상 또래들과의 상호작용에서 제외된다.	혼자 있는 것은 본인이 좋아서 그런 것이라 생각한다.	아동에게 또래와의 놀이 접근 묻는 것을 가르치고 한두 명의 또래와 놀이를 하는 기술을 가르친다.	아동을 이해하는 또래와 짝을 지어준다.
학업 수행	학습속도가 느리고 단순한 개념을 배우는 데에도 상당한 도움이 필요하다.	기대와 요구를 다소 낮춘다.	추상적 개념을 가르치는 데 시각적 이미지나 음악을 사용한다.	시각적 이미지와 음악과 함께 또래 튜터링을 사용한다.
교실에서의 행동	시끄럽거나 혼란스러운 활동에 적대적인 태도가 된다.	도서실에 혼자 있도록 보낸다.	상황이야기를 통해 시끄러운 환경에서도 주의집중할 수 있는 방법을 가르친다.	학급의 모든 아동을 포함하는 상황이야기를 만들도록 또래를 활용한다.

효과적인 교육접근법에 대한 많은 연구자는 발달주의적 접근이나 응용행동주의적 접근 그리고 생태학적인 접근 등의 접근 방법을 제시하였으며, 이들 접근법에서 제시하는 공통적인 교육원칙은 다음과 같다.

첫째, 정상발달단계를 중요한 기준으로 하여 자폐성아동의 발달 수준에 맞는 교육을 제공한다.

둘째, 자폐성장애아동의 특수한 요구사항을 지원하기 위해 각 개인에 맞는 고유한 학습 특성 및 기질을 고려하는 것이 필수사항이다.

셋째, 사회성기술, 의사소통기술, 문제해결기술, 의사결정기술 등 아동의 일생을 통해서 반드시 필요한 기능적 기술에 대한 개별화교육 프로그램을 강조하여 체계적으로 연결되도록 한다.

넷째, 자폐성장애아동의 특성상 적극적인 가족참여를 바탕으로 가족 중심적이며, 지역사회 중심의 중재접근을 강조하고 있다는 점이다.

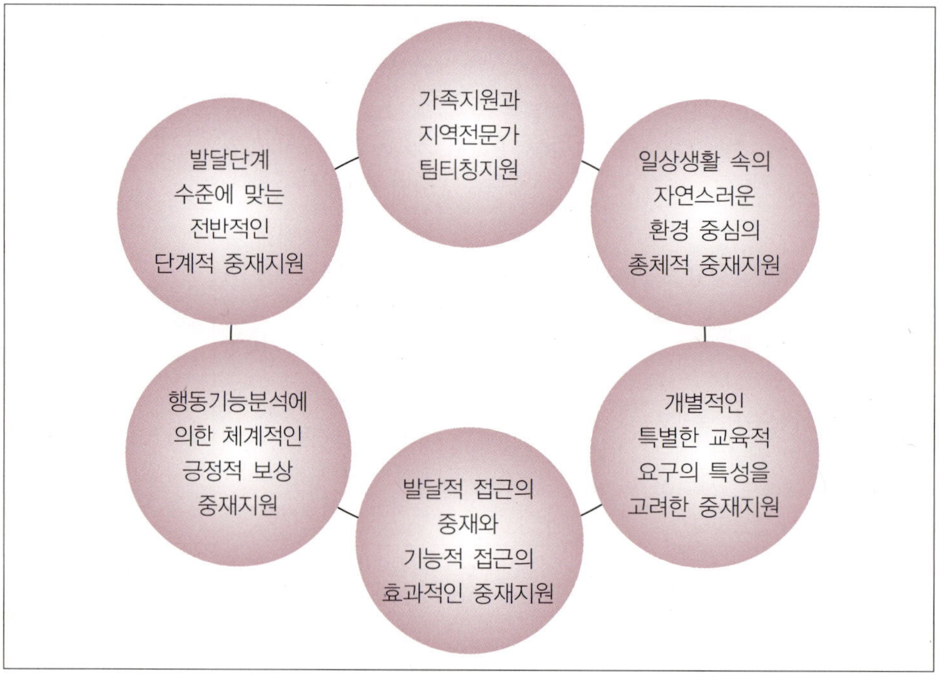

[그림 7-3] 자폐성장애아동을 위한 효과적인 교육의 중재지원

3) 통합교육 사례 - 1

진석이는 14세 초등학교 6학년이다. 엄마가 한해 유예시켜서 학교입학을 하였다. 일반적으로 자폐증을 지닌 아동은 한 가지 이상의 뛰어난 능력이 있는 것으로 인식되어 있으나 진석이는 교사에게 간단한 요구하기를 언어적으로 표현하는 것도 어려운 아동이다. 하루 종일 교실을 돌아다니면서 정리되어 있는 물건을 자기만의 규칙대로 옮겨놓거나 손으로 턱을 치는 상동행동을 하고 가끔씩 교사에게 갑자기 달려들어 손톱으로 꼬집거나 소리 지르는 공격행동을 보인다.

교사는 체육시간에 공을 이용한 전위 활동으로 풍선을 긴 줄에 매달아 놓고 반 친구들과 돌아가면서 풍선을 차는 활동을 하였다. 처음에 진석이는 무의미하게 발을 올려서 풍선을 툭 차는 행동을 보였다. 그다음 풍선에는 물풍선을 매달아 놓았더니 그 느낌이 좋은지 풍선을 쳐다보면서 풍선에 발을 맞추고 시선을 풍선에 고정하는 행동을 보였다. 그다음 활동으로 친구들과 물풍선을 이용한 주고받기 체육활동을 하였다.

친구들과 풍선을 이용한 활동이 익숙해진 뒤 운동장에서 공을 이용한 피구 활동을 하였다. 교실에서 계속 돌아다니는 의미 없는 행동 특성이 피구활동에서는 피구라인 안에서 공에 맞지 않고 돌아다니는 의미 있는 체육활동의 특성으로 보인 것이다.

진석이는 친구들의 모델링을 통한 학습참여와 체육활동을 통하여 일반아동과 함께 학습하고 자연스러운 상황에서 상호작용할 수 있는 성공적인 통합교육 사례를 보여주었다.

4) 교육 사례 - 2

미국 내에서는 중증의 무발화인 자폐증 소녀 Carly는 키보드 타이핑이라는 AAC(보완대체의사소통)를 통해 어떻게 의사소통이 가능해졌는지 미국 ABC 방송에 방영되면서 화제가 되었다.

Carly는 말뿐만 아니라 개념이나 상징체계 등을 수용하고 전달하고 처리하는 데에 어려움을 갖는 아이이다. Carly는 주변 세상과는 늘 단절되어 있고 걷거나 앉는 것도 제대로 하지 못했다. 그러나 부모는 Carly를 포기하지 않고 지속적으로 Carly를 교육시키고 치료를 시켰다. Carly의 부모는 수년 동안 수천 시간의 치료가 진행되었지만 Carly가 보이는 진전은 지켜보기 힘들었다고 하였다.

그러던 어느 날 Carly가 11살이 되던 해 갑자기 놀라운 일이 생겼다. 처음으로 컴퓨터 앞으로 다가간 Carly는 help라는 단어를 통해 의사소통을 했다. 갖고 싶은 것이 있거나 가고 싶은 곳이 있으면 타이핑을 통해서 원하는 것을 얻을 수 있었다. 치료사가 Carly에게 "귀를 막고 손을 휘젓고 콧노래를 부르고 몸을 흔드는 이유는 무엇이지?" 라고 묻자 다음과 같이 대답하였다.

> "한 번에 너무 많이 들어오는 감각적인 정보를 피하기 위해서예요. 밖으로 분출하면서 들어오는 정보를 차단하려는 거죠. 나는 자폐증이 있어요. 하지만 자폐증이 곧 나인 것은 아니에요. 판단하기 전에 잠시 시간을 내서 가만히 지켜보세요. 나는 귀엽고 노는 것을 좋아하는 아이예요. 그리고 몸을 바닥에 찧거나 하는 행동은 콜라 캔을 흔들고 있다고 상상해 보세요. 그렇게 하지 않으면 몸이 터져버릴 것 같아요."

Carly의 사례에서 보듯이 중증장애아동이라도 세상과 의사소통할 수 있는 방법을 터득한다면 독립적인 삶을 살 수 있을 것이다.

07 자폐성장애아동의 특수교육

자폐성장애아동에 대한 특수교육은 집중적이고 지속적이며, 다학문적으로 접근해야 한다. 또한, 매우 계획적이고 예측 가능한 태도로 환경적 자극을 고려하여 제시하여야 한다(Gammeltoft & Nordenhof, 2007). 다음의 내용은 자폐성장애아동에게 효과적이라고 증명된 교수-학습 방법을 설명하였다.

1) 환경 중심 의사소통중재 교수법

김영태(2013)는 환경 중심의 의사소통중재 교수법을 아래와 같이 말한다.

① 아동 중심의 시범 기법: 이 기법에서 교사는 우선 아동의 관심이 어디에 있는지를 살피다가 그 물건이나 행동에 같이 참여하면서 그에 적절한 언어를 시범 보이는 것이다.

② 선반응 요구-후시범 기법: 시범 기법에서와같이 아동과 교사가 함께 활동을 하다가 아동에게 언어적인 반응을 구두로 요구해 본 후에 시범을 보이는 것이다.

③ 시간지연 기법: 시간지연 기법은 교사가 아동과 함께 쳐다보거나 활동하다가 아동의 언어적 반응을 가만히 기다려 주는 것이다. 아동이 말해야 하는 상황임을 눈치채고 말을 하게 되면 그에 적절하게 교정 또는 시범을 보인다.

④ 우발학습 기법: 아동의 생활 환경에서 우연히 일어나는 의사소통의 기회 또는 언어학습의 기회를 이용하여 언어지도를 하는 것이다.

2) 기능적 의사소통중재 교수법

자폐성장애아동에 대한 의사소통은 사회 인지적 맥락에서 이해되어야 하는 장애이기 때문에 이들을 위한 의사소통교육은 특별히 기능성이 강조되어야 한다(이소현 외, 2011).

- 교사는 아동의 발달 수준과 기능적인 기준을 근거로 가르칠 목표행동을 선정한다.
- 의사소통기술을 교수함에 있어 진보된 언어형태를 강조하기보다는 모든 자연적인 상황에서의 언어 및 의사소통의 기능적인 사용을 강조한다.
- 또래와 사회적 관계 장면에서 의사소통 촉진을 위한 자연스러운 환경을 제공한다.
- 교육대상이 자폐성장애아동으로 제한되어서는 안 되며, 아동 주변의 모든 사람이 촉진적인 상호작용 방법을 활용할 수 있도록 교육 대상자로 포함한다.

3) 보완 · 대체 의사소통체계 교수법

'보완 · 대체 의사소통(Augmentative and Alternative Communication: AAC)'은 구어적 의사소통기술을 효과적으로 향상시키지 못한 사람들을 위해 1950년대 말부터 의학과 임상 및 교육기관에서 창의적인 전략과 재료를 대안으로 사용하기 시작하면서 개발되었다.

AAC란 개인의 의사소통을 증진시키기 위해 사용되는 상징(symbol), 보조도구(Aid), 전략 및 기술을(strategy and technique) 포함한다. 많은 자폐성장애아동은 구어의 발달에 문제가 있기 때문에 최근에는 중재과정에 특별한 기법이나 도구를 이용하는 보완대체의사소통의 사용에 대한 논의가 늘고 있다(전헌선 외, 2012).

▼ 보완 · 대체 의사소통(AAC) 사용

4) 사진교환 의사소통체계 교수법

사진교환 의사소통체계(The Photo Exchange Commuication: PECS)란 자폐성장애아동이나 성인이 손쉽게 자발적이고 실제적인 의사소통기술을 습득할 수 있도록 도와줄 수 있는 의사소통체계이며, 교수방법은 자기가 요구하는 물건의 사진을 의사소통 상대자에게 보여주면 상대자는 사진과 일치된 물건을 건네주는 직접적인 피드백의 영향을 주고받는 사회적 의사소통 방법이다.

▼ 아동 행동요구하기: '불어 주세요!'

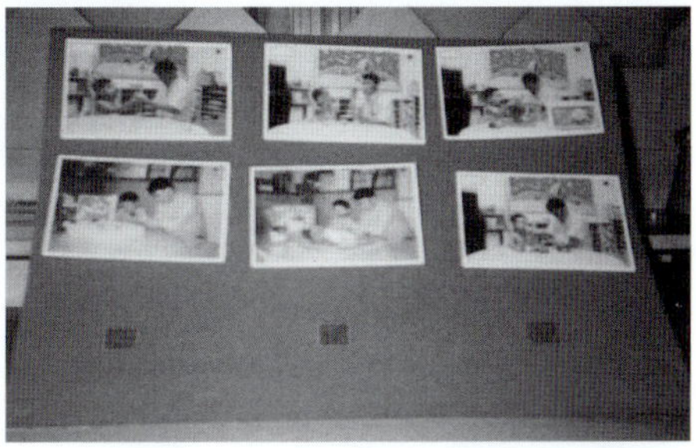

▼ 사진교환을 위한 의사소통판과 사진

출처: 김영익 · 권순복(2006). 특수교육재활과학연구. pp. 103-126.

5) 감각통합심리운동을 통한 교수법

신나는 음악과 함께 하는 자발적인 신체 움직임을 통한 감각통합과 심리운동은 의사소통의 기회, 사회성 증진, 뇌발달의 인지활동이 촉진된다. 이는 자폐성장애아동뿐만 아니라 모든 아동에게 즐거움을 통한 전인적인 발달교육에 효과적이며, 아동의 장점을 활용한 긍정적 측면이 많은 교육적 접근이다.

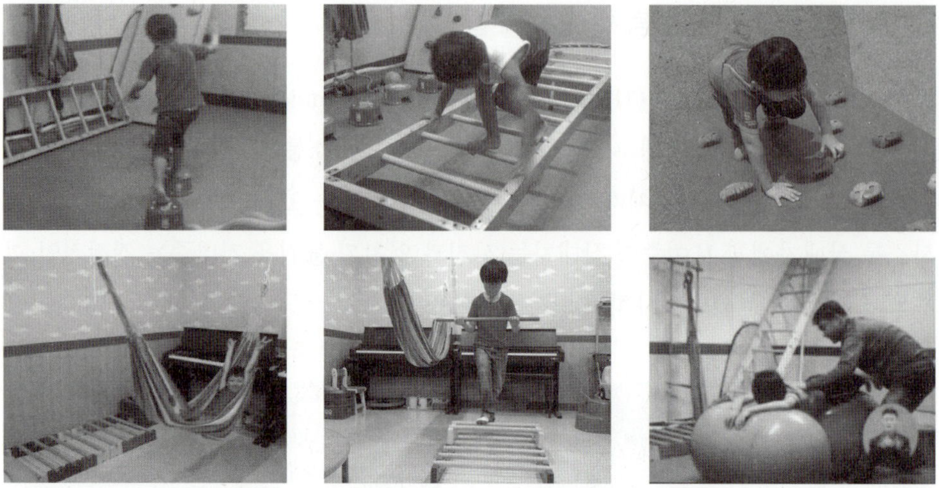

[그림 7-4] 특별한 공간에 준비된 감각통합심리운동

[그림 7-5] 현장학습을 통한 감각통합심리운동

※ 문제행동과 긍정적 행동지원의 이해

- 문제행동(problem behavior)이란 어떠한 이유로 인해 일반적이지 않은 방식으로 행동하는 것을 말하며 대상의 연령이나 심신의 특성, 처한 환경에 따라 다양한 형태로 나타난다.
- 긍정적 행동지원(Positive behavior support)이란 문제행동이 발생한 이후에 반응적으로 대처하는 전통적인 행동중재와 달리 적절한 행동을 사전에 지도하는 데 관심을 두는 예방적인 접근이다.

손등 물기

몸이나 손 흔들기

귀 막기

섭식문제: 그냥 삼키기

Chapter. 08

지체장애 및 건강장애아동 교육

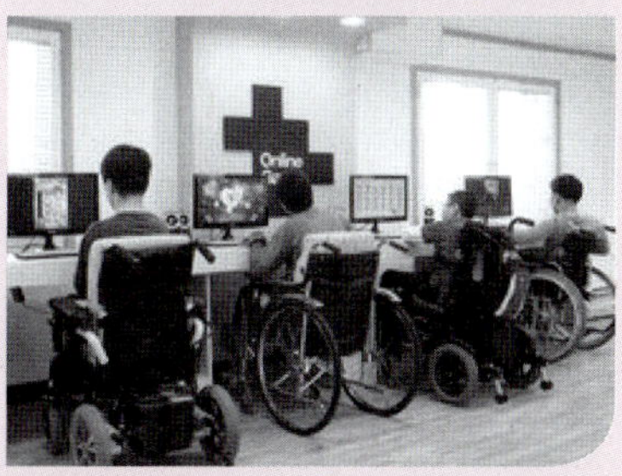

학습목표

1. 지체장애 및 건강장애아동의 정의와 분류를 이해할 수 있다.
2. 지체장애 및 건강장애아동의 특성을 이해할 수 있다.
3. 지체장애 및 건강장애아동의 교수-학습방법에 대하여 알 수 있다.

생각나누기

2013년 6월 17일 SBS 방송 「힐링캠프」에 출현한 닉 부이치치는 이렇게 말한다.

"내가 가지지 못한 것보다, 내가 가진 것에 집중하세요. 스스로 한계를 정하지 말아요.
나는 팔다리가 없지만 날마다 새로운 것에 도전합니다.
제가 할 수 있으면 여러분도 할 수 있습니다.
저는 '닭다리'같은 작은 왼발 하나밖에 없지만, 두 발가락으로 컴퓨터 자판도 치고,
샤워, 칫솔질, 옷 입기 등 거의 모든 생활을 혼자 해결합니다."

닉 부이치치는 학교도 특수학교가 아닌 일반학교를 다니면서 고등학교까지 학생회장을 하였고 무엇이든 포기하지 않고 도전하였다. 실제로 혼자 이동할 뿐만 아니라 골프, 축구, 수영, 서핑, 승마, 줄넘기, 스카이다이빙 등 온갖 스포츠 종목에 끊임없이 도전하여 자신의 성취 기준에 도달하는 기적을 일구었다.

- "닉 부이치치가 한국에서 태어났다면 장애를 극복하고 자신의 도전적인 인생관과 신념에 대하여 세계 각국을 다니며 강연할 수 있을까요?"

● 특수교육의 발전사 과거와 현재

▼ 삼육재활원: 첫 시설 지체부자유학교

- 1952년 6월에 민영재가 설립하였다.
- 1958년에 초등과정을 설치하였다.
- 1969년에 특수학교로 설립인가를 받았다.

▼ 한국우진학교: 국립 지체부자유학교

- 2001년 3월 개교하여 유치부 6학급, 초등부 12학급, 중학부 6학급, 고등부 3학급을 각각 개설하였다.

● 한국 역사 속의 장애 관련 인물사

고종 서양의료 선교사의 재활치료를 받으며 조선에서 가장 행복한 소녀로 세상에 알려진 옥분이(1882~?)는 미네르바 구타펠의 『조선의 소녀 옥분이』 속 실제인물이다. 그녀는 손으로 연필을 잡을 수 없었기 때문에 팔에 연필을 묶어 글을 썼다. 옥분이는 휠체어를 타고 다녀야 했고 손도 제대로 쓸 수 없었지만 옥분이에게 신체적 장애는 단지 생활하는 데 불편할 뿐이었다(정창권 외, 2014).

▼ 구타펠이 소개한 옥분이

출처: 미네르바 루타펠(2008).

운동 기능이나 감각장애를 수반하는 지체장애아동에게 있어서 특수교육 관련 서비스는 매우 중요한 의미를 가진다. 또한, 신체적 건강에 만성적 어려움을 지니는 건강장애아동 역시 병원의 의학적인 치료가 선행되는 조건을 가지고 있다.

01 지체장애 및 건강장애의 정의

특수교육을 필요로 하는 지체장애와 건강장애아동은 선천적 · 후천적인 요인으로 발생할 수 있다. 그러나 장애를 가진 모든 아동이 특수교육을 필요로 하는 것은 아니다. 특수교육을 필요로 하는 대부분의 아동은 만성적 상태에 있거나 오래 지속되는 항구적인 상태이다.

1) 지체장애의 정의

우리나라에서는 「장애인 등에 대한 특수교육법」과 「장애인복지법」에서 각각 지체장애에 대해 규정하고 있다. 「장애인복지법」상 지체장애와 관련이 있는 장애영역은 지체장애와 뇌병변장애다. 지체장애 특수학교의 학생 중 가장 높은 비율을 차지하고 있는 뇌성마비는 「장애인 등에 대한 특수교육법」에서, 지체장애 「장애인복지법」에서는 뇌병변장애로 분류하고 있다(김일명 외, 2013).

(1) 「장애인 등에 대한 특수교육법」에서의 정의

지체장애란 "기능 · 형태상 장애를 가지고 있거나 몸통을 지탱하거나 팔다리의 움직임 등에 어려움을 겪는 신체적 조건이나 상태로 인해 교육적 성취에 어려움이 있는 사람"을 말한다.

(2) 「장애인복지법」에서의 정의

「장애인복지법」에서는 지체장애인을 "신체의 일부를 잃은 사람, 관절장애가 있는 사람, 지체기능장애가 있는 사람, 신체에 변형 등의 장애가 있는 사람으로 장애의 정도가 심한 장애인과 심하지 않은 장애인"으로 규정하고 있다.

2) 건강장애의 정의

미국의 IDEA에서 건강장애(health impairment)는 허약한 체력, 활기, 민첩성, 활동력을 가지고 있을 뿐만 아니라 심장병, 결핵, 류머티스, 신장병, 천식, 겸상적혈구빈혈, 혈우병, 경련장애, 납중독, 당뇨병과 같은 만성적 또는 급성 건강문제에 의해 제한된 근력, 지구력, 민첩성을 가진 아동을 말한다(Heward, 2006; 고은 외, 2015, 재인용). '건강장애'는 2005년 3월 「특수교육진흥법」이 일부 개정되면서 특수교육대상자로 새롭게 추가되었다.

「장애인 등에 대한 특수교육법」에서의 규정하고 있는 정의는 다음과 같다.

(1) 「장애인 등에 대한 특수교육법」에서의 정의

건강장애란 "만성질환으로 인하여 3개월 이상의 장기입원 또는 통원치료 등 계속적인 의료적 지원이 필요하며 학교생활 및 학업수행에 어려움이 있는 사람"으로 「장애인복지법」과 관련하여 '건강장애' 영역은 '내부기관장애'에 해당되는 장애(안면장애는 제외)로 신장장애, 심장장애, 호흡기장애, 간장애, 장루 · 요루장애, 간질장애 등이 있다.

교육부 자료에 따르면, 우리나라의 경우 매년 질병 등으로 인해 약 8천여 명의 아동이 중퇴 또는 휴학을 하고 있다(김은주, 2006). 그중 대부분은 백혈병, 소아당뇨, 신장장애 등과 같은 만성질환 때문에 장기간 병원에 입원 및 통원치료를 받는 경우이다. 학교 교육과정의 출석일수 기준에 미달되어 유급이 되기도 하고, 학년에 올라가더라도 그동안의 학업 저성취로 인한 학교생활의 어려움을 극복하지 못해 검정고시를 택하는 경우도 많다.

02 지체장애 및 건강장애의 분류

1) 지체장애의 분류

「장애인 등에 대한 특수교육법」에서는 지체장애를 개념적으로 규정하고 조작적 정의를 내리지 않아 특수교육대상자 선정에 다소 어려움이 있다. 특수교육에서는 지체장애를 신경성 증후군과 운동기 증후군으로 분류한다(전헌선 외, 2012).

〈표 8-1〉 신경성 증후군의 원인 및 특징

신경성 증후군	원인 및 특징
뇌성마비 (cerebral palsy)	발달기(구체적으로는 수정부터 생후 4주까지의 기간) 때 뇌에 장애를 받은 결과 운동, 근긴장·자세이상을 초래한 상태를 말한다. 진단으로는 신경증상(자세반사나 운동반응), 병 유형 진단(경직형, 무정위형) 등이 행해지고 있다. 그 외에 발달 진단, 합병장애(지능장애, 시각장애, 청각장애, 간질) 등을 포함해서 종합적 평가로 이루어진다.
진행성근이영양증 (muscular dystrophy)	유전성 질환으로 점진적인 근육 위축이 특징이다. 보통 신경에 손상이 있거나 근육이 신경의 퇴화로 쇠약해지는 경우를 위축(atrophy), 신경의 질환이나 손상의 증거가 없는 근조직의 외약의 경우를 근병증(myopathy)이라 하며, 진행성이고 유전성인 경우 이영양증(dystrophy)이라고 한다.
소아마비 (poliomyelitis)	회백질 척수염이라고도 하며, 세 개의 폴리오바이러스 중 하나가 일으키는 질환으로 무증상, 경증, 마비 형태로 나타난다. 이 질병은 대변 오염이나 구강 분비물을 통해 전염된다. Jonas E. Salk가 개발한 소아마비 예방용 솔크 왁진(salk vaccin)의 개발로 현재는 현저히 감소하였다.

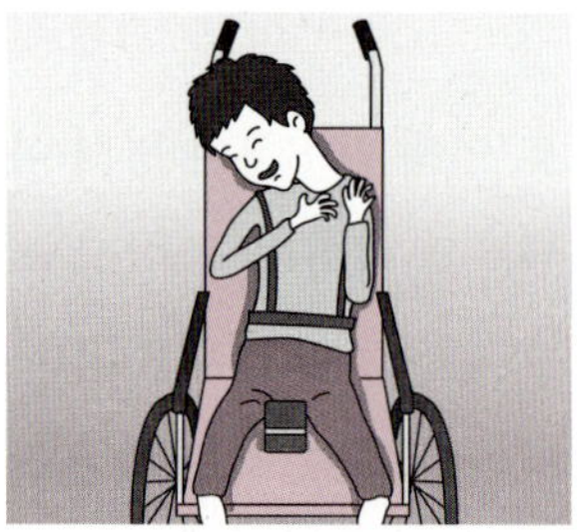

▼ 뇌성마비

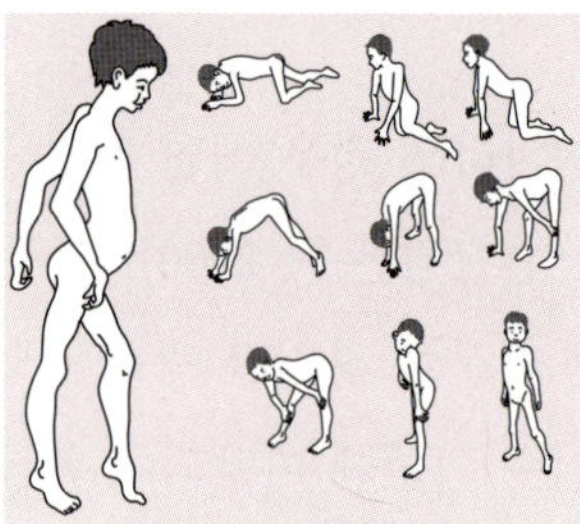

▼ 근이영양증

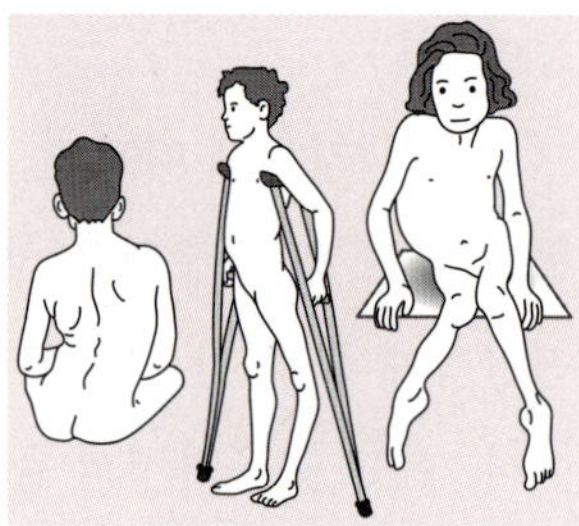

▼ 소아마비

출처: 네이버 이미지(https://search.naver.com).

〈표 8-2〉 뇌성마비의 유형별 분류

유형	특징
경직형 (spastic type)	뇌성마비의 가장 보편적인 형태(뇌성마비의 50~60%)로 대뇌피질의 손상에서 오며, 근 긴장도가 높아서 잘 움직이기가 어렵고, 움직임이 느리다.
불수의운동형 (athetoid type)	사지가 떨리거나 근 긴장도가 수시로 변함으로 인해 의도한 행동 이외에 과도한 흔들림이 많이 나타난다. 이러한 불필요한 흔들림은 의도적인 움직임을 시도할 때 많이 나타나서 기능적 동작을 방해한다.
강직형 (rigid type)	근육의 신축성 상실로 운동저항이 강하게 나타나며 언어나 동작이 둔하며 성장도 좋지 않고 지능도 일반적으로 낮아 사회생활의 적응이 곤란하다.
진전형 (termor type)	대개 뇌막형과 같은 출생 후 질환에 의해 생기며, 사지가 쉬고 있을 때에도 계속적으로 흔들린다. 대소변을 가리지 못하거나 말더듬이 심한 소아적인 증상을 나타낸다.
운동실조형 (ataxic type)	소뇌의 손상에 기인하며, 몸의 균형을 잡지 못하고 방향과 균형감각이 마비되어 보행에 어려움이 있다. 눈과 손발의 협응동작도 좋지 않다.
혼합형 (mixed type)	뇌성마비의 여러 유형이 함께 나타난다.

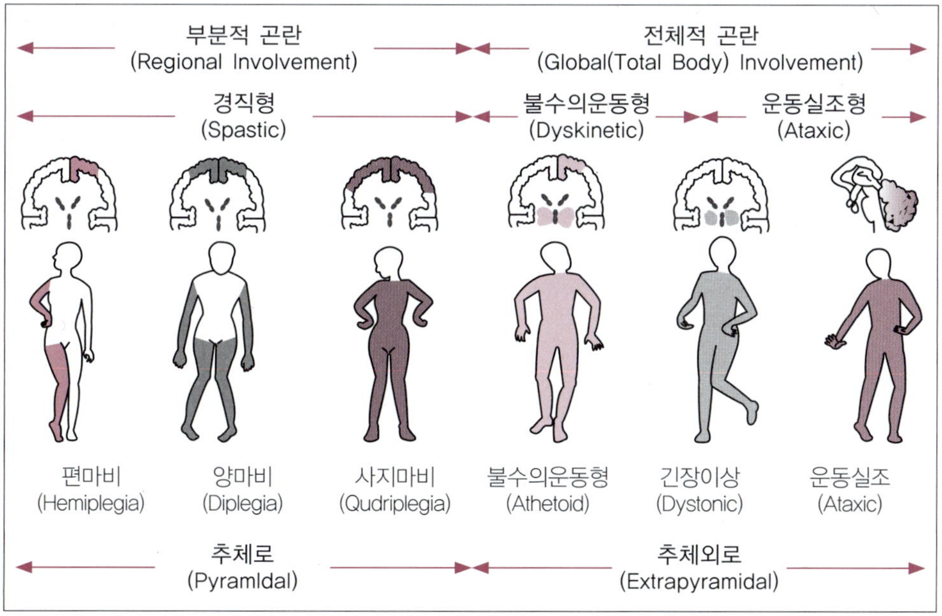

[그림 8-1] 뇌성마비의 여러 유형별 뇌손상 범위

출처: Batshaw, M. L. (1997). Children with disabilities(4th ed). Baltimore : Brookes.

2) 건강장애의 분류

건강장애가 특수교육대상자로 포함된 것은 불과 얼마 전 2005년 3월 24일 「특수교육진흥법」의 개정 때부터였다. 이후 「장애인 등에 대한 특수교육법」에서도 그대로 유지되고 있다.

「특수교육진흥법」에 의하면 건강장애는 "심장장애, 신장장애, 간장애 등 …"으로 일부 장애를 명시하였으나, 개정된 「장애인 등에 대한 특수교육법」에서는 이러한 하위 유형별 항목을 구체적으로 명시하지 않아 특정 질환을 건강장애에 포함시킬지 여부에 관해서는 논란의 여지가 있다. 이 절에서는 아래의 〈표 8-3〉과 같이 분류하여 간략히 제시하고자 한다.

〈표 8-3〉 건강장애의 유형과 증상

유형	증상
심장장애	심장의 기능부전으로 인하여 일상생활 정도의 활동에도 호흡곤란 등의 장애가 있어 일상생활에 현저한 제한을 받는 사람
백혈병	미성숙한 림프세포의 통제가 불가능한 성장과 증식으로 인해 적혈구가 감소하고, 백혈구 수가 증가하는 혈색형성 조직의 질병
소아당뇨	췌장에서 인슐린을 합성하여 분비시키는 능력이 감소되어 발생하는 질병으로 혈액 내 영양소가 있어도 세포들이 이용할 수 없는 상태
천식(소아)	기관지 천식이라고도 하며, 기관지 평활근이 과민성으로 수축(경련)하여 기관지가 좁아지고 이로 인해 호흡곤란이 오는 상태
신장장애	신체 내의 노폐물을 제거하여 우리 몸속의 적절한 수분과 전해질을 보유할 수 있도록 조절하는 기능 이상으로 일상생활이 어려움
뇌전증(간질)	대뇌 중추신경계의 신경 기능 이상으로 짧은 시간 동안 과도한 전기 발생으로 인해 간질, 발작을 순간적 또는 일시적으로 일으키는 증상
혈우병	선천적으로 혈액응고인자가 결핍되어 나타나는 장애로 희귀한 선천성 출혈성 질병
낭포성 섬유종	체내에서 점액의 과생산으로 인해 폐의 이상과 췌장의 이상을 유발하여 소화효소가 소장에 도달할 수 없게 만드는 것

03 지체장애 및 건강장애의 원인 및 출현율

1) 지체장애의 원인

〈표 8-4〉 지체장애의 출생 전 · 후 원인

시기별	요인	주요 원인과 증상
출생 전	유전적 요인	• 가족성 불수의운동증 • 가족성 역성대마비 • 가족성 진전증 • 가계성 경직형 사지마비
	임신 중 요인	• 모체의 자궁 내 감염, 태아의 톡소프라스마증 • 모체의 풍진, 기타 감염, 모체 빈혈, 저혈압, 태아의 무산소증, 일산화 탄소 중독, 태아의 뇌출혈, 모체 중독증, 대사장애, X선 조사, 모체의 영양실조, 임신 3개월 이내의 출혈 • RH 혈액형 불일치 등
출생 시	무산소증	• 기계적 호흡기 폐쇄, 난산으로 목 조임, 폐 확장 부전, 마약중독, 전치태반 박리, 모체의 산소결핍, 모체의 저혈압, 골반 이상 분만, 머리 배출 지연, 약물중독 등
	외상 및 출혈	• 부적절한 겸자 사용, 뇌의 후굴, 지연분만에 따른 제왕절개, 태아의 위치 부전 등
	소인성	• 미열, 핵황달, 태아의 출혈성 질환 등
출생 후	뇌손상	• 뇌경막하 혈종, 두개골절, 뇌의 타박상, 좌상, 외상, 뇌막염, 뇌염, 중독증(비소, SM, 콜탈), 뇌혈관 사고, 무산소증, 경기, 뇌의 발육 결함 등

출처: 전헌선 외(2004). 뇌성마비아의 언어치료교육. 대구: 대구대학교.

〈표 8-5〉 지체장애를 초래하는 유형

구분	신경계	근골격계	선천적 요인	손상, 질병	기타
뇌성마비	○		○	○	
관절염		○			
화상		○		○	
절단		○		○	
간질	○				○
이분척추	○		○		
근이영양증		○			
척수손상	○			○	
외상성 뇌손상	○			○	

출처: 김영욱 외(2009). 특수교육학. 서울: 교육과학사. p. 302.

2) 건강장애의 원인

건강장애는 학습장애와 마찬가지로 복합적인 장애유형들을 통칭하는 용어로서 복합적인 원인으로 인해 야기된다. 따라서 특정 질환의 병인론적 원인을 파악하기보다는 3개월 이상의 장기적인 의료처치가 요구되는 특수아동이 자신의 개인 내적 원인으로 인해 불이익을 받지 않도록 주의를 기울이는 것이 중요하다(전헌선 외, 2012).

건강장애아동이 지니는 만성질환은 유전적 또는 후천적인 원인에 기인할 수 있으며, 이러한 요인은 신체, 사회 · 정서 및 심리적인 영역의 질병 등으로 매우 다양하게 발생한다.

3) 출현율

교육부 2023년도 특수교육통계에 따르면, 지체장애와 건강장애아동의 특수교육대상자는 각각 9,522명과 1,956명으로 특수교육 서비스를 받고 있는 전체 아동의 8.7%와 1.8%이며, 최근 통계는 아래 〈표 8-6〉과 같다.

〈표 8-6〉 연도별 지체장애 및 건강장애아동 현황 (단위: 명, %)

구분	2019년	2020년	2021년	2022년	2023년
전체 특수교육대상아동	92,958 (100)	95,420 (100)	98,154 (100)	103,695 (100)	109,703 (100)
지체장애아동	10,200 (11.0)	9,928 (10.4)	9,695 (9.9)	9,639 (9.3)	10,200 (11.0)
건강장애아동	1,763 (1.9)	1,785 (1.9)	1,799 (1.8)	1,948 (1.9)	1,763 (1.9)

출처: 교육부(2019, 2020, 2021, 2022, 2023).

04 지체장애 및 건강장애아동의 판별

지체장애 및 건강장애아동을 선별하고 판별하는 것은 다른 특수교육대상자의 경우보다는 의학적인 진단이 중요하고, 또한 많은 영향을 미친다. 그것은 아동의 생명과 일상생활 기능이 우선이기 때문이다. 더불어 교육적 측면에서는 아동의 잠재 능력을 발견하여 효과적인 교육방법을 찾아내고자 하는 점에 관심을 가지고 학교 현장에서 발견하고 판별하는 과정이다.

1) 지체장애의 선별 및 판별

한국특수교육학회(2008)는 「장애인 등에 대한 특수교육법」에서 규정하고 있는 지체장애를 가지는 특수교육대상자 선별 기준에 의거하여 아래와 같은 〈표 8-7〉에 선별기준을 제시하고 있다.

〈표 8-7〉 지체장애의 선별기준 권고안

구분	선별 기준
손상	• 사지와 몸통에 외형적인 장애가 있으며, 이로 인하여 동작이 불편하다. • 사지 또는 체간에 장기적으로 보조기를 착용한다. • 척추가 심하게 전후, 좌우로 기울어져 있다. • 근육이 뻣뻣하거나 불필요한 동작이 수반되는 등 뇌성마비 증상을 보인다.
학습 문제	• 골 형성이 불완전하거나 너무 약하여 부러지기 쉽다. • 필기가 아주 늦거나 곤란할 정도로 손 기능이 떨어진다. • 관절, 근육 등의 문제로 수업 동안 의자에 앉은 자세를 유지할 수 없거나 곤란하다. • 침을 많이 흘려 옷이나 노트가 젖어 있는 경우가 많다. • 활동량이 많은 체육활동 등에 참가하는 것을 힘들어한다.
일상 생활 문제	• 주로 휠체어를 사용하여 생활한다. • 장거리 이동이 힘들어 보조기기 또는 사람의 도움을 받아 이동한다. • 근육의 마비 등으로 숟가락이나 젓가락 사용이 곤란하다. • 정형외과적 장애는 보이지 않으나 쉽게 넘어지는 등 몸의 밸런스 감각이 심하게 떨어진다. • 혼자서 계단을 오르내리기가 곤란하다.

2) 건강장애의 선별 및 판별

건강장애의 경우 다른 장애유형의 특수교육대상자와는 달리 진단 구분이 명확하게 제시되어 있지 않다. 따라서 병원학교 및 시 · 도 교육청마다 교육과정 운영상 혼선을 가져올 가능성이 있다.

건강장애아동의 선별 기준은 「장애인 등에 대한 특수교육법 시행령」(2008)에서 정의하고 있는 기준에 따라 선별하되, 구체적으로 한국특수교육학회(2008)에서 권고하는 손상, 학습상의 문제, 일상생활상의 문제라는 3개 영역으로 구분하여 다음의 〈표 8-8〉과 같이 선별한다.

〈표 8-8〉 건강장애아동의 선별 기준

구분	선별 기준
손상	• 심장병으로 인해 3개월 이상의 장기입원 또는 통원치료 등 계속적인 의료적 지원이 필요하여 학교생활·학업수행 등에 있어서 교육적 지원을 지속적으로 받아야 함 • 신장병(염)으로 인해 3개월 이상의 장기입원 또는 통원치료 등 계속적인 의료적 지원이 필요하여 학교생활·학교수행 등에 있어서 교육적 지원을 지속적으로 받아야 함 • 간 질환으로 인해 3개월 이상의 장기입원 또는 통원치료 등 계속적인 의료적 지원이 필요하여 학교생활·학업수행 등에 있어서 교육적 지원을 지속적으로 받아야 함 • 기타 소아암, ADS 등 만성질환으로 인해 3개월 이상의 장기입원 또는 통원치료 등 계속적인 의료적 지원이 필요하여 학교생활·학업수행 등에 있어서 교육적 지원을 지속적으로 받아야 함
학습 문제	• 감기 등 잔병이 많고 회복이 느려 학습 결손이 많고, 결석이 잦음 • 건강상의 문제로 체육시간이나 야외학습활동 등에 참여가 제한적임 • 의사로부터 운동 시간 또는 양 등에 대한 제약 소견을 받음
일상 생활 문제	• 질병으로 인하여 장기간에 걸쳐 약물을 복용 및 입원하거나 요양 중임 • 오래 걸을 수 없으며, 활동 후 쉽게 피로를 느낌 • 산소호흡기 또는 음식물 주입 튜브 등에 의존하여 일상생활을 영위함

05 지체장애 및 건강장애아동의 특성

1) 지체장애아동의 특성

(1) 인지 · 학업적 특성

지체장애아동의 대부분을 차지하는 뇌성마비아동의 경우 뇌의 손상으로 국소적 또는 광범위하고 다양하게 지적 능력에 문제를 보이는 경우가 있지만 모두가 지적 능력에 문제를 지니는 것은 아니다. 평균적으로 뇌성마비아동의 약 40~60% 정도가 IQ 70 이하를 나타낸다. 그러나 정상인에 비해 높은 지능을 지닌 비율도 상당수 있으므로, 신체적인 제약만 보고 이를 과소평가하지 않도록 해야 한다.

인지적 결함으로 인해 낮은 학업 성취를 보일 수 있지만, 그보다도 질병으로 인한 잦은 결석과 병원치료, 신체적 제약으로 인한 환경 탐색의 기회 부족 등이 학업 성취에 부정적인 영향을 미칠 수 있음을 간과해서는 안 된다(이미숙 외, 2013).

(2) 사회 · 정서적 특성

지체장애아동은 일반적으로 어머니, 가족, 주위 사람들의 순서로 인간관계를 점차 확대해 가고, 이들을 통해 사회성을 획득해 간다. 그러나 장애로 인하여 부모의 과보호와 병원 및 사설기관에서의 치료 시간을 많이 보내기 때문에 또래 일반아동과의 접촉이나 주변 사회와의 상호작용 경험이 현저하게 제한되어 사회성의 발달에 지장을 초래하게 된다. 신체적 의존감, 학습된 무기력감, 우울증, 공격성, 위축, 후천적으로는 과거의 신체 능력과 생활습관에 대한 상실감과 외상 후 스트레스 증후군으로 인하여 어려움을 나타내기도 한다.

(3) 신체 · 운동적 특성

지체장애아동은 근육 긴장도, 조절력, 불수의적 움직임과 정상범위를 벗어나는 손상으로 인하여 운동발달의 속도가 느리거나 특정 발달단계에 머물거나 기능적인 신체·운동적 능력이 제한적인 경우가 많다. 신체형태의 이상, 운동발달의 지연으로 인한 기능장애와 함께 많은 수가 지적장애, 경련장애, 언어장애, 행동 및 정서장애, 감각·지각장애 등의 수반장애를 가진다(Best, Heller, & Bigge, 2005).

2) 건강장애아동의 특성

(1) 인지·학업적 특성

건강장애아동은 만성질환으로 인한 의학적 치료를 지속적이고 장기간 받아 학업 참여의 결손과 방사선치료, 화학요법, 약물치료 등의 다양한 요인으로 인지 능력의 저하와 함께 낮은 학업 동기부여로 또래보다 낮은 학업 성취율을 보인다(예: 주의집중, 기억, 추론, 문제해결 능력, 언어 능력 등을 요구하는 과제수행).

건강장애아동이 전체 결석일수나 질병의 심각도와 학업수행과 뚜렷한 관련성을 찾기는 어렵지만 만성질환치료로 인한 장기결석은 학교에서의 학업수행에 영향을 미칠 수 있다고 한다(강영심 외, 2010).

(2) 사회·정서적 특성

건강장애아동은 만성질환으로 오랜 병원생활을 겪으면서, 부모로부터 과잉보호를 받게 되며, 학급의 교사들에게는 특별한 대우를 받는 것으로 여겨져 또래 간의 긍정적인 관계를 맺는 데 어려움을 겪는다(한경근 외, 2004). 이러한 부모의 과잉보호와 또래와의 유대감 결여는 한창 뛰어놀고, 새로운 경험으로 세상을 탐색하고 즐겨야 하는 아동·청소년기의 자아효능감 형성에 어려움을 가지게 한다. 따라서 또래와의 상호작용 기회와 정서적으로 우울증, 대인기피증, 무기력에 빠지지 않도록 정서적 지원을 고려해야 한다.

(3) 신체 · 운동적 특성

건강장애아동은 질병으로 신체 기능이 떨어지거나 신체활동이 제한되고, 화학요법이나 방사선치료의 부작용으로 탈모나 체중증가 등 외모가 변화한다. 또한, 건강장애아동은 체육 수업, 방과후 활동, 현장학습 등과 같은 학교 활동에 있어서 어려움을 겪기도 한다. 따라서 이들이 최대한 학교생활에 참여할 수 있도록 다양한 방법으로 이러한 활동을 수정해 줄 필요가 있다(Mukherjee, Lightfoot, & Sloper, 2000).

06 지체장애 및 건강장애아동의 통합교육과 사례

1) 지체장애아동의 통합교육

지체장애아동은 장애유형, 장애정도가 다양하고 넓기 때문에 아동 간의 개인적 차이가 크다. 따라서 교육과 관련하여 교육목표, 교육내용, 교육방법 및 교육기자재 등을 선택하고 계획하는 경우에는 개개인의 지적, 신체적, 언어적, 감각적, 정서적 능력 등 다양한 요인을 고려하는 것이 중요하다.

또한, 교육적인 측면뿐만 아니라 관련 서비스 및 특수교육공학 등의 다양한 학문적 협력이 동시에 필요하다. 한국통합교육연구회(2014)에서는 지체장애아동에 대한 통합교육의 일반적인 지침을 다음과 같이 제시하고 있다.

(1) 지체장애아동의 통합교육 일반적인 지침

① 아동의 신체적 장애와 필요 파악: 과보호나 일반아동과 동일한 행동 요구 감소

② 학급의 아동들에게 지체장애에 대한 교육 실시: 장애에 대한 이해와 장애아동을 도울 수 있는 점 등

③ 가능한 모든 활동에 참여하고, 학교생활에 대한 예후 관찰

④ 장애정도와 유형에 따라 교육적 필요가 다양한 IEP 작성

(2) 지체장애아동에 대한 정보 수집과 교수 환경 수정

① 정보 수집(기초적 · 구체적 정보 수집)

- 예상되는 인지 능력과 구어를 사용하여 의사소통할 수 있는 능력의 정도
- 장애로 인한 시력과 청력의 손상 여부, 신체장애 부위, 이동 능력의 정도

② 물리적 환경(이동성)

- 건축상 장애물 제거 → 이동에 제한을 주지 않도록 장애물 제거하기
- 교실 내에 휠체어나 목발을 이용하는 아동이 다닐 수 있는 공간 확보하기
- 높낮이 조절이 가능한 책상 준비 → 아동 자세의 안정 유지하기(이소현, 2011)

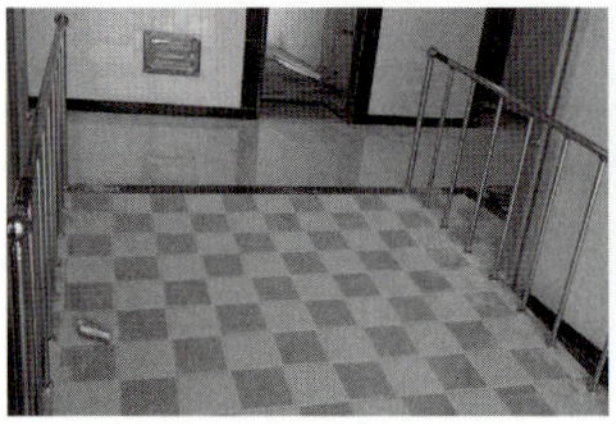

▼ 실내 경사로

▼ 야외 경사로

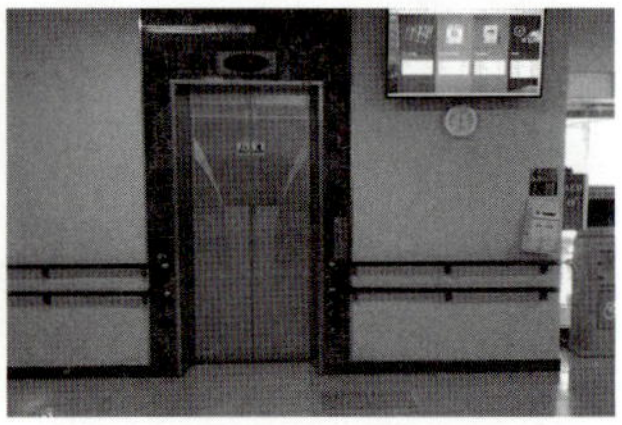

▼ 복도 안전손잡이 및 엘리베이터

③ 교수 환경 수정

- 사물이나 도구의 위치 바꾸어 주기(아동이 책상 혹은 휠체어 책상을 이용하여 가능한 한 스스로 자신의 물건을 사용하고 정리할 수 있게 한다.)
- 교수전략의 수정: 수업 시간에 반응하는 방법, 학습 과제 연습 방법을 수정 → 학습자세의 중요성 → 운동성장애아동의 경우 물리치료, 작업치료사의 역할이 중요

(3) 지체장애아동의 의사소통

지체장애아동의 대부분을 차지하는 뇌성마비아동은 인지 능력의 결함이 없어도 구강 주변의 근육 조절과 협응의 문제로 인한 표현언어 능력의 결함을 가지고 있으므로 사회적 상호작용에 어려움과 통합 환경 적응에 어려움을 갖고 있다.

- 비언어적 의사소통 방법 사용(제스처, 발성, 지적하기 등)
- 보완 · 대체 의사소통 방법 사용(그림, 낱말 등의 의사소통판, 컴퓨터 보조기구)

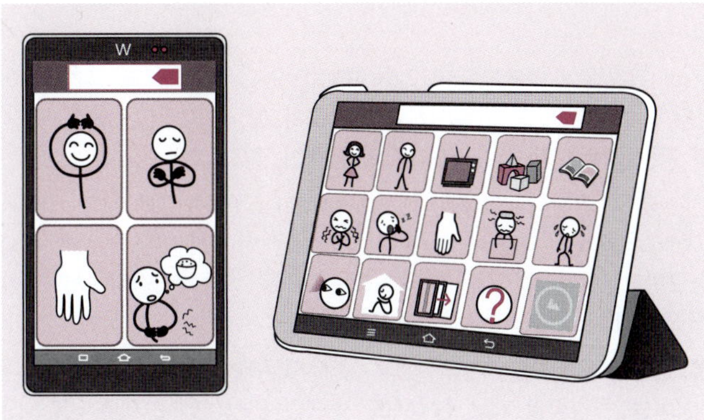

2) 건강장애아동의 통합교육

건강장애아동에 대한 통합교육은 학습에 대한 기본권의 보장으로 교육의 기회를 지속적으로 제공하여 학업 성취와 함께 건강상의 문제로 겪는 심리적 · 정서적 지원(병원학교, 사이버가정학습, 화상강의 시스템, 순회교육 등)을 통하여 학교생활에 잘 적응할 수 있도록 해야 한다.

Heller(1999)은 〈표 8-9〉와 같은 내용으로 성공적인 통합교육의 지원을 제시하였다.

〈표 8-9〉 통합교육의 일반적인 지침

① 의료상의 주의점: 부모나 보호자에게 미리 정보를 제공받아 특히 주의해야 할 사항은 감염과 관련된 것, 알레르기와 관련된 것, 응급 상황이 발생했을 때 필요한 조치와 비상연락처가 필요하다.
② 환경의 재구성: 건강상의 이유로 움직임에 제한이 있을 경우 이동 공간을 최대한 확보해야 하며, 감염 등의 이유로 다른 아동에게서 분리해야 할 경우에는 학급에서 소외되지 않으면서도 자기의 공간을 확보할 수 있게 교사의 지원이 필요하다.
③ 학습과 관련된 지원: 건강장애아동은 학교에 결석이 잦은 경우가 많다. 그래서 학습 진도를 따라가는데 어려움을 느낀다. 학습과 관련된 지원은 학급 진도를 상세히 안내하는 것이 일차적으로 중요하고, 시험이나 간단한 테스트는 아동이 학습한 범위에서 할 수 있도록 배려하는 것이 필요하다.
④ 정서적 지원: 건강장애아동은 자신의 건강 상태 때문에 또래와 어울리지 못할 때 소외감을 많이 느낀다. 아동은 건강할 때는 생각지도 못했던 건강상의 문제를 경험하면 많은 혼란을 겪기도 한다. 그렇기에 이를 잘 극복할 수 있도록 교사가 지지하고 격려해 주어야 한다.

출처: 김수연 외(2012). 통합교육의 이해와 실제, p. 148.

〈표 8-10〉 건강장애아동의 학교 복귀 지원을 위한 방법

일반학생과의 상호작용 확대를 통한 심리 · 정서적 지원
같은 반 친구 혹은 인근 학교 학생들이 병원학교 혹은 가정을 방문하여 학교생활에 대해 전달해주고, 함께 교류할 수 있는 기회를 자주 마련하여 또래관계를 유지할 수 있도록 지원한다.
건강장애에 대한 인식개선 및 학교생활 적응지원 자료 개발 · 보급
외국의 경우에는 유아 대상 이해교육(Kid on the Block–인형극을 통한 이해 프로그램), 온타리오 학교지원 프로그램(교사 대상 소아암에 대한 의료적 정보 제공), 건강장애학생의 학교생활 적응을 위한 지침을 마련하여 제공하고 있다. 건강장애학생이 자신의 병에 대해 바르게 이해하고 건강과 삶에 대한 통제력을 가질 수 있도록 관련 프로그램을 개발·보급하는 것이 필요하다.
캠프 참여를 통한 심리 · 정서적 안정 도모
각종 단체나 협회가 주최하는 캠프에 참여하여 또래들과 함께 서로의 경험을 나누고 즐거운 시간을 갖게 함으로써 재활의지를 심어 주고 심리·정서적 안정을 갖도록 지원한다. 죽음이나 질병으로 인해 변한 신체상 등에 대한 불안감에 대처하는 교육기회를 제공하는 것이 필요하다.
전화나 이메일 등 통신 이용, 가정이나 병원 방문
학생들이 혼자가 아니라는 마음이 들도록 지속적인 관심을 기울이고 학급의 학생들과의 유대도 유지할 수 있도록 주기적인 방문이나 연락이 필요하다.

3) 통합교육 사례- 1(지체장애)

민성이는 운동실조형 왼쪽 편마비 유형의 1급 뇌병변장애를 지닌 아동으로 혼자서는 보행이 어려워 이동수단으로 전동휠체어를 사용한다. 현재 중학교 3학년에 재학 중이며, 초등학교부터 계속 통합교육을 받아왔다. 2살 무렵 고열로 인한 뇌손상으로 신체장애와 경도의 지적장애를 지니게 되었다. 초등학교 5학년 때까지 물리치료와 작업치료, 지역복지관 및 기타 사설센터에서 언어치료와 인지치료를 함께 교육받았다.

민성이는 학교생활에서 대부분 전동휠체어를 타고 이동하기 때문에 이동권에는 큰 어려움이 없다. 학교 등·하원 관계는 보건복지부에서 지원하는 활동도우미 선생님을 통하여 도움을 받는다. 학급생활에서 대부분의 활동은 스스로 성취하고자 노력한다. 민성이에게 요구되는 특별한 교육적 서비스를 받기 위해서 또래에 비하여 뒤처지는 교과목은 특수학급(도움반)에서 수업을 받는다. 그 외의 모든 수업은 통합학급에서 또래들과 함께 받는다.

왼쪽 편마비로 인하여 수업시간에 필기를 할 때 힘들기는 하지만 최선을 다하며 가끔 수업을 마친 후 친구들의 노트를 빌려 남은 필기를 하기도 한다. 민성이가 가장 좋아하는 과목은 노래를 부르는 음악활동과 체육활동 시간이다. 체육수업에서는 특별한 물리적 환경을 제외하고는 휠체어를 타고 또래 친구들의 배려와 지원을 받아 함께 체육관과 운동장에서 즐겁게 활동한다. 경도의 지적장애를 지니지만 의사소통에는 별문제가 없기 때문에 친구들과 상호작용하는 데는 큰 어려움이 없다. 그러나 민성이는 초등학교 시절에 재활 관련 서비스 교육과 건강상의 문제로 학교에 자주 결석을 하여 학업 성취도가 또래 친구들과 비교하여 격차가 큰 편이었다. 이로 인하여 자신감보다는 심리적으로 공부에 대한 부담감과 낮은 자존감을 가지고 있다. 그러나 가정과 학교에서 학습보다는 독립적인 생활습관과 긍정적 자존감을 가질 수 있도록 지원하고 자신의 흥미와 적성에 맞는 직업을 선택하여 고등학교 졸업 후 지역사회의 한 구성원으로 독립적인 삶을 살아갈 수 있도록 통합교육의 목적이 이루어지도록 해야 할 것이다.

4) 통합교육 사례-2(건강장애)

〈건강장애학생의 상호소통 교육을 위한 로봇활용〉

건강장애학생들의 경우 잦은 약물치료에 따른 집중력, 불면증, 인지과정에 손상이 있을 수 있으며, 건강한 일반학생들에 비해 상대적으로 학교에 있는 시간이 적어 또래와의 상호작용에 어려움을 호소하고 있으며 잦은 결석에 따른 학업 성취의 부족을 초래하고 있다.

▼ 건강장애학생을 위한 대리로봇 활용의 예

뿐만 아니라 이러한 상호작용의 결핍과 같은 문제는 우울증과 같은 2차 장애로 이어지게 되며, 실질적으로 이들을 학교에서 관리하는 전문가의 관련 전문지식 부족 및 관리 체계의 문제점이 도출되고 있는 등 다방면의 문제점이 도출되고 있는 실정이다.

이러한 문제점이 도출된 후 건강장애학생의 지원을 위한 법안이 개정되었으며, 이들의 체계적 지원을 위한 관련 양적인 연구가 활발히 이루어졌다.

대표적인 지원으로는 병원에서 장기입원을 한 건강장애학생을 위하여 병원 내에서의 학업의 연속성 유지 및 학습권 보장을 위한 병원 내 학급을 개설하여 학업수행을 지원하고 있다. 또한, 학생거주 지역, 교사 활용면 등을 종합적으로 요소들을 고려하여 화상강의 시스템을 지원하고 있다. 뿐만 아니라 여건에 따라 개별학습권 보장을 위하여 교사가 직접 가정방문을 순회교육도 이루어지고 있다.

하지만 이러한 지원만으로는 건강장애학생들이 건강이 호전된 후 학교로 복귀하였을 때, 학교시스템에 적응하기 많은 어려움이 있는 것으로 조사되었다.

이전 연구에 의하면 현재 지원되는 학습 관련 지원 이외에도 건강장애학생들의 학교복귀에 따른 학교 적응 지원 서비스도 중요하다고 언급하였으며, 학교 복귀 후 건강장애학생들이 환후 전보다 학업수행과 또래와의 상호작용에 부진한 모습을 보였다고 보고한 바 있다.

여기에 '건강장애학생의 교육실태 및 학부모의 인식' 연구에 따르면 학부모들은 건강장애학생을 당사자를 위한 지원 이외에도 학교 교사의 인식 개선 및 학급 친구들에게 정기전인 건강장애에 대한 인식개선과 같은 교육을 실시하여 자연스러운 교류가 이루어져야 된다고 생각했으며, 건강호전 후 학교 복귀 시 반편성과 같은 부분에서 세밀한 관여가 필요하다고 하였다.

건강장애학생들이 학교 적응에 있어 가장 중요하다고 볼 수 있는 또래와의 원만한 관계와 깊은 신뢰가 학교생활에 큰 요인이 될 수 있는 만큼 다양한 측면에서 그들을 지원할 수 있는 프로그램이 마련되어야 할 것으로 생각된다.

건강장애학생이 특수교육대상자로 포함되기 이전에는 건강장애학생들을 위한 지원 근거 마련, 필요성 언급, 지원 시스템의 연구가 대두되었다면, 2005년 특수교육진흥법이 개정된 이래 부모 혹은 건강장애학생을 대상으로 하여 건강장애학생들에게 지원되는 시스템의 만족도 조사가 그 주류를 이루었다.

건강장애학생, 담당교사, 부모 등과 같은 관련 대상자들을 통해 건강장애학생들에게 필요한 부분 및 현재의 문제점을 분석한 결과로는 건강장애학생들에게 지원되는 병원학교와 순회학급, 그리고 화상강의의 문제점인 또래와의 상호작용 결여, 학업 수준 저하 등을 알린 바 있다.

그러나 이러한 문제점 제기는 도출에 그쳤을 뿐 현재 이를 해결하기 위한 방안이 미비한 상태이다.

건강장애학생들의 학업수행과 또래와의 상호작용과 사회성 증진과 같은 다양한 지원을 위해 건강장애학생들을 위한 보조 로봇 시스템을 효과적인 것으로 제안하며, 이는 여러 사전 연구들의 결과에서 높은 만족도의 결과를 보였다.

이러한 점을 미루어보아 현재 지원 서비스들이 건강장애학생들을 지원함에 있어 문제점으로 제기된 여러 가지 상황들을 연구를 통해 제안된 시스템을 통해 어느 정도 해결될 것과 함께 그들의 삶을 더욱 윤택하게 해 줄 것으로 기대된다.

출처: 에이블뉴스(2014.12.31.)(http://www.ablenews.co.kr.).

07 지체장애 및 건강장애아동의 특수교육

1) 지체장애아동의 특수교육

(1) 교육과정 적용(2022 개정 특수교육과정)

- 특수교육 대상 학생을 위해 특수학급을 설치·운영하는 경우, 학생의 장애 특성 및 정도를 고려하여, 초·중등학교 교육과정을 조정하여 운영하거나 특수

교육 교과용 도서 및 통합교육용 교수 · 학습 자료를 활용할 수 있다.

- 특수학교는 특수교육 대상 학생의 교육적 요구와 학교의 실정을 고려하여 공통 교육과정 및 선택 중심 교육과정을 기본 교육과정과 병행하여 편성 · 운영할 수 있다.
- 기본 교육과정을 운영하는 특수학교는 장애 정도가 심한 학생의 교육적 요구를 반영하여 교과(군)별 50% 범위 내에서 시수를 감축하여 일상생활 활동으로 편성할 수 있다. 이 경우 시 · 도 교육감이 정하는 지침에 따라 사전에 필요한 절차를 거쳐야 한다.
- 특수학교에서는 시각 · 청각 · 지체장애 학생을 위해 [별책 2]에 제시된 별도의 교육과정을 활용할 수 있다(지체장애: 체육 교과목).
- 학교는 학생들이 자신의 적성과 미래에 대해 탐색하고 학습의 즐거움을 경험할 수 있도록 자유학기와 진로연계교육을 편성 · 운영한다.

※ 자유학기에는 토의 · 토론 학습, 프로젝트 학습 등 학생 참여형 수업을 강화하고, 학습의 과정을 중시하는 다양한 평가 방법을 활용하되, 일제식 지필평가는 지양한다.

(2) 자세 지도

장애로 인한 신체 움직임에 제한이 있는 지체장애아동에게는 생활 속에서의 꾸준한 자세 지도가 매우 중요하다. 올바른 자세는 장애로 인한 이차적인 변형을 예방할 수 있으며, 생활 속에서의 여러 가지 활동에 좀 더 원활하게 참여할 수 있도록 해 준다(박은혜, 2010).

▼ 피드시트

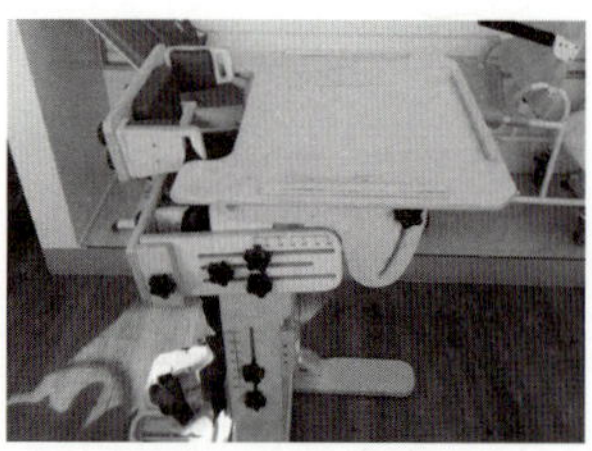

▼ 자세보조용구

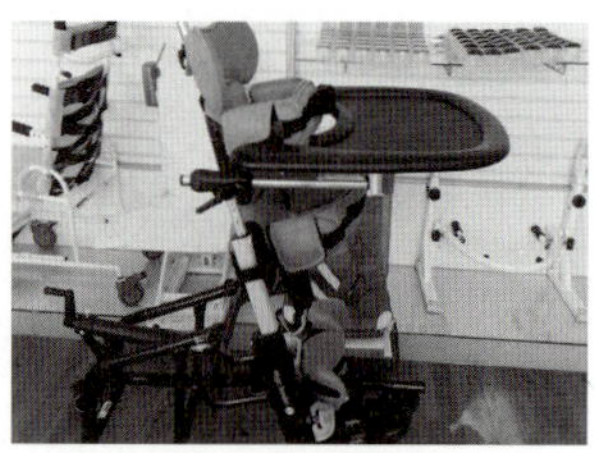

▼ 이지스텐드

(3) 의사소통지도

지체장애아동은 구두로 의사를 표현하거나 글씨를 쓰는 데에 문제를 보이는 경우가 많다. 따라서 학급에서 자신의 의사를 표현하는 방법으로 다음과 같이 의사소통을 지도할 수 있다(공주대학교 특수교육연구소, 2016).

- 말하는 사람과 듣는 사람이 서로 약속하고 이해할 수 있는 간단한 신호체계를 만들어 사용한다. '네', '아니요' 카드를 만들어 질문을 하고, 맞는 카드 쪽으로 고개를 돌리거나 손가락으로 책상을 두드리는 등의 신호를 사용한다.
- 대답할 수 있는 시간과 과제를 수행하는 시간을 충분히 준다.
- 의사소통이 막힐 때를 파악하고 대처한다. 아동이 표현하고자 하는 의도를 이해하기 어려운 경우 다른 의사소통수단을 사용해 본다.
- 학급의 아동들에게도 의사소통하는 법을 가르친다(예: 신호체계, 의사소통판 사용방법 등).

(4) 보조공학의 활용

보조공학은 장애아동이 과제를 수행하는 기능적 능력을 유지하고 향상시키는 데 도움을 제공해 주는 것을 말한다. 따라서 지체장애아동이 가정, 학교, 지역사회에서 기능적 역할을 수행하는 데 보조공학이 꼭 필요하다. 또한, 보조공학은 이동의 제한을 가진 지체장애아동의 정보접근에 대한 세상과의 소통과 놀이문화 및 여가활동의 폭도 넓혀줄 수 있다(그림 8-2).

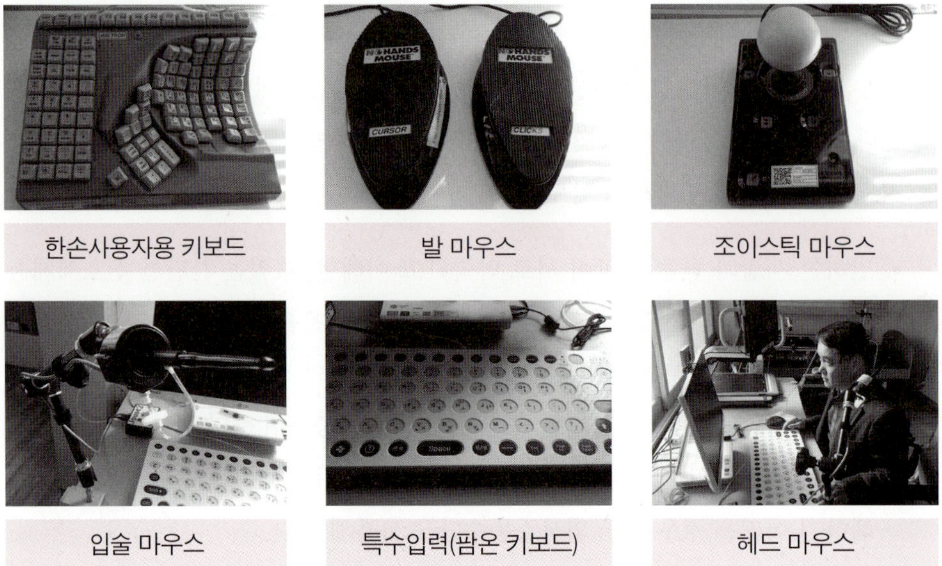

한손사용자용 키보드 / 발 마우스 / 조이스틱 마우스

입술 마우스 / 특수입력(팜온 키보드) / 헤드 마우스

[그림 8-2] 지체장애아동을 위한 컴퓨터 보조교수 보조공학 도구

2) 건강장애아동의 특수교육

(1) 교육과정 적용(한국특수교육학회, 2008)

- 국어, 수학, 영어와 같이 계통적 학습을 강조한다.
- 사회, 실과, 기술, 가정과 같이 생활을 통하여 사회현상과 자연현상을 탐구한다.
- 음악, 미술, 체육과 같이 일상생활과 밀접하게 관련되는 것을 중시한다.
- 수업시간 제한이 심할 경우, 내용은 기본적이고 기초적인 사항을 중심으로 한정한다.
- 신체활동이 제한되어 있는 경우, 직접적인 신체활동보다는 대체활동을 강구한다.
- 사회견학 학습 내용을 설정한다. 특히, 병원학교에서는 건강장애아동의 교육적 욕구를 충족시켜 주고, 그 외 심리적 · 정서적 지원 등 다양한 지원을 제공하기 위해서 병원학교만의 학사운영 및 교육과정 운영이 필요하다.

- 건강장애아동의 개별적인 욕구에 맞게 개별화된 프로그램 적용, 병실방문교육, 학교 복귀지원 등이 제공되어야 한다.

(2) 병원학교 설치 및 운영(교육인적자원부, 2006)

❶ 병원학교의 설치

병원학교란 장기 입원이나 장기 통원치료로 인해 학교교육을 받을 수 없는 학생을 위해 병원 내에 설치된 학교이다. 현 병원학교는 교사 1인이 운영하는 파견학급 형태이나 운영이 어려워 여러 학년별(예: 3~5학년 함께 편성) 학급의 학생이 함께 공부하기 때문에 병원학교로 통칭되고 있다.

❷ 병원학교의 운영

- 개별화교육계획 수립: 병원학교 특수교사, 소속 학교 일반교사, 의료진, 학부모 등과 협력하여 수립하되, 개별화 건강관리 계획을 포함함
- 다양한 교육방법으로 개별 아동의 요구에 따른 교육 제공: 사이버 가정학습 서비스 및 화상강의 시스템 활용, 방문교육, U-러닝 지원 시범 운영
- 학업 중심 교육과정과 심리 · 정서적 적응 지원의 균형 유지
  - 입원 시기, 질병의 정도 등에 따라 심리 · 정서적 적응 수준이 다를 수 있으므로 심리 · 정서적 부분을 강조하고 학업지원과 균형을 유지
  - 가능한 한 체계적인 교육 시간표를 운영하도록 하며, 지나치게 일회적이고 행사 위주의 수업은 피하고, 일관성 있는 교육이 이루어지도록 함
- 학사관리
  - 학적은 학생의 소속 학교에 두고, 병원학교 출석 여부를 소속 학교에 전달하는 체계
  - 평가: 시험의 확대 및 축소, 평가 기준의 변형, 필답고사의 제거 등 아동이 학습한 범위에서 할 수 있도록 배려하는 것이 필요

〈표 8-11〉 병원학교 현황

학교 수	월평균 학생 수	담당 인력 수	병원학교
36	661	49	국립정신건강센터, 고려대학교구로병원, 삼성서울병원, 서울대학교어린이병원, 서울아산병원, 서울성모병원, 연세암병원, 원자력병원, 한양대학교병원, 부산대병원, 동아대병원, 인제대부산백병원, 인제대해운대병원, 영남대학교병원, 대동병원, 경북대학교병원, 계명대학교병원, 인하대학교병원, 학마을병원, 충남대학교병원, 울산대학교병원, 국립암센터, 화성제일병원, 파주시티요양병원, 강원대학교병원, 강릉아산병원, 충북대학교병원, 국립공주병원, 아람메디컬병원, 단국대학교병원, 전북대학교병원, 느티나무병원, 여미사랑병원, 경상대병원어린이병원, 양산부산대학교병원, 제주대학교병원

출처: 교육부(2019). 특수교육 연차보고서(2019). p. 80.

〈표 8-12〉 원격수업 기관 현황

기관명	학급 수	강사 수	전체 학생 수			월평균 이용 학생 수	개별학생 평균 이용일
			건강장애	기타	계		
꿀맛무지개학교 (서울특별시교육청)	14	14	155	52	207	202	54
인천사이버학교 (인천광역시교육청)	6	6	37	5	42	39	18
꿈빛나래학교 (충청남도교육청)	6	28	23	4	27	28	21
꿈사랑학교 (경상남도교육청)	42	31	833	287	1,120	1,053	84
한국교육개발원	24	9	314	319	833	563	85
계	92	88	1,362	667	2,029	1,885	252

출처: 교육부(2016). 특수교육 연차보고서(2016). p. 51.

〈표 8-13〉 병원학교 교육과정 운영

구분	내용	
수강/출석인정	초등학교 (1일 1시간 이상 수강 시 1일 출석)	중·고등 (1일 2시간 이상 수강 시 1일 출석)
출결관리	위탁교육기관의 출결확인서에 따름 ※ 소속학교 출결과 원격수업 등 정보통신매체의 출결을 포함하여 처리	
개설과정	국어, 수학, 영어, 사회, 과학 등 5교과 및 창의적 체험활동	
학적관리	학적은 소속학교에 두고, 성적 및 평가는 소속학교 학업성적관리위원회의 결정에 따라	
성적관리	수행평가, 지필평가 등 평가 당일 소속학교에 출석함을 원칙으로 하며, 부득이한 경우 소속학교 학업성적관리위원회의 결정에 따름	
기타	– '2019 학교생활기록 작성 및 관리지침' 사항 반드시 확인 [교육부 훈령 제280호 참조] – 개별화교육계획 수립 : 병원학교 담임교사 작성 – 학교복귀 지원을 위한 교육활동 및 프로그램 수행, 병원학교과 원결수업 병행 가능 – 학사 운영은 협력학교의 학사일정에 의거하되, 병원학교 및 학생의 상황을 고려하여 탄력적 운영	

출처: 교육부(2019). 특수교육 연차보고서(2019). pp. 80~82.

Chapter. 09

정서·행동장애아동 교육

01 정서 · 행동장애의 정의

02 정서 · 행동장애의 분류

03 정서 · 행동장애의 원인 및 출현율

04 정서 · 행동장애아동의 판별 및 검사

05 정서 · 행동장애아동의 특성

06 정서 · 행동장애아동의 이론적 모델 접근

07 정서 · 행동장애아동의 사례

학습목표

1. 정서·행동장애의 정의와 분류를 이해할 수 있다.
2. 정서·행동장애아동의 특성을 이해할 수 있다.
3. 정서·행동장애아동의 교수-학습방법에 대하여 알 수 있다.

생각나누기

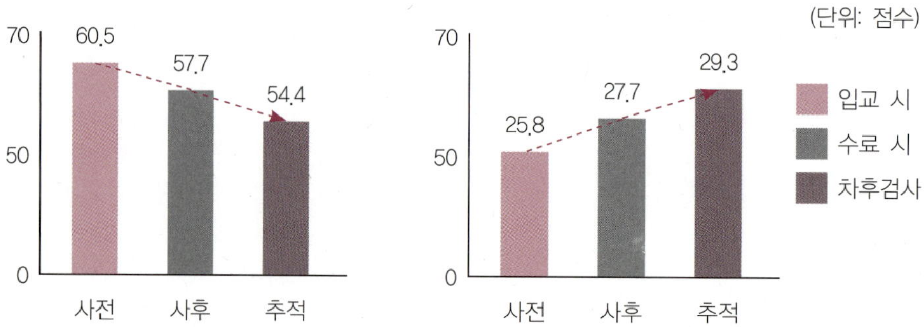

〈 문제행동 변화 〉 〈 자아존중감 변화 〉

국립중앙청소년디딤돌센터가 2012년 개원 이후 현재까지 3,600여 명의 청소년이 전문치료와 재활서비스 등을 받은 것으로 집계됐다. 특히, 청소년들은 디딤센터를 수료한 뒤 문제행동과 자아존중감이 크게 개선된 것으로 조사됐다. 디딤센터는 △우울 △불안 △비행 △품행장애 △주의력결핍 과잉행동장애(ADHD) 등의 문제로 학교생활이나 대인관계에 어려움을 겪는 만 9~18세 사이의 청소년에게 전문치료와 재활서비스를 제공하는 거주형전문기관이다. 2012년부터 2015년까지 장기과정 수료생 499명에 대한 입교 전·후의 치유효과를 분석한 결과 긍정지수는 평균 14.3% 상승한 반면 부정지수는 22.0% 감소했다(아시아투데이, 2016.10.30.).

- 기사에서 확인할 수 있듯이 정서·행동장애아동에 대한 적절한 교육적 조치가 이루어진다면 학교는 미래의 삶을 향한 행복한 교육의 장이 될 수 있을 것이다.

● 정서 · 행동장애와 공존할 수 있는 장애

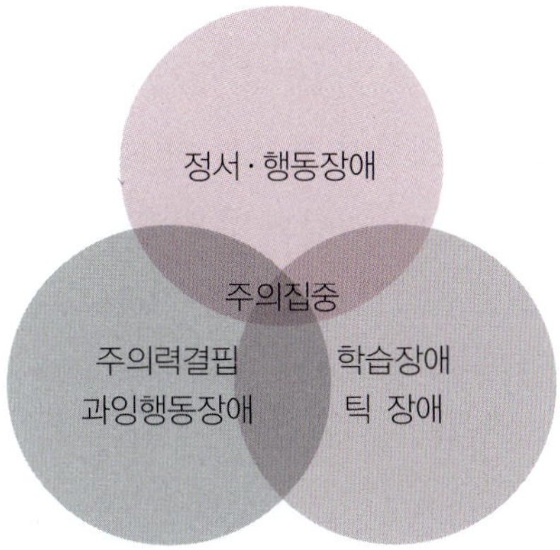

● 한국 역사 속의 장애 관련 인물사

〈말썽 많은 왕자 경평군 이륵(1600~1673)〉

조선 제14대 왕 선조의 11번째 왕자인 경평군 이륵은 젊은 시절부터 성격과 행동이 왕자라는 신분에 걸맞지 않게 사납고 막된 성향을 보여 주었다. 왕실의 문제아로 국법을 어기는 등 사람들에게 비난과 원성을 받으며 삭탈관직의 탄핵을 지속적으로 받았으나 광해군, 인조, 현종 세 명의 왕은 포용했으며 파직을 명하지 않았다. 70년 세월 동안 사납고 막돼먹고 심한 감정변화 등의 정서적 둔감, 충동조절에 문제를 보인 이륵의 물의를 이해할 수 있었던 것은 장애에 대한 당시의 유연한 시선이 있었기에 가능하였을 것이다(정창권 외, 2014).

01 정서 · 행동장애의 정의

정서 · 행동장애라는 용어는 정서적 부적응, 병리적 증세, 일탈된 행동을 분류하기 위한 개념에 초점이 맞추어졌다. 사람의 마음에서 일어나는 여러 가지 감정인 정서와 몸을 움직여서 동작을 표출하는 것을 행동이라고 한다. 초기 학령기에 마음과 행동을 조절하는 다양한 기능을 올바르게 경험하지 못한 아동을 과거에는 '정서장애'라고 불렀지만 최근에는 '정서 · 행동장애'라고 한다.

대부분의 아동에게 아동기는 놀이, 친구 사귀기 및 학습이 이루어지는 행복한 시기이다. 그러나 어떤 아동의 삶은 항상 혼란스럽다. 어떤 아동은 때때로 남을 때려 난처한 결과를 초래하기도 하고, 어떤 아동은 너무 부끄러워하고, 위축되어 있고, 자신의 세계에 빠져 있는 것처럼 보인다(김진호, 2009).

교사는 자신의 삶에서 정서적 부적응을 겪고 있는 정서 · 행동장애아동의 지도를 위해 정서 · 행동장애의 정의와 특성, 기본적인 개념을 이해하고 각 아동에게 맞는 개별화된 적절한 교수방법을 적용해야 한다. 정서 · 행동장애아동은 다른 장애를 함께 지니고 있다. 교사는 이런 아동의 교육을 위해서 관련되는 다른 영역의 전문가들과의 적극적인 협력관계를 참여해 나갈 수 있는 교사로서의 기본적 자질을 갖추어야 한다.

> ▣ 국립특수교육원(2009) 정서 · 행동장애의 정의
>
> 정서·행동장애란 정서장애(emotional disability)와 행동장애(behavioral disability)가 합쳐진 용어이다. 이러한 정서·행동장애라는 용어를 대신하여 정서장애, 때로는 행동장애라는 용어를 동등한 의미로 사용하기도 하지만 정서·행동장애라는 용어가 보다 적절한 용어로 폭넓게 사용하고 있다.

한국 「장애인 등에 대한 특수교육법」에서 제시하고 있는 정서 · 행동장애의 정의, 미국 연방 정부의 특수교육 서비스 적격성을 결정하는 IDEA(Individiuals with

Disavilities Education Act, 장애인교육법)의 정의, 행동문제아동을 위한 전문가 모임인 CCBD(Council for Children Behavioral Disorder, 행동장애아협회)정의를 살펴보고자 한다.

1) 「장애인 등에 대한 특수교육법」의 정의

장기간에 걸쳐 다음 각 목의 어느 하나에 해당하여, 특별한 교육적 조치가 필요한 사람
① 지적·감각적·건강상의 이유로 설명할 수 없는 학습상의 어려움을 지닌 사람
② 또래나 교사와의 대인관계에 어려움이 있어 학습에 어려움을 겪는 사람
③ 일반적인 상황에서 부적절한 행동이나 감정을 나타내어 학습에 어려움이 있는 사람
④ 전반적인 불행감이나 우울증을 나타내어 학습에 어려움이 있는 사람
⑤ 학교나 개인 문제에 관련된 신체적 통증이나 공포를 나타내어 학습에 어려움이 있는 사람

2) 「미국 IDEA」의 정의

1. 심한 정서·행동장애는 다음 중 한 가지 이상의 특성이 장기간 동안 현저하게 나타나며, 교육수행에 불리한 영향을 미치는 상태를 의미한다.
① 지능과 감각 그리고 건강요인으로 설명할 수 없는 학습의 무능력
② 또래 및 교사들과 만족스러운 대인관계를 형성하거나 유지하지 못함
③ 정상적인 상황에서 부적절한 행동이나 감정을 나타냄
④ 일반적으로 만연된 불행이나 우울한 기분
⑤ 개인문제나 학교문제와 관련된 신체증상이나 두려움을 나타내는 경향
2. 심한 정서·행동장애는 정신분열증을 포함한다. 심한 정서·행동장애를 가진 것으로 결정되지 않는다면 사회적 부적응아동은 포함되지 않는다.

IDEA 정의의 문제점은 문제아동의 환경적 문제에 대한 책임을 고려하지 않고 있다는 것이다.

3) 정서 · 행동장애와 공존하는 '주의력결핍 과잉행동장애' 정의

정서 · 행동장애와 함께 공존하거나 독립적으로 나타나는 주의력결핍 과잉행동장

애(attention deficit and hyperactive disorder: ADHD)는 현재 특수교육대상자로 선정되었지만, 부모가 특수학급에서 교육받는 것을 꺼려하여 일반학급에 잠재되어 있는 것이 현실이다. 정서 · 행동장애, 주의력결핍 과잉행동장애, 학습장애아동을 위한 모두가 공감하는 적절한 현실성 있는 특수교육 지원 서비스가 이루어져야 할 것이다.

▣ 주의력결핍 과잉행동장애의 DSM-5 진단기준에 의한 정의

A. 다음과 같은 증상이 발달 수준에 맞지 않고, 부적응하게 6개월 이상 지속될 때

(1) 주의산만 증상(여섯 가지 이상)

a. 학업, 일, 기타 활동 중 세심한 주의를 기울이지 못하거나, 부주의한 실수를 자주 한다.
b. 과제수행이나 놀이 중 주의집중을 지속하는 데 어려움을 자주 갖는다.
c. 대놓고 이야기하는데도 듣지 않는 것처럼 보일 때가 자주 있다.
d. 지시를 따라오지 않거나 학업, 심부름, 업무를 끝내지 못하는 경우가 자주 있다.
e. 과제나 활동을 조직적으로 하는 것에 곤란을 자주 겪는다.
f. 지속적으로 정신을 쏟아야 하는 일을 피하거나, 싫어하거나, 거부하는 것이 자주 있다.
g. 과제나 활동에 필요한 것을 자주 잃어버린다(예: 숙제, 연필, 책 등).
h. 외부 자극에 의해 쉽게 주의가 산만해진다.
i. 일상적인 일을 자주 잊어버린다.

(2) 과잉행동(a~f)/충동성(g~i) 증상(여섯 가지 이상: 17세 이상인 경우 다섯 가지 이상)

a. 손발을 가만두지 않거나, 자리에서 꼬무락거린다.
b. 가만히 앉아 있어야 하는 상황에서 자주 자리를 뜬다.
c. 적절하지 않은 상황에서 지나치게 달리거나 혹은 기어오른다(성인은 '안절부절못함').
d. 조용하게 놀거나 레저 활동을 하지 못하는 경우가 자주 있다.
e. '쉴 새 없이 활동하거나' 혹은 마치 '모터가 달린 것 같이' 행동하는 경우가 자주 있다.
f. 지나치게 말을 많이 하는 경우가 자주 있다.
g. 질문이 끝나기도 전에 대답해 버리는 경우가 자주 있다.
h. 차례를 기다리는 것을 자주 어려워한다.
i. 다른 사람이 하는 것을 중단시키거나 무턱대고 끼어드는 경우가 자주 있다.

B. 이러한 증상이 12세 이전에 있어야 한다.
C. 적어도 2 군데 이상(예: 학교, 가정)에서 존재한다.
D. 사회활동, 학업, 직업 기능의 방해 혹은 질적 저하의 명백한 증거가 있어야 한다.
E. 조현병의 경과 중이거나 혹은 기분장애, 불안장애, 해리장애, 성격장애, 물질급성중독 혹은 금단에 의한 것이 아니어야 한다.

02 정서 · 행동장애의 분류

1) 정서 · 행동장애의 분류

정서 · 행동장애의 분류체계는 크게 질적 분류와 양적 분류로 나누어진다.

(1) ICD-10의 질적 분류

질적 분류체계는 주로 정신 내면의 주관성에 따른 임상 관찰에 의존하는 경우로 세계보건기구의 ICD-10에서는 분류체계를 〈표 9-1〉과 같이 제시하였다.

〈표 9-1〉 정서 · 행동장애 분류

하위 범주	세부 범주의 예
운동과다성 장애	활동성 및 주의력장애, 과잉운동적 품행장애
품행장애	가정형 품행장애, 비사회화형 품행장애, 사회화형 품행장애, 반항성장애
혼합형 품행 정서장애	우울형 품행장애, 기타 혼합형 품행·정서장애
아동기 발병형 정서장애	아동기 분리불안장애, 아동기 공포성 불안장애, 아동기 사회성 불안장애, 형제간 적대장애, 기타 아동기 정서장애
아동기·청소년기 발병형 사회성 기능장애	선택적 함구증, 소아기 반응성 애착장애, 소아기 탈억제성 애착장애
틱장애	일과성 틱장애, 만성운동·음성틱장애, 뚜렛증후군 등
소아기 및 청소년기에 시작되는 기타 행동 및 정서장애	비기질성 유뇨증, 비기질성 유분증, 섭식장애, 이식증, 상동증적 운동장애, 말더듬, 언어혼란증, 기타 정서 및 행동장애

(2) Quay의 양적 분류

Quay의 차원적 분류는 양적 접근의 대표적인 분류체계이다. 통계적 요인 분석에 근거하여 Quay는 서로 상관관계에 있는 군집행동을 개개 행동군의 범주로 제시하였다. 이러한 행동군의 자료는 사례사 보고와 행동평정척도에 의해서 주어진 것이다. Quay의 양적 분류체계에서 주요 행동 차원적 분류와 그에 따른 행동 특성은 다음의 〈표 9-2〉와 같다.

〈표 9-2〉 Quay의 양적 분류체계

분류	행동 증후 및 특성
품행장애	• 신체적·언어적 공격성 • 자기통제 부족 • 불복종 행동 • 대인관계 결함 • 방해
사회화된 공격행동	• 심한 공격적 행동 • 또래에게 인기 있음 • 비행 하위문화의 규준과 규칙 준수 • 또래 집단 내에서의 비행(참조: 직접적으로 다른 사람과 대적하지 않음)
주의력 결핍 및 미성숙 행동	• 짧은 주의집중 • 미성숙과 관련된 퇴행행동 • 충동 통제와 좌절 • 사고과정에서 문제 경험 및 사고감정 조절 및 사고과정 산만성 • 시각·청각 자극의 조직과 해석에 어려움 • 감정이 쉽게 변하며 무력감을 나타냄
불안-위축 행동	• 열등감과 낮은 성공기대 • 자기 의식적이고 과민반응 • 불안 및 우울증에 빠져 있음 • 당황과 불안 • 실패에 대한 두려움으로 학습이나 사회활동에 참여하기 꺼림
정신병적 행동	• 자신과 현실에 대한 손상된 태도로 인한 심각한 상태의 문제행동 • 환상과 망상, 자기학대 행동, 주제와 무관한 말하기 등
과잉행동	• 끊임없이 말하거나 행동하는 과다행동 • 글씨를 썼다가 지우는 행동 등을 반복하는 긴장 • 성급하고 파괴적인 행동

[그림 9-1] 주의력, 우울증, 사회화된 공격, 과잉행동

03 정서 · 행동장애의 원인 및 출현율

정서 · 행동장애의 원인은 다른 장애와 마찬가지로 수많은 다양한 요인으로 인해 발생한다. 개별적으로 지니고 있는 생물학적 원인과 아동을 둘러싼 다양한 사회 · 환경적 원인을 들 수 있다.

1) 생물학적 원인

정서 · 행동장애의 생물학적 원인은 일반적으로 유전이나 생화학적 요인, 아동의 기질적 요인으로 나누어진다.

유전적 요인과 관련이 있는 정서 · 행동장애 중의 하나는 정신분열증이다. 정신질환의 가족력을 가지고 있는 경우 더 쉽게 정신분열증이나 정신분열성 행동이 나타날 확률이 높은 것으로 밝혀진다. 뇌기능장애는 이상행동을 유발시킬 수는 있지만 장애문제 행동이 반드시 뇌기능장애 때문이라는 결론을 내릴 수는 없다.

생화학적 요인에 관한 대부분의 연구는 크게 신경전달물질 연구, 유기체 연구, 신진대사 연구로 나누어진다. 신경전달물질은 뇌에 있는 화학적 물질로서 신경 자극을 뉴런에서 다른 뉴런으로 전달하는 역할을 한다. 세로토닌이나 도파민과 같은 신경전달물질이 자폐성장애나 조현증과 관련이 있다는 연구는 많지만, 아직도 이 물질들이 장애와 직접적인 관련이 있다고 확신할 수는 없다(Webber & Plotts, 2008, 고은, 2015, 재인용).

기질적 요인으로는 합의된 정의는 없지만 아동의 기질은 선천적 경향일 뿐 아니라 환경의 영향을 매우 많이 받는 행동양식을 말한다. 기질의 세 가지 주요한 형태는 쉬운 아동, 까다로운 아동, 그리고 더딘 아동이다. 쉬운 기질을 가진 아동은 스트레스를 잘 견디는 것과 상관관계가 있고, 이런 시기에 까다로운 기질을 가진 아동은 청소년기에 행동문제를 일으킬 가능성이 크다는 연구 결과가 있다(Rothbart & Bates, 2006).

2) 사회 · 환경적 원인

사회 · 환경적 원인은 가족 요인과 학교 요인을 포함한 문화적 요인을 들 수 있다. Dodge(1993)는 품행장애와 반사회적 행동을 유발하는 세 가지 중요한 요인을 다음과 같이 제시했다.

- 초기에 열악한 양육 환경
- 학교 들어갈 때 나타나는 공격적인 행동유형
- 또래들에 의한 사회적 거부

즉, 가정, 지역, 사회 그리고 학교가 아동에게 바람직하지 않은 행동을 하게 하는 환경적인 원인이라고 설명할 수 있다.

(1) 가족 요인

아동은 어린 시기에 부모와 아동 간의 관계를 통해 행동하는 법을 배우게 된다. 부모가 자녀의 욕구에 민감하며 일관적인 태도를 보이면 자녀는 긍정적인 행동 특성을 보인다. 반면, 부모가 비일관적인 훈육을 하고 지나친 체벌을 사용하면 가족과의 갈등 상황에서 폭력적이고 공격적 성향을 보일 가능성이 크다.

(2) 학교 요인

학령기 이전에 정서적 문제를 보이는 아동도 있지만 입학한 후에 학교에서의 부정적인 경험으로 인하여 정서 · 행동장애를 일으키는 아동도 있다. 학교는 아동이 가정 외에 가장 많은 시간을 보내는 곳이다. 따라서 문제행동을 야기할 수 있는 다른 사건들을 확인하기 위해 학교에서 어떤 일이 일어나는지 신중하게 관찰해야 한다.

또한, 대부분의 정서 · 행동장애아동은 그들이 학교에 들어가서야 판별되므로 학교가 실제로 행동장애의 발생과 관련 있는지 알아보는 것이 바람직하다. 아동의 정서 · 행동문제에 기여하는 학교교육의 실태로는 학업실패, 적절한 행동에 대한 불명확한 규칙들과 기대, 일관성이 없고 체벌적인 훈육, 그리고 다양한 학습자들의 욕구에 대한 개별화교육의 실패 등에 기인하는 비효율적인 교육을 들 수 있다(김진호 외, 2008).

학교생활이 정서 · 행동문제를 일으키는 데 기여하는 몇 가지 특정 요인을 살펴보면 다음과 같다.

- 학생의 개별성에 대한 교사의 무감각
- 학생의 성취나 품행에 대한 교사 및 부모의 너무 높거나 낮은 기대
- 학업실패를 초래하는 비효율적인 교수
- 적절한 행동에 대한 분명하지 않은 규칙이나 기대
- 일관성 없는 체벌적인 학교 훈육방법
- 잘못된 행동은 관심을 받고 바람직한 행동은 무시되는 학교 환경
- 교사나 또래의 잘못된 행동을 모방할 수 있는 기회

이러한 요소가 아동의 정서나 행동상의 문제를 일으킬 수도 있다는 인식을 통하여 교사는 자신의 교수방법, 아동을 향한 기대 수준, 훈육방법 등을 검토해 볼 필요가 있으며, 특히 문제를 보이는 아동 개인에게만 문제의 근원이 있다고 생각해서는 안 된다. 교사의 행동은 아동의 문제를 호전시킬 수도 있고 악화시킬 수도 있다.

(3) 문화적 요인

하나의 요인을 통해 정서 · 행동장애아동의 원인을 찾고 설명한다는 것은 불가능하다. 대부분의 행동문제는 생물학적 요인을 가지거나 그렇지 않은 아동이 가정, 이웃, 학교, 지역사회가 위험 요인에 노출된 결과라 할 수 있다. 아동의 문제행동에 대한 효과적인 중재와 교육접근을 하기 위해서 정확한 원인에 대한 지식이 꼭 필요한 것은 아니다.

3) 출현율

정서 · 행동장애를 지닌 특수교육대상아동의 출현율에 대하여 2001년 국립특수교육원 조사에 의하면 6세부터 11세까지의 학령기 아동 중 0.15%로 밝히고 있으며, 전체 특수교육대상아동의 5.54%에 이르는 것으로 보고하였다.

출현율은 대부분의 다른 장애와 같이 여아보다는 남아가 높은 출현율을 보였다. 최근 2023년 교육부 특수교육 연차보고서에 따르면 정서 · 행동장애를 지닌 특수교육대상아동은 1,831명으로 전체 특수교육대상아동의 1.7%를 나타내고 있다.

〈표 9-3〉 연도별 정서 · 행동장애아동 현황 (단위: 명, %)

구분	2019년	2020년	2021년	2022년	2023년
전체 특수교육대상아동	92,958 (100)	95,420 (100)	98,154 (100)	103,695 (100)	109,703 (100)
정서 · 행동장애아동	13,105 (14.1)	1,993 (2.1)	1,874 (1.9)	1,856 (1.8)	1,831 (1.7)

출처: 교육부(2019, 2020, 2021, 2022, 2023).

▣ 주의력결핍 과잉행동장애(ADHD): 펠프스의 끝나지 않은 인생 이야기

미국의 수영선수 펠프스는 2004년부터 2016년 올림픽에 참석하여 최다 금메달 23개 수확의 기록을 거두었다. 중국 베이징 올림픽에서는 수영 8관왕의 대기록을 작성했다.

그러나 이러한 펠프스 또한 유년기 시절과 학창시절 부모님의 가정생활과 자신이 ADHD로 어려움을 지니는 아픈 시절이 있었다고 한다. 어머니 데비는 펠프스가 7세 되던 해 이혼하고 홀로 세 자녀를 키워냈다. ADHD와 친구들의 따돌림으로 인해 공격 성향은 더욱 강해졌고 혼자 있는 시간도 점점 많아졌다. 그런 그가 16세 때 '세계 최고의 수영 선수'로 거듭나는 데는 어머니의 역할이 절대적이었다. 특히, 어머니는 수영에 재능이 있는 펠프스에게 모든 정성을 다했다. 매일 새벽에 깨워 훈련에 내보냈고 수많은 시합을 끝까지 지켜봤다. 경기에서 진 펠프스의 짜증을 받아주는 것 또한 어머니의 몫이었다. 미국인들은 펠프스의 수영 황제 등극은 가족들의 이런 숨은 노력이 있었기에 가능했다며 만약 올림픽 8관왕이란 위업을 달성한다면 이는 펠프스 개인뿐만 아니라 가족들에게도 금메달을 목에 건 것과 같은 진한 휴먼 스토리라고 말하고 있다.

04 정서 · 행동장애아동의 판별 및 검사

정서 · 행동장애아동을 진단하는 데 사용되는 도구로 성격진단검사, 행동발달평가, 투사적 검사를 포함하고 있다. 아래에 선별검사 및 진단 도구와 행동기능평가에 대하여 설명하였다. 이와 관련된 검사 도구는 다음과 같다.

1) 선별검사

선별(screening)이란 정서 · 행동장애가 발생할 위험이 있는 아동을 변별하는 과정이다. 대부분의 선별검사 도구는 일반적으로 교사나 부모가 실시하는 행동평정척도 또는 검목표로 구성되어 있다.

(1) 아동행동 체크리스트 · 검목표(K-CBCL)

교사, 부모 및 아동의 보고형태로 이루어지고 4~17세까지 부모, 교사가 아동의 사회적 적응 및 문제행동을 설문 형식으로 평가하는 도구이다. K-CBCL은 정서행동문제뿐만 아니라 아동과 청소년의 적응 능력의 평가도 병행하였다. 행동평가척도의 구성으로는 사회능력척도와 문제행동증후군척도로 구성되어 있다. 사회능력척도는 두 개의 학업수행척도와 총 사회 능력 점수로 구성되어 있고 문제행동증후군척도는 112개의 문제행동에 관한 항목이 11개 부분으로 구성되어 있고, 3점 척도로 평가하게 되어 있다.

(2) 행동평정 프로파일(BRP-2)

이 검사는 개별적으로 또는 몇 개만 선택하여 사용할 수 있는 여섯 가지 하위검사로 구성되어 있다. 교사평정척도는 4점 척도로 평가하는 30개 문항으로 이루어져 있다. 아동은 세 가지 학생평정척도(가정 · 학교 · 또래)에서 진위문제에 답하도록 되어 있다.

소시오그램(sociogram)은 간접적인 질문을 통하여 사회적 인간관계를 선으로 연결하는 도표이다. 소시오그램은 교육 현장에서 널리 사용될 수 있으며 집단 내에서의 인간관계를 알아보기 위한 방법이다(김진호 외, 2008).

(3) 행동장애종합선별검사(SSBD)

이 검사는 현재 정서 · 행동장애아동을 선별하는 데 사용될 수 있는 가장 체계적으로 개발된 도구이다. SSBD 선별검사는 정서 · 행동장애를 위한 적극적인 접근방식으로 아동이 초등학생일 때에 실시되도록 설계되었으며, 체계적인 검진이 이루어진다.

1단계에서 교사는 전교생을 대상으로 내재적 및 외현적 행동영역을 선발하며, 외현적 행동과 내현적 행동을 나타내는 아동 상위 3명을 순서대로 선발한다.

2단계에서 교사가 결정적인 사건과 빈도를 평정한다. 즉, 문제행동의 심각성과 빈도에서 정상 기준을 초과하는 학생을 선택하여 사전분류 의뢰 전 중재를 한다. 2단계까지는 일반교사의 몫이다.

3단계에서 특수교육 전문가가 관여하며, 2단계에서 선정된 아동에 대한 교실과 운동장 장면에서의 직접관찰을 하게 된다. 이 단계에서 아동은 교실과 운동장에서 독립적인 관찰자에 의해 관찰된다. 교사는 아동 행동의 논리에 대해 평가하고 아동의 상태에 대한 정확한 정보를 제공하기 위해 이 선별도구를 사용하고 있다.

2) 투사적 검사

투사적 검사는 애매한 자극이나 미완성 문장으로 구성된다. 대표적 투사검사로는 로샤검사와 주제통각검사가 있다(윤선오 외, 2013).

(1) 로샤검사

10장의 잉크반점카드로 구성되어 있으며, 모든 카드가 특정한 대상이나 사물로 명명할 수 있을 만큼 명확한 형태를 가지고 있지는 않다. 보는 사람에 따라 다양한 반응을 보고하는데 이 과정에서 수검자의 다양한 성격 특성이 반영된다. 로샤검사는 인지 · 정서 · 자기상 · 대인관계 등에 대한 종합적이고 다각적인 정보를 준다는 장점이 있다.

(2) 주제통각검사(TAT)

성별과 연령을 고려하여 선정된 20개의 카드를 2회에 걸쳐 실시한다. TAT에서는 인물들이 등장하는 모호한 내용의 그림자극을 제시하고 그에 대한 이야기를 구성해 보도록 하는 방법을 사용하여 다양한 대인관계 상의 역동적 측면을 파악한다.

(3) 투사적 검사로 인물화 검사

아동에게 남성, 여성, 나의 모습을 그리도록 한다. 정서 · 행동장애아동은 정서 · 행동장애와 관련이 있는 증세(찌푸린 얼굴, 비틀어진 신체 부위)를 더 많이 그린다.

3) 직접적인 행동관찰 및 측정

교사는 직접적인 관찰기법으로 행동분석기법을 이용할 수도 있다. 잘 훈련된 교사는 다양한 문제행동을 계수하여 정확히 기록할 수 있다. 정상적으로 일어나는 장면에서 행동은 비율(또는 빈도), 지속시간, 반응시간, 형태, 크기 등과 같은 차원에 따라 객관적으로 측정할 수 있다(표 9-4 참조).

이러한 차원에서 정서 · 행동장애를 평가할 때 판별, 교육전략의 계획, 그리고 중재결과 등을 객관적으로 측정할 수 있다는 장점이 있다. 이 접근법은 아동의 문제(부적절한 행동)에 직접적인 초점을 맞추고 있으나 아동 내에 추정되는 여러 문제를 강조하지 않는다(전헌선 외, 2012).

〈표 9-4〉 행동 측정의 유형에 따른 정의

측정유형	정의
비율(빈도)	• 어떤 행동이 얼마나 자주 발생하는가를 측정하는 단위 • 모든 아동은 울고, 다른 아동과 싸우고, 때때로 잘 삐진다. 그렇지만 이들이 정서적으로 문제가 있다고 생각하지 않는다. 정서·행동장애아동과 일반아동 간의 기본적인 차이는 이런 행동의 발생 빈도이다. • 장애아동은 일반아동이 못하는 것을 결코 할 수 없고, 이들은 바람직하지 못한 행동(울기, 다른 사람 때리기)을 자주하며, 적응행동(또래와 놀기)은 적게 한다.
지속시간	• 아동이 일정 활동을 얼마나 오랫동안 참여하는가를 측정하는 단위 • 행동장애아동이 특정 활동에 참여하는 시간은 다른 아동과 아주 다르다(흔히 너무 길거나 짧음). 예를 들면, 대부분의 어린 아동은 울화를 가지고 있지만, 그 울화는 몇 분 동안만 지속된다. 정서·행동장애아동은 한 번에 한 시간 이상 울화를 터뜨릴 수 있다. 한편, 지속시간이 너무 짧을 수 있다. 예를 들면, 어떤 정서·행동장애아동은 한 번에 몇 초밖에 한 과제에 집중할 수 없다.
강도	• 행동의 강도 혹은 세기 • 어떤 아동의 반응의 강도가 너무 작거나(예: 말소리가 너무 작아서 들을 수 없음), 너무 크다(예: 문을 너무 세게 쾅 닫음)
반응시간	• 반응할 기회를 제공하고 그 행동이 시작할 때까지 경과하는 시간 • 어떤 아동의 반응시간은 너무 길 수 있거나(예: 교사의 지시에 순응할 때가지 수분이 경과함), 너무 짧을 수 있다(예: 아주 사소한 일에 화를 내거나 울화를 즉각적으로 터뜨리기 때문에, 적절한 대안행동을 고려할 시간이 없음).
형태	• 행동에 대한 신체적 모양이나 형태를 측정하는 단위 • 예컨대, 같은 크기와 굵기로 이름을 쓰는 것은 어려운 형태이다. 어떤 정서·행동장애아동은 일반아동에게서 볼 수 없는 행동(방화, 자기학대)을 한다. 이러한 행동은 자기는 물론 타인에게 비적응적이고 괴상하며, 위험할 수 있다.

4) 기능적 행동평가

기능평가(Functional Behavioral Assessment: FBA)는 문제행동을 촉발시키는 사건과 환경 요인에 관한 정보가 그것을 유지시킬 수 있는 행도의 결과에 대한 정보를 얻기 위해 면접과 직접 관찰법을 〈표 9-5〉 같이 이용한다.

기능적 행동평가는 기능분석(Functional analysis)을 포함한다. 이것은 아동의 행동의 기능을 검증하기 위해 표적행동을 둘러싼 몇 개의 선행 혹은 결과 사건을 체계적으로 조작하는 방법이다.

〈표 9-5〉 기능평가; A-B-C 체크리스트 및 문제행동의 원인 찾기

A–B–C 체크리스트

이름: 김 영익
문제행동이 발생할 때마다 □ 안에 해당되는 선행사건, 문제행동, 후속 결과에 체크하세요.
장소: 교실 날짜: 2019년 9월 8일 시각: 국어 수업 오후 1:10~

선행사건 (행동 직전에 일어난 일)	행동	후속결과 (행동 직후에 일어난 일)
□ 교사의 지시 및 요구 □ 교재나 활동이 없음 □ 원하는 것을 얻지 못함 □ 좋아하는 활동 제지받음 □ 시끄러운 환경 □ 또래가 아동을 놀림 □ 한 활동에서 다른 활동으로 전환 □ 다른 아동이 교사의 관심을 받음 □ 불명확함 □ 기타: ________	□ 안절부절못함 □ 불순증 □ 과제이탈 □ 신체적 공격 (차기, 꼬집기, 때리기) □ 언어적 공격(욕설, 고함) □ 기물 파괴 □ 다른 사람을 놀리거나 화나게 함 □ 달아나기 □ 소리 지르기 □ 울화 터뜨리기 □ 기타: ________	□ 문제행동에 대해 토의 □ 무반응/무시 □ 행동에 대한 제지 □ 활동에 임하도록 말로 재지도 □ 신체적 제지 □ 교실에서 나가게 함 □ 활동을 계속 요구함 □ 타임아웃(시간:) □ 기타: ________

▶ 문제행동의 원인 찾기
– 배경사건: 문제행동의 발생 가능성을 증가시키는 사건, 조건, 자극
– 선행사건: 문제행동의 발생에 직접적으로 연결되는 자극

05 정서 · 행동장애아동의 특성

정서 · 행동장애아동은 또래 집단의 규준에서 유의미하게 벗어나는 일탈행동을 지니고 있다. 또래에 비해 일탈된 행동은 학업 성취와 사회적 상호작용에 나쁜 영향을 미친다.

1) 지능과 학업 성취

대부분의 정서 · 행동장애아동은 지능과 학업 성취 면에서 또래의 일반아동에 비해 낮은 편이다. 실제로 정서 · 행동장애가 심할수록 학교에서의 학습수행 능력은 떨어진다. 학교에서 표준화검사를 실시하는 경우 검사 지시에 집중을 못 하거나 검사결과 부진아로 평가된다.

Kauffman(2005)은 정서 · 행동장애아동의 지능과 관련된 연구를 재검토하여 이들 대다수는 IQ가 평균 이하이지만, 정상분포상에서 불균형적으로 경도지체 범주에 속하고, 상대적으로 소수만이 평균 이상이었다는 결론을 내렸다.

2) 적응행동

정서 · 행동장애아동은 외현화 행동과 내면화 행동으로 인하여 가정과 학교 등에서 적응하는 데 어려움을 겪는다. 이들이 가장 보편적으로 겪는 문제는 신체적 · 언어적으로 다른 사람의 복종을 강요하는 특성, 과도한 공격적 양상과 언쟁을 반복적으로 하기 때문에 또래나 부모, 교사 등과 사회적 관계를 잘 유지하지 못한다. 기분 및 불안장애와 같은 내면화 행동을 보이는 아동은 반사회적 아동보다 교사를 덜 방해할 수 있다(김진호 외, 2009).

다음의 〈표 9-6〉은 정서 · 행동장애아동이 보이는 학교 관련 문제행동이다.

〈표 9-6〉 학교에서 나타나는 문제행동

학교에서 보이는 정서 · 행동장애아동 문제행동
• 빈번한 장기결석 및 지각을 한다. • 대부분의 학과목에서 낙제점수를 보인다. • 1.5~2학년 정도의 학업 수준 지체를 나타낸다. • 교사가 제시한 과제를 끝까지 완성하지 않는다. • 과제를 늦게 제출하거나 더럽히거나 엉망으로 제출한다(때때로 교사에게 불손한 말을 적어서 제출한다). • 교사의 지시와 규정을 따르지 않는다. • 수업시간 학교과제에 대한 주의집중에 어려움을 보인다.

출처: 이소현 · 박은혜(2006).

또한, 정서 · 행동장애아동은 위축된 행동을 하기 때문에 고립되어 환상이나 백일몽을 경험하기도 한다. 이는 아동기 발달에 심각한 영향을 미칠 뿐만 아니라 성인이 된 후에도 정신건강 측면에서 좋지 않은 예후를 보인다.

특히, 이들은 정상적 발달특성인 만족스러운 인간관계를 발달시키지 못하기 때문에 사회적으로 고립이 된다(이소현 외, 2006). 정서 · 행동장애아동의 사회적 위축 행위는 세심한 관찰을 하지 않으면 발견하기 어려우므로 조기발견과 교사의 세심한 관심이 필요하다.

다음의 〈표 9-7〉은 정서 · 행동장애아동이 보이는 내면화 문제행동이다.

〈표 9-7〉 정서 · 행동장애아동 내면화 문제행동

정서 · 행동장애아동 내면화 문제행동
• 친구가 거의 없고 놀이기술 등의 필요한 사회적 기술이 결핍되어 있다. • 신체적 고통을 호소한다. • 끊임없는 관심과 도움을 요구한다. • 우울증 증세를 보인다. • 다른 사람들과의 접촉과 사회적 상황을 회피한다. • 자신을 스스로 가치 없다고 생각한다. • 소아분열증, 자폐와 같이 타인의 상호작용에 반응을 보이지 않는다.

3) 사회 · 정서적 특성

정서 · 행동장애아동이 나타내는 다양한 장면과 상황에서의 행동 특성에 대하여 살펴보면 이들의 사회 · 정서적 특성을 알 수 있다. 정서 · 행동장애아동은 정서적인 결함과 함께 화용론적 언어를 이해하고 사용하는 데도 문제가 있다.

정서 · 행동장애아동이 지니는 불안, 기분 및 기타장애의 유형은 다음의 〈표 9-8〉과 같다.

〈표 9-8〉 불안장애, 기분장애, 기타장애의 유형

분류	유형	
불안장애	• 범불안장애 • 공포증 • 강박장애 • 섭식장애	• 외상 후 스트레스장애 • 공황장애 • 선택적함묵증
기분장애	• 양극성장애	• 우울증
기타장애	• 반항장애	• 정신분열증
	• 품행장애	• 뚜렛증후군

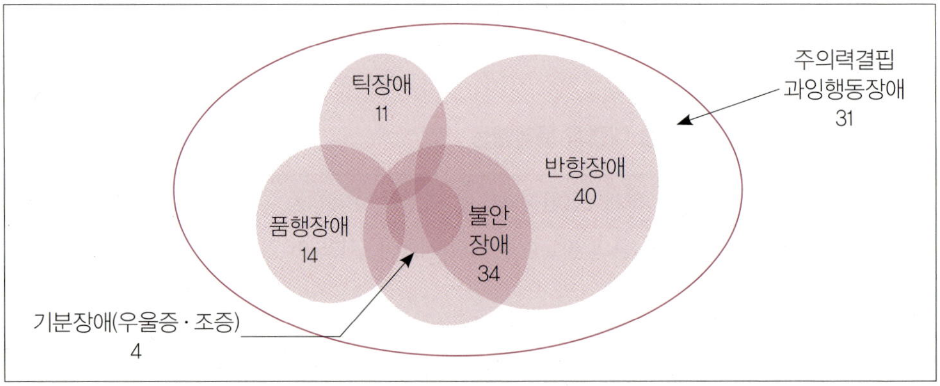

[그림 9-2] 정서 · 행동장애 유형 비율

출처: 대한소아청소년 정신의학과 CATS 프로그램 발췌.

06 정서 · 행동장애아동의 이론적 모델 접근

정서 · 행동장애아동의 특성은 그 원인이나 증후가 다양하기 때문에 다양한 개념적 지도모형을 반영하여 중재하는 것이 필요하다. 각각의 모형은 인간의 부적절한 행동을 유발하는 원인에 대한 전제가 다르고, 모형을 적용하는 방법 또한 다르다. 따라서 각 모형이 추구하는 기본전제 및 개념, 실제적 적용방법에 대한 이해가 필수적이다.

신체생리학적 모델, 심리역동적 모델, 생태학적 모델, 행동주의적 모델, 인지적 모델의 다섯 가지의 모델을 살펴보면 다음과 같다.

1) 신체생리학적 모델

신체생리학적 모델에서는 아동의 부적절한 행동의 문제나 원인이 개인의 유전적 요인, 신경생리학적 요인, 아동의 기질적 요인이 다양하게 기인한다고 본다.

의료적 중재를 전제하기 때문에 주요 방법으로 약물치료와 음식물치료를 적용한다. 신체생리학적 모델에서 전통적으로 가장 많이 사용하는 중재방법은 약물치료이다. 의료 전문가들은 치료에 대한 책임이 있고 교육 현장에서 교사의 첫 번째 역할은 아동이 학교생활에서 수업시간과 또래 친구들과의 사회적 상호작용 행동을 관찰하고 모니터링하는 것이다.

학교 현장의 교사가 아동의 약물복용 효과에 관련하여 관찰한 결과 아동의 수업활동 중 아동의 부적절한 행동을 감소시키는 효과는 있지만(약물복용으로 추정), 또래 간 상호작용과 학업수행 개선에 도움을 주는지에 대하여는 아직까지 의문을 가진다. 아동의 오전 학업 수업의 참여도와 오후 수업 참여도의 질적인 차이가 관찰되고 있기 때문이다.

약물치료는 아동기와 청소년기의 다양한 정서 · 행동장애를 중재하기 위해 사용되고 있으며, 정서 · 행동장애아동에게 일반적으로 많이 처방되는 약물은 ADHD,

기면발작에 리탈린(Ritalin), 사일러트(Cylert), 덱세드린(Dexedrine)이다. 〈표 9-9〉에 각 약물의 효과와 부작용을 제시하였다.

〈표 9-9〉 정서 · 행동장애아동에게 처방되는 심리약물

종류	예	효과와 부작용
각성제	리탈린(Ritalin) 아데랄(Adderall) 덱서드린(Dexedrine)	• 아동의 주의집중 증가 • 약물복용 1시간 후에 효과가 나타나며 10시간 동안 효과 지속 • 부작용은 두통, 복통, 초조함 • 지나친 복용은 학습을 저해
항정신 질환제	리스페달(Risperdal) 세로켈(Seroquel) 아빌리파이(Abilify)	• 수일 내에 공격성, 흥분, 환각 줄어듦 • 복용 3~4일 후 사회성 증가 • 2개월 내 사고장애 감소 • 부작용은 떨림, 어지러움, 주의집중 감소 및 체중 증가
항우울제	프로작(Prozac) 졸로푸트(Zoloft) 웰부트린(Wellbutrin) 이펙서(Effexor)	• 슬픈 정서가 감소, 의사소통과 과제에 대한 주의집중 증가 • 혼란스러움의 감소 • 부작용은 약의 종류에 따라 다르지만 선택적 세로토닌 재흡수 억제제의 경우 자살행동 증가
기분 안정제	리티움(Litium) 데파코트(Depakote) 토파맥스(Topamax) 라믹탈(Lamictal)	• 불안정한 기분과 극단적 분노가 감소 • 부작용은 약물 종류에 따라 다름 • 리티움은 항경련제로 사용된다

출처:Kauffman & Landrum(2008). p. 171.

2) 심리역동적 모델

심리역동적 모델에서는 가정과 학교, 사회에서의 기대의 불일치나 압력이 포함되어 생기는 갈등의 결과로 정서적 성숙이 지체된 것으로 파악한다. 따라서 이 모델에 근거한 중재는 아동의 내적 갈등을 해결하여 건강한 발달을 돕는 것이 목적이다.

Freud는 개인이 발달단계 중 어떤 단계에 고착되면 그 단계에서 성격적 적응은 어렵게 된다고 하였다. 고착의 결과로 생겨난 적응문제의 예는 〈표 9-10〉과 같다.

〈표 9-10〉 심리성적 단계의 고착에 근거한 적응문제

심리성적 발달단계	고착에 의한 적응문제
구순기(출생~2세)	빈정거림, 논쟁적임, 탐욕, 욕심, 과잉 의존
항문기(2~4세)	열광, 기질발작 같은 정서적 폭발, 충동적 규율과 과잉 통제된 행동
남근기(4~6세)	성적 정체성 문제
생식기(사춘기~성인기)	자기도취 혹은 극심한 자기연민

Erikson은 대인 간 상호작용에 초점을 맞추어 각 단계에서 위기가 성공적으로 다루어지지 않으면 그보다 낮은 단계의 행동을 지속적으로 나타내므로 각 단계의 위기 해결이 중요하다고 강조하였다(이성봉 외, 2015). 심리사회적 5단계에 대한 부적절한 해결에서 초래되는 적응문제를 다음의 〈표 9-11〉에서 제시하였다.

〈표 9-11〉 Erikson의 심리사회적 단계

발달단계	심리사회적 단계	관련적응문제
영아기	신뢰 대 불신	다른 사람 불신
영유아기 (1~3세)	자율성 대 수치심과 의심	자신에 대한 의심과 환경에 대한 불신
놀이기 (3~5세)	주도성 대 죄의식	독립적 활동을 방해하는 지나치게 발달된 양심, 과도한 죄의식
학령기 (5~10세)	근면성 대 열등감	사회에서 적절하게 수행하는 자신의 능력을 의심, 열등감과 무능한 느낌
청소년기	정체감 대 정체혼란	자신의 성적, 민족적 혹은 직업적 정체감에 대한 의심

3) 생태학적 모델

생태학적 모델에서는 아동을 둘러싼 환경적 맥락 속에 여러 요인이 복합적으로 적용하여 문제가 일어나는 것이라고 본다. 따라서 아동만이 문제를 가지고 있는 것이 아니라 아동이 속해 있는 전 생태계에 문제가 있으며, 모두의 변화를 통해 아동의 문제를 해결하는 것이 필요하다고 본다. 또한, 부모상담을 통해 바람직한 양육방법 및 적절한 역할 정립에 대한 지원이 필요하다.

Bronfenbrenner는 생태계 상황을 겹 혹은 체계로 나눈다. 직접적 환경(미시체계)은 개인과 가까이 있는 사람과의 활동 혹은 상호작용 형태를 포함한다(Berk, 1999). 만약 감정표현을 악을 쓰고 우는 것으로 표현하는 아동이 폭력적인 부모에게서 태어났다면 그 아동은 사회적 · 정서적인 발달에 영향을 받게 될 미시체계 내에서 부정적인 상호작용의 대상이 될 수 있다.

중재를 위한 생태학적 모델은 아동이 살고 있는 가정, 학교, 지역사회 모든 다양한 체계에서 상호작용하고 중재 되어야 한다.

[사례 1]

개인 사업을 하고 있는 K 씨는 주위 사람들로부터 호탕하고 유머 감각이 있는 젠틀한 사람으로 평가되고 있다. 그렇지만 집에서는 호탕하고 유머 있는 모습은 찾아볼 수 없다. 자녀의 나이가 5세 때부터 시작된 폭력과 폭언은 청소년기까지 지속되었다.

아이들에게 가해지는 폭력을 온몸으로 막고 있는 부인에게도 무차별적인 폭력을 가해 부인은 병원에 입원하는 횟수가 점점 많아졌다. 스트레스를 많이 받은 날은 술을 먹고 들어와서 가족을 학대하는 수위가 술을 마시지 않은 날보다 상당히 높아졌다. 아버지에게 폭력과 폭언을 받으며 성장한 자녀들은 품행장애 진단을 받았다.

위의 사례를 생태학적 견지에서 바라본다면 품행장애로 성장한 아동은 누구의 책임인가? 사회적 체계의 한 부분으로서 교사는 어떤 제안과 중재를 했는가? 지역사회 체계의 지역사회 기관의 전문가들은 가족의 체계 외에 사회복지기관, 다양한 기관에는 어떻게 중재 접근을 하였는가?

4) 행동주의적 모델

행동주의적 모델은 아동의 모든 행동은 환경에 의해 학습된 것으로 본다. 행동주의의 기본 관점은 행동이 강화를 받았을 때는 그 행동이 증가하거나 지속되고, 소거 기법이 적용되면 행동이 감소하거나 사라진다는 것이다.

교사는 아동의 모든 행동이 경험과 환경 등에 의해 학습됨을 전제로 문제행동 이전과 이후의 시간을 조작함으로써 변화가 가능함을 알아야 한다. 행동주의 이론가는 아동의 행동은 강화와 벌을 통해 조절될 수 있다고 생각한다.

교사는 수업시간 교실에서 자리를 자주 이탈하는 아동을 흔하게 만난다. 이러한 아동은 지나치게 말을 많이 하고, 교실 상황에서 자신의 과제수행이 어렵고, 친구들의 학습활동까지 방해하는 행동을 한다. 수업 중 돌아다니는 아동에 대한 행동주의적 모델 교수전략을 통하여 아동의 행동이 교정될 수 있다.

〈표 9-12〉 수업 중 돌아다니는 행동교정을 위한 행동주의적 모델을 적용한 교수전략

교수전략	내용
학급규칙 확인 (행동계약서)	• 학급규칙 내용을 아동이 직접 소리 내어 읽는다. 돌아다니는 시간이 언제인지 확인시켜 준다. 필요한 경우에는 강화를 제공한다.
이탈허용	• 아동에게 선생님을 도와주는 역할을 맡기도록 한다. 반 친구들에게 학습 자료를 나눠 주는 시간을 통해 아동이 자리를 이탈하여 움직일 수 있는 기회를 제공해 준다.
자기기록	• 아동이 자신이 잘 앉아있었는지를 10분 간격으로 아동 스스로 기록하도록 한다(예: 요괴워치판에 스티커 붙이기).
토큰경제	• 아동이 수업 중 자리 이탈 없이 10분을 앉아 있으면 교사는 아동에게 토큰을 준다(스티커 사용). • 아동이 일정한 토큰(스티커)을 모아 오면 강화물로 교환해 준다.

5) 인지적 모델

인지행동이라고 불리는 인지적 모델은 인지가 정서 및 행동에 어떤 역할을 하며 문제가 발생하면 그 문제를 어떻게 해야 하는지에 대한 물음에 답을 찾는 이론으로 행동적 모델에 대한 반동으로 발달된 이론적 접근이다. 인지심리학자는 사람이 생각하고, 믿고, 기대하고, 수행하는 것, 간단히 말해 정신적 생활은 행동하는 것에 영향을 미친다고 본다. 따라서 문제를 가지는 인지적 과정은 심리적 장애를 야기하고 이러한 인지를 변화시킴으로써, 장애는 완화될 수 있고 치료도 될 수 있다(Rosenhan & Seligman, 1989, 방명애, 2015, 재인용).

인지적 모델에서는 아동의 내적 과정이 장애의 큰 원인이지만 외적 사건 또한 중요하다고 생각한다. 아동의 인식과 반응을 변화시킴으로써 정서와 행동은 변화할 수 있으므로 아동의 인지 내용을 정확히 파악하고 그것을 토대로 새로운 인지전략 및 기술을 학습시킬 필요가 있다. 합리적 정서치료의 중점은 아동의 비합리적인 신념을 합리적인 신념으로 재구조화하는 것이다.

〈표 9-13〉 합리적 정서치료의 비합리적 신념과 합리적 신념

용어	비합리적 신념	대안적인 합리적 신념
막다른 생각	이 선행사건은 나에게 끝이다.	이 선행사건은 나에게 매우 불편하고 혐오스럽고 나쁘지만, 끝이 아니다.
참을 수 없다는 생각	이 선행사건은 내가 참을 수 있는 능력의 한계를 넘었다.	이 선행사건은 나에게 고통스럽고 어렵고 큰 변화를 요구할 것이지만, 나는 이것을 해낼 수 있다.
마술적 사고	이 선행사건은 부당하고, 일어날 수 없는 일이고 아주 불공평하고 결코 일어나지 말았어야 한다.	일어나지 말았어야 할 일이 일어났다면, 나는 지금 그것을 바꿔야 하고 참아야 하며 다른 방법으로 처리해야만 한다.
비난	이 선행사건을 일으킨 나쁜 사람은 사악한 행동에 대해 반드시 비난과 벌을 받아야 한다.	나는 그가 나에게 대했던 방법과 다르게 생각하고 대응해야 한다.
흑백논리적 사고	나는 항상 불행하다. 내가 사랑하는 사람이 나를 전혀 받아들이지 않는다. 이런 중요한 과제를 성공하지 못하기 때문에 내가 성취한 것들은 무가치하다.	거의 모든 사람과 같이 나는 행복과 슬픔, 사랑과 거절, 성공과 실패를 경험한다.

[사례 2]

세 명의 회장 후보와 함께 초등학교 3학년 학급회장선거에 나가게 된 정숙이는 선거운동도 열심히 하였지만 회장선거에서 떨어졌다. 정숙이는 집으로 돌아와 결과를 물어보는 엄마에게 이렇게 소리치며 대들었다. "내가 맨날 그렇지 뭐. 어차피 난 떨어질 거였어. 애들도 나를 좋아하지 않아. 엄마가 나가라고 해서 나간 거야. 이거 다 엄마 책임이야. 회장선거에 나가라고 한 엄마한테 화가 난다고!"라고 말했다.

위 아동의 사례는 이 일이 어떻게 해서 나에게 일어났는가에 관한 개인적 신념이다. 아동이 문제를 일으키는 것은 상황에 대한 아동의 비합리적 신념 때문이다. 회장선거에 실패한 아동은 실패의 원인을 다른 사람에게 돌리고 있기 때문에 외적 귀인이 작용한 것이다.

위 사례를 합리적 정서치료의 A-B-C 체계로 대안적인 합리적 신념으로 전환시키는 인지 재구조화를 촉진하는 중재를 해 본다.

▣ TIP: 틱 장애란?

틱 장애란 갑작스럽고 빠르게 나타나는 반복적, 비율동적, 상동적인 움직임이나 소리를 말한다. 틱은 나타나는 근육군과 양상에 따라 단순 틱과 복합 틱으로 구분된다. 단순 틱은 순간적인 눈 깜박임, 목 경련, 얼굴 찡그림이나 어깨 으쓱임 등으로 나타난다.

출처: 국가건강정보포털 의학정보.

07 정서 · 행동장애아동의 사례

민수는 경남에 있는 초등학교 3학년 아동이다. 5세에 아빠가 돌아가시고 엄마와 친할머니, 친할아버지와 함께 생활하는 기초수급자로 경제적으로 어려운 형편이다.

민수는 화가 나면 분노조절을 못 하고 할아버지에게 욕을 하고 물건을 던지는 행동을 수시로 하였다. 엄마가 퇴근 후에 민수의 숙제를 봐 주려고 하면 엄마에게 고함을 지르면서 책과 노트를 밖으로 던져 버리고 분이 풀리지 않으면 대성통곡을 하고 문을 발로 차거나 물건을 문을 향해서 던지는 행동을 반복한다. 민수는 늦은 시간까지 숙제하는 동안 엄마와 심한 갈등을 빚고 있다.

민수의 폭력적인 행동과 학업적 결함을 나타내는 모습에 엄마도 지쳐서 긍정적 반응보다는 부정적 반응으로 엄마 또한 욕설과 함께 폭력으로 아이를 통제하고 있다.

민수는 수업시간에 수업 시작종이 울려도 운동장에 있는 놀이터에서 혼자 놀거나 친구들에게 욕설과 함께 신체적으로 부딪히면서 공격적이고 폭력적인 모습을 보이고 있다. 6학년 형들에게 욕설과 함께 모래를 던져서 6학년 형들에게 맞는 횟수가 늘어나면서 학교에서는 유명해졌다. 담임선생님은 학교로 엄마를 불러 병원 상담을 권유하게 되었다.

병원에 의뢰한 결과 정서·행동장애 소견이 보인다는 검사결과를 받았다. 민수는 학교에서 주위의 부정적인 시선과 부정적인 또래관계로 인하여 어려움을 겪고 있다. 민수는 학교생활 밖 교회에서도 한자리에 가만히 앉아 있지 못하고 교회 동생들을 때리고 돌아다닌다.

Chapter. 10

학습장애아동 교육

학습목표

1. 학습장애의 정의와 분류를 이해할 수 있다.
2. 학습장애아동의 특성을 이해할 수 있다.
3. 학습장애아동의 교수-학습방법에 대하여 알 수 있다.

생각나누기

2012년 개봉한 영화 「지상의 별처럼」은 상상력은 풍부하지만 학습장애인 '난독증' 때문에 주눅 들었던 아이가 재능을 그대로 인정해 주는 선생님을 만나 자신이 얼마나 특별한 존재인지를 깨닫게 된다는 내용이다.

하늘의 별보다 더 빛나는 "지상의 별처럼" 세상의 모든 아이는 특별하다! 인도의 작은 마을, 여덟 살 꼬마 이샨은 학교에서 가르치는 수업에는 도무지 관심이 없다. 이샨의 눈에 비친 세상은 너무도 흥미롭고 신기한 것들뿐이다. 평범한 웅덩이 속 작은 물고기와 예쁜 색깔의 돌, 나뭇가지도 이샨의 손을 거치면 특별한 상상력으로 재창조된다. 글자가 춤을 추기도 하고, 숫자들이 서로 만나 3 곱하기 9는 3이 되기도 한다. 하지만 언제나 혼자만의 세계에 빠져 있는 이샨은 학교 친구들에게 따돌림당하고, 선생님에게도 매일 꾸중만 듣는다.

부모님은 아이의 미래를 위해 급기야 이샨을 엄격하고 강압적인 기숙학교로 보낸다. 처음으로 가족과 떨어져 지내게 된 이샨은 외로움과 자괴감 속에서 점점 자신의 빛을 잃어가던 어느 날, 이샨의 어두워진 마음을 환하게 비춰 줄 인생 최고의 선생님을 만나게 된다. 문제아라고 모두가 외면한 이샨의 놀라운 재능을 미술 선생님 '니쿰브'는 알아볼 수 있었다(http://blog.naver.com).

"아이들은 한 줄기 천상의 빛과 같죠."라는 니쿰브의 명대사를 통해 다름은 틀린 것이 아니라 때로는 공감하며 함께 하는 커다란 보석이기도 함을 알 수 있다.

● 학습장애를 극복한 위인 인물사

▼ 에디슨

▼ 아인슈타인

▼ 안데르센

'천재'라고 불리는 과학자 토머스 에디슨, 아인슈타인, 동화작가 안데르센의 공통점은 무엇일까? 바로 학습장애의 일종인 '난독증'을 지니고 있었는데 극복하였다는 점이다.

[난독증의 특징]

- 낱말을 정확히 듣는 것이 어렵다.
- 글을 느리고 부정확하게 읽는다.
- 철자법 쓰기에서 어려움을 가진다.
- 시간이 흐르면 글이 움직이는 특이 현상

난독증으로 유창하게 읽지 못하게 되면 독서량이 줄어서 어휘력과 이해력의 어려움으로 전반적인 언어 능력에 저하를 보이며, 또래관계나 학교생활에 어려움을 가져 자아효능감에 부정적인 영향을 미치게 된다.

● 학습장애인 난독증 증상이 주목받고 있다.

지난 5월 EBS에서 방송된 「보도특집-글자에 갇힌 아이들」에 따르면 한국의 초중고 학생 중 약 33만 명이 난독증을 겪고 있다고 한다. 난독증 증상은 말이 늦게 트이거나 말을 더듬고, 발음이 명확하지 않은 것이다. 단어를 기억해 내는 데 어려움을 겪고, 문장을 읽어도 뜻을 잘 인지하지 못한다.

또 철자를 자주 틀리고, 글을 쓰는 데 어려움을 겪는다. 난독증에 걸린 사람은 읽고 쓰기 외에 다른 분야의 능력을 발견해 그 분야의 역량을 키우는 것이 중요하다. 한편, 배우 류승범은 책 읽을 때 글자들이 입체적으로 솟아오르는 느낌을 가져 작품 전 준비시간이 길다고 하였으며, 배우 조달환, 영화감독 스티븐 스필버그, 영화배우 톰 크루즈 등 많은 국내외 유명인이 난독증에 걸렸다고 고백했다(뉴스엔, 2014.12.6.).

일반아동, 학습장애아동과 시각장애아동이 환경에 대한 주제로 토론을 할 때 일반아동은 스스로 내용을 읽게 한다. 그리고 학습장애아동과 시각장애아동은 교사가 읽어 주는 내용을 듣고 환경에 대한 토론을 한다면 읽기장애로 인한 어려움은 없을 것이다. 즉, 학습장애아동이나 시각장애아동은 청각적 듣기를 통한 학습에는 일반아동과 별 차이가 없다는 것이다.

01 학습장애의 정의

학습장애라는 용어를 처음 정의하고 사용할 시기에는 지적장애는 아니지만 학업성취의 영역에 있어서 독특하게 매우 심각한 어려움을 보이는 아동을 따로 구분하는 것으로 조치하였다. 그리고 이러한 아동에게 적합한 서비스를 제공하기 위하여 특성을 범주화했으나, 이러한 내용은 학자들 사이의 학문적 견해 차이로 지금까지도 학습장애는 개념적 정의와 판별 기준에 관하여 논쟁이 지속되고 있는 미완성의 장애영역이다. 이처럼 학습장애의 개념이 널리 받아들여지고 있지만 복잡하고 완성된 상태가 아니므로 융합적으로 정립될 필요가 있다.

학습장애(Learning Disability: LD)라는 용어는 1963년 미국의 Samuel Kirk에 의해 처음으로 알려졌고, 지적 기능의 전반적인 발달지체는 아니지만 읽기, 쓰기, 셈하기 등의 학습 능력에 지속적인 어려움을 겪는 상태를 나타내는 교육적 용어이다.

1) 「장애인 등에 대한 특수교육법」에서의 정의

「장애인 등에 대한 특수교육법」에서는 “개인의 내적 요인으로 인하여 듣기, 말하기, 주의집중, 지각, 기억, 문제해결 등의 학습 기능이나 읽기, 쓰기, 수학 등 학업 성취 영역에서 현저하게 어려움이 있는 사람”으로 정의하였다.

2) 한국특수교육학회(2008)정의

학습장애란 개인 내적 원인으로 인하여 일생 동안 발달적 학습(듣기, 말하기, 주의집중, 지각, 기억, 문제해결 등)이나 학업적 발달(읽기, 쓰기, 수학 등) 영역 중 하나 이상에서 심각한 어려움을 겪는 것을 말한다. 이 장애는 다른 장애조건(감각장애, 지적장애, 정서장애 등)이나 환경실조(문화적 요인, 경제적 요인, 교수적 요인 등)와 함께 나타날 수 있으나 이러한 조건이 직접적인 원인이 되어 나타난 것은 아니다.

3) 미국 학습장애공동협의회(NJCLD)의 정의

학습장애는 듣기, 말하기, 읽기, 쓰기, 추리, 수학적 능력 등의 습득과 사용에 심각한 어려움을 겪는 여러 가지 이질적인 장애 집단을 가리키는 용어로서 이 장애는 개인 내적으로 발생하며, 중추신경계 기능 이상에 따른 것으로 추정되며, 전 생애에 걸쳐 나타날 수 있다. 자기조절행동, 사회적 지각이나 사회적 상호작용에서의 문제들이 학습장애와 함께 나타날 수 있지만, 이러한 문제만으로는 학습장애로 판별되지 않는다(National Joint Committee for Learning Disabilities: NJCLD, 1989).

4) 학습장애, 학습지진, 학습부진아동의 구분

학교 현장에서는 학습장애에 대한 이해의 부족으로 인하여 학습부진아, 학습지진아 등과 학습장애아동을 혼용해서 사용되는 경우가 있다. 학습부진아와 학습지진아, 학습장애아동에 대하여 간단히 살펴보면 다음과 같다(김원경 외, 2010).

(1) 학습부진(underachiever)

정상지능을 가지고 있으며, 신경계에 이상은 없으나 정서문제나 사회 환경적인 원인 때문에 학업 성취도가 떨어지는 아동이다. 내 · 외적 요인이 제거되나 치료적 개입을 통해 교정되면 정상 학습 능력과 학업 성취도를 보일 수 있다.

(2) 학습지진(slow learner)

선천적 지적 능력의 결핍으로 인해 학습 진보가 떨어지는 아동이다(대개 IQ 70~80). 일반아동 집단의 하위 15~20%에 해당하며, 경도지체아동과 비슷한 학습상 문제를 가지나 그 정도가 가볍다.

(3) 학습장애아동(children with learning disabilities)

정상 또는 정상 이상 지능을 가지고 있으며, 정서 및 사회 환경적인 문제 등 내 · 외적 원인이 없음에도 불구하고 학업 성취도가 떨어지는 아동이다. 대개 신경학적 기능장애로 인하여 유발되는 것으로 추정한다.

02 학습장애의 분류

학습장애의 분류체계에 대하여 연령대를 근거로 발달적 학습장애와 학업적 학습장애로 kirk와 Chalfant는 구분하여 제시하였다.

1) kirk와 Chalfant(1984)의 분류

(1) 발달적 학습장애

유아기부터 취학 전까지의 발달기 동안에 일어나는 장애로 학업 성취에 필요한 선행기술의 결함으로 학습과 관련된 기본적인 영역에서 현저하게 어려움을 지닌다. 이러한 결과는 주의집중장애, 기억장애, 지각장애, 사고장애 및 구어장애로 나타난다.

❶ 주의집중장애

주의집중은 학습을 위해 필수적인 선행조건으로, 학습 시에 일어나는 다양한 자극 중 필요한 자극을 선별해 내는 능력을 말한다.

❷ 기억장애

기억장애는 단기기억, 장기기억 등의 능력 결함으로 인하여 보고 듣고 경험한 것을 기억하지 못하는 경우를 말한다.

❸ 지각장애

지각은 감각을 인지하고 변별하며 해석하는 것을 의미한다. 즉, 단어나 그림 등을 인지하고 해석하는 데 어려움이 있는 것을 말한다. 이러한 장애를 가진 아동은 그림이나 숫자의 의미에 따라 반응하고, 자신이 본 것을 이해하는 속도가 느릴 수 있다.

❹ 사고장애

사고에는 판단, 비교, 계산, 추리, 평가, 비판적 사고, 문제해결 및 의사결정 등의 활동이 포함되어 있으며, 이러한 사고과정의 개념과 단편적인 지식을 조직하여 목표를 달성하거나 새로운 이해 수준에 도달하기 위한 능력에 어려움을 겪는 경우이다.

❺ 구어장애

인간은 언어적이거나 비언어적인 방법을 통하여 대상, 사건, 관계, 사고 등을 서로 표현하는데, 구어를 도구로 하여 다른 사람의 의사를 수용하거나 통합하지 못하며, 자신을 표현할 수 없을 때 구어장애라고 한다.

(2) 학업적 학습장애

학령기 이후의 학업 성취 과정에서 요구되는 읽기 · 쓰기 · 수학 능력 등에서 어려움을 느끼는 경우로 아동은 학습 잠재력을 가지고 학교에서 정상적인 학습을 경험했음에도 불구하고 학년 수준에 비해 성취 수준이 현저하게 떨어지는 경우이다.

❶ 읽기학습장애

학습장애 하위영역 중 가장 많은 경우로 학습장애의 60~70%를 차지한다. 음운 인식, 유창성, 독해 등의 문제로 문자 매체를 읽고 의미를 파악하는 데 곤란을 겪는 것을 말하며, 대표적인 읽기학습장애로는 난독증이 있다.

〈표 10-1〉 읽기학습장애

거울문자	가거라	➔	[illegible]
90도 회전	가	➔	[illegible]
한자혼란	形	➔	[illegible]
비슷한 문자	가	➔	자
이중 보임	학교 종이 땡땡땡 어서 모이자		

❷ 쓰기학습장애

내적 요인이나 운동 기능 통제, 지각, 시기억 및 기능의 우세성을 고려하지 않은 손의 선택(오른손잡이, 왼손잡이) 등으로 인하여 쓰기가 곤란하거나, 다른 사람이 읽을 수 없을 정도의 난필을 쓰는 경우, 그리고 누구나 한 번씩은 어려움을 겪고 습득한 취학 전 · 후기의 받아쓰기 등과 같은 학습에 어려움을 지니는 것을 쓰기학습장애라고 한다.

❸ 수학학습장애

수학학습장애는 기본적인 계산 기능인 덧셈, 뺄셈, 곱셈, 나눗셈 등의 학습과 추론 능력, 언어 능력을 필요로 하는 수학교과 영역의 학습에 장애를 가지며, 언어문제, 주의집중문제, 시 · 공간변별, 감각통합문제 등에 의해 일어난다.

2) 「한국특수교육학회」의 분류

(1) 발달적 학습장애

학령 전기 아동 중 학습과 관련된 기본적 심리과정에 현저한 어려움을 보이는 아동으로 구어장애, 주의집중장애, 지각장애, 기억장애, 사고장애로 나뉜다.

(2) 학업적 학습장애

학령기 이후 학업과 관련된 영역에서 현저한 어려움을 보이는 장애로 읽기장애, 쓰기장애, 수학장애로 나뉜다.

(3) 비언어적 학습장애

언어 능력에는 강점을 보이나 공간지각 능력, 운동 능력, 사회성기술과 같은 비언어적 능력에서 결함을 보인다.

3) 「장애인 등에 대한 특수교육법」의 분류

「장애인 등에 대한 특수교육법」에서는 학습장애를 학습기능과 학업 성취 영역으로 정의하는데, 이는 취학 전 학령기의 학습 선수 기능과 취학 후 학령기 학교생활의 학습 능력과 관련된다고 할 수 있다.

(1) 학습기능

학습의 선수 기능인 듣기, 말하기, 주의집중, 지각, 기억 및 문제해결 능력 등이 포함된다.

(2) 학업적 성취 영역

읽기, 쓰기, 및 수학이 포함된다.

03 학습장애의 원인 및 출현율

1) 학습장애의 원인

학습장애의 원인은 신경학적 요인, 유전적인 요인, 생태·환경적 요인, 생화학적인 요인으로 구분할 수 있다.

(1) 신경학적 요인

학습장애를 지닌 아동의 경우, 대뇌손상이나 신경학적 손상의 증거가 불확실함에도 불구하고 줄곧 이러한 요인을 원인으로 추정하며 미소뇌기능장애, 뇌손상, 중추신경계 기능장애라고 불렀다. 의학적으로는 이러한 정신적 충격이 출생 전, 주산기, 출생 후에 일어날 수 있으며, 학습장애의 원인이 될 수 있다. 학습장애의 판별에 관한 일부 연구는 학습장애를 지닌 아동과 일반학생 사이에 대뇌의 구조적 측면이나 대뇌의 기능적 측면에 차이가 있다는 증거들을 계속 축적하고 있다(Hallahan & Kauffman 2006). 현재도 대뇌 외상에 관한 임상적 증거가 거의 없지만, fMRI와 같은 첨단 테크놀로지를 이용하여 신경학적 기능장애를 규명하려는 연구들은 지속되고 있다(정대영, 2011).

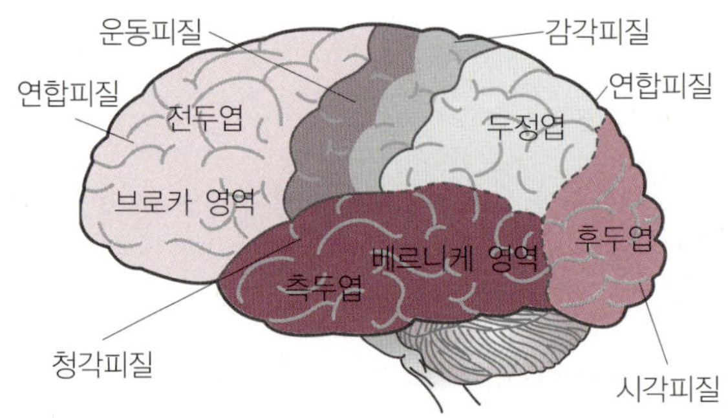

- 전두엽: 인격 기능, 언어표현, 주의, 이성적 사고
- 두정엽: 각종 감각정보의 통합, 연상
- 측두엽: 청각과 감정의 표현
- 후두엽: 시각기능

[그림 10-1] 대뇌의 구조와 기능

출처: 김애화 외(2016). 학습장애 이론과 실천.

(2) 유전적 요인

학습장애의 유전 가능성에 대한 연구는 가계 연구와 쌍둥이 연구를 통해 진행되어왔다. 학습장애아동의 가계를 조사한 결과, 부모가 읽기장애를 가지고 있을 경우 자녀가 읽기장애를 가질 확률은 30~50%인 것으로 나타났다(Smith, 2004). 일란성 쌍둥이 중 한 아동이 난독증으로 어려움을 겪을 경우, 나머지 아동도 그럴 가능성이 크다. 이러한 결과는 유전과 환경 문제가 명확히 구분되는 유전적인 요인이며, 연구 결과 또한 일부 학습장애는 유전될 수 있다는 점을 지지하고 있다(Doyle et al., 2001, 정대영, 2011).

(3) 생태 환경적 요인

생태 환경적 요인은 학습에 직접적인 영향을 미칠 뿐 아니라 뇌기능장애의 가능성이 큰 상황을 만들어 학습에 간접적인 영향을 미칠 수 있다. 즉, 낮은 사회 경제적 지위(예: 양육문제, 영양실조, 빈곤, 질 낮은 교수 등)는 다른 요인들과 결합하여 학습장애의 학업적 결함 특성에 매개 역할을 할 수 있음을 의미한다. 예를 들어, 양육자의 언어적 자극이 부족한 환경에서 성장한 아동의 경우 뇌기능이 정상적으로 발달하는 데 어려움이 있을 가능성이 크다. 또한, 읽기 능력의 음운 인식, 단어 재인 등과 같은 인지학습을 위한 정보처리과정에 부정적인 영향을 초래하여 학교생활의 학업적 성취 능력에 결함이 나타날 수 있다.

(4) 생화학적 요인

생화학적 물질은 신경세포들 사이에서 전기신호를 통한 정보전달을 조절하고 이완하면서 뇌 활동에 중요한 역할을 하는데 이러한 전달물질이 불균형을 나타내면 뇌의 전기적 활동에 이상이 일어날 수 있다는 것이다. 예를 들어, 내분비호르몬과 과잉행동 및 학습장애 간에는 어느 정도 관련성이 있는 것으로 알려지고 있다. 갑상선호르몬의 수치가 낮을 경우 기억, 인지, IQ 등에 저하를 가져올 수 있으며, 수치가 높을 경우 주의산만, 과잉행동, 신경과민 등을 일으킬 수 있다(Pierangelo &

Giuliani, 2006). 또한, 음식물 섭취를 통한 인공 색소나 인공 향료가 학습장애를 일으킬 수 있는 것으로 보고 있다. 유사한 추정으로는 비타민 결함, 특히 비타민 B의 결함 등이 그 예이다.

〈표 10-2〉 출생 전·후 학습장애 다양한 원인

출생 전(태아기)	주산기	출생 후
• 중금속 노출 • 초미세 먼지 • 환경 호르몬 관련 • 약물남용, 알콜중독 • 산모의 사건 스트레스	• 출산과정의 난산 • 신생아 산소결핍증 • 미숙아 및 저체중 • 출산 시 의료사고에 의한 뇌손상	• 고열로 인한 뇌손상 • 뇌기능 관련 발작 • 외상성 뇌손상 • 기타 원인의 스트레스로 인한 결과

한편, 의학적 관점에서는 다양한 신경학적 검사와 뇌영상 연구를 통해서 학습장애는 뇌기능상 문제라기보다는 뇌의 생리적 기능의 변화로 인해 발생하는 것이라는 데 의견을 같이하고 있다(국가정보포털의학정보, 2016).

2) 학습장애의 출현율

학습장애를 지닌 특수교육대상아동의 출현율은 특수교육대상자 범주 중에서 가장 많은 비중을 차지한다. 국립특수교육원(2001)의 연구에 의하면, 이들의 출현율은 1.17%로, 전체 특수교육대상자의 43.17%에 해당된다. 그러나 출현율 연구 사례를 보면 다양하게 보고되고 있다.

미국의 경우, 출현율 추정치는 1~30%까지 매우 다양하다. 이유는 학습장애의 정의가 통일되어 있지 않고, 개념적 모델이 다르며, 진단평가 접근 방식에 차이가 있고, 검사 도구가 다르기 때문에 나타나는 현상이다(정대영 외, 2012).

교육부 특수교육통계(2023)에 의하면 학습장애를 지닌 특수교육대상자 1,037명으로써 전체 특수교육대상자의 1.5%를 차지하고 있다. 연도별 학습장애아동 현황은 아래 〈표 10-3〉과 같다.

〈표 10-3〉 연도별 학습장애아동 현황 (단위: 명, %)

구분	2019년	2020년	2021년	2022년	2023년
전체 특수교육대상아동	92,958 (100)	95,420 (100)	98,154 (100)	103,695 (100)	109,703 (100)
학습장애아동	1,409 (1.5)	1,226 (1.3)	1,114 (1.1)	1,078 (1.0)	1,037 (0.9)

출처: 교육부(2019, 2020, 2021, 2022, 2023).

04 학습장애아동의 판별 및 검사

학습장애를 지니고 있는지에 대한 판별은 아직까지도 학문적으로 명확한 정의가 확립되지 않아 논쟁의 중심에서 이슈가 되고 있다. 학습장애의 판별 준거로 가장 많이 거론되고 있는 전통적인 모델은 능력-성취 불일치 모델, 중재-반응 모델, 인지기술 결함 모델이다. 본 절에서는 이들의 모델과 함께 학습장애를 지닌 특수교육대상자의 선정 조건, 판별에 대하여 알아보기로 한다.

1) 능력-성취 불일치 모델

학습장애를 평균 이상의 지적 능력을 가지면서 학업 영역에서 매우 현저한 지체를 나타내는 것으로 정의할 때, 잠재 능력과 학업 성취 간에 심각한 불일치를 나타낼 경우에는 학습장애로 진단된다. 이러한 모델에 의하면, 학습 능력과 구어, 읽기, 수학, 추론 등의 영역 성취 간에 심각한 불일치는 표준점수 간의 차이가 표준편차 1.5에서 2.0 이상일 경우로 본다(Salvia & Ysseldyke, 2004).

불일치를 결정하는 방법으로는 학년 수준의 편차, 학년 및 연령점수에 기초한 불일치, 표준점수 비교에 기초한 불일치 그리고 회기분석을 통한 방법이 있다. 능력-성취 불일치 기준의 적용은 그 타당성에 대해 오랫동안 논쟁이 되어 왔다.

(1) 능력-성취 불일치 모델의 한계점

- IQ 점수는 불일치 계산을 위한 능력 기준으로 설정되어야 한다는 사실이 명확하지 않음
- 특정 학습장애와 학업 저성취를 구분하지 못함
- 불일치의 적용은 인지와 성취의 발달적 차이에 민감하지 못함
- 자원의 이용에 있어 정확하지도, 효과적이지도 않은 '검사와 배치' 실제를 조장

〈표 10-4〉 불일치 기법을 적용한 학습장애 선별 및 진단 절차

단계	주요 검사 도구나 관련 자료	고려할 사항
① 지적 잠재 능력 산출을 위한 지능검사 실시 학업 성취 수준 산출	• K-WISC-II, K-ABC, 고대-비네지능검사	두 가지 이상의 표준화된 지능검사 사용
	• 국어와 수학 영역에서의 기초학습기능검사 • 기초학력검사, 표준화된 학업성취도검사, 국가 수준 학업성취도검사	지역 교육청 내 또래 기준
② 불일치 수준	• 지적 잠재 능력에 해당하는 또래들의 평균 학업 성취 수준과 학생의 학업 성취 수준의 차이 산출 • 저학년의 경우 1.5학년 혹은 평균에서 -1.5 표준편차 이상, 고학년의 경우, 2학년 혹은 평균에서 -2 표준편차 이상 차이 기준	학년별로 다른 기준 적용
③ 배제 요인 확인 잠정적 판별 후 정밀 진단 및 최종 판결을 위한 추가검사 실시	• 낮은 지능(75 이하), 감각적 결손(즉, 보이지 않거나 들리지 않음), 정서적 문제(학습동기 등), 사회·문화적 결손, 수업의 질 등	뇌신경계통상의 결함이나 문제가 직접적인 원인일 것
	• 지각 관련 검사(시지각발달검사, 지각운동발달검사, 시각운동통합발달검사), 기억력검사, 학습준비도검사 • 오류 유형 파악(학업성취도검사나 교사 제작 검사에서의 오류 유형 파악) • 교과활동의 체계적 관찰과 면담	다양한 자료를 다수의 전문가가 여러 번에 걸쳐 검토 후 결정

출처: 이대식(2005).

2) 중재-반응 모델

학습장애 적격성 여부를 판단하기 위하여 능력-성취 불일치 모델을 따를 경우는 앞에서 언급한 모델 자체의 문제 이외에도 아동이 능력-성취 간의 심각한 불일치가 일어날 때까지 기다리고 있어야 하는 윤리적 문제에 봉착하게 된다. 따라서 아동이 실패할 때까지 기다리는 것이 아니라 우수한 교수(중재)를 제공한 후 아동이 중재에 반응하는지의 여부에 따라 학습장애의 적격성을 결정하고자 하는 것이 바로 중재-반응 모델(response-to-intervention model: RTI model)이다(이미숙 외, 2016).

(1) 중재-반응 모델의 한계점

- 이용할 한 가지 유형의 중재반응법에 합의하지 못함
- 중재-반응 모델에서 반응성을 정의할 측정 모델에 대하여 합의점을 찾지 못함
- 모든 학년을 대상으로 한 것이 아니라 주로 초등학교 저학년 단어 읽기에 초점

〈표 10-5〉 중재-반응 모델에 의한 학습장애 판별 절차

단계	선별 및 진단활동 내용	결정기준
1단계	모든 학생 대상. 국어와 수학을 중심으로 표준화된 학력평가 실시, 또래에 비해 심각하게 낮은 성적(하위 25% 혹은 평균 1.5 표준편차 미만) 소지자 판별	또래에 비해 심각하게 낮은 성적인가?
2단계	해당 교과 영역(주로 국어와 수학)에서 평상시의 통합교육에 각 학생이 어떻게 반응하는지 교육과정중심측정(CBM)을 통해 점검	또래에 비해 심각하게 낮은 반응을 보이는가?
3단계	소집단 중심의 효과적인 수업을 일정 기간(보통 10~15주 정도) 체계적이고 집중적으로 투입하면서 역시 그 반응도를 교육과정중심측정(CBM) 방법을 사용하여 추적	또래에 비해 심각하게 낮은 반응을 보이는가?
4단계	1~2단계를 통과한 학생은 잠재적으로 학습장애로 규정하고 다학문적 평가팀에 장애정도 및 특수교육대상자 여부 확인을 위한 정밀 판별절차 의뢰	배제 요인 제외

출처: 전헌선 외(2012). 특수교육학개론. 경기: 양서원. p .135.

3) 인지기술 결함 모델

인지기술 결함 모델 접근은 인지처리과정 변인이나 해당 교과의 기본 학습 기능에서의 수행 정도를 바탕으로, 개인 내 혹은 개인 간 여타 기능의 수행 정도와 어떤 차이가 있는지 그리고 그러한 차이가 해당 교과 학업 성취의 차이를 얼마나 설명하는지 등을 확인하는 방법이다(Fletcher et al., 2003; Torgesen, 2002).

인지기술 결함 접근은 적어도 다음의 세 가지 사항을 전제로 하고 있다.

- 특정 학습영역의 처리과정에서 나타내는 결함은 전반적인 인지 능력과 비교하여 독립적으로 특정 교과과정의 학습영역에 대하여 영향을 미친다.
- 특정 인지처리과정 결함은 외적인 환경적인 요소, 즉 학습동기나 학습 기회 등과 같은 요인에 직접적인 영향을 받지 않는 개인 내적인 특징으로 나타난다.
- 특정 인지처리과정은 학업 성취도와 관련되는 검사 도구 등에 의한 다양한 측정 방법을 통해 그 수행 정도를 나타낼 수 있다.

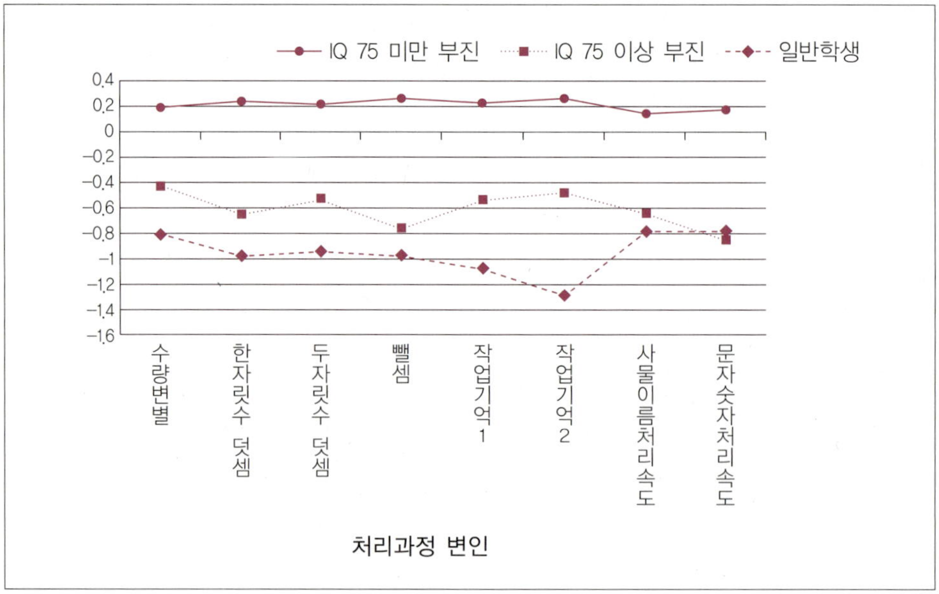

[그림 10-2] 부진학생과 일반학생 간 인지처리과정 변인 특징 비교

출처: 이대식(2007). p. 239.

4) 학습장애아동의 판별과 선정

학습장애아동의 판별과 선정에 대하여 한국학습장애학회(2014)가 제시한 판별 조건과 선정의 자세한 세부사항에 대하여 살펴보면 학습장애로 판별되기 위해서는 다음과 같이 1, 2, 3, 4조건을 만족시켜야 한다.

(1) 1조건(선별 및 의뢰)

각급 학교의 장 또는 보호자는 아래의 1) 또는 2) 중 하나의 경로로 교육장 또는 교육감에서 진단 · 평가를 의뢰해야 한다. 단, 보호자가 진단 · 평가를 의뢰할 경우, 진단 · 평가 의뢰서를 작성하여 교육장 또는 교육감에게 직접 의뢰할 수 있다. 각급 학교의 장이 의뢰하는 경우는 보호자의 사전 동의를 받아야 한다.

1) 다음 중 하나를 제출해야 한다.
   ① 기초학력 진단평가, 교과학습 진단평가, 또는 국가 수준 학업 성취도 평가에서 부진학생으로 선별된 결과
   ② 학습장애 선별검사에서 학습장애 위험군으로 선별된 결과
   ③ 학생의 학업수행이 또래에 비해 낮다는 것을 증명할 수 있는 교사의 관찰 결과
2) 외부 전문기관(의료기관, 상담실, 아동센터, 클리닉 등)의 학습장애 관련 검사 결과

(2) 2조건(지능)

표준화된 개인별 지능검사 결과에서 전체 지능지수가 70 이상이어야 한다.

(3) 3조건(학력)

개인별 학업성취도검사 결과에서 하위 16%ile(백분위 16) 혹은 -1 표준편차에 해당하는 학력 수준을 보여야 한다.

(4) 4조건(배제 요인)

다른 장애(예:감각장애, 정서 · 행동장애)나 외적 요인(예: 가정환경, 문화적 기회 결핍)이 학습 문제의 직접적인 원인이 되는 경우는 제외한다(단, 학습의 문제가 다른 장애나 외적 요인의 직접적인 결과인 것으로 명확하게 밝혀지지 않은 경우, 앞의 1~3조건을 만족시키면 학습장애로 진단하여야 함).

〈표 10-6〉 학습장애아동 판별 절차

단계	관련 대상 및 기관	내용
1단계 선별 및 의뢰	각급 학교의 장 및 보호자	• ①, ②, ③, ④, ⑤, ⑥, ⑦ 중 하나를 제출함 ① 기초학력 진단평가에서 부진학생으로 선별된 결과 ② 교과학습 진단평가에서 부진학생으로 선별된 결과 ③ 국가 수준 학업 성취도 평가에서 부진학생으로 선별된 결과 ④ 학습장애 선별검사에서 학습장애 위험군으로 선별된 결과 ⑤ 학생의 학업수행이 또래에 비해 낮다는 것을 증명할 수 있는 교사의 관찰 결과 ⑥ 외부 전문기관의 학습장애 관련 검사 결과 ⑦ 부모가 직접 의뢰할 경우, 진단·평가 의뢰서를 작성하여 제출
2단계 진단 · 평가 실시 및 결과 보고	특수교육 지원센터	• ①+②+③을 모두 제출함 ① 지능검사 결과 ② 학력진단검사 결과 ③ 배제 요인 검토 결과
3단계 특수교육대상 학생 선정	교육장 또는 교육감	교육장 또는 교육감은 해당 특수교육운영위원회의 심사(검사 결과 및 제출 자료 등 검토)를 거쳐 학습장애를 지닌 특수교육대상자로 최종 선정

05 학습장애아동의 특성

학습장애아동은 이질적인 집단의 특성으로 인하여 아동에 따라 매우 다양하게 나타나며, 특히 개인 간, 개인 내의 차이에 따라 선수 기능과 학업기술 영역인 읽기, 쓰기, 수학, 추론 등에서 어려움을 지니는 정도가 매우 다를 수 있다.

1) 학업적 특성

학습장애아동 대부분이 어려움을 지니고 있는 학업적 특성의 하위 유형을 나열하면 읽기장애, 쓰기장애, 수학장애, 구어장애, 사고 및 추론장애이다. 이들의 유형은 서로 상호 간섭의 연관성이 있고, 이를 정확히 파악하고 이해하는 것은 학습장애아동을 지도하는 데 앞서 매우 중요하다.

미국의 「장애인교육법」 및 현행 문헌에서 제안하는 학습장애의 학업적 특성에 따른 하위 유형 〈표 10-7〉에 제시한 내용을 살펴보면 다음과 같다.

〈표 10-7〉 학습장애 하위 유형

읽기장애	• 단어인지 읽기장애 • 읽기유창성 읽기장애	• 읽기이해 읽기장애
쓰기장애	• 철자 쓰기장애	• 작문 쓰기장애
수학장애	• 연산 수학장애	• 문제해결 수학장애
구어장애	• 듣기장애	• 말하기장애
사고장애		

출처: 김애화 외(2016). 학습장애 이론과 실제. p. 35.

(1) 읽기학습장애

읽기학습장애는 대부분의 학습장애아동이 어려움을 겪는 장애영역이다.

❶ 단어 재인 문제

단어 재인은 문자 해독을 통해 이루어진다. 초기 단어 재인 능력은 이후 읽기 이해 능력을 예측해 주므로 매우 중요하다. 단어 재인을 위해 아동은 음운 인식, 시각단어, 문맥단서, 단어 구조 분석 등 여러 가지 단어 재인기술을 사용하게 된다(Lerner & Kline, 2006).

- 음운 인식: 음소와 글자 간의 관계 혹은 규칙을 이해하여 단어를 읽는 것과 관련
- 시각단서: 일견 '단어'라고도 하며, 단어를 보자마자 바로 인지하는 것
- 문맥단서: 아동이 글을 읽을 때 문맥을 통해서도 단어를 인지하는 것
- 단어 구조 분석: 의미를 가진 최소 단위로 단어를 분석하여 인지하는 것

즉, 접두사나 접미사와 같이 단어의 의미를 가진 최소 단위로 단어를 쪼갠 후 읽는 것을 말한다.

❷ 읽기 유창성 문제

음운 인식은 가능하나 조음상의 문제가 없음에도 읽기 유창성에 문제를 가진 아동이 꽤 많이 발견된다. 즉, 이러한 아동은 단어를 제대로 읽을 줄은 알지만 적절한 속도로 읽지 못하여 결국은 읽은 내용을 이해하는 데 어려움을 겪는다. 이러한 경우 아동의 명명하기의 속도 문제를 의심해 볼 수 있다. Bowers와 Biddle(2000)은 음운 인식 결함과 명명 속도 결함은 서로 독립적이면서도 함께 나타날 수 있다고 주장하고, 취학 전·후 저학년 선별검사에 명명 속도 측정을 추가하는 것이 필요하다고 제안하였다.

❸ 읽기 이해 문제

읽기의 궁극적인 목적은 글을 읽고 그 의미를 파악하는 것이다. 읽기장애아동의 대다수가 읽기 이해에 심각한 어려움을 경험하고 있다.

- 단어 재인 문제
- 의미론적 인식 문제
- 기억 문제
- 구문론적 인식 문제
- 선행 지식의 부족
- 사고과정 문제

(2) 쓰기학습장애

읽기에서 단어 인식에 문제를 가진 아동은 쓰기에서도 결함을 가진다.

❶ 글자 쓰기 문제

- 신경학적 혹은 시・지각 능력에 문제가 있는 아동은 누군가 읽어 줄 때보다 글을 보고 쓸 때 오류가 더 많이 발생한다.
- 청・지각 능력에서의 어려움을 지닌 아동은 글을 보고 베낄 때보다 누군가가 읽어 줄 때 쓰기 오류가 더 나타난다.
- 소근육 문제를 가진 아동은 연필을 잡을 때 손놀림이 어색하며, 손의 힘이 필요 이상으로 강하거나 약해서 혹은 부자연스러워서 글 쓰는 작업이 방해된다.

❷ 철자 문제

- 불필요한 글자를 삽입하거나 생략하고 다른 문자로 대체하는 경우가 많다.
- 읽기 또는 듣기의 소리 나는 데로 적는 것(예: 한라산→할라산, 같이→가치)
- 형태소 처리에 대한 오류(어미 변환: 생각났다→생각난다, 좋은→좋을 등으로 표기)

❸ 쓰기 표현 문제

- 쓰기 표현 문제는 읽기 독해와 구두언어상의 어려움에서 큰 영향을 받는다.
- 글을 쓰는 과정에서 주제를 잊어버리기 때문에 글의 내용이 엉뚱한 방향으로 벗어나기 쉬우며, 주제에 대한 다양한 지식을 가지고 있다 해도 인출 문제로 인해 자신이 가지고 있는 지식에 대한 접근에 실패한다.
- 작문의 종류, 속성 및 구성 요소 등에 대한 지식과 글쓰기 기술이 부족하다.

(3) 수학학습장애

수학학습장애는 수학계산장애와 수학추론장애로 구분할 수 있다.

〈표 10-8〉 수학학습장애의 구분

수학계산장애	수학추론장애
• 숫자를 알지 못함 • 암산을 잘하지 못함 • 한 묶음 안의 물체 수를 세지 못함 • 수학 부호(+, −, =, ×)의미를 이해 못 함 • 도형과 관련된 문제를 어려워함 • 분수와 소수 문제를 어려워함	• 크기, 순서 또는 수량과 관련된 개념 없음 • 적절한 문제해결전략을 습득하거나 사용하는 데 어려움을 지님 • 구해진 답이 합당한지 판단하지 못함 • 차트나 그래프 또는 표를 이해하지 못하거나 만들 수 없음 • 학습한 수학적 기술을 일반화하지 못함 • 추상적인 수학 개념(예: 수직선의 양수와 음수)에 어려움 지님

2) 인지적 특성

학습장애아동은 기억, 지각, 주의집중 등의 인지적 과정에 결함을 보이는 경우가 많다. 특히, 짧은 기간 동안에 기억이 지속되어야 하는 단기기억력에 더 어려움을 보인다. 단기기억력을 높이기 위해서는 기억하고자 하는 정보에 주의를 집중하는 과정이 필요한데, 학습장애아동의 상당수는 주의집중의 문제를 병행하고 있어 이들의 기억력 문제는 더욱 심각하게 된다(Bender, 2008). 이러한 인지적 결함을 해결하기 위해서는 구체적인 조직화된 학습전략과 학습 매체를 준비하여 다감각 입력을 통한 정보 채널(예: 시각, 청각 등)로 주의집중과 장·단기기억 저장 인지 능력에 긍정적 결과를 가지도록 지도한다.

3) 사회·정서적 특성

학습장애아동의 지속적으로 반복된 학업상의 좌절감은 부정적인 학습자아개념으로 이어진다. 예를 들면, 일반아동에 비해 우울감이나 학교생활의 부적응, 또래와의 관계 단절, 극단의 자살 충동 혹은 고립감 등을 경험할 가능성이 더 크다.

(1) 사회적인 측면

학습장애아동의 75%가 사회적 기술결함을 지니고 사회적으로 고립되어 있으며, 또래에게 인기가 없다(Kavale & Forness, 1996). 이로 인하여 사회적 능력에서도 어려움을 지닌다(Gresham, 2001). 타인과의 사회적 관계의 형성과 유지, 사회적 단서를 잘 읽지 못하거나 부적절한 사회적 판단을 하는 미숙한 모습을 보이며, 상황에 맞지 않는 행동을 하거나 자신의 행동이 가져올 결과를 미리 예측하거나 받아들이기도 어렵다(박승희 외, 2007; Bender, 2008).

(2) 정서적인 측면

행동 이전에 반성적 사고가 부족하고, 충동적인 경향이 많으며, 전반적으로 인내심이 약하고 쉽게 좌절하는 경향을 보인다. 그런가 하면 집단놀이 중에 지나치게 흥분하는 경향이 있기도 한다. 즉, 비교적 감정과 반응의 변화가 심한 편이다(김동일 외, 2016). 또한, 사회적 예절에 민감하지 못하며 정서가 우울하거나 사회적으로 위축되는 경향이 크고 모든 면에서 의존적이다.

06 학습장애아동의 통합교육

학습장애아동의 통합교육에 있어서 일반학급의 교사는 매우 중요한 역할을 한다. 일반적으로 교사는 학습장애를 지닌 아동을 가장 먼저 발견하게 된다. 그러므로 학습장애가 의심되는 행동 특성을 이해하여 적절한 시기에 전문적인 도움을 제공하는 것은 교사의 중요한 역할이다(이소현 · 박은혜, 2011).

「장애인 등에 대한 특수교육법」에 명시되어 있는 특수교육대상자인 학습장애아동은 다른 장애영역의 아동에 비하여 일반적으로 특수학교에 배치되어 교육받기보다는 일반학교의 일반학급 또는 특수학급에서 교육받는 경우가 대부분이다.

따라서 일반학급의 담당교사는 통합학급의 담임교사로서 특수학급의 교사와 협력 관계를 통하여 이들의 교육에 적절한 교육적 서비스를 제공해야 할 것이다.

다음의 〈표 10-9〉는 학습장애아동을 위한 생애주기별 교수 지원법이다.

〈표 10-9〉 학습장애학생을 위한 학습전략

구분	학습전략
학령전기	• 언어적 지시를 짧고 단순하게 한다. • 내용 수준을 학생의 발달 수준에 맞춘다. • 의미를 분명히 하기 위해 여러 가지 예제를 준다. • 재료가 새로운 것인 경우, 평상시보다 연습을 더 많이 하게 한다.
학령기	• 언어적 지시를 짧고 단순하게 한다. • 아동이 이해했는지 반복하여 확인하고 지도한다. • 아동에게 외우는 방법을 가르치기 위해 지도할 때 상위인지전략을 사용한다. • 핵심 내용은 여러 번 반복한다. • 학습과 연습을 위해 추가시간을 제공한다(필요하면 재교육).
청소년기와 전환기	• 아동이 자기교시 훈련전략을 가르치고 익히게 한다. • 새로운 재료는 아동이 이미 가지고 있는 지식과 연결시킨다. • 아동이 외적 기억전략이나 대안 공학기기들을 사용하도록 가르친다.

출처: 전헌선 외(2012). 특수교육학개론. p. 138. 학습장애학생을 위한 학습전략.

1) 성공적인 통합교육의 협력교수

통합교육의 성공적인 협력교수를 효과적으로 실시하기 위해서는 교사로서의 전문적인 기술 및 지식과 협력적 관계를 유지할 수 있는 기술이 필요하다.

〈표 10-10〉에 제시한 것처럼 각 단계에서 갖추어야 할 요인을 확인하고 준비하는 과정을 통해 협력교수를 실행해 나가야 한다(김애화 외, 2016).

〈표 10-10〉 성공적인 협력교수

협력 교수 시작 전	교사 변인	• 협력교수의 목표와 이유에 대해 생각한다. • 협력교수를 실시하기 위해 자신이 지니고 있는 능력을 확인한다(협력교수 지식, 의사소통기술, 자기 영역에서의 전문적 지식과 기술). • 협력교수를 원하는 교사를 파악하고 어떤 교사와 협력교수를 실시할지 결정한다. • 협력교수를 실시할 과목을 의논한다. • 협력교수에서 교사의 구체적인 역할과 책임을 결정한다. • 협력교수 실시 과정에 대해 비판적인 피드백과 자문을 제공할 수 있는 동료 교사나 전문가를 구한다.
	학생 변인	• 학생의 요구를 분석하고 교실에서의 수업 운영을 준비한다. • 학생의 학업수행을 어떻게 평가할 것인지 결정한다.
	체계 변인	• 필요한 지원과 자원을 기술한다(예: 행정가, 동료 교사, 부모). • 공동계획 시간 및 협력교수를 실행할 시간을 결정한다. • 구체적인 협력교수 시간표를 계획한다. • 학교 관리자로부터의 공식적인 승인을 받고 지원 과정을 형식화한다(서류 작성, 보고).
협력 교수 시행 중	교사 변인	• 두 교사 간의 의사소통 과정에 문제가 없는지 서로의 의견을 정기적으로 확인한다. • 행정가 및 피드백을 제공하는 전문가들(예: 동료 교사, 전문가)과 활발한 의사소통을 한다. • 설정한 목표에 근거하여 학생의 수행 능력과 교사의 교수기술이 향상을 보이는지 지속적으로 평가한다.
	학생 변인	• 전체 학생에게 협력교수에 대해 설명한다(협력교수의 목표, 방법 등).
	체계 변인	• 협력교수 과정 중 수정이 요구된다면 어떠한 부분이 개선되어야 하는지 확인하고 그것을 성취하기 위한 계획을 마련한다. • 추가적으로 필요한 훈련과 지원을 확인한다.

07 학습장애아동의 교육 사례

1) 읽기학습장애 지도 사례

배경정보:

원준이는 중학교 일반학급 1학년에 재학 중이다. 기초학력진단평가(읽기)의 성취도 56점, K-WISC-Ⅱ 결과 언어성 지수 71점, 동작성 지수 85점, 전체 지능지수 75점이다. 원준이는 소극적인 성격으로 인하여 자신감이 많이 떨어지고 교우 관계도 힘들어하고 있다.

국어 교과가 담당인 담임교사는 원준이에게 시를 이용한 수업을 하였다. 중학교 1학년 1학기 국어 교과서에 나오는 김소월의 시「엄마야 누나야」를 프린트하여 나누어 주고 시에 나오는 이름을 원준이가 같이 살고 싶은 대상으로 바꾸어서 표현하도록 하였다. 시와 함께 노래를 들려주고 원준이가 바꾸어 놓은 대상을 넣어서 읽어 보고 노래를 하는 다감각적 학습방법을 교수하였다. 그리고 읽기학습장애학생의 성공적인 읽기 활동을 도와주기 위해서 읽어야 할 자료 내용을 경험한 이야기를 중심으로 체계적으로 개념화시켜 주었다.

원준이가 지난 주말에 경험한 이야기를 구두로 말하고 교사는 원준이의 이야기를 있는 그대로 노트에 기록한다. 교사는 기록한 것을 단어의 선택과 문장 구조 및 변경을 통하여 학생 본인의 경험한 이야기를 중심으로 자연스러운 읽기 활동을 위한 교수-학습 자료로 사용한다.

그리고 심상 만들기 교수전략을 이용하여 박지성에 관한 글을 읽는 동안 글 속에 기술되어 있는 박지성에 대한 인물, 사건, 상황을 반영하는 영상을 마음속에 형성하는 동시에 사실적 정보에 대한 내용을 명제해서 부호화하도록 한다. 박지성이 골을 넣는 장면을 연상함과 동시에 교과서에 나와 있는 문장을 읽게 한다. 문장을 읽은 뒤에는 박지성이 골을 넣는 장면을 그림으로 표현하게 한다.

2) 쓰기학습장애 지도 사례

배경정보:

지연이는 초등학교 5학년 여학생이다. 부모님이 이혼하고 외할머니와 함께 살고 있으며, 가정형편이 어려운 관계로 할머니에게서 학습지원을 전혀 받을 수 없는 상황이다. 지능은 우수한 편이지만 글쓰기를 싫어하고 음악을 듣고 그림 그리는 것을 좋아한다.

수업시간에 쓰는 활동을 회피하고 짜증을 많이 내고 있다.

한국웩슬러지능검사결과 지연이는 언어성 IQ 101, 동작성 IQ 114 전체 IQ는 108이고, KISE 선별척도에서 언어성 점수 17, 비언어성 점수 40, 전체 점수가 67이다.

교사는 그림 그리는 것을 좋아하는 지연이의 특성에 맞게 통합 환경 안에서 친구들과 브레인스토밍을 통한 마인드맵으로 글쓰기를 지도하였다. 그림을 잘 그리는 지연이가 친구들과 수업시간에 주도적으로 수업진행을 할 수 있도록 해 주었다.

그림과 함께 글씨를 표현하는 그래픽으로 과제를 진행하고 또래 친구들은 정확한 글자를 연필로 적어 주면 지연이는 친구들이 적어 놓은 밑바탕 글자 위에 굵게 글자를 그대로 따라 꾸미고 쓰는 활동을 한다. 그리고 친구들과 함께 큰소리로 읽어보면서 읽기와 쓰기를 통합하는 학습을 하고 있다.

교사는 음악을 좋아하는 지연이에게 멀티미디어 매체를 활용한 동요 따라 부르기 활동을 하고 동요에 나오는 단어를 쓰기학습에 접목하여 학습지도를 한다. 쓰기단계가 끝나면 다시 한번 동요를 듣고 지연이 스스로 쓰기 철자법 체크를 하도록 한다.

많은 학습장애학생은 무슨 뜻인지는 알겠지만 그 뜻을 글로 쓰는 것이 너무 어렵다고 이야기한다. 즉, 의사소통 도구 중 가장 어려운 것이 쓰기라고 이야기하고 있다.

3) 수학학습장애 지도 사례

배경정보:

민지는 중학교 2학년 여학생이며 부모님, 동생, 오빠와 함께 살고 있다. 부모님은 민지의 학교생활과 교육에 관심이 많다. 민지는 K-WISC-Ⅱ 언어성 80, 동작성 85, 전체 IQ는 80 KISE-BAAT 지수(수학)백분위 점수 -5%ile, 학력지수 -68의 검사결과가 나왔다.

교사는 민지가 가지고 있는 수학학습문제의 유형과 성격을 정확히 파악하고 오류 유형 분석을 하였다. 수학장애 문제가 문장제에 대한 개념이해 부족인지를 파악하고 민지의 수학 오답노트를 작성하였다.

수학학습과정에서 잘못 학습된 개념들을 오답노트 작성 시 교사의 피드백과 함께 문제풀이과정을 오답노트에 적으면서 덧셈, 뺄셈, 곱셈, 나눗셈에 대한 개념을 이해하기 시작하였다.

교사는 민지가 오류를 보이면 즉시 정확하고 구체적으로 피드백을 주었다. 민지가 뺄셈 과정에서 받아내림을 안 했을 때는 받아내림의 오류에 대하여 받아내림에 대한 절차를 반복적으로 연습하도록 한다. 그리고 수학동화를 이용하여 수학의 개념형성에 대한 접근을 쉽고 재미있게 하도록 지도한다.

교사는 민지의 부족한 수학 영역 중 하나의 교수방법보다는 여러 가지 효과적인 교수방법을 적절하게 조합하여 지도하였다. 민지의 도형, 공간 감각을 연습시키기 위해서 보드게임을 이용한 컵 쌓기 활동을 하면서 공간 감각에 대한 개념형성을 하였다. 수학 덧셈, 뺄셈에서는 보드게임을 활용한 10의 보수 만들기, 숫자 더하기 빼기를 게임으로 지도하였다.

친구들과 함께 활동할 수 있는 보드게임을 통한 교수방법으로 수학적 접근과 함께 사회적 규칙에 대하여 습득하는 방법을 학습하게 된다. 또한, 또래관계와의 사회성 증진과 함께 다른 사람과 대화하는 기법을 함께 터득할 수 있다.

Chapter. 11

의사소통장애아동 교육

학 습 목 표

1. 의사소통장애의 정의와 분류를 이해할 수 있다.
2. 의사소통장애아동의 특성을 이해할 수 있다.
3. 의사소통장애아동의 교수-학습방법에 대하여 알 수 있다.

생각 나누기

2011년 개봉한 영화 「킹스 스피치」는 영국의 실존인물인 조지 6세를 주인공으로 제작하였다. 조지 5세의 차남인 요크 공작은 언어장애인 '말더듬' 때문에 왕이 되길 두려워했다. 1925년 열린 대영제국 박람회 폐막식에서 말을 더듬는 바람에 연설을 망치기도 했다. 다양한 언어치료도 받아봤지만 효과가 없었다.

이 영화는 영국 국왕 조지 6세가 언어장애를 이겨내고 국민의 존경을 받는 왕으로 성장하는 과정을 그렸다. 또 영국 국왕과 식민지 출신의 평민 신분 언어치료사가 계급과 신분을 뛰어넘어 나누는 우정의 힘을 감동적으로 보여 준다.

여러분은 말더듬 때문에 타인과의 대화를 통한 의사소통에서 어려움을 넘어 두려움과 공포를 느끼는 말더듬을 지닌 사람들의 심리적, 정서적, 좌절감과 그들의 답답함을 이해하고 공감할 수 있는지요?

말더듬뿐만 아니라 조음장애로 발음이 어눌하여 무슨 말을 하는지 알아듣기 힘들거나, 음성장애로 목쉰소리 또는 거친소리로 말을 하는 사람의 말을 들을 때 불쾌한 경우가 있을 것입니다. 또한, 선천적인 언어발달장애나 후천적인 뇌손상으로 인한 실어증으로 타인과의 의사소통에 어려움을 지는 경우 모두를 의사소통장애라고 합니다.

● 의사소통장애란?

언어 연쇄와 의사소통장애

● 한국 역사 속의 언어장애 관련 인물사

〈조광진(1772~1840), 언어장애(말더듬)〉

조광진은 조선 후기 서예가이다. 자는 정보(正甫)이고, 호는 눌인(訥人)이다. '눌인(訥人)'은 말을 더듬는다 하여 얻게 된 호로, 언어장애를 가지고 있었다.

「진서와 예서에는 조졸한 기운이 있었으며, 고법을 쓰거나 모방하는 데 가장 뛰어났다. 행성과 초서는 유석암(청나라 유왕)과 비슷했고, 지예는 장수옥(청나라 장도옥)에 비길 만하였으니 쇠를 구부리고 금을 녹인 듯 이 세상 사람의 글씨 같지가 않았으니 천전운뢰(天篆雲雷)도 더 나을 수 없었다.」 이는 조광진의 서체에 대한 찬사이다(정창권 외, 2014).

의사소통은 매우 복잡한 과정으로 의사소통의 메시지를 조절, 통합 및 형성하는 대뇌의 신경생리학적 여러 부위가 관여한다. 의사소통은 호흡-발성-공명-조음 등의 음성산출 메커니즘과 청각경로의 이해를 토대로 성대 발성기관의 기전 결과를 거쳐 소위 '말(Speech)'을 통하여 타인에게 표현된다.

01 의사소통장애의 정의

의사소통장애란 타인과의 관계 속에서 다양한 정보를 주고받는 전달 수단으로 사용되는 의사소통 · 언어 · 말에 어려움을 지니는 것을 말한다.

1) 의사소통 · 언어 · 말의 정의

(1) 의사소통(communication)

의사소통이란, 두 사람 이상의 사이에서 자신의 느낌이나 생각 그리고 정보를 주고받는 과정이며, 정보를 부호화하는 전달자와 정보를 해독하는 수신자가 포함된다. 이때 정보는 언어적이거나 비언어적일 수 있고, 상징이거나 비상징적일 수도 있다(예: 표정, 눈 맞춤, 목소리, 억양, 제스처 등).

이러한 의사소통의 기능은 의사소통의 즐거움 인식, 말 주고받기, 공동관심 형성, 의사소통 상대와의 상호작용 같은 의사소통의 본질은 사회적 맥락에서 형성되어진다(Wetherby & Prizant, 1989).

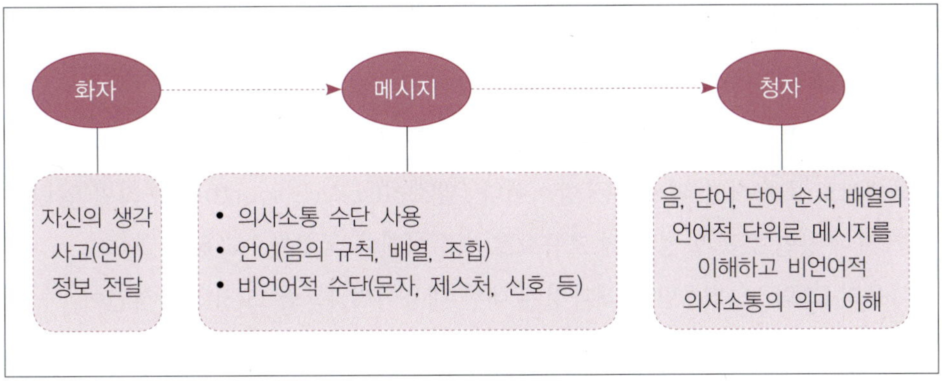

[그림 11-1] 의사소통 과정

(2) 언어(language)

언어는 다른 사람과 의사소통을 위한 상징적인 구조 체계를 말한다. 즉, 자신의 생각과 느낌, 경험을 통한 정보를 표현하기 위해 어떤 음을 규칙적으로 배열하는 것이며, 음운적 · 형태적 · 구문적 · 의미적 · 화용적 요소로 구성된다.

〈표 11-1〉 언어의 구성 요소

구성 요소	하위 체계	정의	사용의 예	
			수용언어	표현언어
형태	음운론	말소리 및 말소리의 조합을 규정하는 규칙	말소리 식별	말소리를 만들고 분명하게 발음
	형태론	단어의 구성을 규정하는 규칙	단어의 문법적인 구조 이해	단어 내에서 문법 사용
	구문론	단어의 배열, 문장의 구조, 서로 다른 종류의 문장 구성을 규정하는 규칙	문구와 문장 이해	문구와 문장 내에서 문법 사용
내용	의미론	의미(단어 및 단어의 조합)를 규정하는 규칙	단어의 의미와 단어 간의 관계 이해	단어의 의미와 단어 간의 관계 사용
사용	화용론	사회적 상황에서의 언어의 사용과 관련된 규칙	사회적 · 상황적 단서 이해	다른 사람에게 영향을 미치기 위해 언어 사용

출처: 이소현 · 박은혜(2011). p. 278.

(3) 말, 구어(Speech)

구어 산출에 의한 언어의 생성이다. 언어를 표현하는 유일한 수단이 구어는 아니지만(예: 몸짓, 손짓, 사인, 그림, 문어적 상징 등이 사용될 수 있음), 구어는 가장 신속하면서도 효율적인 의사소통 방식이다. 말소리(speech sound)는 분리된 일련의 네 가지 과정인 호흡-발성-공명-조음으로 이루어진다(국립특수교육원, 2009).

다음의 [그림 11-2]는 말 연쇄과정에 대한 내용이며, [그림 11-3]은 음성언어, 즉 말의 산출과 관련되는 생리 해부학적 구조에 대한 설명이다.

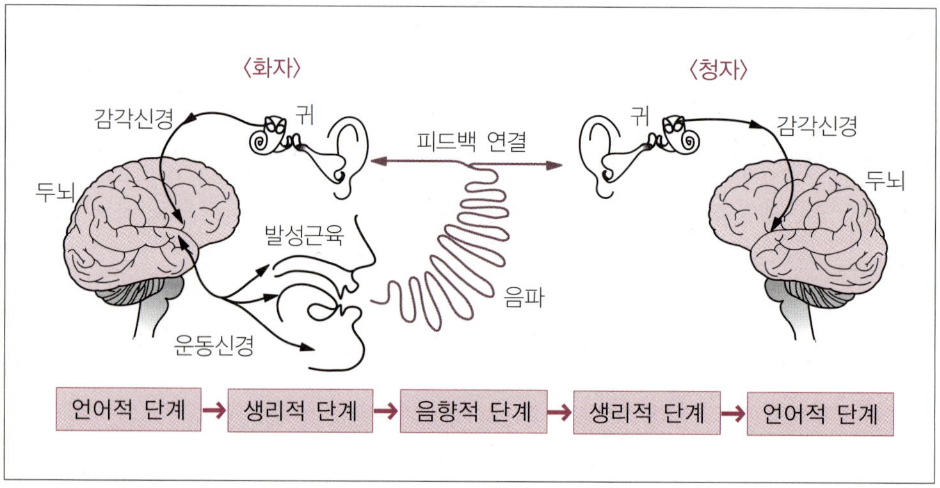

[그림 11-2] 말 연쇄(speech chain) 과정

출처: 심현섭 외(2010). 의사소통장애. p. 96.

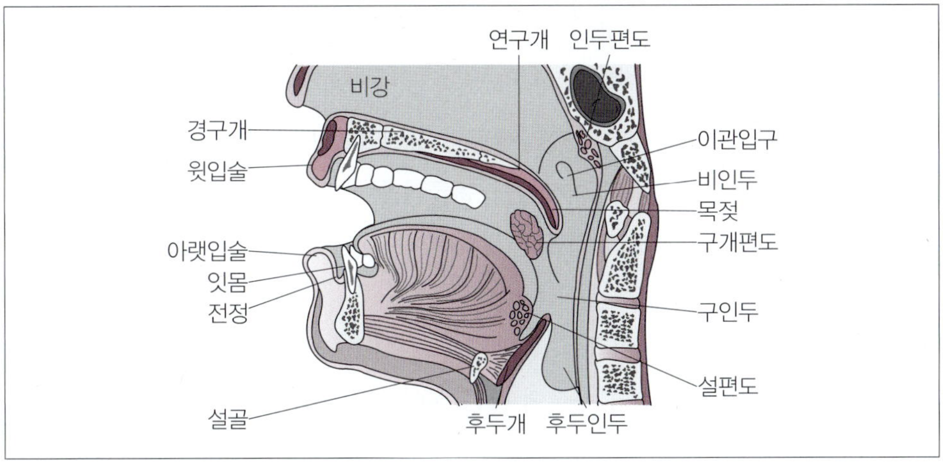

[그림 11-3] 말 산출기관

출처: 고도흥(2013). 언어기관의 해부와 생리. p. 137.

2) 의사소통장애의 정의

(1) 「장애인 등에 대한 특수교육법」에서의 정의

- 다음의 각 항목의 어느 하나에 해당하여 특별한 교육적 조치가 필요한 사람
  가. 언어의 수용 및 표현 능력이 인지 능력에 비하여 현저하게 부족한 사람
  나. 조음 능력이 현저히 부족하여 의사소통이 어려운 사람
  다. 말 유창성이 현저히 부족하여 의사소통이 어려운 사람
  라. 기능적 음성장애가 있어 의사소통이 어려운 사람

(2) 국립특수교육원(2009)의 정의

- 언어 또는 비언어적 형태의 정보를 교환하는 데 장애가 있는 것이다.
  - 언어학적 차원의 언어장애(language disorder)
  - 조음기관에 의한 말 산출과 관련한 말장애(speech disorder)
  - 듣는 것과 관련한 청각장애(hearing impairment)
  - 표현과 관련한 의사소통장애는 말(조음, 유창성, 음성)과 언어(형식적인 측면: 음운, 형태, 구문 / 내용적인 측면: 어휘, 사용적 측면: 화용)로 구별하여 살펴볼 수 있다.

(3) 「장애인복지법」에서의 정의

「장애인복지법」에서는 장애명을 '언어장애'로 규정하고 있으며, 언어장애인을 음성 기능이나 언어 기능에 영속적으로 상당한 장애가 있는 사람으로 정의하고 있다. 2019년 7월 1일 이전까지는 언어장애를 등급의 분류체계 기준으로 판정하였으나, 2019년 7월 1일부터는 개정된 법률 시행에 따라 장애정도의 이분화된 분류체계로 변경되었다.

언어장애는 음성장애, 구어장애, 발달기에 나타나는 발달성 언어장애, 뇌질환 또는 뇌손상에 의한 언어중추의 손상에 따른 실어증을 포함한다. 음성장애는 단순한 음성장애와 발성장애를 포함하며, 구어장애는 발음 또는 조음장애와 유창성장애(말더듬)를 포함한다(보건복지부, 2019)

02 의사소통장애의 분류

의사소통장애의 분류체계에 대하여 관련 단체별로 알아보면 다음과 같다.

〈표 11-2〉 의사소통장애 관련 단체별 분류

단체	분류체계	
장애인 등에 대한 특수교육법	• 언어장애(수용, 표현) • 조음장애	• 음성장애(기능적) • 유창성장애
한국특수교육학회	• 아동언어장애 • 조음 · 음운장애 • 음성장애	• 신경말장애 • 신경언어장애
미국 정신의학 분야 (DSM-IV-TR)	• 표현언어장애 • 혼재성 수용-표현언어장애	• 음운장애 • 말더듬증

위의 내용을 바탕으로 의사소통장애를 분류함에 있어서 증상(symptom)에 따라 일반적으로 크게 말장애(조음장애, 유창성장애, 음성장애)와 언어장애(구문론장애, 의미론장애, 화용론장애)로 구분한다. 이에 따른 하위 장애유형별 특성에 대하여 구체적으로 살펴보고자 한다.

1) 의사소통장애의 분류

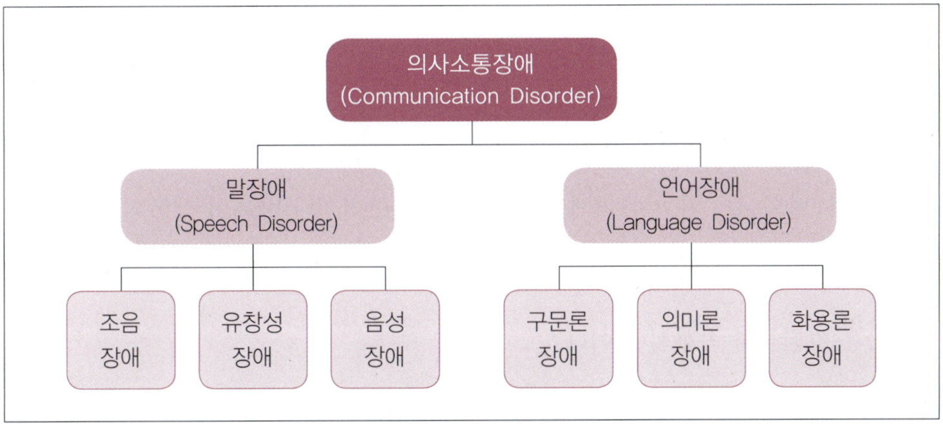

[그림 11-4] 의사소통장애의 분류

(1) 말(구어)장애

❶ 조음장애

조음장애(articulation disorder)는 다른 사람과의 의사소통 상황에서 성대의 증폭된 음성을 통한 말소리의 산출과정 중에 어떠한 다양한 원인으로 인하여 정상적인 말소리가 만들어지는 데 장애가 발생하는 것을 말한다.

조음장애는 유아기 및 학령기 아동의 약 10% 정도 가지는 가장 보편적인 유형의 말장애로서 입술이나 혀, 치아, 입천장 등과 같은 조음기관의 구조적 및 기능적 문제로 인하여 말소리를 정확하게 조음하지 못하는 것으로(국립특수교육원, 2009) 최근의 학문적 흐름에 조음장애에 음운장애의 개념을 포함하여 조음·음운장애라는 용어로도 많이 사용되어지고 있다(고은 외, 2015).

즉, 조음장애란 말을 산출하는 조음기관의 결함으로 특정 음에서 오류를 보이는 것을 말하며, 음운장애는 말소리의 규칙을 습득하고 사용하는 음운 인식의 어려움으로 인하여 조음이 되지 않는 경우를 말한다.

❷ 유창성(말더듬)장애

유창성장애(flunecy disorder)란 말의 흐름(리듬, 강약, 속도)이 방해를 받아 유창하지 못한 것을 일컫는다.

- 말더듬: 말을 시작할 때 단어의 첫 글자나 어두음 또는 단어 전체를 반복하며, 음의 연장, 막힘, 얼굴 찡그림, 쉼 등의 형태로 나타난다.
- 속화: 말의 속도가 지나치게 빨라서 음을 빠뜨리거나 발음이 잘못되는 것을 말한다.

다음은 말더듬과 속화의 차이이다.

〈표 11-3〉 말더듬과 속화의 차이

내용	말더듬	속화
장애의 인식	인식함	인식에 어려움
말 표현에 주의할 때	부정적 결과	긍정적 결과
내용을 알고 읽을 때	긍정적 결과	부정적 결과
자신의 말에 대한 태도	힘들어하고, 공포	주의를 기울이지 않음

❸ 음성장애

음성장애(voice disorder)는 음성이 화자의 성별, 나이, 체격에 비해 적절하지 못하며, 성대의 병리학적 이상, 또는 호흡기관 및 말소리의 구조적 · 기능적 이상으로 인해 음도, 강도, 음질, 유동성, 공명, 지속시간이 비정상적인 산출의 경우를 말한다.

음성장애의 기본적인 유형으로 발성장애와 공명장애로 나누어 구분한다.

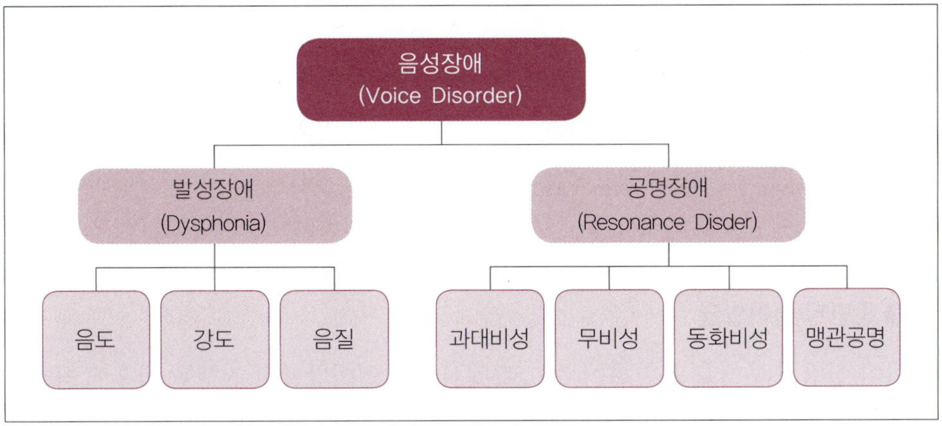

[그림 11-5] 음성장애의 분류

(2) 언어장애

언어장애는 구어를 산출하는 대뇌생리 과정의 결함으로 인해 언어의 의미를 이해하거나 해석하는데 어려움을 지니는 것으로 언어발달장애와 실어증 등이 있다. 언어장애는 대뇌 생리과정의 결함으로 인하여 언어 발달의 이상이나 지체를 의미하는 의사소통장애의 한 유형이다(국립특수교육원, 2009).

언어장애의 분류는 학자마다 다양한데 여기에는 구어의 결여, 지연된 언어발달, 질적으로 다른 언어, 중단된 언어발달 유형으로 살펴보고자 한다.

❶ 구어의 결여

언어발달의 결정적 시기인 3세 이후에도 자발적인 발화가 없는 경우로, 자발적으로 언어를 사용하지 않는 것이다(구문론, 의미론, 화용론 상호 연관성 문제를 보임).

❷ 지연된 언어발달

구문론과 의미론의 문제를 동반하는 것으로, 전형적인 언어발달단계를 거치지만, 또래에 비해 언어발달속도가 느린 경우 언어발달지체로 볼 수 있다.

❸ 질적으로 다른 언어

화용론의 문제를 동반하는 것으로, 말소리의 산출이나 어휘 발성에 문제가 없음에도 불구하고 일반적인 말을 사용하는 방법과 다른 경우이다(예: 자폐성장애아동의 반향어, 사회적 상황에 맞지 않는 무의미한 말과 단어사용으로 상대방과 의사소통이 안 됨).

❹ 중단된 언어발달

언어 전반의 문제를 동반하는 것으로 정상적인 언어발달이 진행된 이후에 청각이나 두뇌 기능의 손상으로 언어장애를 가지게 되는 것으로 대표적으로 실어증(습득한 언어를 잃어버렸다는 의미)이 있다.

03 의사소통장애의 원인 및 출현율

의사소통장애는 다양한 원인으로 발생할 수 있으나, 넓은 의미의 범주에서 대부분 기질적인 원인과 기능적인 원인으로 나눈다. 이 절에서는 의사소통장애의 특성에 따른 말(구어)장애의 원인과 언어장애의 원인에 대한 하위 유형으로 나누어 살펴보고자 한다.

1) 말(구어)장애의 원인

(1) 조음장애 원인

❶ 기질적 원인

조음기관의 선천적(구개파열, 신경학적 원인) 혹은 후천적인 요인(생후 뇌손상, 외상에 의한 구강구조의 손상)으로 인하여 말을 산출하는 과정에 관여하는 모든 입술, 혀, 치아, 입천장 등의 구강구조에 이상이 있는 경우이다.

[그림 11-6]은 설소대 단축증, 너무 큰 혀 또는 작은 혀, 하악돌출, 상악돌출, 부정교합 등에 관련한 자료이다.

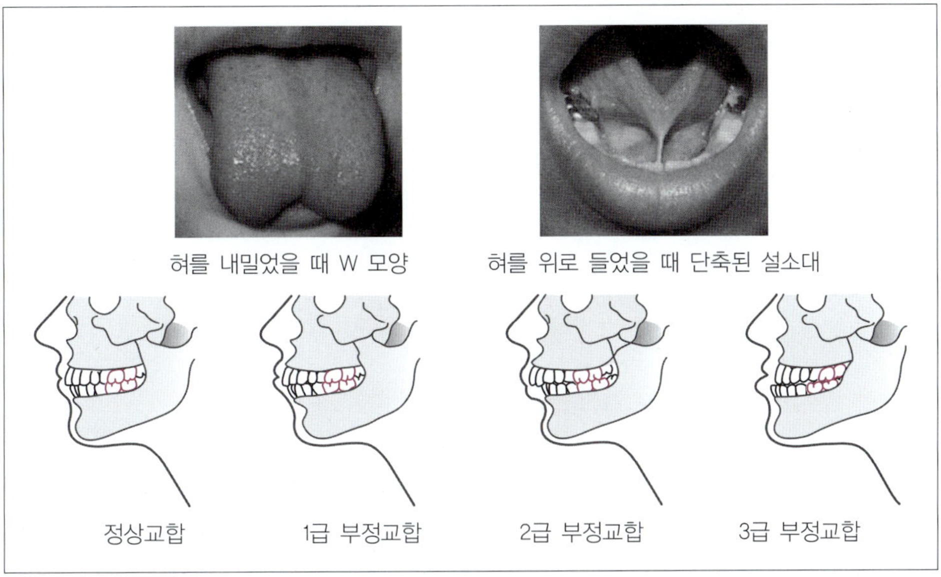

[그림 11-6] 설소대 단축증 및 부정교합

출처: 국가건강정보포털.

❷ 기능적 원인

말을 산출하는 구강구조의 해부학적 요소에는 이상이 없으나, 환경적 요인으로 인한 풍부한 언어자극 경험의 결핍, 또는 아동의 언어발달에 부정적인 영향을 미치는 다양한 개인적 특성에 따른 요인으로 인한 인지발달과 음운지식 능력의 부족으로 발생하는 경우이다.

(2) 유창성 원인

말더듬의 발생 원인은 명확하게 알려진 바가 없다. 일부에서는 여러 가지 요인이 복합적으로 작용한다고 주장하는데, 대표적으로 다음과 같은 요인을 들 수 있다(고은 외, 2015).

- 심리 사회적 요인: 말을 하는 데 있어서 불안이나 공포 등과 같은 심리적 원인
- 심리 언어학적 요인: 음운론적 측면에서 단어의 첫음절 또는 폐쇄음과 마찰음에서 기능어보다는 명사나 동사 같은 내용어, 문장의 길이가 길고, 익숙하지 않은 내용이 원인
- 생리학적 요인: 유전과 중추신경계의 이상으로, 말소리에 대한 내적 처리과정에 원인

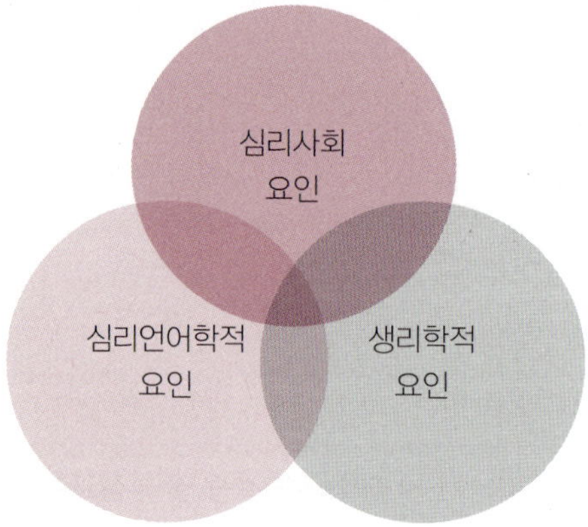

[그림 11-7] 의사소통장애의 분류

(3) 음성장애 원인

음성장애는 말소리의 근원인 음성이 산출되는 음원의 성대병변으로 인하여 문제가 발생했을 때 나타나는 성대폴립, 성대낭종, 성대비대증 등의 다양한 성대질환과 감기로 인한 후두염, 성대의 오남용으로 인한 성대결절(유아, 가수, 교사, 종교인 등 말을 많이 하는 사람)의 원인으로 발생된다.

❶ 기질적 원인

- 성대의 무게, 크기, 모양의 변화: 성대결절, 성대폴립, 성대낭종, 육아종 등
- 성대 운동에서의 문제: 성대마비, 경련성 부전 실성증, 성대구증

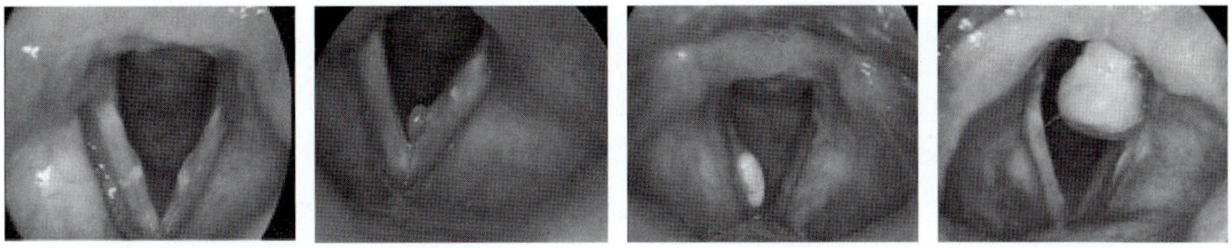

성대결절 성대폴립 성대낭종 성대육아종

[그림 11-8] 성대의 무게 및 크기 모양 변화 증상

출처: http://www.thewellvoice.com

❷ 기능적 원인

정서적 문제, 정신 신경적 문제, 후두의 음성 산출 메커니즘의 문제(성대의 지나친 긴장), 음성의 남용과 오용 등이 있다.

2) 언어장애의 원인

언어장애의 원인으로 지적장애, 학습장애, 청력손실, 자폐성장애, 뇌성마비, 구강의 구조적인 결함, 환경의 결핍 등을 들 수 있다. 특히, 언어발달의 결정적 시기에 아동에게 제공되는 언어의 질과 양이 언어발달에 큰 영향을 미친다는 점을 고려할 때 환경의 결핍은 언어장애의 큰 원인이 됨을 알 수 있다(김삼섭 외, 2012). 또한, 취학 전 영유아기의 듣기를 통한 언어 이해의 어려움은 말하기 언어 능력에 영향을 미치게 된다. 이로 인하여 취학 후 일반아동에 비하여 학령기 학습의 읽기, 쓰기에도 어려움을 가질 가능성이 훨씬 더 크다.

3) 의사소통장애의 출현율

교육부 특수교육통계(2023)에 의하면 의사소통장애를 지닌 특수교육대상자 2,645명으로써 전체 특수교육대상자의 2.4%를 차지한다고 보고하고 있다. 연도별 의사소통장애아동 현황은 아래 〈표 11-4〉와 같다.

연도별 의사소통장애아동 현황은 아래의 〈표 11-4〉와 같다.

〈표 11-4〉 연도별 의사소통장애아동 현황 (단위: 명, %)

구분	2019년	2020년	2021년	2022년	2023년
전체 특수교육대상아동	92,958 (100)	95,420 (100)	98,154 (100)	103,695 (100)	109,703 (100)
의사소통장애아동	2,204 (2.4)	2,404 (2.5)	2,450 (2.5)	1,622 (2.5)	2,645 (2.4)

출처: 교육부(2019, 2020, 2021, 2022, 2023).

04 의사소통장애아동의 판별과 선정

1) 선별검사

한국특수교육학회(2008)에서는 학교생활에서 말과 언어의 문제를 지니는 의사소통장애아동을 판별하기 위한 선별 절차로 다음과 같이 각 장애유형에 따른 기준을 제시하고 있다.

(1) 아동언어장애

- 다른 사람과의 의사소통 의도를 이해하거나 자신의 의도를 표현하는 데 문제가 있는가?
- 어휘(낱말)를 이해하거나 표현하는 데 어려움을 보이는가?
- 문장의 구문 구조를 이해하거나 표현하는 데 어려움을 보이는가?
- 문법형태소를 이해하거나 표현하는 데 어려움을 보이는가?
- 대화 시 의사소통 규칙이나 기능을 이해하거나 사용하는 데 문제를 보이는가?

(2) 조음장애

- 비정상적으로 발음에 오류를 보이거나 특이한 발음을 보이는가?
- 발음이 불명확하여 무슨 말을 하는지 알아듣기 어려운가?

(3) 음성장애

- 목소리 크기, 높낮이, 음질과 음성을 적절하게 변화시키는 데 문제가 있는가?

(4) 유창성장애

- 의사소통에 방해가 될 정도로 말을 반복하거나 연장하거나 힘들어하는가?

(5) 신경말장애

- 뇌성마비가 있거나 기타 신경계 손상으로 알아듣기 힘들게 말하는가?
- 침을 많이 흘리거나 음식을 삼키는 데 문제가 있는가?

(6) 신경언어장애

- 뇌손상이 있거나, 있다고 의심되는 상황에서 말이나 글을 이해하거나 표현하는 데 어려움을 보이는가?

2) 검사 도구

(1) 언어발달장애

- 취학전 수용 및 표현 언어발달척도(2~6세 6개월): 수용 및 표현 언어검사
- 구문의미이해력검사(4~9세): 문법 38개 문항, 의미 19개 문항으로 구성
- 언어문제해결력검사(5~12세): 언어를 통한 문제해결 능력을 측정

(2) 조음 · 음운장애

- 우리말 조음 · 음운평가(2~12세): 단어 수준과 문장 수준으로 평가
- 한국어표준 그림조음음운검사(3세~성인): 선별과 정밀검사로 나누어 평가

(3) 음성장애

- 주관적 평가: Stroboscope검사(성대의 진동, 마비 유무 등), 청지각적 평가
- 객관적 평가: CSL, Visi-Pitch, 공기역학적평가(AerophoneⅡ) 등 의료장비 측정

(4) 유창성장애

- 파라다이스-유창성검사Ⅱ(아동~성인): 구어평가와 의사소통태도 영역 구성

05 의사소통장애아동의 특성

1) 조음 · 음운장애 특성

조음 · 음운장애의 대표적인 오류형태의 특성 유형은 대부분 대치-생략-왜곡-첨가 순으로 나타난다. 〈표 11-5〉,〈표 11-6〉에 제시된 조음장애와 음운장애의 오류형태에 대한 유형별 사례를 살펴보면 이해가 쉬울 것이다.

〈표 11-5〉 조음장애의 오류 유형별 실례

오류 유형	정의	예시
대치 (substitution)	목표 음소 대신 다른 음소로 바꾸어 발음하는 오류	사랑해 → 다랑해 아버지 → 아러지
생략 (omission)	음절이나 단어에서 음소를 빠뜨리고 발음하지 않는 오류	사랑해 → 아랑해 아버지 → 버지
왜곡 (distortion)	말소리를 생략, 대치하지는 않지만 정확하지 않아 그 소리를 식별하기 어렵게 발음하는 오류	사랑해 → 샤랑해 아버지 → 아봐지
첨가 (add)	필요 없는 다른 음소를 추가하여 발음하는 오류	사랑해 → 상랑해 아버지 → 아바버지

〈표 11-6〉 대표적인 음운오류 유형

오류	정의	유형	예시
대치 음운 변동	조음위치에 따른 대치	정상적인 조음점보다 앞에서 조음(전설음화)	자동차 → 다동차
		정상적인 조음점보다 뒤에서 조음(후설음화)	도둑 → 조둑
		목표음을 경구개음으로 대치(경구개음화)	꼬꼬댁 → 꼬꼬잭
		목표음을 치조음으로 대치(치조음화)	어진 → 어딘
	조음방법에 따른 대치	목표음을 폐쇄음으로 대치(폐쇄음화)	라디오 → 다디오
		목표음을 비음으로 대치(비음화)	고니 → 고리
	동화	앞의 음소의 영향을 받아서 대치(순행동화)	책상 → 책강
		뒤의 음소의 영향을 받아서 대치(역행동화)	가방 → 바방

2) 유창성장애 특성

유창성장애의 형태 중 말더듬은 말이 막히거나 반복되고, 연장되는 등의 그 양상과 정도가 매우 다양하고, 속화(말빠름증)는 말의 속도가 지나치게 빠른 경우를 말한다. 이 두 가지 중 말더듬이 더 잘 알려진 형태이다. 다음의 〈표 11-7〉은 말더듬의 형태와 예시에 대한 내용이다.

〈표 11-7〉 말더듬의 형태와 예시

형태	예시	진행
단어 반복(전체)	"학교, 학교, 학교에 빨리 간다."	
단어 반복(부분)	"학, 학, 학, 학교에 빨리 간다."	
단어 반복(음소)	"하, 하, 하, 학교에 빨리 간다."	↓
연장(음,신체동반)	"하~~~~~~~~ 악교에 빨리 간다."	↓
폐쇄(기류 막힘)	"하악―――――――!!!(기류 막힘)교"	↓
투쟁(얼굴, 신체)	눈 깜빡거림, 얼굴 찡그림, 목 뒤로 휘저음	

말더듬의 대표적인 유형은 핵심행동과 부수행동으로 나눌 수 있는데 핵심행동은 반복, 연장, 막힘이며 부수행동은 말더듬 증상이 어느 정도 고착되었을 때 대부분 핵심행동과 함께 나타난다(Natke, 2000).

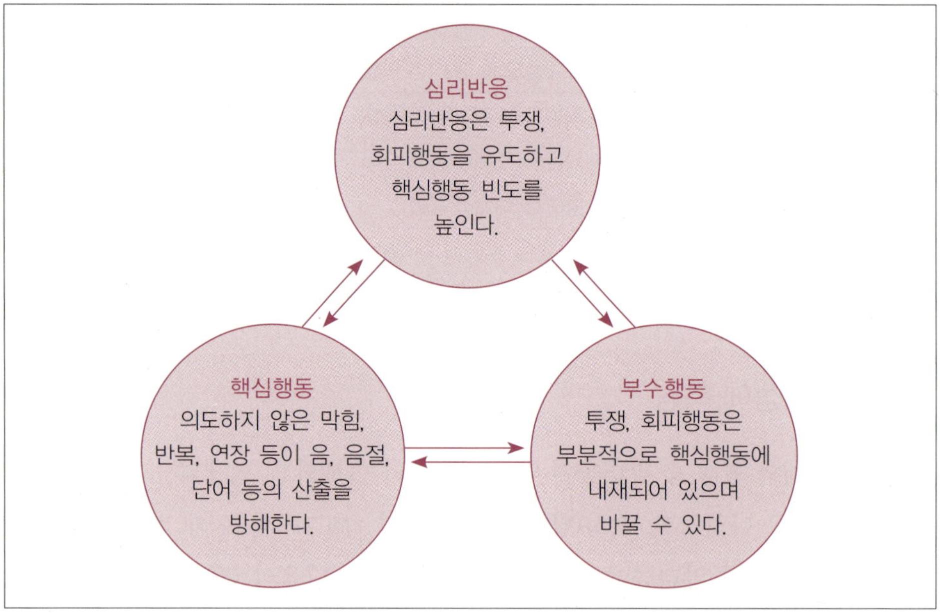

[그림 11-9] 핵심행동과 부수행동 간의 상호작용

출처: Sandrieser & Schneider(2001); 고은(2014). 의사소통장애아교육. p. 258. 재인용.

3) 음성장애 특성

음성장애의 특성을 살펴보면 후두 음원의 생성과 산출에 관여하는 성대의 무게 및 접촉과 관련하여 나타나는 음도장애, 강도장애, 음질장애, 유동성의 문제가 대표적이다. 또한, 음성을 산출하는 해부학적 기관에는 이상이 없으나 심리적인 문제로 인한 다양한 스트레스 요인으로 기능적 음성장애(예: 실성증)가 발생하기도 한다. 다음의 〈표 11-8〉은 음성장애 하위 유형에 대한 내용이다.

〈표 11-8〉 음성장애 하위 유형별 특성

하위 유형	산출되는 음성의 내용
음도장애	성, 연령, 체구, 문화적 환경에 따라 기대되는 음(소리)이 높낮이에 적절하지 않은 지나치게 너무 높거나 낮은 음성을 산출하는 경우
강도장애	음(소리)의 세기(크기)에 적절한 음성을 자신이 의도하는 데로 조절하여 전혀 산출할 수 없거나, 지나치게 음성이 크거나 작은 경우
음질장애	음(소리)을 산출함에 그 음색이 맑고 깨끗하지 못하여 상대방이 듣기에 매우 유쾌하지 않은 거칠거나 목쉰소리, 탁한 음성인 경우
유동성장애	음도와 강도를 대화 속에서 물 흐르듯이 자연스럽게 문맥이나 상황에 맞게 변화하는 데 어려운 경우(예를 들면, 강세, 억양 등)

4) 언어장애 특성

언어장애의 특성은 대뇌 생리과정의 결함으로 인하여 언어발달의 이상이나 지체를 의미하는 의사소통장애의 한 유형으로 언어의 구성 요소인 형태, 내용, 사용 등에서 어려움을 나타내는 특성을 지닌다(국립특수교육원, 2009).

언어는 자신에게 말해진 의사소통의 내용을 이해하는 능력인 수용언어와 다른 사람에게 의미 있는 내용으로 이해되는 언어를 산출하는 표현언어로 나누어진다(Friend & Bursuck, 2002).

아동의 전반적인 발달 중 언어발달에 어려움을 지닌 아동은 다른 사람의 말을 듣고, 이해하고, 자신의 생각을 말로써 표현하는 기술에 〈표 11-9〉와 같은 어려움을 가진다.

〈표 11-9〉 언어장애아동의 수용언어 및 표현언어에서 관찰되는 문제

수용언어	표현언어
• 질문에 적절하게 반응하지 못한다. • 추상적으로 생각하지 못하거나 관용구에 포함된 추상적인 개념을 이해하지 못한다. • 들은 정보를 기억하지 못한다. • 구두 지시 따르기를 어려워한다. • 의사소통이 중단되는 것을 인식하지 못한다. • 말로 설명해 준 내용 중 관사와 같이 덜 구체적인 단어나 조동사 및 시제를 나타내는 단어들을 놓친다. • 말로 설명한 이야기 순서를 기억하지 못한다. • 비슷한 소리의 글자들을 혼돈하거나 단어의 소리나 음절의 순서를 바꿔서 이해한다. • 유머나 은유적인 표현을 이해하기 어려워한다. • 양, 기능, 크기, 비교, 시공간적 관계를 나타내는 개념을 이해하기 어려워한다. • 2개 이상의 문장이 연결된 중문이나 하나 이상의 종속절을 지닌 복합문을 이해하기 어려워한다.	• 부정확한 문법을 사용한다. • 정확하게 설명하지 못한다. • 말을 할 때 자주 멈칫거린다("있잖아, 저기, 음" 등의 주저하는 말을 자주 사용함). • 주제를 이것저것 바꾸면서 말한다. • 제한된 어휘를 사용한다. • 정확한 의미를 전달하기 위한 적절한 단어를 찾기 어려워한다. • 사회적 언어 사용이 빈약하다(특정 상황에 맞도록 의사소통 스타일을 변화시키지 못하며, 대화가 끊어질 때 회복시키지 못하고, 대화의 주제를 유지하지 못함). • 질문하기를 두려워하며, 무슨 질문을 해야 하는지를 잘 모르고, 어떻게 질문해야 하는지도 모른다. • 대화 중에 동일한 정보를 반복해서 말한다. • 추상적이거나 시공간적 개념에 대하여 말하기 어려워한다. • 상대방에게 충분한 정보를 제공하지 못한다.

출처: Bos, C., & Vaughn, S. (2002). Strategies for teaching students with learning and behavioral problem(5th ed.), Needleham Heights, MA: Allyn and Bacon.

06 의사소통장애아동의 교육방법

의사소통장애아동은 대부분 특수학교보다는 일반학교에서 통합교육을 받는 경우가 많다. 일반학급 또는 특수학급의 교사는 신학기 의사소통장애아동이 학교생활에서 나타내는 의사소통의 특성을 잘 파악하여 또래와의 첫 단추가 잘 채워지도록 격려와 지지를 해 주어야 한다(그림 11-10).

[그림 11-10] 언어 및 의사소통 발달의 원리

1) 조음음운장애의 중재교육 원리

조음음운장애의 중재교육이 일반적으로 기질적인 문제를 지니고 있다면 먼저 의학적 조치가 선행되어야 한다. 반면, 기능적 문제의 중재교육은 목표 음소의 정조음을 위하여 다양한 기법으로 반복교육을 하는 것이다.

다음의 〈표 11-10〉은 일반적으로 많이 접근하는 중재교육법에 관한 내용이다.

〈표 11-10〉 조음음운장애의 중재교육 기법

기법	원리
전통적 기법	조음음운장애 중재기법에서 가장 오래 사용되어 온 방법으로 행동주의 심리학에 기초한 철저한 과제 분석적인 기법(각 어음에 초점) • 감각·지각훈련 → 음의 확립 → 안정 → 전이 → 유지단계
의사소통 중심법	인간 중심주의 사상을 배경으로 한 중재교육기법 • 실제 의사소통 상황과 유사한 장면을 설정한 화용론적인 접근 • 아동이 능동적인 주체가 되는 즐거운 학습의 원리를 추구
짝자극 기법	핵심단어와 훈련단어를 짝지음으로써 발음되는 핵심단어에서 오류음을 보이는 훈련단어로의 전이를 전제한 기법 • 핵심단어(10번 중 9번 정확히 발음), 훈련단어(3번 중 2번 오류음) 예) 가방–가수, 가방–가위, 가방–고기, 가방–그네, 가방–고래 등 • 기본 구조: 단어 수준 → 문장 수준 → 회화 수준
행동수정 접근법	조작적 조건화 절차를 이용한 조음치료 프로그램, 즉 철저한 과제분석을 통해 단계적 절차와 자극–반응–강화기법에 의한 표적행동
변별자질 접근법	변별자질에 기초해서 최소단어짝을 이용한 중재기법이 진행 • 최소단어짝: 단지 하나의 음의 속성만 달리하고 다른 음소적 속성은 같이하는 두 개의 낱말(예: 공–곰, 감–검, 총–콩 등)
음운변동 분석법	음운학적 환경에 따라 음소의 산출형태가 변하는 것에 기초를 두고 한 개의 음운학적 변화과정의 제거로 여러 개의 오류음을 중재 • 생략 및 첨가 음운변동 • 대치 음운변동(조음 위치, 조음 방법, 동화)
주기법 및 다중음소법	• 주기법: 전통적인 방법의 치료단계를 수정한 것으로 몇 개의 오류음을 동시에 중재교육할 수 있도록 구조화한 것 • 다중음소법: 한 시간에 하나의 음운 또는 음운패턴을 중재교육하는 것
상위음운법	언어의 본질과 기능에 대하여 사고하고 반영하는 능력으로 언어의 주요 성분에 대한 인식하는 능력을 길러서 목표음소를 정조음

출처: 이규식 외(2008). 의사소통장애치료교육. 수정 발췌.

2) 유창성장애 - 말더듬의 중재교육 원리

유창성장애의 중재교육은 유창성장애를 지닌 아동이 자신의 말더듬을 인식하는 연령과 나타나는 말더듬의 형태와 진행에 따라 중재교육의 방향이 결정된다. 유창성장애는 상황과 장면에 따라 일관성 없이 나타나기도 한다. 특정한 상황에서는 다양한 심리적 스트레스 요인으로 인하여 말더듬이 발생하지만 어떠한 상황에서는 전혀 아무런 문제 없이 유창하게 말하기도 한다.

말더듬의 중재교육은 크게 두 가지 접근 방법으로 다음의 〈표 11-11〉과 같이 유창성 완성법, 말더듬 수정법으로 이루어진다. 최근에는 한 가지의 특정 방법이 아니라 대상의 연령과 말더듬 정도, 심리적 차원 등을 고려하여 절충적인 방법을 많이 사용하고 있다(고은, 2014).

(1) 유창성 완성법

새로운 언어패턴의 중재로 현재의 말더듬 증상을 완화하는 것을 목적으로 한다. 호흡훈련, 지연청각피드백, 점진적 접근법, 연장기법 등의 방법이 있다.

〈표 11-11〉 Neilson & Andrews의 집중유창성훈련

치료행동 목표 : 자발유창성을 높인다.	
단계	활동
유창성 훈련단계	분당 50음절(50SPM)에서 막히지 않는 말을 배운다. • 문장의 모든 말소리를 길게 늘여서 천천히 발음한다. • 근육이 풀리고 자연스러운 호흡 형태로 바꾼다. • 매 구절의 첫 말소리를 부드럽게 시작한다. • 구절의 낱말을 산출 시 호흡 및 조음기관의 접촉을 부드럽게 유지한다.
유창성 완성단계	50SPM-200SPM: 7분 말하기(정상속도로 7분 동안 더듬지 않기) • 치료실에서 집중훈련
유창성 전이단계	치료실 밖에서 다양한 사람들과 다양한 상황 속에서 대화를 유지하는 것을 배운다. • Van Riper의 취소, 빠져나오기, 예비책 등의 기술 활용
유지단계	말더듬치료를 함께 받은 사람들과 대화를 하거나 조언을 받는다.

출처: 이승환(2006). 요약정리.

(2) 말더듬 수정법

말을 더듬는 것에 대한 부정적 정서와 두려움을 감소시키면 말의 유창성이 향상된다고 보는 관점으로 대표적인 기법은 Van Riper의 'MIDVAS 6단계'이다.

〈표 11-12〉 Van Riper의 MIDVAS 6단계

단계	내용
동기 (Motivation)	• 자신의 말더듬을 수용하고 치료사를 신뢰한다.
확인 (Identification)	• 자신의 말더듬 증상을 스스로 확인한다. • 1차적 증상, 2차적 증상, 느낌, 감정, 태도를 스스로 확인한다. – 거울이나 비디오 또는 치료사가 보여 주는 모방을 통해 자신이 어떻게 말하는지를 보고 듣는다. 자신의 말더듬 행동을 확인한다. – 사람들이 자기 말에 어떻게 반응했었는지, 스트레스를 유발했던 의사소통 상황과 힘든 단어는 무엇인지 등에 대해 솔직하게 이야기한다.
둔감 (Desensitization)	• 부정적인 감정과 두려움을 감소시킨다. • 자신이 말을 더듬는다는 사실을 인정하고 청자의 반응에 무감각해지도록 한다. – 말을 더듬는 증상을 보이면 치료사의 신호에 따라 말을 멈춘다. – 두 번째 신호를 주면 음이나 음절을 연장하거나 반복하면서 편하게 말을 더듬는다. – 치료사–전화통화–낯선 사람 등으로 대화 상황을 바꾸어 가면서 주변 반응에 둔감해지는 훈련을 한다.
변화 (Variation)	• 굳어지고 고착화된 말더듬의 형태를 변화시킨다. – 긴장된 연장 대신에 모든 단어를 반복한다. – 낱말공포: 예상되는 단어를 빼고 읽는다.
접근 (Approximation)	• 말더듬의 증상을 취소, 이끌어 내기, 준비하기 기법을 사용하여 쉽게 더듬는 말더듬 형태로 접근해 나간다. – 이끌어 내기(pull-out): 말더듬이 나타나면 말을 멈추고 천천히 부드럽게 이끌어 낸다(예: ㅂㅂㅂ(쉼) 밥~을 주세요). – 취소기법(cancellation): 말을 더듬기 시작하더라도 일단 그 말을 더듬어서 끝낸 후, 잠시 말을 쉬었다가 다시 그 말을 편안하게 시도한다(예: ㅂㅂㅂ밥을 (쉼) 밥을 주세요). – 준비하기(preparation set): 말을 더듬을 것으로 예상되는 단어에서 의식적으로 조절하면서 말한다.
안정 (Stabilization)	• 다른 장소와 환경에서의 일반화. 치료실 밖에서 효과를 검증해 본다. – 말더듬을 의도적으로 연출해 본다. 스스로 치료사의 역할을 한다. – 두려운 상황에 들어가서 일부러 말을 해 본다.

출처: 고은(2014). 의사소통장애아 교육. pp. 275-276. 수정 발췌.

3) 음성장애의 중재교육 원리

음성장애 중재교육은 원인에 따라 다르게 접근해야 한다. 일반적으로 발성기관의 조직이나 구강 구조로 인해 비정상적인 음성이 발생한다면 먼저 외과적인 치료나 수술을 받아야 한다. 그다음에 개인에게 적합한 음성을 만들기 위한 학습이 이루어져야 하며, 주로 직접 교수법이 사용되고 있다(공주대학교 특수교육연구소, 2016). 음성장애 중재교육 중 문제를 해결하기 가장 좋은 방법은 〈표 11-13〉에서 제시하는 음성관리 촉진접근법이 일반적이다.

〈표 11-13〉 음성장애 음성관리 촉진접근법

촉진접근법	절차 내용
혀 위치 변경	혀의 위치를 변경하여 앞쪽이나 뒤쪽으로 옮기는 발성법으로 지도한다.
생체피드백	발성을 함으로써 성대가 움직이는 것을 알게 해 준다.
강도 변화	심한 성대 접촉하는 아동에게 부드럽게 발성하는 방법으로 지도한다.
저작하기	음성 과대 기능과 관련된 문제를 지닌 아동과 성인에게 지도한다(예: 입 안에 비스킷을 넣어 저작하는 흉내를 내면서 발성시킴).
손가락 조작	발성을 길게 연장하면서 손가락으로 갑상연골을 살짝 누르면 음도가 낮아진다(예: 변성기가 지난 남학생이 높은 음도로 발성할 경우).
청능훈련	청각적으로 자신의 목소리를 듣고 좋은 음성과 나쁜 음성을 구별하여 연습한다.
남용의 제거	아동의 음성남용 문제에 매우 큰 효과를 준다.
심한 성대 접촉 제거	아동의 음성을 녹음하여 들려주고, 부드럽고 편안한 성대 접촉 시범 후 심한 성대 접촉과 대조시킨다(예: 속삭이기 발성, 하품-한숨법).
새로운 음도	과대 기능적 음성장애의 일반적 특징으로 새로운 음도 사용법을 지도한다.
문제의 설명	아동에게 문제에 대해 설명하는 것은 음성 중재교육에서 중요하다.
함수 접근법	소량의 물을 입에 넣고 머리를 뒤로 젖히고 가글링을 통한 발성을 지도한다.
호흡기 발성	호흡을 들이마시면서 발성한다(가성대 발성 아동, 기능적 무변성 아동).
차폐	아동에게 이어폰을 착용하게 하고 글을 읽게 한다. 아동이 글을 읽는 동안 차폐잡음이 커지면 커질수록 아동의 음성도 커진다.
구강개방법	입을 크게 벌려서 성대에 심한 힘을 주어 성대접촉을 감소시키는 지도를 한다.
음성배치	아동에게 음성 발생의 초점을 성대 입구의 목구멍에서 상부 음성관으로 옮기도록 지도한다.

출처: 정옥란 역(2001). 음성과 음성치료. 수정 발췌.

4) 언어장애- 중재교육 원리

언어장애를 지닌 아동은 언어발달이 매우 낮은 수준을 나타내는 심한 정도에서 경도에 이르기까지 매우 다양하다. 그렇기 때문에 언어장애아동을 중재교육하는 방법 또한 아동의 언어발달 수준과 연령을 고려하여 계획하여야 한다.

언어장애 문제를 보이는 아동에 대한 중재교육을 하기 위해서는 특수교사나 일반교사의 역할이 매우 중요하다. 교사는 문법에 맞는 문자를 시범 보이고 정확한 문법과 새로운 어휘를 익히도록 도와주며 언어기술을 필요로 하는 활동이나 과제를 아동에게 맞게 수정해 준다.

아래의 내용은 언어발달 향상을 위한 방법이다(전헌선 외, 2012).

(1) 수용언어와 표현언어의 향상 방법

- 문법적으로 정확한 문장의 사용을 일관성 있게 시범 보인다(예: "나 지금 화장실."이라고 말할 경우 "나 지금 화장실에 가고 싶어요."라고 문법적으로 정확한 모델을 제시해 준다).
- 말을 듣고 이해하는 '수용언어' 면에서 어려움을 겪는 아동에게는 과제를 제시할 때 요점만 간단히 전달해야 한다.
- 자기 생각을 표현하는 '표현언어' 면에서 어려움을 겪는 아동에게는 개방적 질문보다 폐쇄적 질문을 하는 것이 도움이 된다(예: "봄에는 어떤 종류의 꽃이 피니?"라고 질문하는 것보다 "개나리는 봄에 피는 꽃이니?"하고 묻는 것이 쉽다).
- 단어의 의미를 다양한 보기를 사용해서 가르친다(예: '먹는다'라는 동사 어휘를 지도할 때 '바나나를 먹는다', '수박을 먹는다', '고기를 먹는다' 등 여러 가지 어휘 확장 표현을 사용하도록 한다).
- 새로운 어휘를 가르칠 때 수수께끼와 실물을 활용한다(예: '운동장'이라는 단어를 가르칠 때 소리를 내면서 "교실에서 쉬는 시간이나 점심시간에 친구들과 교실 밖 넓은 곳에서 축구도 하고 체육도 하고 뛰어노는 곳은 어딜까?"라고 수수께끼를 낸 후 실제 학교 운동장 사진을 보여준다).

- 동사나 전치사 등의 단어를 가르칠 때는 신체를 활용한다(예: 달린다, 뛴다, 구른다 등의 동사를 가르칠 경우 교사가 신체로 시범 보인 후 아동이 직접 표현하도록 한다).

(2) 환경 중심의 자연적인 중재교육

환경 중심의 자연적인 중재교육이라고 해서 아동이 의미 있고 재미있게 언어를 사용하는 기회를 마냥 기다려야 하는 것이 아니라, 아동에게 바람직한 반응을 할 수 있도록 교실 환경을 구조화하고 기회를 만들어 주어야 한다.

교사는 의사소통적 상호작용 기회가 늘어나도록 언어지도 환경을 설계해야 한다. 환경 중심의 자연적인 언어중재 기회를 조성할 수 있는 여섯 가지 전략은 다음과 같다(Kaiser & Grim, 2006).

① 재미있는 자료 제공: 환경 내의 자료나 활동이 아동에게 관심과 흥미를 끌어낼 수 있을 때 의사소통할 가능성이 커진다.
② 원하는 것을 닿지 않는 곳에 두기: 자신이 원하는 것을 손이 닿지 않는 곳에 있을 때 의사소통할 가능성이 커진다.
③ 부족한 상황을 연출하기: 중재교육 과정에서 필요한 자료가 없을 경우 의사소통할 가능성이 커진다.
④ 선택기회 갖기: 선택의 기회가 주어지면 의사소통할 가능성이 커진다.
⑤ 지원하기: 물건을 다루고 조작하는 상황에서 도움이 필요할 때 의사소통할 가능성이 커진다.
⑥ 예상하지 못한 상황: 예상 밖의 무슨 일이 일어났을 때 의사소통할 가능성이 커진다.

전통적인 교실 환경에서 벗어난 수정된 배치를 통한 구조적 변경은 쉽게 즉각적인 피드백이 가능하고, 원활한 상호작용의 증진으로 의사소통 능력의 향상을 기대할 수 있을 것이다.

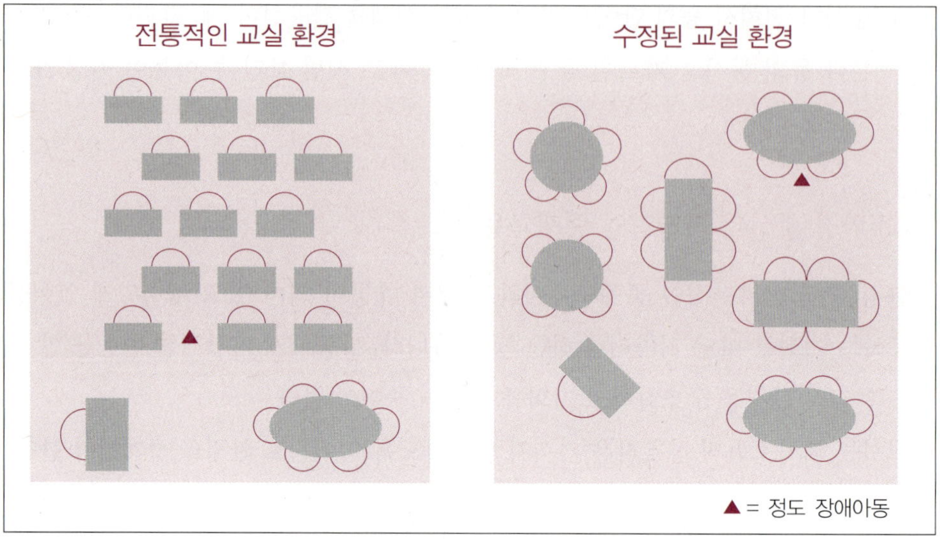

[그림 11-11] 의사소통 향상을 위한 수정된 교실 환경

출처: Cohen & Plaskon(1960). Language arts for the mildly handicapped.

Chapter. 12

영재교육과 특수교육공학

- 01 영재의 정의
- 02 영재의 원인 및 출현율
- 03 영재의 판별
- 04 영재아동의 특성
- 05 영재아동의 통합교육
- 06 특수교육공학의 정의
- 07 특수교육공학의 유형
- 08 학교수업의 특수교육공학
- 09 보조공학
- 10 보편적 학습설계

학습목표

1. 영재와 특수교육공학의 개념을 이해할 수 있다.
2. 영재의 특성과 특수교육공학의 유형을 이해할 수 있다.
3. 영재의 판별과 특수교육공학의 교수-학습방법에 대하여 알 수 있다.

생각나누기

"그 많던 올림피아드 수상자 어디로 갔나?"

[의대로 진학하는 국제 올림피아드 수상자]

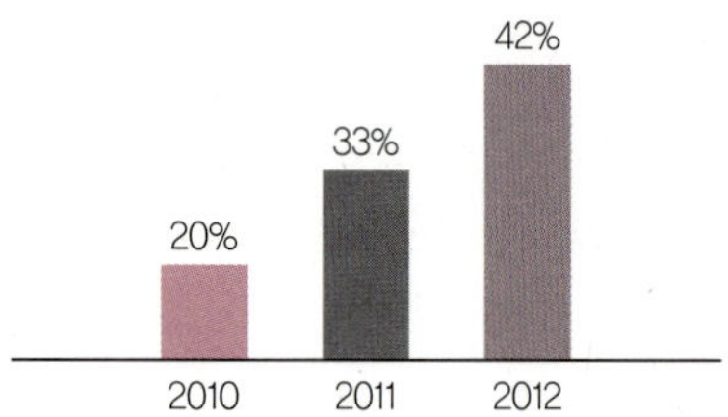

출처: 창의재단 조사

과학고나 영재고는 국가 인재를 육성한다는 취지로 학생들에게 장학금이나 수업료 면제 등의 혜택이 주어지지만 장학금 반환이라는 불이익에도 국제올림피아드의 각종 부분을 석권한 과학고, 영재고 학생 상당수가 장학금을 학교에 돌려주고, 의대행을 선택하고 있다.

매년 20억 원의 예산을 들여 국제과학올림피아드를 지원하는 창의재단의 조사에 따르면, 2010년 이후 3년간 수상자의 20~40%가 이공계 학과가 아닌 의대에 진학한 것으로 나타났다. 2010년 20%, 2011년 33%, 2012년 42%로 해마다 급증했다. 창의재단 측은 2013년 이후 수상자들의 대학 진학 정보 등은 개인정보보호법에 따라 파악하지 않고 있다.

출처: http://news.sbs.co.kr/news(2016.10.7.).

▣ 역사 속의 위대한 인물(어린 시절 영재가 아니었을까?)

▼ 한글창제: 세종대왕

▼ 지략가: 이순신

▼ 과학: 장영실

▣ 유학 간 과학영재들 한국 과학의 초석에 헌신

KIST 초창기 연구원들은 한국 과학의 초석을 쌓은 애국자들이다. 개인의 명예와 학문적 연구 환경이 보장된 생활을 포기하고 국내로 귀국하여 한국 과학발전의 초석을 쌓기 위해 모든 것을 바치겠다는 젊은 과학자들이 만든 신화는 1966년 처음 18명이 귀국한 이후 1980년까지 영구 귀국한 과학자가 276명, 1990년까지 1,000명이 넘었다(월간조선, 2016.8월호).

▣ 특수교육공학의 실천 보조공학기기 지원

인천시교육청은 인천특수교육지원센터를 통해 특수교육대상학생 보조공학기기 지원 서비스 전달체계를 구축하고 효과적으로 운영해 오고 있으며, 특수교육대상학생의 교육 접근성 확보, 일상생활 · 사회생활 참여도 향상, 심리적 안정감 제공, 그리고 나아가 자립할 수 있는 기반까지 연결될 수 있도록 계속적인 지원을 아끼지 않을 것."이라고 말을 전했다.

01 영재의 정의

"영재아동을 특수교육대상자라고 할 수 있는가?"라는 학문적 정의의 견해에서 대부분의 학자는 특수교육대상에 포함된다고 한다. 보편적 인식에서 양극단에 위치해 있는 영재아동(IQ 130, 표준편차 +2 이상) 역시 특수교육대상에 포함되지만 그에 대한 호칭은 특수아동보다는 '영재', '천재' 라고 불리어지길 원한다. 2003년도부터는 「영재교육진흥법」을 제정하여 법적 정의에 따른 명칭인 '영재'로 호칭하고 있다.

영재아동도 타고난 잠재력을 개발하기 위해 특수교육이 필요한 아동이다. 또한, 영재아동 중에서도 지적 능력은 우수하지만 학습에 어려움을 겪는 경우도 있다. 영재아동이 항상 긍정적인 모범생의 모습으로만 존재하는 것은 아니다. 자신에게 잠재되어 있는 우수성으로 인해 부정적인 행동을 보이는 경우도 흔히 찾아볼 수 있다(Heward, 2008; 이소현 · 박은혜, 2011).

영재아동에 대한 정의는 영재성을 지닌 아동이 나타내는 다양한 잠재 능력과 뛰어난 재능, 그리고 시대적 흐름의 패러다임에 따라 사회적 · 문화적 · 학문적으로 조금씩 변화해 왔다.

Hadman, Drew와 Egan(2006)은 우리가 영재를 어떻게 정의하느냐에 따라 다음과 같은 영역에 영향을 미치게 된다고 하였다(정대영, 2011).

- 영재로서 서비스를 받게 될 아동의 수
- 영재로서의 자격을 판단하기 위한 절취점
- 제공될 교육의 유형과 교육 예산
- 잠재적 영재아동 평가의 검사 선택
- 아동에게 제공된 심화 교육과정
- 영재아동을 지도할 교사의 자격

1) 「영재교육진흥법」에서의 정의

> 제2조(정의)
> 1. '영재'라 함은 재능이 뛰어난 사람으로서 타고난 잠재력을 계발하기 위하여 특별한 교육을 필요로 하는 자를 말한다.
> 2. '영재교육'이라 함은 영재를 대상으로 각 개인의 능력과 소질에 맞는 교육 내용과 방법으로 실시하는 교육을 말한다.
>
> 제5조(영재대상자의 선정)
> ① 영재교육기관의 장은 다음 각호의 어느 하나의 사항에 대하여 뛰어나거나 잠재력이 우수한 사람 중 해당 교육기관의 교육 영역 및 목적 등에 적합하다고 인정하는 사람을 영재교육 대상자로 선발한다.
> 1. 일반 지능 2. 특수 학문 적성 3. 창의적 사고 능력
> 4. 예술적 재능 5. 신체적 재능 6. 그 밖의 특별한 재능

우리나라에서 사용하는 영재성의 법적 정의가 내포하고 있는 의미는 다음과 같다(김일명 외, 2013).

- 그동안 영재(英才), 신동(神童), 천재(天才) 등의 다양한 용어로 불렸던 사람을 영재라는 용어로 통일하였다.
- 영재성은 타고난 잠재력, 즉 천부적으로 타고난 사람이라는 의미를 가지고 있어 타고난 천부적인 영재성이 없음에도 불구하고 외부의 압력에 의해 만들어지는 영재는 아니라는 의미를 갖는다.
- 영재란 잠재력을 계발하기 위해 특별한 교육을 필요로 한다.

2) 미국교육부의 정의

동일한 연령, 경험, 환경을 가진 다른 사람에 비해 뛰어나게 높은 수준의 성취를 보이거나 가능성을 나타내는 아동 및 청소년을 말한다. 이들은 지적, 창의적 또는 예술적 영역에서 높은 능력을 보이며, 리더십이 뛰어나고, 특정한 학업 영역에서 우수함을 보인다. 이들은 학교에서 일반적으로 제공되지 않는 서비스나 활동을 필요로 한다(U. S. Department of Education, 1993, 이소현 외, 2011, 재인용).

3) Renzulli의 정의

Renzulli(1986)는 평균 이상의 높은 지적 능력, 창의성, 과제 집중력의 세 가지 요인을 모두 갖추고 있어야 하고, 이 세 가지 특성은 거의 비슷한 비중으로 중요하게 작용하며, 적어도 각 특성이 85% 이상이면서 적어도 한 가지 특성에서는 98% 이상일 때 영재아동일 가능성이 커진다고 하였다(그림 12-1).

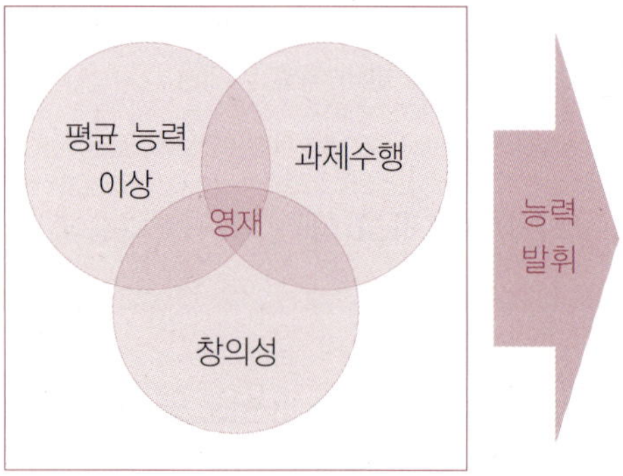

일반적 수행영역

수학, 사회과학, 음악, 시각예술, 법, 생활과학, 물리과학, 종교, 운동예술, 철학, 언어예술

특수 수행영역

만화그리기, 미세사진촬영, 아동보육, 천문학, 도시계획, 소비자보호, 여론조사, 오염통제, 요리하기, 보석디자인, 시, 조류학, 지도제작, 패션디자인, 가구디자인, 안무, 뜨개질, 항해, 전기(일대기), 희곡쓰기, 계통연구, 영화제작, 광고, 조각, 통계, 소비설계, 야생관리, 지역사학, 기상학, 세트디자인, 전기, 가면극, 농업연구, 작곡, 마케팅, 동물학습, 조경관리, 게임디자인, 영화비평, 화학, 저널리즘, 인구통계학, 전기음악

[그림 12-1] Renzulli의 영재에 대한 3요소 정의

출처: Renzulli, J. S. (2003). Conception of giftedness and relationship to the development of social capital. IN N. Colangelo & G. A. Davis (eds.), Handbook of gifted education(3rd ed., p. 76). Needham Heights, MA: Allyn & Bacon. 정대영(2011). 특수교육학. p. 446. 재인용.

4) Gardner의 정의

다중지능 이론으로 널리 알려진 Gardner와 Hatch(1989)의 관점에 의하면 우수성은 다음의 8가지 유형의 지능으로 세분화되며, 따라서 이러한 분야 중 아동이 우수성을 보이는 분야에 따라 흥미와 능력을 확장시킬 수 있도록 기회가 제공되어야 한다(Garguilo, 2006; Smith et al., 2006; 이소현 · 박은혜, 2011).

① 공간지능	② 논리-수학지능	③ 대인관계지능	④ 신체-운동지능
⑤ 언어지능	⑥ 음악지능	⑦ 자기이해지능	⑧ 자기탐구지능

02 영재의 원인 및 출현율

영재의 원인을 명확히 알 수 있는 것은 아니다. 다만, 영재로 판별된 사람을 대상으로 영재가 될 중요한 요소로 여겨지는 것들을 추측하고 언급하고 있을 뿐이다(정대영, 2011). 현재 영재의 원인을 유추하고 추론할 수 있는 요인적 근거는 아동이 부모로부터 물려받은 유전적인 생물학적 요인과 태어나서부터 학령기 전·후의 사회 문화적인 풍부한 생태학적 경험의 요인이 서로 상호연관성을 가지는 역동적인 작용의 영향에 의한 결과라고 찾아볼 수 있다.

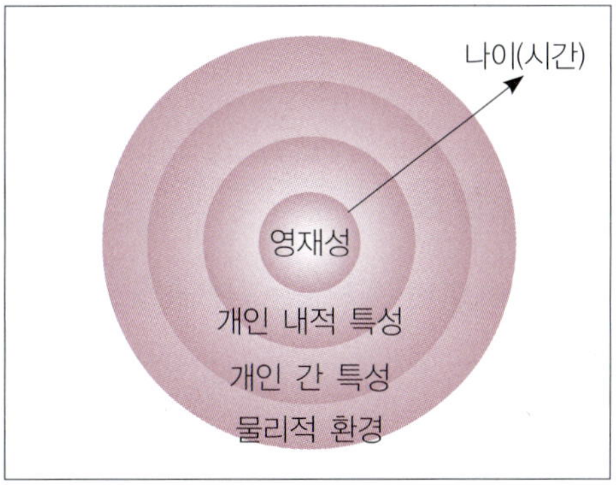

[그림 12-2] 영재아동의 원인
출처: 김동일 외(2010). 특수교육학개론: 장애·영재아동의 이해. 서울: 학지사. p. 195.

[그림 12-2]는 영재아동의 원인을 개인 내적 특성과 개인 외적인 환경적 경험에 의한 상호작용에 관련된 요인으로 설명하고 있다.

1) 생물학적 요인

부모가 평균 이상의 지능을 지니고 있고, 풍부한 양육 환경을 제공할 수 있을 때 자녀가 영재아동이 될 가능성이 통계적으로 크다(Delisle, 2003; 정대영 2011, 재인용). 또한, 충분한 영양 공급은 뇌의 활성화에 도움을 주어 신경학적 측면에서도 인지·사고 능력과 창의성의 잠재 능력을 발휘하는 데 긍정적으로 작용한다.

2) 사회 문화적 요인

사회 문화적인 여러 분야에서 성공한 사람들에 대한 연구에서 영재아동은 영유아기 시절에 가정과 가족의 환경적 지원과 격려의 역할이 매우 중요하다는 사실을 입증하고 있다(Subotnik & Arnold, 1994).

각 분야에서 탁월한 능력과 재능을 보이는 사람들의 가족에게서는 몇 가지 뚜렷한 장점을 다음과 같이 찾을 수 있다. 그러나 이러한 가정환경 수준이 지적 영재성에 어떻게 관련되는가는 명확하지 않다(송준만 외, 2011).

- 부모는 아동의 재능에 관심을 갖고, 독서 성취에 대한 칭찬과 지원을 아끼지 않는다.
- 부모는 풍부한 지적 자극을 위한 여행과 독서 지원을 통한 아동의 역할 모델이 된다.

3) 출현율

영재아동의 출현율은 영재를 어떻게 정의할 것인가에 대한 기준에 따라 달라진다. 영재의 비율은 매우 다양하며 다음과 같이 정의하기도 한다.

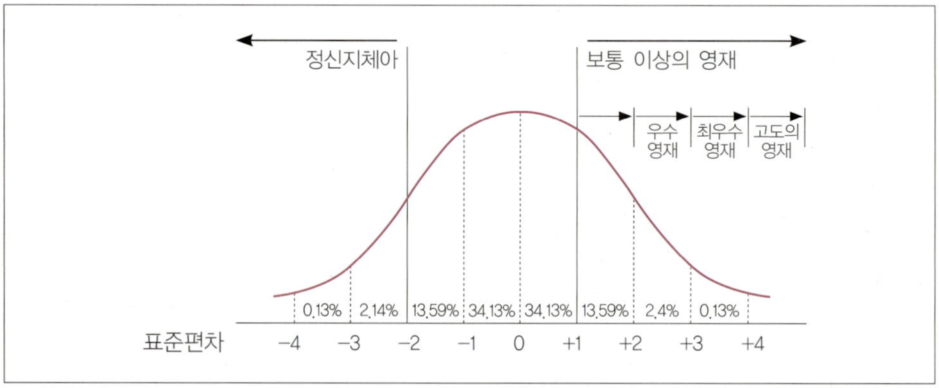

[그림 12-3] 영재아, 보통아, 정신지체아 분포표 및 지능지수 분포도

출처: 전경원(2005). 새로운 영재재능교육의 이론과 실제. 서울: 학문사.

교육부 통계 자료에 의하면 2023년 현재 영재교육대상자로 선정된 아동은 아래의 〈표 12-1〉과 같이 전국 초·중등학생 대비 1.36%에 해당하는 70,627명이 영재교육대상자로 선정되어 「영재교육진흥법」에 명시되어 있는 영재교육기관인 영재학교, 영재학급, 영재교육원에서 교육을 받고 있다.

〈표 12-1〉 연도별 영재교육대상자 현황 (단위: 명, %)

구분	2020년	2021년	2022년	2023년
영재교육대상자 수	82,012	79,048	72,518	70,627
전국 초·중등학생 수 대비 영재교육대상자 비율	1.53	1.49	1.37	1.36

출처: 교육부(2020, 2021, 2022, 2023).

03 영재의 판별

특별한 교육적 요구를 지니는 영재아동에 대한 효과적인 교육에서 가장 먼저 실시하고 조치해야 할 사항은 정확한 영재의 판별이다. 교육 현장에서 가장 먼저 이들을 만나게 되는 일반교사는 영재아동에 대한 이해와 관련 지식을 알고 있어야 한다.

영재아동의 판별은 어떤 우수한 특성이 있는지를 정확하게 파악하고 개별적으로 판별된 특성을 최대한 개발시킬 수 있도록 노력하기 위해 영재교육 프로그램의 목표와 내용에 일치하는 적절한 대상자를 선발하기 위한 목적으로 이루어져야 하는 것이 중요하다(이소현 외, 2011). 〈표 12-2〉에서는 영재아동의 우수성을 판별하는 절차와 다양한 평가방법을 사용하도록 그 안내 지침을 제시하고 있다(Turnbull et al., 2010).

〈표 12-2〉 영재아동의 판별 방법

평가방법	우수성을 암시하는 결과
개별 지능검사	상위 2~3%에 속한다.
개별 학업성취검사	하나 혹은 그 이상의 영역에서 상위 2~3%에 속한다.
창의성 검사	전문가가 학생의 성과물을 특별한 창의성이 있다고 평가하거나, 창의성 평가에서 매우 높은 점수를 받는다. 그러나 학업 성취 측면에서 반드시 뛰어날 필요는 없다.
우수성 체크리스트	교사, 부모, 또래 등 대상아동을 잘 아는 사람이 작성한다. 체크리스트 개발자가 설정한 점수대에 따라 우수성을 판단한다.
일화기록	하나 혹은 그 이상의 영역에서 높은 능력을 보이는 기록이 있다.
교육과정 중심 평가	학교 교육과정 중 하나 혹은 그 이상의 영역에서 또래보다 높은 수준으로 수행한다.
관찰	모범생이거나 반대로 학급의 과제에 지루함을 느껴 행동문제를 보일 수도 있다. 완벽주의 학생이라면 불안감을 보일 수도 있다. 학교 외의 다른 곳에서도 관찰이 이루어져야 한다.
예체능 평가	해당 분야의 전문성이 있는 사람에 의해 예체능 수행이 평가되도록 한다. 이 분야에서 우수하다고 판정되기 위해 학업수행이 반드시 뛰어날 필요는 없다.
리더십 평가	또래 추천, 부모 추천, 교사 추천 등이 주로 사용된다. 그러나 자기 추천도 리더십의 좋은 예측 징후가 되기도 한다. 학과 외 활동에서의 리더십도 종종 효과적인 징후가 된다. 이 분야에서 우수하다고 판정되기 위해 학업수행이 반드시 뛰어날 필요는 없다.

출처: 이소현 외(2011). 특수아동교육. 서울: 학지사. p. 411.

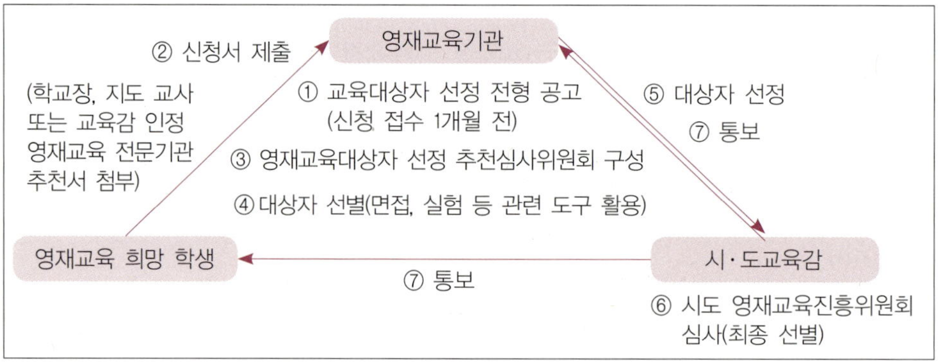

[그림 12-4] 영재교육대상자 선발 절차

출처: 이신동 외(2009). 최신영재교육학개론.

1. 전형 절차

1단계 (서류 접수)	2단계 (창의적문제해결력검사)	3단계 (심층면접)	최종합격자 발표
• 지원자 서류 접수 • GED로 원서 접수	• 영재성 검사 • 학문적성검사	• 창의성, 탐구력, 논리적 사고력, 잠재력, 인성 등	• 선·심·위 심의 • 최종 합격자 발표

2. 교사 관찰 체크리스트 등 서류 입력 내용 확인 [교사용 검사지 목록]
3. 추천 사유 입력 : 개별추천인 추천 이유(종합의견) 기술

[그림 12-5] 영재교육대상자 선발 공고 사례

출처: 부산광역시교육청(2016.9.19.).

04 영재아동의 특성

영재아동의 특성을 범주화하여 나타내기는 다소 어려운 측면이 있다. 그러나 영재의 공통적인 특성이 없는 것은 아니다. 이러한 이유는 다양한 개인적인 차이를 지니고 있어 영재로 인정할 수 있는 가능성과 잠재적 능력 등이 다양한 형태의 복합적 요인으로 나타날 수 있기 때문이다.

일반적으로 학자들은 영재의 특성을 서술할 때 다음과 같이 인지적 특성과 정의적 특성으로 나누어 설명한다.

1) 인지적 특성

다음의 〈표 12-3〉에 제시된 내용으로 영재아동의 인지적 특성을 살펴보면 긍정적 행동의 측면과 부정적 행동의 측면을 함께 지니는 것을 알 수 있다.

〈표 12-3〉 영재아동의 인지적 특성

인지적 특성	특성의 긍정적인 표출	특성의 부정적인 표출
주의집중	• 학습이나 흥미 있는 분야에 깊이 몰두	• 방해받으면 화를 냄 • 자신이 하던 주제를 바꾸고 다른 일을 해야 할 때 자신의 일을 고집함
논리적	• 인과관계를 인식하고 행동의 결과를 파악 • 뛰어난 비판적 사고와 문제해결 능력	• 비논리적이거나 증거가 없다고 생각되면 반박함
독창적	• 학급토론이나 과제물 작성에 창의성을 보임	• 다른 사람들의 전형적인 생각에 대해 비판적
뛰어난 언어 능력	• 뛰어난 어휘력 • 더 높은 학년 수준의 어휘를 유창하게 읽음 • 학급 토론에서 의견을 잘 말함	• 자신의 주장을 세우거나 우월성을 보이기 위해 어려운 어휘를 잘 사용 • 다른 일을 피하기 위해 읽기 활동을 함 • 혼자 대화나 토론을 장악
넓고 다양한 흥미	• 새로운 주제에 대해 기꺼이 탐구함 • 다양한 흥미 영역에 열심히 함	• 한 주제에 오래 집중하지 못하고 쉽게 흥미를 잃음
특수화된 흥미	• 특별한 흥미 분야에 열심을 쏟고 뛰어난 발전을 보임	• 한 가지에만 집착 • 다른 활동이나 주제에 대해서 관심이 없고 따분해 함
기초기술을 쉽게 습득	• 시험을 잘 치름 • 교재를 바르게 숙달	• 학급 수업 속도에 지루해함 • 연습문제 풀기를 싫어함

출처: 박소현 외(2011). 특수아동교육. 서울: 학지사. p. 415.

2) 정의적 특성

다음의 〈표 12-4〉에서 영재아동의 정의적 특성을 살펴보면, 인지적 특성에 보인 것과 비슷하게 긍정적인 행동의 측면과 부정적인 행동의 측면을 함께 지니는 것을 알 수 있다.

〈표 12-4〉 영재아동의 정의적 특성

정의적 특성	긍정적인 행동 특성	발생 가능한 부정적인 행동 특성
정서적 민감함과 열정	• 정서적으로 예민함 • 타인으로부터 사랑과 수용 받기를 열망 • 타인의 기대에 부응하려 함	• 과잉 욕심, 과잉행동, 과민반응 • 현실적인 목표를 맞추기 어려워함
완벽주의와 자기비판	• 자신에 대한 높은 기대, 최선을 다함 • 성공과 인정에 대한 강한 욕구 • 목표 지향적 행동	• 우울, 자기비판과 자기비하로 무기력해지거나 용기를 잃음 • 타인의 평가나 비판에 예민해짐
자아개념과 자기통제력	• 남과 다르다는 자의식과 자신감 • 자신의 것을 명확히 주장하며, 자신의 일에 책임감을 느끼고 처리	• 타인에 대한 배려 부족 • 비판이나 또래 거부에 예민 • 목표를 달성하지 못했을 때에는 좌절
뛰어난 유머 감각	• 뛰어난 유머 감각을 지님 • 자기 유머로 타인에게 영향력을 행사	• 또래의 유머 이해 부족으로 '웃기는 아이'로 인식됨 • 적대적인 유머로 공격하기도 함
내향성과 독립성	• 독립적으로 혼자서 일하기를 좋아함	• 타인에게 무관심 • 부모나 교사에게 동조하지 않음 • 스스로 고립하여 외톨이가 됨
도덕발달과 정의감	• 진실, 평등, 공평의 추구 • 자기 가치를 실현하고자 함	• 비현실적 목표를 설정하여 개혁을 시도하다가 좌절에 빠짐
도전성과 회피성	• 일상생활의 틀을 싫어함 • 평범한 것보다는 새로운 것, 도전적인 일을 선호함	• 전통과 권위에 도전하는 것으로 비침 • 실패 가능한 일은 시도조차 하지 않으려 함
다재다능함	• 다방면에 흥미, 의욕이 넘침	• 과잉 욕심 • 일을 벌임, 시간 부족에 따른 • 좌절로 신체적·정신적 피곤함

출처: 강대옥 외(2016). 특수교육학개론. 서울: 학지사. p. 343.

05 영재아동의 통합교육

영재를 위한 교육과정은 일반아동을 대상으로 하는 것과는 차별화되어야 한다. 차별화란 영재아동에게 도전적이고 개별적으로 풍요로운 교육과정을 제공하고자 하는 다양한 전략이다. 왜냐하면, 영재아동은 더 많은 개념을 더 빠르게 학습하기 때문이다. 이들을 위한 차별화된 교육과정으로 속진과 심화를 들 수 있다(송준만 외, 2004).

1) 일반적인 지침

일반학급에서 교육받는 영재아동을 위해서 교사가 고려해야 할 가장 중요한 것은 아동의 능력을 최대한 발휘할 수 있도록 학습 분위기를 만들어 주는 것이다. 영재아동을 위해 일반학급에서 사용할 수 있는 구체적인 방법은 다음과 같다(Smith et al., 2006; 이소현 외, 2011, 재인용).

- 인터넷 기반 활동을 활용한다.
- 교사용 지도서의 심화활동 자료를 찾아본다.
- 다양한 학습 자료를 사용한다. 교과서 외에도 잡지, 소프트웨어, CD-ROM, 인터넷 자료, 디지털 자료 등을 사용할 수 있다.
- 독립적으로 학습할 수 있는 시간을 포함시킨다.
- 독립적인 학습 능력을 기를 수 있도록 연구방법(예: 자료수집, 탐구방법)을 가르친다.
- 학습 내용과 안팎으로 관련된 통합형 주제를 사용한다. 이러한 교과 학습 방향은 일반학급의 모든 아동에게 사용될 수 있으며, 영재아동을 위한 특별한 활동을 마련해 주기에도 용이하다.
- 학습목표 성취를 나타내는 성과물을 다양하게 할 수 있도록 한다(예: 서평, 대본, 포토 에세이, 과학 칼럼 쓰기).

- 특별한 경험이나 정보를 줄 수 있는 성인과 시간을 보낼 수 있도록 한다(예: 멘토).
- 특별 프로그램에 참여하기 위해서 학급의 다른 과제를 빠뜨리지 않도록 유의한다.

2) 학제 간 지도지침

영재성을 지닌 아동을 일반학급에서 교육할 때 일반교사는 영재의 특성을 충분히 이해하고 그들의 독특한 요구에 대한 잠재 능력을 더욱 신장시켜 줄 수 있도록 해야 한다.

다음의 내용은 일반학급에서 영재성을 지닌 아동을 교육할 때 학제 간 교사들의 지도지침에 대하여 정대영(2011)이 제시한 내용으로 살펴보고자 한다.

(1) 유아기

- 여러 가지 재능이 나타나는 양상을 관찰하기(예: 인지적, 예술적, 리더십 등)
- 아동에게 재능을 마음껏 표현할 기회를 제공하기
- 아동의 호기심을 자극하기, 아동의 열정과 관련된 학습활동 개발하기
- 준비된 정도에 따라 아동에게 여러 가지 언어를 구사해 보도록 허용하기

(2) 초등부

- 심화 및 촉진학습 기회 제공하기
- 영재성을 지닌 아동이 자신의 사고와 결과물을 정교화할 수 있는 개별과제를 제시하기
- 교사를 지원하고 도움을 줄 수 있는 전문가 집단이나 단체에 참여하기
- 영재성을 지닌 아동지도전략을 습득할 수 있는 연수나 프로그램 이수하기
- 아동의 특별한 기술이나 지식을 강조하는 다양한 이벤트에 참여하도록 격려하기

(3) 중등학령기

- 다양한 능력을 지닌 영재가 마음껏 수행할 수 있는 활동 제공하기
- 영재성을 지닌 학생이 실제 문제를 다루거나 실질적인 성과를 낼 수 있는 기회 제공하기
- 단순히 활동량을 늘릴 것이 아니라 심화활동을 할 수 있는 기회 제공하기
- 영재성은 여러 가지 방식으로 나타난다는 점을 명심하기
- 영재성을 지닌 여학생이 겪게 될 진로와 연구 분야에 대한 갈등을 제거하도록 도와주기

3) 영재의 교수방법

(1) 속진학습

속진학습이란 교육과정 영역 중 한 가지 이상에서 또래들보다 앞서가는 교육을 의미한다. 즉, 한 가지 또는 그 이상의 교과에서 1~2학년 높은 학년에 가서 교육을 받는 것이다(정대영, 2011). 일반아동보다 영재아동은 관련 교과목의 학습 내용과 습득 시간이 훨씬 빠르며, 상대적으로 같은 시간에 더 많은 학습 분량을 성취할 수 있다(예: 월반과 이수과정 압축이 있다).

(2) 심화학습

영재아동의 심화학습은 단순히 교육 자료나 교육활동의 보완을 의미하는 것이 아니라, 영재아동이 최대한 발달할 수 있도록 깊이 있고 폭넓은 학습 경험과 새로운 환경을 제공하는 것이다(송준만 외, 2011). 또한, 영재아동의 창의적 잠재 능력을 이끌어내기 위해서는 고차원적 사고의 추론이 필요한 학습과제의 난이도와 함께 다양한 정보 자료의 제시도 함께 지도하여야 한다.

〈표 12-5〉 심화와 속진을 제공하는 방법

구분	심화 및 속진의 방법
속진	• 과목별 속진: 자신의 학년에 속해 있으면서 특정 과목만 상급학년으로 속진 • 학년 교과과정: 1년 이수과정 학습분량보다 더 많은 학습 • 학년별 속진: 1년 교과과정 이상의 학습을 뛰어넘음(예: 조기 졸업) • 조기입학: 또래보다 학교를 한 해 혹은 그 이상 일찍 들어감
일반학급 심화지도	• 차별화된 개별적 심화 프로그램 • 독립학습 및 견학 • 우수반 편성: 한 학급 또는 한 학년의 영재들을 함께 모아서 특별교육 • 지역사회의 뛰어난 인물들을 학교로 초청 강의
영재학급	• 영재아동을 위한 교과목이나 관련된 세미나를 운영 • 별도의 과제를 제시(심화, 복잡한 과제) • 매주 영재학급이나 순회교사를 이용함 • 하루 중 혹은 주 중에 일정 시간을 따로 분리하여 교육 • 영재를 위한 영재학교
학습시간 조정	• 정규 교과시간 이외의 영재동아리 활동 • 아침수업–학교 시작 전의 특별수업 • 연장수업, 방과 후 워크숍, 저녁수업 • 계절학기 특별활동

출처: 이소현 · 박은혜(2011). p. 427. 수정 발췌.

06 특수교육공학의 정의

일반아동에 대한 학교교육에서 공학적 접근은 아동의 교육과정에서 동기부여와 함께 시간과 공간을 초월한 효율적인 교육의 실행과 다양한 학습 욕구의 지원을 충족시켜 줄 수 있다. 또한, 학업 성취를 위한 학습목표를 도달하는 데 긍정적 측면의 결과를 가지는 데 도움을 주었다. 이러한 공학적 접근을 특수교육에 접목한 개념이 특수교육공학이다.

[국립특수교육원(2009)의 정의]

: 특수교육대상 학생에게 적절한 공학기기와 서비스의 제공을 통하여 교육 및 생활 영역에서 질적 효율성을 높일 수 있도록 하는 학문 분야이다. 특수교육공학은 장애학생의 효율적인 교육과 생활을 위한 공학기기, 서비스, 전략과 실제로 구성된다.

[김남진 · 김용욱(2010)의 정의]

: 특수교육공학이란 장애를 가진 아동에게 적절한 교수방법 및 관련 공학 서비스를 제공하여 특수교육의 질적 효율을 높이도록 하는 체계적이고 종합적인 서비스이다.

[김영욱 외(2009)의 정의]

: 장애를 가지고 있는 장애인의 보완적 대체수단으로 활용되어 장애인의 삶의 질을 향상시켜 주거나 다양한 교수-학습방식에 활용되어 특수교육의 질적 성장을 위해 활용되는 것이다.

07 특수교육공학의 유형

특수교육공학의 유형은 국립특수교육원(2009)과 김원경 외(2010)에서 제시한 교수공학, 수업공학, 보조공학, 의료공학, 정보통신공학을 중심으로 살펴보겠다.

1) 교수공학(teaching technology)

정확한 방법에 따라 적용되고 체계적으로 설계된 교수 접근의 방법으로 설계 · 수행 · 평가하는 관련 이론과 실제로서, 효과적인 교수-학습을 위하여 인간의 학습, 의사소통, 인적 · 물적 자원에 대한 연구와 활용에 기반을 두고 있다. 이러한 교수공학은 일반아동뿐만 아니라 특수교육대상아동을 위한 멀티미디어 기반 컴퓨터 보조수업, ICT교육, e-러닝 등으로 적용되고 있다.

2) 수업공학(technology of teaching)

수업공학은 정확한 교수방법에 따라 체계적으로 설계된 교수 접근이라 할 수 있다. 이러한 접근에는 전형적으로 잘 정의된 교재·교구·학습자가 배워야 할 과제를 기반으로 하여 정확한 교수절차, 세분화된 교수단위, 교사활동 수준, 학습자의 참여, 강화 요소의 사용 그리고 학생의 성취 수준에 대한 세밀한 관찰 등이 포함된다. 이와 같은 원리를 구체화시키는 교수과정에는 직접교수, 응용행동분석, 수행 능력기반교육, 학습전략, 반응촉진전략 등이 포함된다(추연구 외, 2012).

3) 보조공학(technology of teaching)

보조공학은 특별한 교육적 서비스가 요구되는 장애아동이 교수-학습뿐만 아니라 일상생활 환경에서 요구하는 다양한 기능적 요구들을 지원하기 위한 기기 및 서비스로 디지털 기반의 기기와 매체, 전기 및 일반 기계적 원리로 작동되는 장비 그리고 특별하게 설계·제작된 교수 자료, 서비스, 전략 등이 포함된다(예: 이동 지원→전동휠체어, 의사소통 지원→보완대체 의사소통기기 등).

4) 의료공학(medical technology)

장애인의 생명 유지 및 일상생활을 가능하게 하는 의료 장비와 서비스를 제공하는 것이다. 의료공학 시스템과 기기들은 만성적 질병에서 고통받고 있는 아동과 내부 장기구조의 기능이 저하되거나 손상된 장애아동의 삶의 개선 및 영속을 위하여 중요한 역할을 담당하고 있다(예: 청각장애→인공와우 이식수술 / 천식이나 호흡의 문제→인공호흡장비(건강장애)).

5) 정보통신공학(information technology)

정보통신공학은 여러 가지 형태의 자료와 정보를 쉽게 수집·활용하여 특수교육공학을 학교, 가정 및 사회에서 활용함으로써 장애아동의 교육 및 전문정보에 접근할 수 있도록 지원하는 공학의 유형이다. 네트워크, 인터넷, 웹 환경 발전을 주요 배경으로 하여 학습분야뿐만 아니라 생활 및 여가 등 그 활용영역을 확대하고 있다. 정보통신공학의 발전은 장애아동의 교수-학습에 긍정적인 영향을 제공하고 있다. 대표적인 정보통신공학의 예로 에듀넷, ERIC, CEC의 데이터베이스 등을 들 수 있다. 이들 웹서비스의 데이터베이스는 교사와 부모에게 장애아동 교수-학습을 위한 제반 사항들을 지원해 준다.

6) 특수교육공학의 장점

특수교육공학을 활용함으로써 특수교육대상아동에게 제공할 수 있는 대표적인 장점은 다음과 같다(김원경 외, 2010).

- 특수교육공학은 장애아동에게 개별적인 교수를 가능하게 하여 학습 관련 수행 능력을 향상시킬 수 있다.
- 특수교육공학은 학습자의 동기 부여와 학습 태도를 향상시킬 수 있다.
- 특수교육공학은 장애를 보완하거나 이전에 하지 못했던 것을 할 수 있는 새로운 능력을 부여할 수 있다.
- 특수교육공학은 장애로 인하여 낮게 생각했던 자아성과 자신의 가치를 향상시킬 수 있다.

08 학교수업의 특수교육공학

1) 컴퓨터 보조수업(Computer Assisted Instruction: CAI)

CAI란 컴퓨터가 직접 교사의 교수 기능을 대신하여 교과내용의 지식이나 기능, 태도 등을 아동에게 전달 · 학습하는 것으로 컴퓨터를 직접 수업 매체로 활용하여 지식, 태도 기능의 교과 내용을 학습자에게 가르치는 수업방법이다. CAI의 응용방법으로는 훈련-실습양식, 개별지도법, 시뮬레이션, 문제해결 프로그램, 워드프로세싱 등이 있다(김일명 외, 2013).

▼ 초등학교 컴퓨터 수업 장면

2) ICT 교육(Information Technology & Communication Technology: ICT)

ICT란 정보기술(Information Technology)과 통신기술(Communication Technology)의 합성어로 하드웨어와 소프트웨어를 이용해 정보의 수집, 생산, 가공, 보존, 전달, 활용 등 일련의 활동으로 정의할 수 있다. 이러한 ICT 개념을 바탕으로 한 ICT 교육은 학습자가 ICT 관련 능력을 배양할 수 있도록 하고, 실제 교육을 좀 더 효과적으로 그리고 정보사회가 요구하는 사항에 부합할 수 있도록 활용하는 교육이다(김원경 외, 2010).

▼ ICT 교육

3) e-러닝 교육(Electronic Learning)

일반적으로 e-러닝을 '인터넷(Internet)을 이용한 학습'이라고 지칭하고 사용하지만, 학문적 정의로 김원경 외(2012)는 e-러닝(e-learning)이란 '전자(electronic)' + '교수-학습(learning)'의 조합어로서 전자적 매체와 네트워크를 통해 교수-학습 내용이 제공되고, 하드웨어 소프트웨어 환경을 바탕으로 콘텐츠와 학습자, 교수

▼ e-러닝 체험

자와 학습자, 학습자와 학습자 간의 상호작용이 일어나는 모든 형태의 교육을 지칭한다고 서술하였다.

4) U-러닝 교육

U-러닝이란 단순히 인터넷 환경을 기반으로 하는 온라인 교육인 e-러닝을 넘어선 교육방법으로 첨단정보통신의 발달로 유비쿼터스 컴퓨팅 환경이 구축되어 학습자가 시간과 장소에 구애받지 않고 일상생활을 하면서 누구나 편리한 방식으로 원하는 학습을 할 수 있는 첨단 교육 환경의 학습체제를 의미한다.

이러한 U-러닝을 효과적으로 이해하고 앞으로 장애아동교육에 활용하기 위해서는 다음과 같은 변화에 대한 이해가 필요하다(류영달, 2005).

- 학교 환경의 변화와 특정 교육장소나 기기 의존성의 완화
- 디지털 학습친구의 등장
- 교수-학습 매체의 활용 방식이 요구방식에서 추천제시형으로 전환
- 맞춤형 교육의 보편화가 이루어짐(개인별 학습의 성향에 따라 다양한 프로그램 제공)

5) 스마트-러닝 교육

▼ 스마트-러닝 체험

스마트-러닝은 시청각교육, ICT교육, e-러닝(e-Learning), 모바일러닝(Mobile-Learning)에서 출발하여 U-러닝(U-Learning)을 거쳐 나타났다. 스마트-러닝을 정보통신기술과 스마트기기(스마트폰, 스마트 TV, 태블릿 PC)를 사용하여 시간과 공간을 초월한 학습 환경을 말한다. 스마트-러닝의 특징은 다음과 같다(김삼섭 외, 2012).

- 스마트폰을 이용해 언제 어디서나 공부할 수 있다.
- 학습자 주도형 혹은 자기주도형 학습이다.
- 상호작용으로 이루어지는 지능형 학습이다.
- 앱 스토어를 이용해 자유롭게 학습 환경을 조성할 수 있다.
- SNS 기능을 이용해 학습자끼리 자유롭게 소통이 가능하다.

〈표 12-6〉 정보통신을 통한 유사 학습의 용어 차이

구분	개념 및 특징
e-러닝	전자적 수단, 정보통신 및 전파 방송기술을 활용한 학습
모바일러닝	노트북이나 모바일 기기를 활용한 학습, 시간과 장소에 구애받지 않고, 무선인터넷을 통하여 학습이 가능한 형태, e-러닝에 모바일 기술이 도입된 한 부분
U-러닝	유비쿼터스 컴퓨팅 기술을 접목한 학습의 형태로 PC 없이도 언제 어디서나 인터넷에 접속하여 학습이 가능한 형태
스마트-러닝	학습자 주도형, 자기주도형, 상호작용, 지능형, 비형식학습, 현실감 등의 특징

09 보조공학

보조공학은 장애인이 직면하는 문제들을 개선하기 위한 보조공학기기, 보조공학 서비스, 그리고 그와 관련된 학문 분야 등을 의미한다. 이러한 보조공학이 활용되는 유형은 다음과 같다(국립특수교육원, 2009).

① 기초생활 지원 ② 의사소통 지원 ③ 신체 및 자세유지 지원 ④ 이동 지원
⑤ 감각장애인 지원 ⑥ 교수-학습 지원 ⑦ 컴퓨터 사용 지원 ⑧ 여가활동 지원

현재 우리나라 특수교육 현장의 특수교육공학에서는 교수공학 설계보다는 아동이 지니는 장애의 특성에 따른 보조공학의 지원으로 교육의 목표 성취에 많은 부분을 차지하고 있다. 따라서 성공적인 통합교육을 위하여 특수교육대상아동의 특징과

요구에 필요한 보조공학에 대하여 중점적으로 살펴보고자 한다.

다음의 〈표 12-7〉은 장애를 지닌 다양한 영역의 아동에게 요구되는 특수교육의 보조공학 지원 방향을 제시한 내용이다.

〈표 12-7〉 Vygotsky의 견해에 따른 특수교육의 보조공학 지원 방향

장애 영역	1차적 장애	2차적 장애	2차적 장애 예방을 위한 교육적 기회	공학적 지원 방향
시각 장애	보는 데의 어려움	보는 활동에의 참여를 제한하여 발생하는 모든 어려움	일상적으로 보는 활동(책 보기, 영화 보기 등)에의 참여 기회 제공	잔존시력을 활용하거나 시각 대신 촉각, 청각 등을 활용하여 보는 활동에의 참여 기회 제공
청각 장애	듣는 데의 어려움	듣고 말하는 활동에의 참여를 제한하여 발생하는 모든 어려움	일상적으로 듣고 말하는 활동(대화하기, 전화 통화 등)에의 참여 기회 제공	청각적 정보를 시각화 또는 촉각화하여 의사소통 활동에의 참여 기회 제공
지체 장애	움직임의 어려움	움직이는 활동에의 참여를 제한하여 발생하는 모든 어려움	일상적으로 움직이는 활동(이동하기, 운동하기 등)에의 참여 기회 제공	움직일 수 있는 신체 부위를 최대한 활용하거나 움직임을 대신 할 수 있도록 하여 움직이는 활동에의 참여 기회 제공
지적 장애	낮은 인지적 수준	높은 인지적 활동에의 참여를 제한하여 발생하는 모든 어려움	일상적으로 높은 인지적 활동(독해 작문, 문제해결)에의 참여 기회 제공	복잡하고 어려운 활동을 단순하고 쉽게 경험할 수 있는 기회 제공

출처: 정동영 외(2011). 특수교육학개론. 서울: 교육과학사. p. 453.

〈표 12-8〉 보조공학과 교수공학

보조공학	교수공학
• 감각장애 및 지체장애아동의 일상생활활동의 지원 보조공학기기 – 의사소통장애 지원: 의사소통기기 – 시각장애아동 지원: 점자 프린터 – 지체장애아동 지원: 헤드 포인터 – 시각장애아동 지원: 독서확대기, 컴퓨터 화면 읽기/음성 지원	• 교수전달과 지원을 위한 기술 – e-러닝, U-러닝, 스마트-러닝 – 화상전화/팩스, 음성 지원 – 인터넷, 노트북, 스마트폰 – 터치스크린, 3D 영상 지원 – 비디오디스크 및 자료 압축

특수교육공학은 장애아동의 통합교육을 지원하는 데 여러 가지로 유용하게 활용될 수 있다. 물리적 통합 수준에서는 휠체어의 이동보조 수단과 경사로, 엘리베이터와 같은 편의시설 등을 통해 장애아동의 물리적 통합을 지원할 수 있다. 교과과정 통합의 수준에서는 음성합성기를 이용한 학습장애아동의 읽기 지원, 점자정보단말기를 통한 시각장애아동의 쓰기 지원, 계산기를 이용한 지적장애아동의 셈하기 지원 등과 같은 개별적인 지원에서 보편적 학습설계의 원리를 적용하는 종합적인 지원에 이르기까지 다양한 지원방법을 고려해 볼 수 있다. [그림 12-6]은 지적장애아동의 일반교육과정 접근의 교육과정을 수정하기 전에, 먼저 아동의 독특한 학습요구에 맞는 보조공학이 고려되었는지 점검하는 것을 제안하고 있다(정동영 외, 2012).

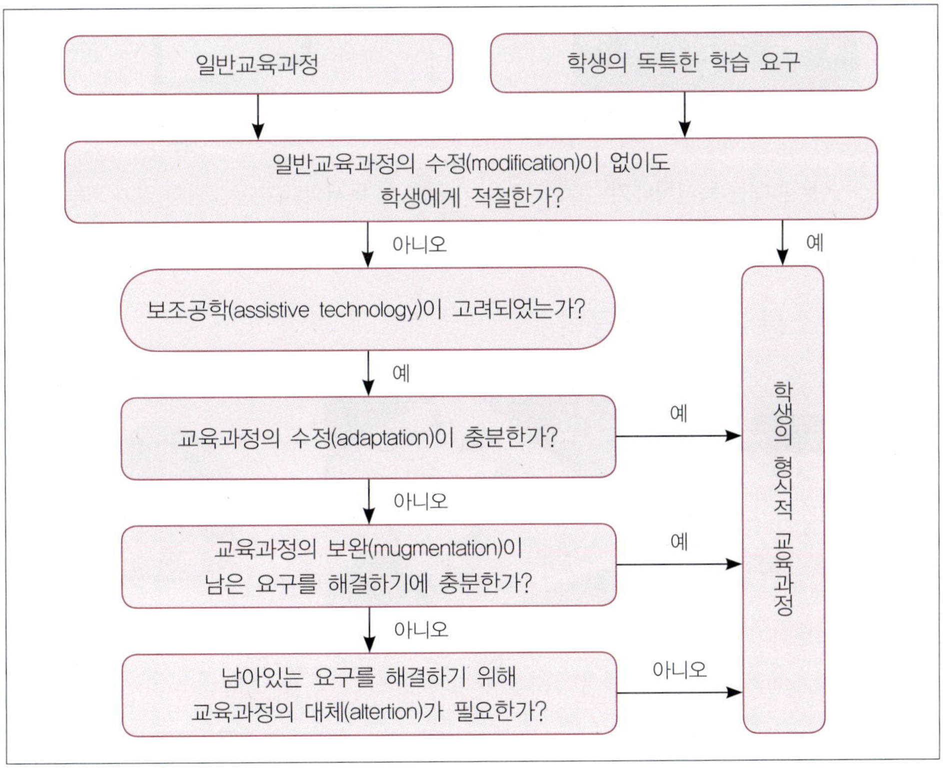

[그림 12-6] 지적장애아동의 일반교육과정 접근을 위한 교육과정 설계 모형

출처: 정동영 외(2012). 장애학생 통합교육론. 서울: 교육과학사. p. 209.

1) 학습 지원 보조공학

▼ 학습(키즈토커스)

출처: http://atrac.or.kr

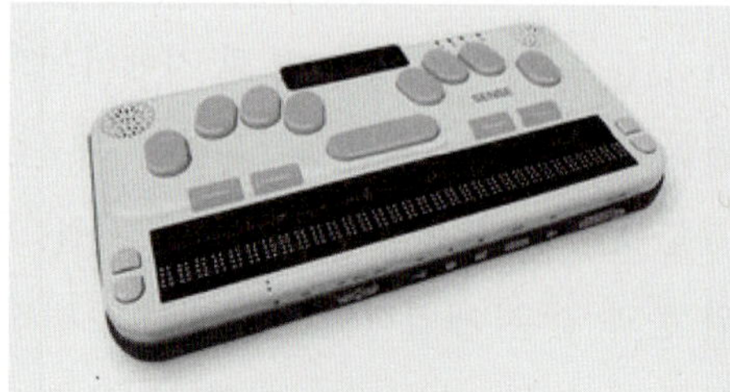

▼ 점자정보단말기

출처:http://news.naver.com

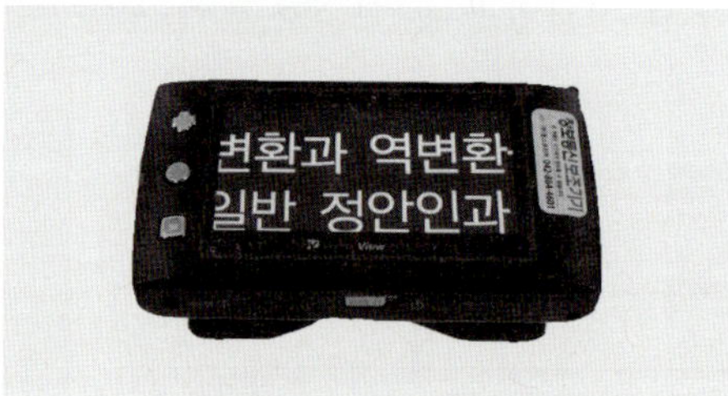

▼ 휴대용 독서확대기

출처: http://kr.aving.net

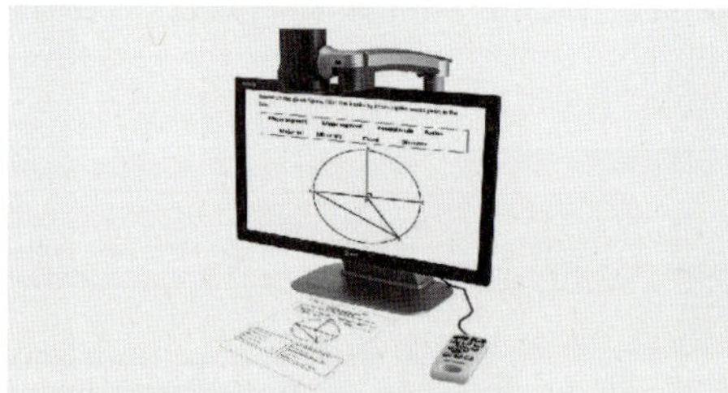

▼ 독서확대기(음성변환 읽기 기능)

출처: http://www.himsintl.com.

2) 의사소통 지원 보조공학

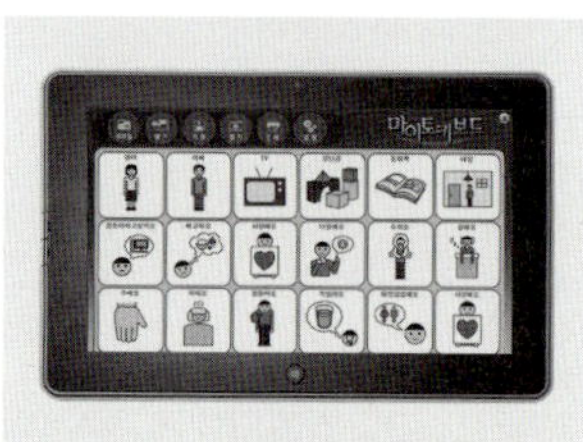

▼ 스마트기기 접근

출처:http://blog.naver.com

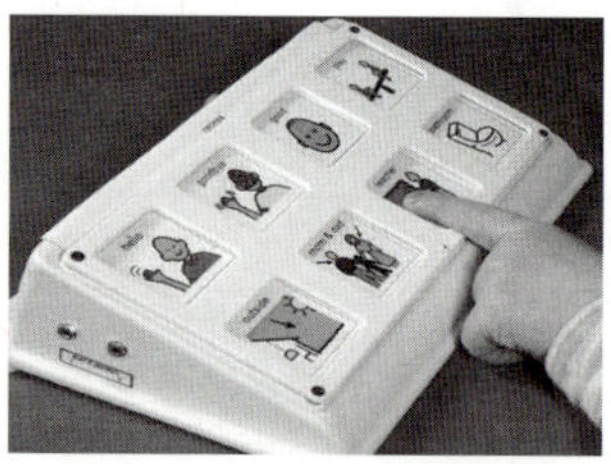

▼ 칩톡(cheaptalk)

출처: http://isorimall.com

▼ 음성증폭기

출처: http://atrac.or.kr

3) 컴퓨터 접근 지원 보조공학

▼ 지체 · 뇌병변유형
- 한손사용자용키보드

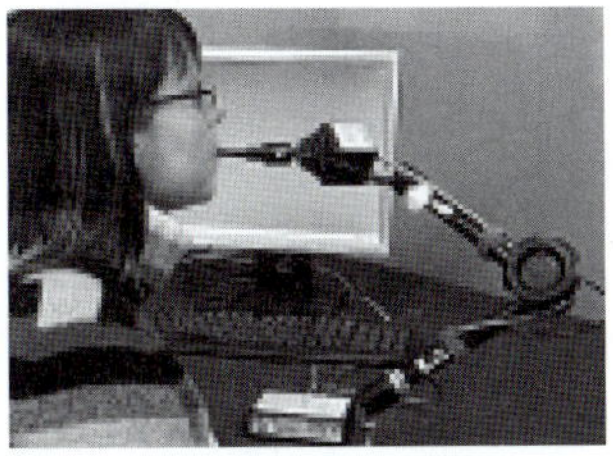

▼ 립스틱 특수 마우스

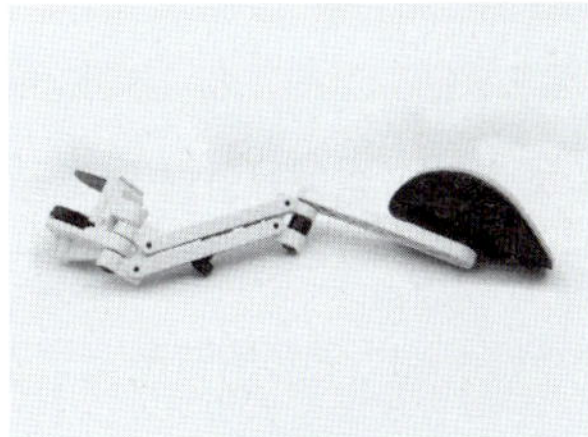

▼ 책상형 팔 받침대

4) 이동 및 자세유지 보조공학

▼ 다관절 전동휠체어

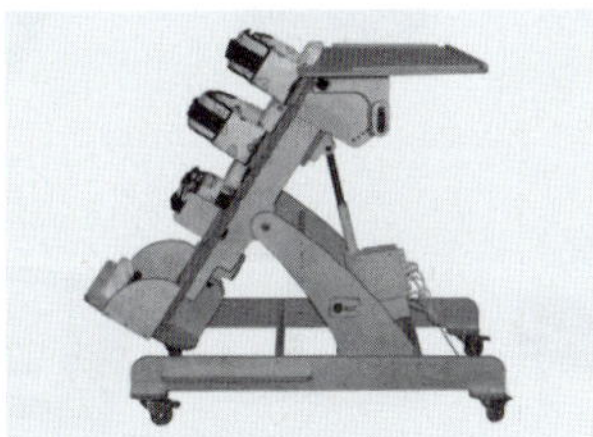

▼ 기립훈련기기

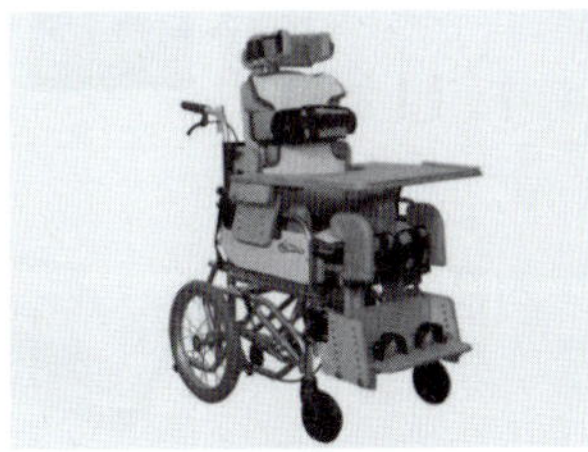

▼ 자세보조기구

5) 여가활동 지원 보조공학

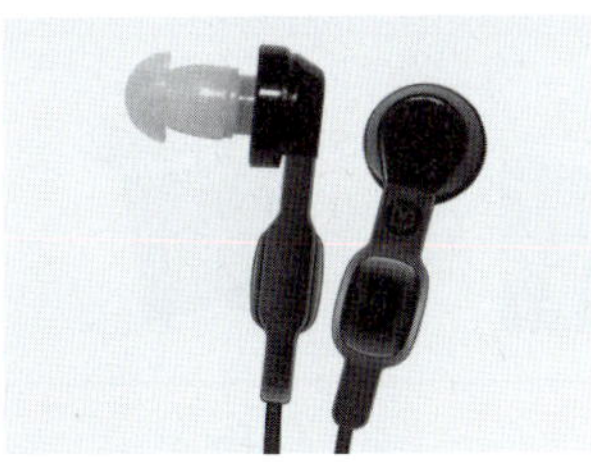

▼ 휴대용음성증폭기

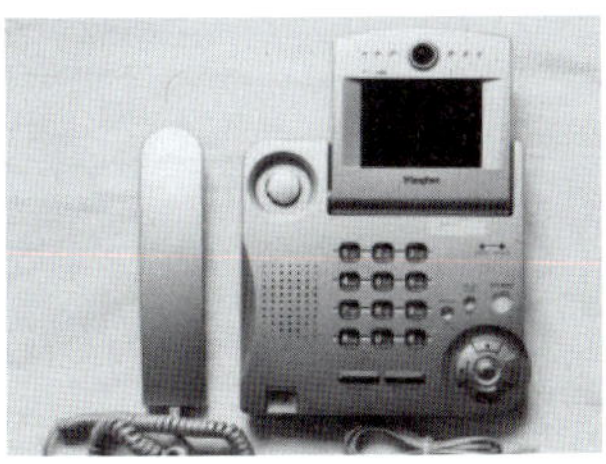

▼ 화상전화기

▼ 맞춤형자전거

출처: 경기도재활공학서비스센터(http://atrac.or.kr).

이상과 같은 보조공학의 지원 기기 유형에 대하여 간략히 정리하여 제시하면 다음의 〈표 12-9〉와 같다.

〈표 12-9〉 장애유형별 보조공학 지원 기기

구분	사진			
컴퓨터 보조기구		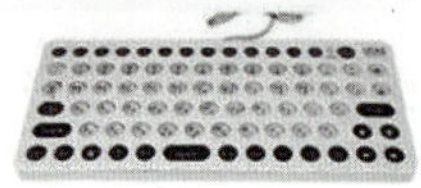		
의사소통 보조기구				
시각장애인용 보조기구				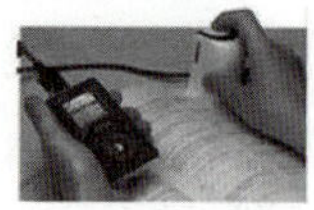
청각장애인용 보조기구				
기타 보조기구 (정보접근을 위한 기타 보조기구)		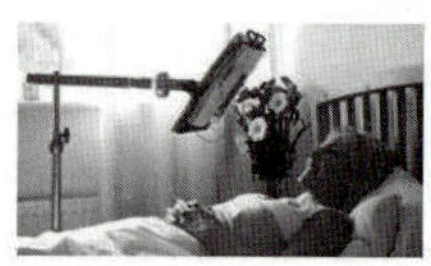		

출처: 경기도재활공학서비스센터(http://atrac.or.kr).

10 보편적 학습설계

1) 보편적 학습설계의 이해

보편적 학습설계(universal design for learning)의 개념은 통합교육 상황에서 특수교육대상아동을 포함한 모든 아동이 일반교육과정에 접근하도록 하기 위해서 공학지원을 어떻게 해야 하는지에 대한 여러 가지 시사점을 제공하고 있다. 보편적 학습설계의 개념은 [그림 12-7]과 같이 보편적 설계, 보조공학, 일반교육과정 접근, 교수적 수정이라는 다른 개념 간의 관계 속에서 구체적으로 파악해 볼 수 있다(정동영 외, 2012).

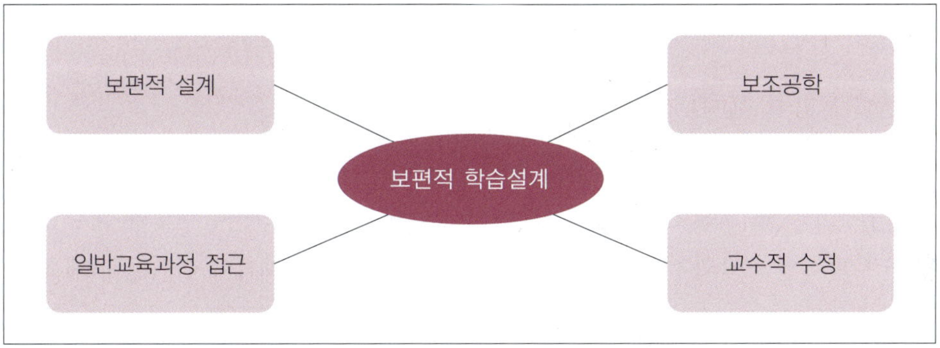

[그림 12-7] 보편적 학습설계의 개념도

Rose와 Mayer(2002)는 보편적 학습설계를 '다양한 학습자가 여러 가지 방법과 매체를 사용하여 유연하게 학습상황에 대처하여 장애아동뿐만 아니라 모든 아동의 학습기회를 극대화하게 된 것으로, 교육개혁에서의 다른 접근방법과 조화를 이루는 아동 학습 향상의 필수적인 요소'라고 하였다(조선화, 2011).

예를 들어, 보편적 설계의 물리적 접근이지만 교통 관련 개념으로 [그림 12-8]과 [그림 12-9]를 살펴보면 시각 · 청각 · 지체장애인 등은 물론 임산부, 아동, 노약자 누구든 편리하게 이용할 수 있도록 처음부터 설계한 것이다.

[그림 12-8] 저상버스

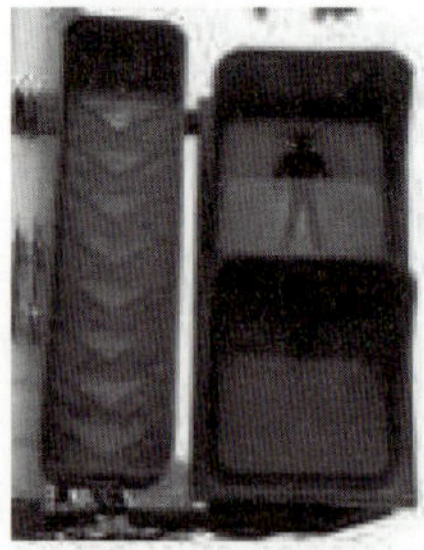

[그림 12-9] 눈금 표시 및 소리 신호등

2) 통합교육을 위한 보편적 학습설계

통합교육은 모든 아동을 위한 교육이고, 보편적 설계는 모든 사람을 위한 설계이다. 특수교육대상아동의 통합교육을 위한 보편적 설계의 활용을 교육과정 측면, 교수-학습 운영 측면과 교육 환경 측면으로 나누어 살펴보고자 한다(김원경 외, 2010).

(1) 교육과정 측면

통합교육에서의 교육과정 설계는 특수교육대상아동과 일반아동, 학습부진아동과 학습우수아동 등 모든 아동을 고려하여 이들에게 적합한 교수적 경험을 제공할 수 있는 보편적인 교육과정 설계의 구현 방법으로 디지털 교과서와 디지털 매체를 들 수 있다.

- 디지털 교과서는 텍스트뿐만 아니라 교재의 내용을 동영상, 애니메이션, 가상현실, 하이퍼링크 등의 첨단 멀티미디어 기능을 통합 제공할 수 있다.
- 디지털 교과서는 다양한 보조 자료와 사회 각 분야의 최신 정보 및 지식을 활용할 수 있는 다양성과 융통성의 특성을 제공할 수 있다.

(2) 교수-학습 운영 측면

통합교육의 교수-학습에서 교사는 아동에게 필요한 정보를 효과적으로 제공하고 아동은 손쉽게 이를 이용하여 학습할 수 있어야 하며, 아동의 실수 및 실패를 포용할 수 있어야 한다.

- 복합적인 설명 수단이 제공되어야 한다.
- 복합적인 표현 수단이 제공되어야 한다.
- 복합적인 참여 수단이 제공되어야 한다.

(3) 교육 환경 측면

통합교육을 위한 교육 환경에서는 먼저 특수교육대상아동이 통합될 수 있도록 물리적 접근이 확보되어야 하고, 다음으로 학습 및 학교생활을 위한 다양한 지원이 제공되어야 한다.

- 물리적 환경적 접근: 경사로, 출입구, 화장실 등의 장애아동 편의시설
- 특수교육대상아동과 일반아동 간의 사회적 관계 형성 및 상호작용이 촉진되도록 설계되어야 한다.

Chapter. 13

가족지원과 생애주기별 교육

01 장애아동 부모교육의 의의
02 장애아동 부모의 심리
03 특수교육 및 장애아동 지원 서비스
04 조기특수교육
05 전환교육

학 습 목 표

1. 가족지원과 부모상담에 대하여 이해할 수 있다.
2. 생애주기별 조기특수교육 및 전환교육의 개념과 정의를 이해할 수 있다.
3. 법률에 규정한 국가 지원 서비스를 알 수 있다.

생각나누기

의왕시는 지난 2일 장애인과 장애인가족의 가족 기능 향상 지원을 위해 '의왕시 장애인가족지원센터'를 개소했다.

고천동 한국빌딩 5층에 문을 연 장애인가족지원센터는 지난 8월 공개모집을 통해 (사)한국장애인부모회(회장 노익상)가 위탁운영기관으로 선정됐으며, 센터장을 비롯한 3명의 직원이 장애인 가족 발굴 및 상담을 비롯한 휴식 지원, 사례관리, 정보제공 등을 통해 장애인 가족의 돌봄 부담과 정서 · 심리적 어려움 해소를 위한 다양한 사업을 수행할 예정이다(http://www.upkorea.net).

인천서부특수교육지원센터, 직업전환교육 "오늘은 내가 린처쿠키 제빵사"

인천서부교육지원청(교육장 손홍재) 특수교육지원센터는 지난 4월부터 특수교육대상학생들의 소질계발 및 직업적응 능력 향상을 위한 제과 · 제빵 프로그램 '꿈을 굽는 우리들'을 운영하고 있다.

직업전환교육의 일환으로 운영되고 있는 '꿈을 굽는 우리들'은 매주 목요일마다 실시하며, 10명의 중학교 특수교육대상학생을 대상으로 전유나 강사의 지도 아래 제과 · 제빵 재료개량, 반죽, 성형, 굽기 등의 기초 기능부터 시작해서 포장 및 판매까지 실시하고 있다(http://blog.naver.com).

▣ 가족지원

국가가 적극적으로 개입하여 장애가정의 부모양육 부담을 같이해야 한다. 창원서부경찰서는 선천성 언어장애와 지체발달장애를 앓고 있던 장애아들 2명을 살해한 혐의로 박모(39) 씨에 대해 구속영장을 신청했다.

박 씨는 지난 10월 12일 오후 6시 30분쯤 창원시 북면 지개리 입구 삼거리에서 레조 차량 안에 휘발유를 뿌리고 불을 붙여 화재가 난 것으로 해 박모(12) 군 등 장애 아들 2명을 숨지게 한 혐의를 받고 있다. 경찰조사 결과 박 씨는 실직으로 인한 생활고와 정신적 고통을 겪어 오던 중 이같은 범행을 저지른 것으로 드러났다. 참 안타깝고 가슴 아픈 일이다(경남도민일보, 2007.10.15.)(http://www.idomin.com/news).

> "다른 것 아무것도 바라지 않습니다. 다만 혼자서 살 수 있게 지 앞가림만 되면, 내가 우리 아이보다 단 1분이라도 세상을 늦게 떠나는 것이 바라는 소망입니다."

▣ 생애주기별 특수교육지원 서비스

영아부 ▶

유치부 ▶

초등부

중등부 ▶

전공과 과정 ▶

전환교육

01 장애아동 부모교육의 의의

1) 장애아동 부모의 역할

다운증후군 자녀를 둔 어머니 Beck은 그녀의 저서 『아담을 기다리며(*Expecting Adam*)』(2000)에서 '엄마'와 '엄마 노릇을 하는 사람'을 구분하면서 엄마만큼, 혹은 엄마보다 더 중요한 사람은 "엄마 노릇을 하는 사람"이라고 했다. 여기서 '엄마 노릇을 하는 사람'은 아마도 그 역할을 수행해 내는 어떤 한 개인에 국한되는 것이 아니라 그런 개인을 가진 사회가 필요하다는 뜻까지 내포하고 있을 것이다. 다시 말해 '그 사람'의 존재는 어떤 개인을 통해 드러날 수도 있고 어떤 사회 제도를 통해 표현될 수도 있는 것이다(정은, 2012).

일본 최초의 발달장애인 공무원이라는 수식어로 항간을 떠들썩하게 했던 테츠유키의 생육사를 여러 권의 책으로 출판한 내용을 보면 '엄마 노릇을 하는 사람'(이 경우 지역사회가 매우 강조되었다.)의 중요성을 새삼 실감할 수 있다. 예를 들어, 그의 어머니는 테츠유키에게 인사하는 것을 가르치기 위해 우선 지역사회 이웃들에게 "길에서 테츠유키를 만나면 "테츠유키 안녕?"이라고 말해 주세요."라고 부탁하였다(아까시 요코, 2004). 이후 사람을 만나도 제대로 인사할 줄 몰랐던 테츠유키가 만나게 되는 이웃들로부터 한결같이 "테츠유키 안녕?"이라는 말을 듣게 되면서 어느 순간부터 스스로 다른 사람들에게 인사할 수 있게 되었다고 한다. 흔히 말을 잘 못 하거나 인지 능력이 부족하면 그런 장애아동을 위한 '특별한 교육'이 우선되어야 한다고 생각하기 쉽지만, 현장에서 들려오는 효과적인 교수법은 그와 다른 경우가 많다. 다시 말해 아무리 '훌륭하고 독특한' 방법이라고 할지라도 일상과 격리된 환경에서 이루어지는 장애학생교육에서는 그 한계가 있을 수밖에 없다.

장애아동 부모의 역할에서 이런 이야기를 먼저 소개하는 까닭은 바로 이 속에 장애아동 부모교육의 본질이 담겨 있기 때문이다. 장애아동은 장애아동이기 이전에 어린아이이고, 어린이는 어린아이이기 이전에 인간이다.

즉, 우리가 사람을 대할 때, 특히 교육 장면에서 인간 본질에 기초한 다양성을 인정하지 않고 그 어떤 '인간'을 '특별한 개인'으로 환원시켜버리면 곤란하다는 의미이다. 그리고 이런 관점에서 생각해 봤을 때 장애아동 부모교육 역시 보편적인 부모관에서 시작되어야 할 것이다.

통상적으로 우리는 자녀가 '장애'가 있으면 그의 부모는 비장애 자녀를 둔 부모와는 달리 어떤 특별한 양육방법을 활용해야만 한다고 생각하기 쉬운데, 이런 생각은 현실적으로 부분적인 설득력이 있다고 하더라도 상당히 위험할 수 있다. 왜냐하면, 모든 부모에게 자식은 일차적이고 본질적으로 그저 자식일 따름이며, 따라서 부모 나름의 특별한 양육관을 가질 수는 있겠지만, 그 모든 양육과정은 궁극적으로 보편적인 아동발달의 기본 과정에 기대어 실천되어야만 하기 때문이다. 다시 말해, 서두에서 언급했듯이 자녀를 인간, 또 어린이로 먼저 인식하지 않고 드러난 '장애'를 중심으로 '장애아동' 혹은 장애자녀로(만) 바라보고 어떤 특별한 양육방법을 구하게 된다면 결코 우리가 기대하는 긍정적이고 건강한 결과를 기대하기 어렵다.

장애아동 부모교육을 준비할 때 염두에 두어야 할 내용에는 어떤 것이 있을까? 장애아동 부모교육의 의의는 과연 무엇일까? 물론 여기에 대해서 우리는 아주 많은 생각을 제시할 수 있겠지만, 이 절에서는 간단히 기본적인 내용을 강조하고자 한다.

2) 장애아동 부모 교육의 참여

현재 우리나라에서는 여러 형식의 부모교육이 이루어지고 있다. 이것은 주로 민간영역에서 진행되어 왔다. 물론 지금도 그런 형식이 지배적이지만 몇 년 전부터는 일선 학교에서도 정해진 시간만큼의 부모교육을 시행하고 있다.

먼저 '부모'라는 자리에 대한 존중이 우선 되어야 한다. 다시 말해, 부모의 양육효능감 증진에 도움이 될 수 있도록 부모교육이 진행되어야 한다. 여기서 말하는 양육효능감은 단순히 '내가 부모이니 내가 자녀에 대해 제일 많이 알고 있고, 따라서 내가 가장 잘 키울 수 있다.'는 식의 관념을 의미하는 것이 아니다. 양육효능감이란 오히려, 우리 사회가 장애아동 부모에게 주는 물리적 · 정신적 부담을 감안했을 때, 부모라는 보편적인 사회적 자리에 대해 끊임없이 성찰하면서 자녀를 둘러싼 다양한 환경과 생산적으로 협력하고자 하는 의지 혹은 그러한 연대 필요성에 대한 건강한 인식과 관계가 있다.

3) 부모와 전문가의 협력관계

우리 사회의 현상은 부모와 전문가의 효과적인 협력관계가 부모교육의 영역에까지 지대하게 영향을 미치고 있다. 물론 보다 건강하고 행복하게 자녀와 소통해 나가기 위해 전문가의 소견을 참고하는 것이 필요하다. 부모는 장애아동과 함께 많은 시간과 섬세한 관심을 가지고 함께 생활하였으며, 따라서 여러 가지 전문적인 조언을 참고할 수 있다. 자녀 양육과 관련하여 부모가 책임감 있게 능동적으로 대처하려는 의지와 역량이 부족할 경우에는 부모와 다양한 전문가의 협력적 관계의 지원을 받아야 한다.

(1) 부모와 전문가의 협력 관계 시 유의할 사항

- 치료 중심 전문가의 조언은 장애아동 부모에게 많은 심리적 · 물질적 부담을 주어 장애아동 부모의 교육이 과도하게 '치료'적 관점 중심으로 진행되지 않도록 한다.
- 부정적 영향을 최소화할 수 있도록 부모교육 프로그램이 설계되어야 한다.
- 부모는 전문가에게 자녀의 '장애'와 관련된 어떤 '특별한 해법'을 요구한다. 전문가는 부모와 충분한 의사소통을 통하여 아동의 장애에만 집중하는 것이 아니라 아동(인간)발달 전반의 과정에 대하여 집중하도록 한다.
- 약물복용과 관계된 각종 치료의 효과성에 대해서는 장애아동 당사자의 입장에서 신중하게 결정하도록 한다.
- '장애 완화'라는 목적 아래 치료 중심으로 흘러가 버릴 때 우리가 아동의 성장기에 있어서 당연히 제공되어야 할 중요한 환경(또래 집단, 다양한 경험 등)을

간과하기 쉽다는 사실을 자각하는 것이다.

- 장애아동의 취향, 재능, 소질(가능성)과 같은 기본적인 내용이 가장 중요하게 다루어져야 함을 시사한다.

4) 교사의 역할

교사는 어떤 특정 장애에 의해 아동의 삶이 특정한 패턴으로 진행되는 것이 아니라, 각각의 아동이 가진 다양한 가능성, 보다 정확히 말해 그 가능성을 둘러싼 환경과의 상호작용에 따라 그 아동의 삶이 만들어져 간다는 사실을 반드시 인지할 필요가 있다.

- 장애아동 부모의 양육효능감을 증대해 나가는 작은 실천의 맥락에서 부모교육이 이루어진다면 부모와 교사(담임) 및 특수교사와의 긴밀한 협력은 자연스럽게 의미 있는 교육적 결과를 낳게 될 것이다.
- 교사는 장애아동 부모교육이 사회통합 과정의 부분으로 기능할 수 있도록 해야 할 것이다. 특수교육의 궁극적인 목적 중 하나가 향후 건강한 사회 구성원으로서 자립하여 살아가게 하는 것이다. 이와 병행되는 부모교육은 매우 중요한 교육적 실천이라고 할 수 있다.
- 장애아동이 가질 수 있는 약점이나 이와 관련된 교사의 어려움을 중심으로 한 어떤 훈계나 일반적인 양육지침 전달의 느낌이 강한 부모교육은 오히려 역효과를 낼 수 있을 것이다. 또한, 장애아동 부모가 더 예민하고 힘들 것이라고 막연히 생각하는 것도 바람직하지 않다.
- 불필요한 동정 및 시혜적 태도로 인하여 장애아동 부모교육이 오히려 교사와 부모 간의 관계를 곤란하게 만들지 않도록 한다.
- 교사 스스로 장애에 대한 시혜적 관점을 가져서는 안 되며, 동등한 인격체로서의 건강한 인식을 하는 것이 매우 중요하다.
- 교사 스스로 장애에 대한 올바른 인식과 어느 정도의 지식을 갖는 것은 건강한 교육활동을 위해 반드시 요구되는 교사 역량이다.

이상으로 몇 가지 내용을 중심으로 장애아동 부모교육의 의의를 간단히 살펴보았다. 여기서 언급한 내용은 예비교사가 향후 현장에서 부딪히게 될 수많은 경우를 생각했을 때 극히 일부에 지나지 않을 것이다.

특히, 장애아동 부모교육이 학교라는 틀 안에서보다 지역사회에서 더 빈번하게 이루어지고 있다는 점을 감안했을 때, 여기서 다룬 내용은 제한적일 수밖에 없을 것이다. 그럼에도 불구하고 특수교사가 아닌 일반교사, 또 예비교사의 입장에서도 장애아동 부모교육에 대한 일정 수준의 이해가 필요하다.

02 장애아동 부모의 심리

1) 장애아동 부모의 심리적 혼란기

우리는 타인을 있는 그대로 수용한다는 것이 말만큼 쉽지 않다는 것을 일상생활을 통해 늘 경험한다. 우리는 살면서 어떤 장면에서 어떤 사람을 만나게 되든지 상대에게 자신의 요구나 기대를 바라기에 앞서 먼저 그 사람 존재 자체에 대해 존중하는 태도를 보여야 한다고 수도 없이 들었다. 하지만 현실에서 이런 생각을 자신의 삶 속에서 제대로 기능하게 하는 것은 그 누구에게든 절대 쉽지 않은 일이다. 개별 인간이 서로 다르다는 것은 지극히 당연한 사실이지만, 그 다름이라는 것이 자신을 불편하게 하는 어떤 것으로 예측될 때에는 더욱 그럴 것이다. 하지만 인류 공생의 역사를 보면 사실은 그러한 다름이 다양성 확보라는 생존 전략으로 역할을 해 왔다(최재천, 2012).

아마도 이런 이유로, 현재 우리 역시 서로가 다름으로 인해 겪게 되는 많은 삶의 도전에 대해 능동적으로 그 해법을 찾고자 노력하고 있고 이러한 노력은 우리 모두의 사회적 생존 전략으로서 개개인의 삶 전반에 걸쳐 아주 다양하게 전개된다. 이것은 친구 사이, 직장 동료와의 관계나 가족 구성원들 사이, 나아가 부모-자식 관계에서도 마찬가지이다. 자녀의 고유한 가능성을 있는 그대로 수용하지 못하고 부모의 기대치에 맞게 키우려고 잘못된 양육 행동을 하는 부모가 얼마나 많은가?

장애를 지닌 자녀와 그 부모의 관계에 있어서도 역시 마찬가지이다. 대다수의 부모는 '그저 자식으로' 장애자녀를 받아들이지만 장애아동 부모의 심리적 혼란기 역시 현실이다. 이렇게 봤을 때 만약 장애아동 부모가 자신의 자녀를 또 장애아동 부모로서 자기 자신을 있는 그대로 수용하는 데 어려움을 겪게 된다면 그것은 근본적으로 자신이 기대했던, 혹은 경험했던 바와는 다른 어떤 현실에 대해 인간이 갖게 되는 보편적인 두려움이나 혼란과 관련이 있다.

2) 장애아동 부모에 대한 사회적 시선

장애아동 부모에게(만) 가해지는 사회적 차원에서의 압력도 존재한다.

장애아동의 부모가 휴가지에서 겪은 외국 사례를 살펴보면 다음과 같다.

> 부부는 아이(장애자녀)와 함께 휴양지로 여행을 갔고 거기서 저녁에 간단한 파티에 참석하게 된다. 아이와 함께 테이블에 앉아 식사를 한 후, 부부는 홀에 나가 같이 함께 왈츠에 맞춰 춤을 추었다.
>
> 그런데 그때 주변에 있던 어떤 사람이 이 부부에게 말을 건넨다. 장애자녀를 둔 부모가 춤출 기분이 나는지, 그렇게 즐거우면 안 되는 것 아니냐는 조언 아닌 조언을 듣게 된 것이다. 이 일화는 아주 간단하고, 그 속에 담긴 상황적 의미를 해석하는 것도 그렇게 어렵지 않다.

이 장면은 '장애자녀'가 있으면, 즉 장애아동 부모는 당연히 인생이 슬플 것이며 따라서 타인이 누리는 일상적 기쁨으로부터 소외된 삶을 살아가는 것이 당연하다는 관념이 얼마나 지배적인지를 잘 보여 준다. 한 마디로, 장애인에 대해 사회가 가지고 있는 '고통기대구조'가 드러나는 장면이다(정은, 2008).

이런 식의 장애아동 부모에 대한 막연한 우울한 인식은 우리 사회의 경우에도 마찬가지이다. "얼마나 힘드시겠어요?" 혹은 "힘내세요!" 등과 같은 일상적 인사말 속에도 자녀가 장애가 있으면 그 부모는 그 어떤 사람보다 힘들고 괴로울 것이라는 동정적 시선이 전제되어 있다. 선의에 의한 인사라고는 하지만 실제로 그 '좋은 인사'

를 듣는 입장에서는 자신이 동정받는다는 느낌이 드는 것이 사실이다. 물론 이들의 삶이 더 힘들 수 있다. 하지만 동시에 그렇지 않을 수도 있다. 왜냐하면, 어떤 개인의 삶을 힘들게 하는 요인은 수도 없이 많으며 '장애'라는 것은 그중 하나에 불과하고, 설사 장애자녀를 두었기 때문에 마음이 더 무겁다고 하더라도 좀 더 자세히 들어가 살펴보면 정말 이들을 고통스럽게 하는 것은 '장애를 가진 자녀'가 아니라 '그 자녀를 대하는 사회적 시선'이기 때문이다.

부모라면 자녀가 그저 잘 되고 잘 살기를 바랄 뿐이다. 사회 역시 부모의 그런 기대는 지극히 당연하다고 여기며, 그런 관점에서 부모의 그러한 좋은 기대에 연유한 양육 행동들에 대해 상당히 관대하다. 하지만 여기서 짚고 넘어가야 할 것이 있다. 우선 그 기대, 보다 정확히 표현하자면, 자식에 대한 부모의 '일방적인 기대'에 관한 것이다(정은, 2007). 아무리 상대에 대한 소위 '선한' 의도의 기대라고 하더라도 그것이 일방적인 기대인 경우 곤란한 문제가 발생할 수 있다. 부모가 자녀를 신뢰하는 것, 그것을 말로 표현하는 것까지 이처럼 간혹 문제가 될 수 있는 상황이라면 과연 부모는 자녀를 어떻게 대해야 하는 것일까? 무엇에 문제가 있는 것일까?

3) 장애아동 자체가 주는 심리적 부담감

일방적 기대 속에는 사실 엄청난 세세한 내용들이 가득 차 있음을 알 수 있다. 자녀가 잘되기를, 행복하기만을 바란다고 하지만 사실 대부분의 경우 그 '자녀의 행복'은 부모의 입장에서 이미 정해져 있다. 성적은 어느 정도까지 되어야 하고, 성격은 어떠해야 하며, 향후 배우자는 어떤 사람이어야 하는 것까지 이미 부모의 머릿속에는 자녀의 행복한 삶이라는 것이 - 자녀의 뜻과는 상관없이 - 그려져 있는 것이다.

장애아동의 경우에서도 다르지 않다. 물리치료를 통해 어느 정도 선까지 신체적 변화가 이루어져야 하고 언어치료를 통해 구화 능력은 어떤 수준까지 가능해야 하며, 인지적인 면에서는 또 최소한 이 정도 혹은 저 정도까지의 발달이 성취되어야 한다는 식의 그림이 부모의 머릿속에 이미 들어있는 경우가 많다. 이렇게 봤을 때 일방적 기대는 단순히 일방적이라는 문제를 넘어서 그 구체적인 내용까지 더해지면서 더욱 자녀를 힘들게 할 수 있다. 한 마디로 '일방적인 내용 기대'가 양육과정에서 걸림돌이 될 수 있는 것이다.

문은희(2011)는 한국 사회의 독특한 양육 문화를 분석하면서 엄마의 '포함'이라는 행동 단위에 대해 문제를 제기한 바 있다. '포함'이라는 행동 단위란, 엄마가 자녀를 자기 자신과 떼어 놓고 독립된 존재로 보지 못하고 자녀를 자신에게 '포함' 시켜 생각하고 행동하는 것을 말한다. 우리 사회의 경우 이러한 경향성이 매우 강하여 모든 일을 가족 단위로 생각하는 엄마가 많은데 그 가운데에서도 특히 자녀를 자신의 행동 단위에 '포함'하는 경우가 많다는 것이다. 예측할 수 있듯이 이렇게 되면 부모는 사랑하기 때문이라고 말하지만 실제로는 자녀의 삶에 과도하게 개입하게 된다. 위에서 말한 부모 일방적 기대가 발생하기 쉬운 것이다. 그렇다면 이런 양육 문화 속에서 장애아동 부모는 다를까? 크게 다르지 않을 것이다. 장애아동 부모 역시 이러한 포함 단위에서 벗어나기 힘든 경우가 많다. 더욱이 사회적으로 갖가지 불리함을 일상 속에서 겪게 되면 그런 식의 양육 행동은 강화되기 쉽다.

그런데 여기서 발생하는 심각한 문제는 또 있다. 바로 '배제의 논리' 발생이다. 즉, '포함'이라는 행동 단위로 살아가게 되면 내가 '포함'하고 있는 가족 외의 다른 사람들을 '제외하고 배제하는 태도'를 갖기 쉽다. 부모가 자녀에 대해 '포함'이라는 행동 단위로 움직이게 될 때 타인을 배제하게 되는 상황은 이처럼 쉽게 발생한다.

4) 장애아동 가족에 대한 사회의 부적절한 시선

우리가 '나의 시선'을 고집하지 말고 '우리의 시선'을 만들어 내고 또 공유해 내지 못하면 인간관계라는 것이 너무도 쉽게 어긋날 수 있다. 부모든 교사든 자녀나 학생을 '위해서'라는 말을 자주 하지만 그 실재에 있어서는 자녀에게, 학생에게 고통을 주는 행동을 할 수도 있는 것이다.

예를 들어, 장애자녀에 대한 부모의 과도한 학업 성취 요구가 교사의 바람(잘 가르쳐서 학생의 학업 성취도를 향상시키고 싶다)과 일치될 때, 학생도 원했던 경우면 상관이 없겠지만 만약 그렇지 않을 경우 학생은 기댈 곳이 없게 된다.

"꿈속에서 책임은 시작된다." 무라카미 하루키의 소설 『해변의 카프카』(2002)에 나오는 말이다. 무슨 의미일까? 『에디슨 아동, 키워주고 살려주고』(1999)의 저자 Palladino는 "아이들이 느끼는 방식과 그들이 행동하는 방식은 직접적으로 연관되어 있다."라고 적고 있다. 다시 말해 만약 지금 내 앞에 있는 아이가 움츠러드는 태도를 보인다면, 그것은 그 아이가 지금 세계를 그렇게 느끼고 있다는 뜻이다. 그리고 중요한 것은 아이가 그렇게 느끼는 그 세계 속에 '나'도 포함되어 있다는 사실이다. 인간은 자신이 통제할 수 없는 상황(미래)에 대해 두려움을 가진다. 그렇다면 여기서 잠깐 생각해 보자. 만약, 아이의 꿈에 '내'가 포함되어 있지만 '내' 꿈에는 아이가 포함되어 있지 않다면? 분명 아이는 자신의 꿈속에서 다른 곳을 응시하는 '나'를 바라보며 어쩔 줄 몰라 할 것이다. 하루키는 이런 상황을 작품 속에서 "꿈속에서 책임은 시작된다."라고 표현했는데 이것은 교사 및 부모와 아동과의 관계에 있어서뿐 아니라 교사와 학부모 관계에서도 마찬가지일 것이다. 당신의 꿈에 내가 포함되어 있는가? 나의 꿈에 당신이 포함되어 있는가? 장애아동 부모의 심리를 이해하기 위해서는 이런 식의 자기성찰이 반드시 필요하다.

5) 장애아동 부모의 심리적 반응 수용하기

장애아동 부모의 심리를 설명함에 있어서 부모는 무엇보다 자신의 자녀를 자랑스러워 한다는 사실을 잊어서는 안 될 것이다. 장애아동 부모님과 대화를 해 보면 많은 부모님의 첫 마디가 "선생님, (남이 뭐라고 할지 모르겠지만) 저는 우리 애 너무 예쁘거든요."이다. 당연한 이 말 한마디가 장애아동 부모의 심리, 마음과 만나는 첫 자리이다. 여기서 시작해야 자녀의 구체적인 교육 계획을 교사가 도울 수 있다.

끝으로 부모는 자녀의 삶을 디자인할 권리가 주어진 사람이 아니라는 사실을 부모 스스로 인지하는 것이 중요하다. 이런 맥락에서 무엇보다 부모 그리고 교사에게는 앞서 언급한 내용 없는 기대감에 기초한 열린 마음이 먼저 자리 잡아야 할 것이다. Sandel(2010)은 다음과 같이 강조한다.

> 자녀를 선물로 여기는 것은 그들을 있는 그대로 받아들이는 것이지 부모가 디자인해도 되는 대상이나 의지의 산물, 부모의 야망을 해결하는 도구로 보는 것이 아니다. 부모의 사랑은 아이가 자연적 우연에 따라 부여받은 소질이나 성격에 달린 문제가 아니다. 친구나 배우자를 고를 때는 매력적인 성격이나 자질을 일부 참고할 수 있다. 그러나 자녀는 그렇게 고르는 게 아니다. 아이의 자질은 예측할 수 없다. 제아무리 양심적인 부모라 할지라도 자식의 모든 부분을 전적으로 책임질 수 없는 노릇이다. 바로 이 사실 때문에 신학자 윌리엄 메이는 부모다움이야말로 '우연의 미래로 열린 마음'이라고 말했다.

언젠가 한 지적장애아동 부모님으로부터 이제껏 그들이 아이에게 해 왔던 모든 것들(교육, 치료, 훈육 등)이 아이의 장애를 완화하기는커녕 사실은 아이의 결함을 더 부추기고 드러나게 하는 것에 불과했다는 가슴 아픈 고백을 들은 적이 있다. 아이를 장애 중심으로만 바라보았기 때문이다. 세상 사람 또 소위 전문가가 말하듯이 지적장애아동은 일반아동과는 근본적으로 다른 존재이고 따라서 어떤 '특수'한 처치(교육)가 필요하다고만 생각했었다는 것이다. 하지만 아이가 자라고 우연한 기회를 통해 성장한 아이를 장애 중심이 아닌 보통 성인으로 새로운 사람들을 만나게 되면서 부모님은 뒤늦게 자녀의 새로운 모습을 경험하게 되었고 당신들이 이제까지 고수해 온 아이를 대하는 특별한 방식에 대해 깊은 회의를 가지게 된 것이다(정은, 2009).

장애아동 부모의 이런 경험은 무엇을 이야기하고 있는가? 우리는 개인화된 마음의 형성과정에 대해 차분히 그 뿌리를 다시 들여다볼 필요가 있을 것 같다. 이 세상에 - 개인화된 마음은 있을지 몰라도 - 개인적인 마음은 없다. 왜냐하면, 인간의 마음은 사회적이기 때문이다. 장애아동 부모의 심리도 마찬가지다. 마음은 자란다. 사람들 속에서, 다양한 관계의 자기반영 속에서 마음이 자란다. 장애학생의 마음도, 교사의 마음도, 장애아동 부모의 마음도 그렇게 자란다. 이것이 장애아동 부모의 심리를 이해함에 있어서 (예비)교사가 가장 염두에 두어야 할 내용이 아닐까 한다.

03 특수교육 및 장애아동 지원 서비스

본 절에서는 교육부 주체의 특수교육 관련 서비스 체계와 특수교육대상자로 선정된 대부분의 아동이 장애아동인 점을 감안하여 보건복지부 주체의 관련 서비스 체계를 통합적으로 살펴보고자 한다.

1) 「장애인 등에 대한 특수교육법」의 관련 서비스

「장애인 등에 대한 특수교육법」에 규정한 특수교육 관련 서비스는 교육과정의 지원과 함께 특수교육대상아동에게 치료 지원의 개념으로 관련 서비스를 제공하여 교육의 효율성을 극대화하고자 하는 역할을 한다. 아동의 지원 요구 특성에 따른 다양한 관련 지원 서비스는 [그림 13-1]과 같다.

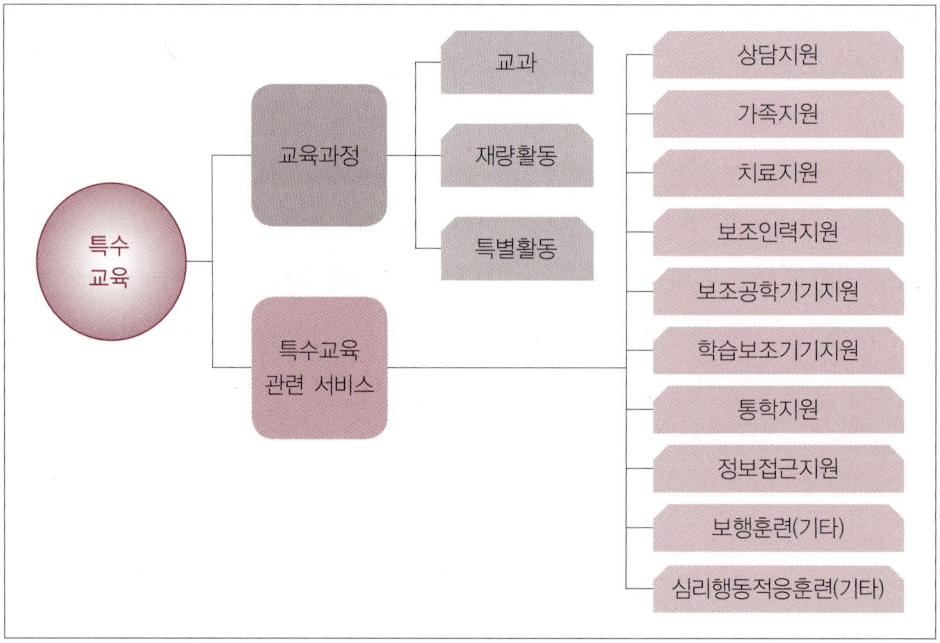

[그림 13-1] 특수교육과 특수교육 관련 서비스

(1) 치료지원의 제공 방법

- 특수학교와 특수교육지원센터: 관련 치료사를 배정하여 지원
- 외부 관련 기관과 계약: 관련 서비스 제공기관과 계약 학교 방문 제공
- 국가 지정 바우처 제공기관과 계약: 외부 기관에 방문하여 관련 치료지원 서비스 인정 제공인력에 의한 치료지원

〈표 13-1〉「장애인 등에 대한 특수교육법」에서 규정하는 특수교육 관련 지원 서비스 종류

구분	내용
가족지원	① 가족상담, 양육상담, 보호자 교육, 가족지원 프로그램 운영 ② 건강가정지원센터「건강가정기본법」 제35조, 장애인복지시설「장애인복지법」 제58조 등과 연계하여 지원
치료지원	① 치료사의 자격:「의료기사 등에 관한 법률」 제4조에 따른 면허 또는「자격기본법」 제19조 제1항에 따라 주무부장관이 공인한 민간자격 소지자 ② 치료실 설치: 특수교육지원센터 또는 특수학교 ③ 공공보건의료기관「공공보건의료에 관한 법률」 제2조 및 장애인복지시설 등과 연계하여 지원
보조인력 지원	① 보조인력의 수급계획 수립, 채용·배치 등 운영에 필요한 업무 수행 ② 보조인력의 자질 향상을 위해 특수교육에 관한 연수 실시 ③ 역할: 교사의 지시에 따라 교수-학습활동, 신변처리, 급식, 교내·외 활동 등·하교 등(아동의 교육 및 학교활동에 대한 보조)
교구 및 학습보조기 등 지원	① 각종 교구, 학습보조기, 보조공학기기를 제공할 수 있도록 특수교육지원센터에 필요한 기구 비치
통학지원	① 통학차량 제공 또는 통학비 지급 ② 현장체험학습, 수련회 등 학교 밖 활동 참여 보장
기숙사의 설치·운영	① 시·도교육청의 기숙사 운영 경비 부담 및 보조(예산 범위 내) ② 생활지도원의 자격: 교사 자격 또는 고등학교 졸업 이상의 학력과 물리치료사(작업치료사, 사회복지사, 보육교사) 자격 소지 ③ 국립학교의 생활지도원 배치 기준: 학생 5명당 1명 이상 (단, 시·청각장애 중학교 및 고등학교의 경우 학생 7명당 1명 이상)
정보접근 지원	① 인터넷 학교 홈페이지 등 각급 학교의 정보를 장애유형에 적합한 방식으로 제공
기타 특수교육 관련 서비스의 제공	① 보행훈련, 심리·행동적응훈련 등 특정한 장애유형의 학생들에게 필요한 특수교육 관련 서비스 제공 ② 이상의 특수교육 관련 서비스 제공에 필요한 인력은 국가 자격 또는 민간 자격을 소지한 사람이 하여야 함

2) 보건복지부 '장애아동 가족지원 사업'의 지원 서비스(2023)

(1) 발달재활 서비스 사업

- 목적
  : 성장기의 정신적·감각적 장애아동의 인지, 의사소통, 적응행동, 감각·운동 등의 기능 향상과 행동발달을 위한 적절한 발달재활 서비스 지원 및 정보 제공, 높은 발달재활 서비스 비용으로 인한 장애아동 양육가족의 경제적 부담 경감
- 서비스 대상자
  - 연령: 만 18세 미만 장애아동(지원 금액: 22만 원, 소득에 따라 차등 자부담금 있음)
  - 장애유형: 시각·청각·언어·지적·자폐성·뇌병변장애아동(중복장애 인정)
  - 기타요건: 「장애인복지법」상 등록장애아동(다만, 영유아(만 6세 미만)의 경우 시각·청각·언어·지적·자폐성·뇌병변 장애가 예견되어 발달재활 서비스가 필요하다고 인정한 의사진단서[서식 4호]와 검사지로 대체 가능)

(2) 장애아가족 양육지원 사업

- 목적
  : 장애아동 가족의 일상적인 양육부담을 경감하고 보호자의 정상적인 사회활동을 돕기 위하여 돌봄 및 일시적 휴식지원 서비스 제공
  ① 돌봄 서비스(지원 대상)
    - 만 18세 미만의 「장애인복지법」상 등록 1·2·3급 장애아와 생계·주거를 같이하는 전국 가구 평균 소득 100% 이하 가정
  ② 휴식지원 프로그램(지원 대상)
    - 소득 기준 상관없이 만 18세 미만의 모든 장애아 가족으로 돌봄 서비스를 받지 않는 가정도 참여 가능, 돌봄 서비스를 받는 가정을 우선 지원

(3) 장애인활동지원 사업

- 목적
  : 혼자서 일상생활과 사회생활을 하기 어려운 장애인에게 활동지원급여를 제공하여 장애인의 자립 생활을 지원하고 그 가족의 부담을 줄이기 위한 제도
- 서비스 대상자
  - 연령: 만 6세 이상 만 65세 미만의 「장애인복지법」상 등록 1, 2, 3급 장애인
- **서비스 내용**: 신체활동 지원, 가사활동 지원, 사회활동 지원, 방문 목욕, 방문 간호

(4) 지역사회투자서비스 사업– 아동 · 청소년 심리지원서비스(인천광역시, 2019)

- 목적
  : 만 18세 이하의 아동을 대상으로 심리적 문제를 조기에 해결하기 위해서 심리 지원 서비스를 제공함으로 문제행동을 감소시키고, 정서·행동장애로 발전을 막아 정상적 성장 지원
- 서비스 대상자
  - 소득 및 연령: 기준 중위소득 140% 이하 가구의 만 0~18세 이하 중 문제행동 위험군 아동(지원 금액: 16만 원, 소득에 따라 차등 자부담금 있음)
  - 선정 기준: 다음 ①, ②, ③ 중 한 가지를 충족하는 문제행동 위험군 아동
    ① 발급일로부터 6개월 이내의 의사진단서 또는 의사소견서, 임상심리사 소견서, 청소년상담사 소견서 중 한 가지를 제출할 수 있는 아동·청소년
    ② 발급일로부터 6개월 이내의 정신건강증진센터의 추천서를 제출할 수 있는 아동·청소년(추천서 동봉)
    ③ 다음 자격 중 하나에 해당하는 자의 추천서를 제출할 수 있는 아동·청소년으로서 '정신보건사업안내'의 아동·청소년 심층사정 평가 도구를 활용한 검사 결과가 선정대상자인 경우(검사결과 동봉)
      ㉠「초·중등교육법」 제21조에 의한 정교사 또는 전문상담교사 또는 보건교사
      ㉡「유아교육법」 제22조에 의한 유치원장
      ㉢「영유아보육법」 제21조에 의한 어린이집원장

* 아동정서발달 서비스, 발달재활 서비스, 참좋은카드, 자녀언어발달사업 중복 지원 불가

위의 관련 내용을 요약하면, 교육부와 보건복지부로부터 특수교육대상자 아동이 장애인으로 등록되어 있는 경우 국가로부터 다음과 같은 관련 지원 서비스를 받을 수 있다.

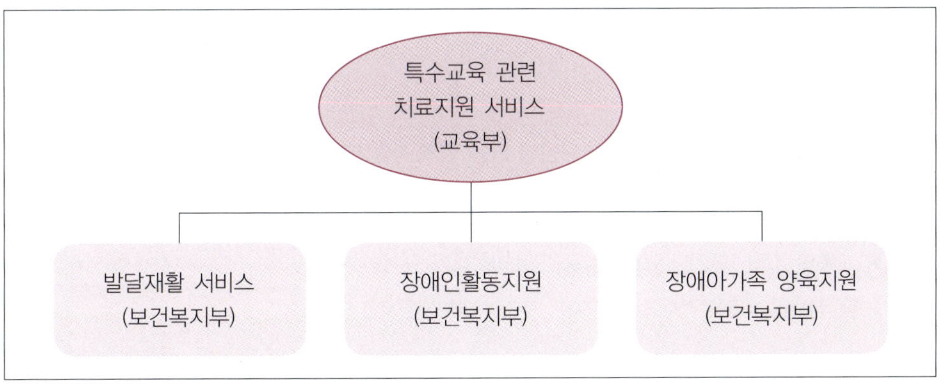

[그림 13-2] 특수교육 및 재활 관련 교육부 및 보건복지부 지원 서비스

3) 특수교육 관련 서비스 제공 사례(통합학급)

▣ 일반학교 특수학급 특수교육대상자(9세 아동, 장애인 등록)

학교 등원(어머니 차량으로 등원)

⬇

일반학급 ↔ 특수학급(도움반) (교육부 지원)

학교 하원(14:30) ⬇

장애인활동 지원 서비스 이용 (보건복지부 지원)

⬇ 이동(활동보조원)

발달재활 서비스 이용
: 언어재활 주2회 수업 (보건복지부 지원)

⬇ 이동(활동보조원)

집 도착(활동보조원▶돌봄 서비스 방학 때 이용 선택형)

⬇ 이동(활동보조원)

기타 특수교육 관련 서비스 이용
: 심리운동재활 주2회 수업 (교육부 지원)

⬇ 이동(활동보조원)

장애아가족 양육지원 이용
: 돌봄 서비스 (보건복지부 지원)

⬇

부모님께 아동 인계(저녁 18:00)

▶ 교통비 지원 1학기당 20만 원(등원은 어머니가 해 줌) (교육부 지원)

※ 단, 장애인 미등록 특수교육대상자는 보건복지부 지원사업 안 됨

[그림 13-3] 일반학교 특수학급 특수교육대상자 서비스 사례

04 조기특수교육

1) 조기특수교육 개념

조기특수교육은 출생 후 영유아기부터 8세 취학 전 · 후까지 특별한 교육적 요구가 필요한 특수교육대상아동을 대상으로 하는 특수교육을 의미한다. 특히, 영유아기의 경우 장애가 심하여 명확히 드러난 경우가 아니면 특수아동이나 장애아동이란 명칭을 가급적 붙이지 않으며, 발달 위험군 아동 또는 위험군 아동이라고 한다. 그 이유는 장애란 명칭은 낙인으로 작용하여 아동의 발달과 교육 등 여러 측면에 바람직하지 못한 영향을 미칠 가능성이 크기 때문이다(정대영 외, 2012).

이러한 의미를 토대로 「장애인 등에 대한 특수교육법」에서도 9세 미만의 아동에 대하여 발달지체라는 별도의 특수교육대상자 영역으로 규정하고 다음과 같이 정의하고 있다.

> 신체, 인지, 의사소통, 사회·정서, 적응행동 중 하나 이상의 발달이 또래에 비하여 현저하게 지체되어 특별한 교육적 조치가 필요한 영아 및 9세 미만의 아동

조기특수교육은 만 9세 미만의 특별한 교육적 요구를 지닌 아동과 그 가족들을 서비스 대상으로 하며, 교육적, 발달적 및 치료적 활동을 광범위하게 포함한다. 조기특수교육은 연령과 학제를 고려하여 다음의 [그림 13-4]와 같은 3단계, 즉 영아기(0~2세), 유아기(3~5세), 아동기 초기(6~8세)로 구분할 수 있다.

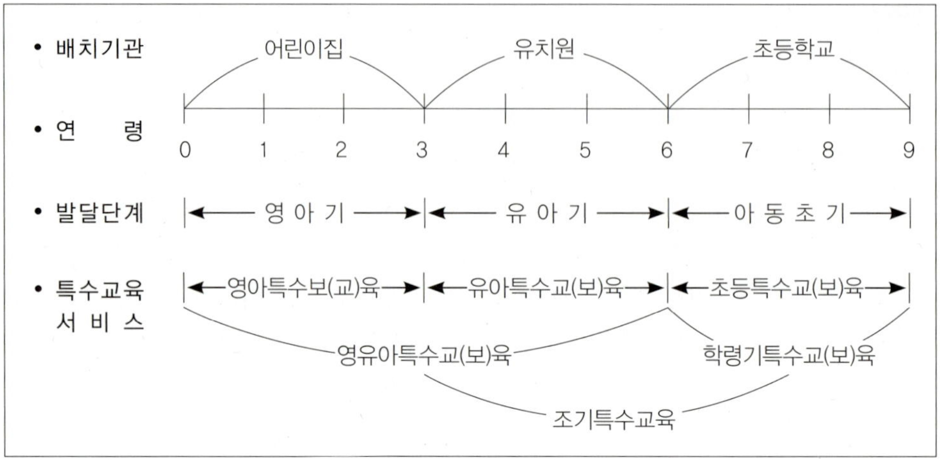

[그림 13-4] 조기특수교육 개념도

출처: 정대영 외(2012). 특수아동지도. p. 23.

2) 조기특수교육의 필요성과 중요성

일반아동에 대한 조기교육의 필요성에 대하여 학자들 사이에 논란의 여지가 있으나, 발달에 어려움을 지니고 있는 특수교육대상아동의 경우 조기에 발견하여 발달이 지체되어 있는 영역에 대한 조기특수교육이 필요하다는 것은 모두 중요하게 인식하고 있다.

(1) 조기특수교육의 필요성

영유아기에 장애가 있는 아동을 조기에 발견하고 아동의 장애유형과 발달특성에 따른 적절한 조기교육의 개입이 이루어지면 장애아동의 정상적 발달의 촉진과 함께 2차 장애를 예방할 수 있다.

특수교육대상아동에 대한 조기특수교육의 서비스는 특수아동의 성장과 발달에 대한 촉진 그리고 특수아동을 양육하는 가족들과 그 환경에 미치는 영향을 고려할 때 매우 절실하고 필요한 서비스로 강조되고 있다.

특수아동에게 주어지는 양적, 질적 조기중재 특수교육은 아동에게 발달적 및 교육적으로 혜택을 주어 성장한 후에 다른 특별한 서비스 기관에 수용되는 비율을 감소시키고 취업 가능성을 높여 경제적 · 사회적으로도 긍정적 결과를 가진다(김영익 외, 2016).

(2) 조기특수교육의 중요성

"세 살 버릇 여든 간다."라는 속담은 영유아기 발달에 있어서 조기교육의 중요성을 말해 준다. 인간의 생애에 있어서 초기 환경의 상호작용 경험은 매우 중요하며, 영유아기 발달의 결정적 시기 및 민감한 시기이다. 생애 초기에 이루어진 학습은 이후에 나타나는 좀 더 복잡한 행동의 학습을 위한 기초가 된다.

장애 진단을 받은 영유아도 현재 보이는 발달 수준이 고정된 것이 아니므로 적절한 특수교육과 질적인 환경을 제공받는다면 잠재적인 최대 발달을 이루어 낼 수 있다. 그러므로 바람직한 환경의 경험은 영유아의 학습과 발달에 직접적이고 결정적인 영향을 끼칠 수 있으므로 그 필요성이 절실하다.

3) 조기특수교육의 특징

조기특수교육은 이론과 증거기반의 실제에 기초하여 이루어지는 특수한 영역이다(Odom & Wolery, 2003). 증거기반의 실제란 아동, 가족, 전문가 및 체제에 관한 연구에서 효과적인 것으로 입증된 결과를 교육 현장에 적용하는 것을 말하며 다음과 같은 원리를 바탕으로 하고 있다(정대영 외, 2012).

(1) 조기특수교육의 원리

- 가족과 가정은 중요한 양육 환경이며, 관계 형성을 강화시키는 것이 필수적이다.
- 아동은 자신의 환경에 반응하고 관찰을 통하여 학습한다(성인은 아동 경험 제공).

- 아동이 보다 독립적으로 참여하기 위해 발달적으로 진전된 상황에 접근하고 참여할 수 있도록 환경을 조성한다.
- 조기중재 특수교육의 활동 자체가 동기유발적이고 피드백이 될 수 있도록 한다.

조기특수교육은 직접지원과 간접지원 체계의 교육 서비스로 나눌 수 있다.

〈표 13-2〉 조기특수교육의 종류

구분	내용
직접교육 서비스	아동과 가족을 대상으로 일대일(1:1), 소집단, 학급 단위로 교육을 실시하는 것을 의미한다.
간접교육 서비스	조기특수교육자들이 아동과 가족에게 서비스를 제공하는 다른 성인들(부모, 가족 구성원, 특수교육팀의 다른 전문가, 일반교사)을 안내하고 지원하는 것을 의미한다.

조기특수교육을 담당하는 교사는 영유아에게 주로 비범주적 영역별 접근을 한다. 비범주적이란 장애유형별로 접근하는 것이 아니라 연령과 요구에 따라 교육지원 서비스를 구성하는 것을 의미하며, 영역이란 아동발달의 상호관련성을 가지며 서로 밀접한 관계가 있다.

- 대근육운동 영역: 균형을 유지하고 걷거나 달리기 점프하기와 같은 대근육활동
- 소근육운동 영역: 가위질하기, 그림 그리기, 조작하기와 같은 소근육 협응 활동
- 의사소통 영역: 아동이 언어를 이해하고 생각을 표현하는 능력에 관여되는 활동
- 지적 · 인지 영역: 문제해결과 자신이 알고 있는 인지체계의 지식을 활용하는 활동
- 사회 · 정서 영역: 다른 사람들과 효과적으로 상호작용하고 안정된 정서를 지니는 것
- 자조 · 적응 영역: 옷의 착 · 탈의, 식사와 같은 활동을 스스로 할 수 있는 능력의 활동

장애위험군 아동이나 장애아동에 대한 현재 나아가고 있는 조기특수교육의 경향을 살펴보는 것은 의미가 있는 일이다. 〈표 13-3〉은 1990년대에 인정받은 유아특수교육의 주요 변화와 경향을 나타내는데(Lynch, 1990), 이것은 2000년대를 지나도 프로그램 발달에 계속 영향을 주고 있다. 이 표에서는 프로그램의 철학과 프로그램의 실제에서의 변화를 포함하고 있다(유수옥, 2005).

〈표 13-3〉 장애나 장애위험이 있는 유아와 그의 가족을 위한 최선의 실제 변화

철학	매일의 상호작용
유아 중심 → 가족 중심	발달적 → 기능적
분리 → 통합	교사 주도적 → 유아 주도적
다학문 → 초학문	구조화 높음 → 구조화 낮음
단일 문화 → 다문화	행동주의적 → 우발적 반응
단독 → 협력	기술 중심 → 활동 중심
	학문적 지향 → 놀이 지향

출처: 유수옥(2005).

국가 수준 공교육의 조기특수교육을 받고 있는 취학 전 장애아동의 등록현황은 교육부 소관 유치원 교육기관 2016년 4월 기준과 보건복지부 소관 장애아 관련 보육시설 2015년 12월 기준의 현황은 〈표 13-4〉와 같다.

〈표 13-4〉 유치원 교육기관 및 어린이집 보육기관 장애유아 등록 현황

교육부				보건복지부			합계
특수학교 유치원	유치원		소계	장애전담 어린이집	장애통합 어린이집	소계	
	특수학급 설치유치원 (특수지원 센터 포함)	전일제통합 학급 운영 유치원					
1,100	2,998	1,744	5,842	5,895	3,929	9,824	15,666

출처: 교육부(2016). 특수교육연차보고서. p. 21. 보건복지부(2015.12.). 장애아보육 통계.

4) 조기특수교육의 적격성 판단

조기특수교육에서 장애나 장애의 가능성이 있는 위험군 영유아를 진단하고 평가하는 목적은 조기발견으로 발달 촉진을 위한 지원의 적정 시기를 놓치지 않고, 아동의 특별한 교육적 요구에 적절한 지원을 통한 교육 서비스를 제공하기 위함이다.

이러한 조기특수교육의 대상이 되는 장애영유아를 위한 체계적 지원 체제는 의료, 교육, 상담 등과 같이 장애영유아에게 필요한 다양한 전문 영역의 협력이 꼭 필요하며, 부모의 적극적인 참여도 강조된다. 조기특수교육대상의 적격성 판별에 대하여 장애영유아를 진단하고 평가하는 경우 다양한 측면의 측정을 위해 여러 유형의 진단과 평가 방법을 사용하여 포괄적이고 종합적인 진단과 평가를 진행할 수 있도록 해야 한다(한국특수교육연구회, 2009).

[발달지체 적격성 판정]

최근에 장애 적격성 판정에서 영유아기 아동에 대한 발달지체 개념 도입이 강조되고 있다.

- 발달에 있어서 일탈적 특성이나 지체를 보이는 아동
- 특정 장애나 식별된 문제를 지니기도 하고 지니지 않기도 함
- 현장에서 사용되는 발달지체 판별 기준
  - 기능의 백분율: 두 가지 이상의 발달영역에서 25%의 지체
  - 표준편차상의 이탈: 두 가지 이상의 발달영역에서 표준편차 -1 이상에 위치
  - 규준발달연령 지체: 두 가지 이상의 발달영역에서 6개월의 지체
- 규준연령 및 학년에 비하여 지체되는 정도이므로 교사의 경우 판정하기가 용이함

[장애 적격성 판정]

- 장애인 등록에 따른 복지카드 등록을 규정하고, 장애 영유아 진단 판정에서 장애 범주형이 주요 원칙임을 나타낸다.
- 취학 전 영유아의 경우 어린이집이나 유치원에 입학할 때 복지카드 대신에 의사진단서로 가능하게 하는 것은 발달지체 개념의 적용을 시사한다.

출처: 김영익 외(2016). 특수아동지도와 상담. p. 29.

5) 교육과정

조기특수교육은 교육 프로그램 구성과 운영의 여러 측면에서 학령기 특수교육이나 일반유아의 유치원교육, 어린이집보육과는 다른 독특한 특성을 지닌다. 이 절에서는 특수교육대상유아 및 장애유아를 위한 유치원 특수교육 교육과정과 유치원과 어린이집의 통합 교육과정을 위한 2011년부터 시행한 누리과정과 국가 수준의 표준보육과정에 대한 공교육의 조기특수교육에 대하여 알아보고자 한다.

〈표 13-5〉 국가 수준의 조기특수교육지원 체계

과정	교육과정 핵심 내용
유치원	• 유아의 개별요구에 따라서 발달영역 중심으로 개별화교육계획을 수립하여 운영한다. • 특수교육 관련 서비스(물리치료, 작업치료)를 개별화교육계획에 따라 지원한다. • 특수교육대상유아의 장애특성을 고려하여 교육과정을 편성하여 적절한 교수방법으로 지도한다. (장애유아를 위한 교육과정은 국가 수준의 특수교육과정에 유치원교육과정으로 포함되어 있다.)
누리과정 (어린이집, 유치원 통합과정)	• 장애유아를 위한 교육과정은 일반유아를 위한 3~5세 연령별 누리과정을 근간으로 한다. • 장애유아를 위한 특수교육대상 유아의 발달을 촉진할 수 있도록 편성·운영한다. (누리과정은 만 3~5세를 대상으로 하는 어린이집 표준보육과정과 유치원 교육과정을 통합한 공통과정으로 구성하여 교육·보육의 질 향상을 목적으로 한다.)
표준 보육과정	• 「장애인 등에 대한 특수교육법」 만 3세 미만의 장애영아에 대하여 의무교육 명시로 0~2세 영아의 조기특수교육 중요성이 강조되어 있다. • 표준보육과정은 '0~1세 보육과정', '2세 보육과정', '3~5세 보육과정'으로 구성되어 있다. • 3~5세 누리과정에 해당하지 않는 0~2세 장애영아의 경우 표준보육과정에 기초하여 교육과정을 편성·운영한다 • 장애영유아의 개별화 보육계획안을 연간 및 월간 보육계획안과 연계성 있게 수립하고, 장애특성과 발달특성을 고려하여 놀이 및 활동 중심의 교육과정을 편성하여 일과 중 지도하여야 한다.

05 전환교육

1) 전환교육의 개념

전환교육이란 '학교생활에서 사회생활로 이동해 가는 학생들의 활동을 촉진시키기 위한 교육결과 중심 모형으로 협력 체제를 통해 고안된 장애인을 돕는 총체적으로 지원하는 체계적인 교육활동'이다.

IDEA(2004)와 국립특수교육원(2009)의 전환교육의 정의는 다음과 같다.

- IDEA(2004): 대학교육, 직업교육, 통합, 취업(지원고용 포함), 평생교육, 성인서비스, 자립생활, 지역사회 활동에 참여하도록 도와주는 종합적인 교육활동
- 국립특수교육원(2009): 장애학생들이 학교생활을 마치고 성인 사회의 생활로 옮아가는 과정을 순조롭게 하기 위해 마련하는 교육 모형

단계	이전		이후
출생			
학령 전기	가정 공적 환경	→ →	학령 전기 개별적 환경
학령기 초등학교	분리학교 특수교육	→ →	이웃학교 일반학교
학령기 중등학교	특수교육 특수/일반	→ →	일반교육 대안학교
성인 초기	미혼 가족과 생활	→ →	결혼/파트너(자녀) 단독/타인과 생활
성인 중기	가족보호 거주지 배치	→ →	대안적 보호 지역사회 생활
성인 말기	가족관계성	→	단독

[그림 13-5] 수직적 · 수평적 전환

출처: 전헌선 외(2012). 특수교육학개론. p. 372.

전환교육의 성공적인 전환(transition)은 한 가지 조건이나 장소로부터 다른 조건이나 장소로 변화해 가는 과정이며, 개인은 생애를 통한 전환의 다양한 형태를 경험하게 되고, 이와 같은 과정을 통해 발전해 간다. 최근 특수교육의 관심을 가지게 하는 전환교육의 관점은 학교체제에서 사회로의 전환이 이루어지는 과정이 강조된 것으로 보이며, '직업전환'은 학교체제에서 사회체제로 전환 시 직업을 강조하여 사용한 용어로 된 것이다. 예를 들면, 특수학교 고등부 과정 이후 전공과라는 과정이 전환교육의 대표적인 사회적응 훈련이라고 할 수 있다.

전환교육과정에서 교육자가 전환계획 수립의 중요한 역할을 담당해야 하고 [그림 13-6]과 같이 각 분야의 전문가와 연계하는 협력적 접근의 역할을 수행한다. 이는 장애학생이 학교를 떠나게 되면 이들에 대한 기본적인 책임을 떠맡게 될 기관들이기 때문이다. 전환교육을 수립하는 데 있어서 여러 기관의 전문가들을 참여시키는 데 실패한다면 그 성과는 성공적일 수 없다(전헌선 외, 2012).

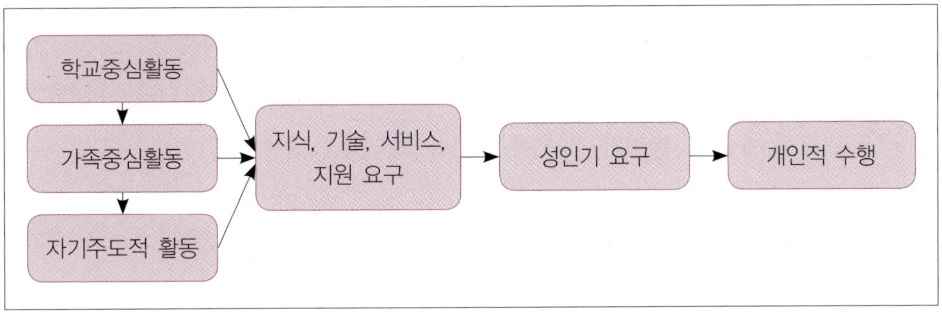

[그림 13-6] 전환과정 협력적 접근

출처: 전헌선 외(2012).

2) 성공적인 전환교육

(1) 전환교육 원리

전환교육이 성공적으로 이루어지기 위해서는 다음과 같은 원리가 반드시 지켜져야 한다(김영익 외, 2016).

- 학령기 전 · 후기 공교육에서부터 모든 고등교육은 전환교육으로 이루어져야 한다.
- 전환교육 프로그램이 모든 고등교육의 기반이 되어야 하며, 부차적이거나 보충이 되어서는 안 된다.
- 학생의 선호도, 필요, 능력, 취미를 기반으로 하여야 한다.
- 모든 교육목표는 고등학교 졸업 후 사회로의 전환에 관련된 것이 되어야 한다.
- 전환교육은 반드시 학생을 포함한 전문가와 협의를 해야 한다.

(2) 전환교육의 구성 요소

성공적인 전환교육을 위한 지원 프로그램의 구성 요소 및 방법론에 대하여 이소현(2011)은 다음과 같이 제시하고 있다.

❶ 행정 관련 요소

- 행정가, 프로그램 제공자, 가족이 함께 문서화된 동의서를 작성한다.
- 서로 간의 지속적인 의사 교환을 위해서 공식적인 의사소통 수단을 마련한다.
- 프로그램 제공자, 행정가, 가족은 전환을 계획하고 준비할 적절한 시간을 설정한다.

❷ 프로그램 제공자 관련 요소

- 서비스 제공자는 동의된 전환 관련 절차들에 대해서 계획한 대로 모든 제공자의 임무, 역할, 책임, 임무 수행을 위한 적절한 시간 등에 대해서 알아야 한다.
- 서비스 제공자는 전환을 계획할 때 다른 기관을 방문하여 서로 정보를 나눈다.
- 학생이 이동할 기관의 관리자는 전환을 위해 교사나 다른 학생을 준비시킨다.

❸ 가족 관련 요소

- 프로그램 관련자는 가능한 한 빨리 가족에게 예상되는 전환 정보를 제공한다.
- 필요하다고 생각되는 경우 가족이 직접 전환과정을 시작할 수 있다.

(3) 전환교육의 영역

전환교육의 성공을 위한 거시적 관점에서 다양한 범주의 포괄적인 내용과 역동적이고 생태학적으로 구성한 전환교육의 영역은 다음과 같다.

- 의사소통증진
- 중등학교 이후 교육
- 지역사회참여
- 여가/동아리 활동
- 독립생활
- 평생교육증진
- 고용의 기회
- 일상생활
- 재정/수입/금전관리
- 직업훈련/진로
- 자기관리/책임
- 관계성/사회적 기술
- 자기주장/자기결정
- 직업평가
- 수정/이동

3) 전환교육의 모형

전환교육의 여러 모형 중 대표적인 Kohler(1996)의 전환 프로그램 분류 모형과 Wehman, Kregel과 Barcus(1985)의 중등학교 직업프로그램 모형에 대하여 간략히 [그림 13-7]과 [그림 13-8]을 통하여 살펴보고자 한다.

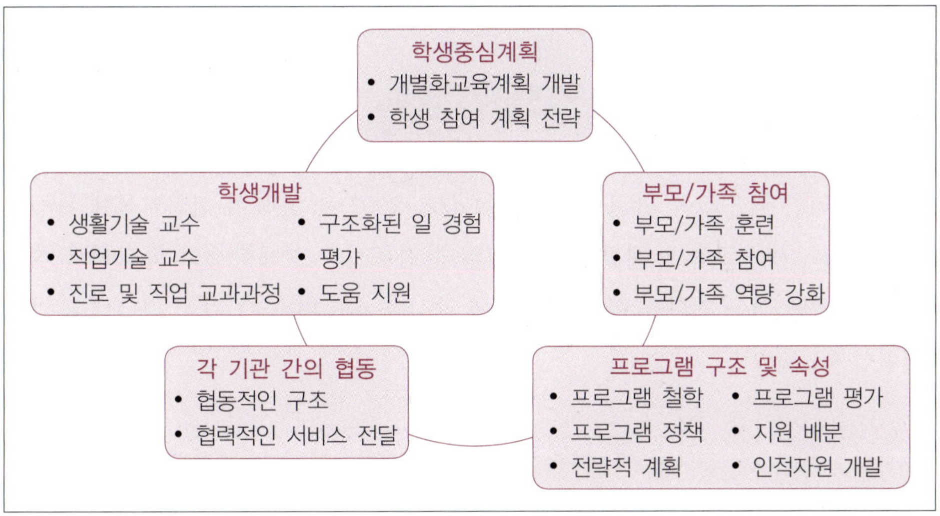

[그림 13-7] 전환 프로그램 분류 모형

출처: 김원경 외(2012). 최신특수교육학개론. p. 150.

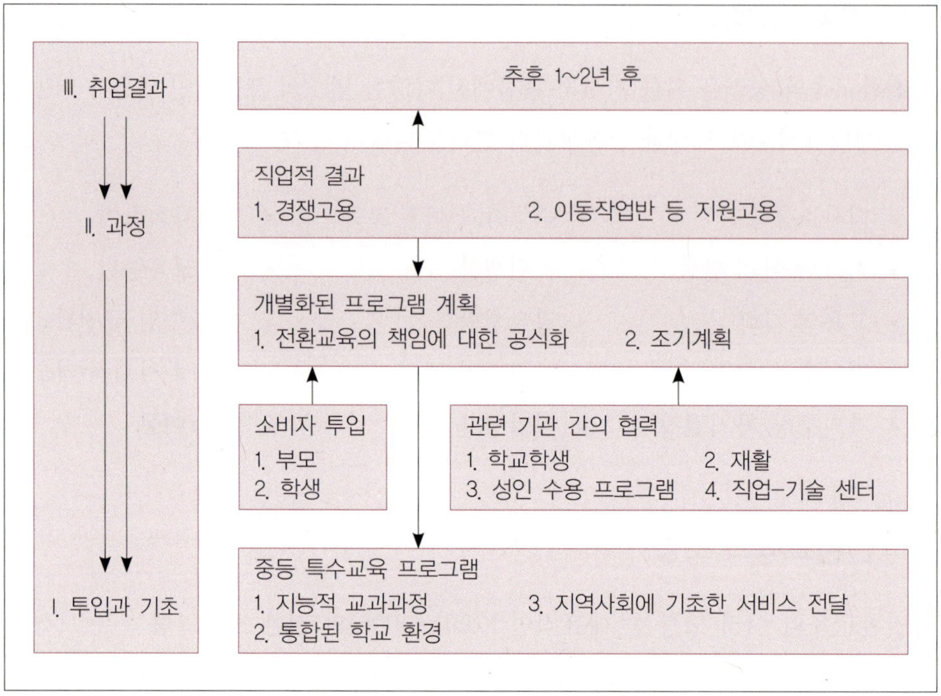

[그림 13-8] 중등학교 직업 프로그램 모형

출처: 전헌선 외(2012). 특수교육학개론. p. 380.

4) 전환교육의 지원

우리나라에서도 최근 교육인적자원부가 '특수교육대상학생 직업교육 및 전환 지원방안'이라는 특수교육 발전종합계획안(2003~2007)을 통하여 전환교육에 관심을 나타내면서, 특수교육과 재활영역을 어떻게 접목시켜 장애학생의 학교에서 성인사회로 자연스러운 전환을 이룰 것인가에 관심을 〈표 13-6〉과 같이 나타내고 있다(전헌선 외, 2012).

〈표 13-6〉 특수교육대상학생 직업교육 및 전환 지원방안

단계	지원시기	지원내용	담당기관
진로상담	중학교 2학년	• 학교생활 및 일상생활 관련 자료 제공	• 교육과학기술부(특수학교 및 학급) • 보건복지부(장애인복지관) • 고용노동부(장애인고용공단)
↓			
직업평가	중학교 2학년	• 직업적성평가 • 직업능력평가 • 직업태도평가	• 교육과학기술부(특수학교 및 학급) • 보건복지부(장애인복지관) • 고용노동부(장애인고용공단)
↓			
직업교육	중학교 2학년 ~ 고등학교 졸업학년	• 개별화 전환계획 수립 · 적용	• 교육과학기술부(특수학교 및 학급)
		• 직업교육 프로그램 개발	• 고용노동부(장애인고용공단) • 교육과학기술부(국립특수교육원)
		• 특수교육대상학생 현장 실습 지원	• 보건복지부(장애인복지관) • 고용노동부(장애인고용공단)
↓			
전환능력 평가	고등학교 졸업학년	• 특수교육대상학생 사회 진출 여부 및 지원 정도 결정	• 교육과학기술부(특수학교 및 학급) • 보건복지부(장애인복지관) • 고용노동부(장애인고용공단)
↓			
취업알선	고등학교 졸업학년	• 취업 알선 · 배치	• 교육과학기술부(특수학교 및 학급) • 보건복지부(장애인복지관) • 고용노동부(장애인고용공단)
↓			
추후지도	고등학교 졸업 이후	• 직장적응 지원	• 교육과학기술부(특수학교 및 학급) • 보건복지부(장애인복지관) • 고용노동부(장애인고용공단)

5) 전환교육을 위한 전공과 과정

특수교육대상자에 대한 성공적인 전환교육을 지원하기 위한 특수학교(급)에 대하여 「장애인 등에 대한 특수교육법」에서는 다음과 같이 전공과 과정에 대하여 명시하고 있다.

> **고등학교 과정을 졸업한 자를 위한 전공과 운영**
>
> **1. 전공과의 설치 · 운영**
>
> ① 특수교육기관에는 고등학교 과정을 졸업한 특수교육대상자에게 진로 및 직업교육을 제공하기 위해 수업연한 1년 이상의 전공과를 설치 운영할 수 있다.
>
> ② 교육부장관 및 교육감은 지역별 또는 장애유형별로 전공과를 설치할 교육기관을 지정할 수 있다.
>
> ③ 전공과의 수업연한과 학생의 선별방법은 교육감의 승인을 받아 전공과를 설치한 교육기관의 장이 정한다.
>
> ④ 전공과를 전담할 인력은 전공과를 설치한 특수교육기관의 고등학교 과정과 같은 수준으로 배치해야 한다.
>
> **2. 전공과의 시설 · 설비 기준**
>
> 전공과를 설치·운영하는 특수교육기관의 장은 66제곱미터 이상의 전공과 전용교실을 1개 이상 설치해야 하며, 세부적인 시설·설비 기준은 교육감이 정한다.
>
> **3. 직업교육계획 수립**
>
> 전공과를 설치한 특수교육기관의 장은 그 설치 목적을 달성하기 위하여 현장실습이 포함된 직업교육 계획을 수립해야 한다.

참고문헌 & 찾아보기

참고문헌

강대옥 · 강병일 · 김기주 · 김남진 · 김창평(2016). 특수교육학개론. 서울: 학지사.

강영심 · 김자경 · 김정은 · 박재국 · 안성우 · 이경림 · 황순영 · 강승희(2010). 예비교사를 위한 특수교육학개론. 경기: 서현사.

고은(2014). 의사소통장애아 교육. 서울: 학지사.

고은 · 권주석 · 김우리 · 이태수 · 조홍중 · 최혜승(2015). 특수교육의 이해. 서울: 공동체.

공주교육대학교 특수교육연구소(2016). 특수교육의 이해. 경기: 양서원.

교육과학기술부(2008). 장애인 등에 대한 특수교육법령 설명회. 서울: 교육과학기술부.

_____________(2012). 특수교육 연차보고서. 서울: 교육과학기술부.

교육부(2013). 특수교육 연차보고서. 서울: 교육부.

______(2016). 특수교육 연차보고서. 서울: 교육부.

______(2019). 특수교육 연차보고서. 서울: 교육부.

교육인적자원부(2006). 특수교육 연차보고서. 서울: 교육부.

국립특수교육원(1998). 시각장애아동 체육과 지도 자료. 경기: 국립특수교육원.

_____________(2001). 특수교육 요구아동 출현률 조사. 경기: 국립특수교육원.

_____________(2008). 개별화교육계획수립 · 운영자료. 경기: 국립특수교육원.

_____________(2009). 특수교육학 용어사전. 서울: 하우.

권도하 역(2001). 개정 언어치료학 개론. 대구: 한국언어치료학회.

권순우(2010). 통합교육 환경에서 청각장애학생의 학교생활 적응에 대한 질적 연구. 언어치료연구, 19(3), 133-153.

권요한 · 김수진 · 김요섭 · 박중휘 · 이상훈 · 이순복 · 정은희 · 정진자 · 정희섭(2010). 특수교육학개론. 서울: 학지사.

권요한 · 윤광보 · 이만영 · 정희섭 · 김원경(2011). 특수교육 교육과정론. 서울: 학지사.

김규상 · 김진숙 · 김형종 · 방종화 · 이경원 · 이재희 · 이정학 · 이호기 · 이효정 · 임덕환 · 장현숙 · 조수진 · 최철희 · 한우재(2014). 청각학 개론. 서울: 학지사.

김기홍(2014). 장애아교육학. 서울: 집문당.

김남진 · 김용욱(2010). 특수교육공학. 서울: 학지사.

김동일 · 고은영 · 고혜정 · 김병석 · 김은향 · 김혜숙 · 박춘성 · 이명경 · 이은아 · 이제경 · 정여주 · 최수미 · 최종근 · 홍성두(2016). 특수아 상담. 서울: 학지사.

김동일 · 김계현 · 김병석 · 김봉환 · 김창대 · 김혜숙 · 신종호(2002). 특수아동상담. 서울: 학지사.

김동일 · 손승현 · 전병운 · 한경근(2010). 특수교육학개론: 장애 · 영재아동의 이해. 서울: 학지사.

김동일 · 이대식 · 신종호(2009). 학습장애아동의 이해와 교육. 서울: 학지사.

___________________(2016). 학습장애아동의 이해와 교육(3판). 서울: 학지사.

김미숙 · 김향지(2011). 교사를 위한 특수아동의 이해와 교육. 서울: 창지사.

김삼섭 · 강민채 · 강우정 · 권회연 · 김기룡 · 김창호 · 나용기 · 박은송 · 박은영 · 박현주 · 백종남 · 오유정 · 오혜정 · 이미애 · 이석진 · 이옥인 · 임경원 · 전민정 · 정길순 · 정동일 · 정민호 · 정소영 · 최세민 · 최영종 · 홍재영(2012). 특수교육학개론. 서울: 도서출판 신정.

김영숙 · 윤여홍(2010). 특수아 상담의 이해(개정판). 서울: 교육과학사.

김애화 · 김의정 · 지자경 · 최승숙(2016). 학습장애 이론과 실제. 서울: 학지사.

김영욱(2014). 청각장애아동교육의 이해. 서울: 학지사.

김영욱 · 김원경 · 박화문 · 석동일 · 이해균 · 윤점룡 · 정재권 · 정정진 · 조인수(2009). 특수교육학. 서울: 교육과학사.

김영익(2006). 통합환경에서 사진교환 의사소통 체계를 이용한 중재가 발달장애유아의 행동요구하기 기능에 미치는 효과. 특수교육재활과학연구회, 45(4), 103-126.

김영익 · 권순우(2016). 감각통합심리운동을 통한 신체활동이 자폐성장애유아의 의사소통기능 습득과 상동행동 감소에 미치는 효과. 특수교육재활과학연구회, 55(3), 1-24.

김영익 · 박영주 · 손경호 · 조경숙(2015). 특수아동지도와 상담. 서울: 드림북.

김원경 · 신진숙 · 박현옥 · 김용욱 · 김미숙 · 윤광보 · 김경화 · 김정현 · 강창욱 · 박정식 · 김정연 · 곽승철 · 한홍석 · 박미혜 · 변찬석 · 홍종관(2010). 최신특수교육학개론. 경기: 양서원.

김은주(2006). 건강장애학생의 교육지원 방안 및 병원학교 설치운영사업 소개. 2006 건강장애학생의 학습권 보장을 위한 병원학교 운영관련 워크숍자료집.

김이영 · 김선영 · 김지영 · 성연승 · 안도연 · 정희선(2015). 특수교육학개론. 경기: 양서원.

김일명 · 김원경 · 조홍중 · 허승준 · 추연구 · 윤치연 · 박중휘 · 이필상 · 문장원 · 서은정 · 유은정 · 김자경 · 이근민 · 김미숙 · 김종인 · 이신동(2013). 최신특수교육학. 서울: 학지사.

김자경 · 김기주(역)(2007). 학습장애학생을 위한 차별화 교수법. 서울: 시그마프레스.

김정권 · 김병하(2002). 사진으로 보는 한국특수교육의 역사. 서울: 도서출판 특수교육.

김정연(2010). 건강장애학생의 학교복귀지원을 위한 프로그램 연구. 특수교육학 연구, 45(3), 135-154.

김종현 · 이성현 · 이은림(2011). 특수아동의 이해와 교육. 서울: 창지사.

김진호 · 박재국 · 방명애 · 안성우 · 유은정 · 윤치연 · 이효신(2009). 최신특수교육. 서울: (주)시그마 프레스.

김태련 · 박량규(1996). 아동기 자폐증 평정척도(K-CARS). 서울: 특수교육.

김희규 · 강정숙 · 김은영 · 김의정 · 김주영(2010). 특수교육학개론. 서울: 학지사.

대한청각협회(2008). 청각검사지침. 서울: 학지사.

류영달(2005). 전자정부에서 유비쿼터스환경으로의 이행과 전략. 한국지방정부학회 학술대회 논문집. 209-223.

류재연(2009). 특수교육의 이해. 서울: 시그마프레스.

문의희(2011). 엄마가 아이를 아프게 한다. 서울: 위즈덤하우스.

박경옥(2007). 교실속의 테크놀로지-중증 지체장애학교를 중심으로. 장애아동과 테크놀로지, 10(4).

박성익 · 조석희 · 김홍원 · 이지현 · 윤여홍 · 진석언 · 한기순(2003). 영재교육학원론. 서울: 교육과학사.

박순길 · 박현옥 · 조정연(2014). 특수아동의 이해와 교육. 서울: 학지사.

박순희(2014). 시각장애아동의 이해와 교육(3판). 서울: 학지사.

박승희 · 장혜성 · 나수현 · 신소니아(2007). 장애관련종사의 특수교육 입문. 서울: 교육과학사.
박은혜(2010). 지체장애학생교육. 서울: 학지사.
방명애 · 이효신(2008). 정서 및 행동장애. 서울: (주)시그마 프레스.
보건복지부(2014). 장애인 실태조사.
_________(2015). 장애아보육 통계.
_________(2019). 장애아동가족지원 사업안내.
_________(2019). 장애인복지법 장애등급 판정기준 개정.
부산광역시교육청(2014). 장애학생의 문제행동 사례별 중재 가이드북. 부산: 도도북스.
석동일 · 이규식 · 박상희 · 신혜정 · 박희정(2002). 청각재활. 대구: 대구대학교 출판부.
송준만 · 유호순(2004). 특수아교육. 서울: 한국방송통신대학교출판부.
송현종 · 조성은(2005). 통합교육과 학교상담: 학교상담자의 태도와 역할. 특수교육저널: 이론과 실천, 6(4), 215-234.
____________(2011). 특수교육학개론. 경기: 교문사.
아까시 요코(2004). 자폐인 테스유키. 서울: 파라다이스복지재단.
유수옥(2005). 유아특수교육론. 서울: 학지사.
유은정 · 백무진 · 안성우 · 최상배 · 서중현 · 이광렬 · 서유경 · 허민정(2013). 청각장애아동교육: 이론과 교과지도. 서울: 학지사.
윤선오 · 김우호 · 서보준(2013). 특수교육학 개론 및 지도. 경기: 양서원.
이경림(2008). 시각장애학생 교육의 이해와 실제. 경기: 서현사.
이대식(2005). 학습장애의 선별 및 진단. 현장특수교육, 3~4월호(52호).
_____(2007). 수학학습장애 진단 및 판별 방법으로서의 내재성 처리과정 결함 접근의 타당성과 전망. 정서 · 행동장애연구, 23(2), 217-249.
이미숙 · 구신실 · 노진아 · 박경옥 · 서선진(2013). 특수교육학개론. 서울: 학지사.
_________________________________(2016). 특수교육학개론(2판). 서울: 학지사.
이성봉 · 방명애 · 김은경 · 박지연(2015). 정서 및 행동장애. 서울: 학지사.
이소현 · 박은혜(2011). 특수아동지도. 서울: 학지사.
이소현 · 황복선(2000). 통합교육을 위한 특수교사-일반교사 간 협력모형. 특수교육연구 7, 67-68.
이승환(2006). 유창성장애. 서울: 시그마프레스.
이신동 · 이정규 · 박춘성(2009). 최신영재교육학개론. 서울: 학지사.
이우경(2016). 최신이상심리학. 서울: 학지사.
이창미 · 장혜성 · 김수진(2005). 장애아통합보육론. 서울: 교육과학사.
이해균 · 임안수 · 이우관(2006). 저시력교육. 대구: 대구대학교출판부.
인천광역시(2016). 아동청소년심리지원서비스. www.incheon.go.kr
임안수(2008). 시각장애아 교육. 서울: 학지사.
장선철(2015). 특수아동상담의 이해. 서울: 양서원.
전경원(2005). 새로운 영재재능교육의 이론과 실제. 서울: 학문사.
전헌선 · 윤치연 · 공나영 · 김성화 · 도명애 · 박순길 · 서석진 · 서영란 · 송호준 · 양경애 · 이수진 · 이정남 · 최성욱(2012). 특수교육학개론. 경기: 양서원.

전헌선 · 한경임 · 노선옥(2004). 뇌성마비아의 언어치료교육. 대구: 대구대학교 출판부.

정대영(2011). 특수교육학. 서울: 창지사.

정대영 · 김영익 · 박은미(2012). 특수아동지도. 경기: 양서원.

정동영 · 김미선 · 김정연 · 김형일 · 김희규 · 남윤석 · 박선희 · 박중휘 · 서은정 · 오세웅 · 이경면 · 이옥인 · 이필상 · 전보성 · 정해동 · 진홍신(2011). 특수교육학개론. 서울: 교육과학사.

정동영 · 김미선 · 김주영 · 김희규 · 남윤석 · 오세웅 · 이숙정 · 이옥인 · 이유훈 · 이필상 · 이효상 · 전보성 · 최하영(2012). 장애학생 통합교육론. 경기: 교육과학사.

정은(2008). 사회신경과학적 관점에서 바라본 장애아동의 인성발달. 특수교육저널: 이론과 실천. 9(1), 325-345.

____(2009). 지적장애아동 발달에 대한 손상학(L. Vygotsky)적 접근. 특수교육저널: 이론과 실천. 10(3), 33-53.

____(2012). 인간발달과 장애. 경북: 영남대학교 출판부.

정창권 · 윤종선 · 방귀희 · 김언지(2014). 한국장애인사. 서울: 도서출판 솟대.

조선화(2011). 보편적 학습설계를 적용한 초등 과학수업이 통합학습 학생들의 과학 학습성취도에 미치는 영향. 이화여자대학교 석사학위논문.

조윤경 · 김수진(2013). 특수아동지도. 경기: 공동체.

최성규(2007). 우리나라 청각장애아동의 문해능력 신장을 위한 이중언어접근법의 모형개발. 특수교육연구, 14(1), 111-141.

최재천(2012). 호모 심비우스: 이기적 인간은 살아남을 수 있을까? 서울: 이음.

추연구 · 이정남(2012). 특수교육의 이해. 경기: 양서원.

타임라이프 북스(1990). 소리와 청각. 서울: 한국일보타임-라이프.

한경근(2004). 중도 · 중복장애학생을 위한 통합교육 현장에서의 건강관리 지원 체계. 특수교육저널: 이론과 실천, 5(3), 73-101.

한국청각언어장애교육학회(2012). 청각장애아동교육. 경기: 양서원.

한국통합교육연구회(2014). 아하! 통합교육. 서울: 학지사.

한국통합교육학회(2009). 통합교육. 서울: 학지사.

한국특수교육연구회(2009). 최신특수아동의 이해. 경기: 양서원.

한국특수교육학회(2008). 특수교육대상자 개념 및 선별 기준. 충남: 한국특수교육학회.

황보명 · 김경신(2010). 지적장애 아동 언어치료. 서울: 학지사.

황해익(2000). Vygotsky의 사회 문화적 이론과 교육적 시사. 황정규 편(2000). 현대교육심리학의 쟁점과 전망. 23-58.

AAMR Ad Committee on Terminology and Classification (2002). *Mental retardation: Definition, classification of supports(10th ed.)*. Washington, DC: American Association on Mental Retardation.

American Psychiatric Association.(2013). *Diagnostic and statistical manual of mental disorders (5th. ed)*. Washington, DC : Author.

Aniscow, M., Farrell, P., & Tweddle, D. (2000). Developing policies for inclusive education. *International Journal of Inclusive Education*, *4*(3), 211-229.

Apter, S., & Conoley, J. (1984). *Childbood behavior disorders and emotional disturbance*. Englewood Cliffs: Prentice-Hall.

Avramidis, E., Bayliss, P., & Burden, R. (2000). Student teacher attitudes towards the inclusion of children with special educational needs in the ordinary school. *Teacher and Teacher Education*, *16*(2), 277-293.

Barnett, D. W., Lentz, F. E., Jr., & Macmann, G. M. (2000). Child Assessment: Psychometric qualities of professional practice. In E. S.

Batshaw, M. L. (1997). *Children with disabilities(4th ed)*. Baltimore : Brookes.

Bender, W. N. (2008). *Learning disabilities: Charactenstics, identification and teaching strategies (6th ed.)*. Boston:Pearson. 권현수, 서선진, 최승숙 역(2011). 학습장애: 특성 판별 및 교수전략. 서울: 학지사.

Berk, L. E. (1999). *Infants, children and adolescents(3rd ed.)*. Boston: Allyn & Bacon.

Best, S. J., Heller, K. W., & Bigge, J.(2005). *Teaching Individuals with Physical, or Multiple disabilities(5th ed.)*. Upper Saddle River, NJ: Merrill.

Bos, C. & Vaughn, S.(2002). Strategies. *for teaching students with learning and behavioral problems(5th ed.)*. Needleham Heights, MA: Allyn and Bacon.

Erikson, E. H. (1959). *Identity and the life cycle. In G. S. Klein (Ed.), Psychology issues*. New York: International University Press.

Fletcher, J. M., Morris, R. D., & Lyon, G. R (2003). Classification and definition of learning disabilities: An intergratice perpective. In H. L. Swanson, K. R. Harris, & S. Graham (Eds.), *Handbook of learning disabilities*(pp. 30-56). New York: Guilford Press.

Freind, M. & Bursuck, W.(2002). *Including students with special needs: A Practical guide for classroom teachers*(4th ed.). Needleham Heights, MA: Allyn and Bacon.

Gallaudet Research Instiude(2008). *Regional and national summary report of data from the 2007-2008 annual survey of deaf and hard of hearing children and youth*. Washington, DC: DRI, Gallaudet University.

Gammeltoft, L. & Nordenhof, M. S.(2007). *Autism, play and social interaction*. London: Jessica Kingsley Publishers.

Garguilo, R. M. (2006). *Special education in contemporary society: An introduction to exceptionality*. Belmont, CA: Wadsworth/Thomson Learning.

Gresham, F.(2001). Responsiveness to intervention: An altrenative approach to the indentification of learning disabilities. *Paper presend at the LD Summit*. Washingtion, DC: U. S. Department of Education.

Hall, C. S. (1954). *A Primer of Freudian Psychology*. New York: William Collins Publishers.

Hallahan, D. P., & Kauffman, J. M. (2006). *Exceptional learners: Introduction to special education* (10th ed). Boston: Pearson/Allyn & Bacon.

Hardman, M. L., Drew, C. J., & Egan, M.W. (2003). *Human execptionality: Society, school, and family*(5th ed.). Boston: Allyn & Bacon.

________________________________(2006). *Human exceptionnality: School, community, and family*(9th ed.). Boston: Allyn and Bacon.

Heller, K. W. (1999). Classroom modification for students with physical and health impairment. Bureau for students with physical and health impairment.

Heward, L. M.(2009). *Exceptional Children: An introduction to special education*. NJ: Pearson.

Heward, W. L.(2006). *Exceptional Children : A Introduction to Special Education*(8th edition). published by Pearson. Inc. publishing as Prentice Hall.

__________(2008). *Exceptional children: An introduction to special education*(9th ed.). Upper Saddle River, NJ: Merrill/Prentice-Hall.

Kaiser, A. P., & Grim, J. C. (2006). Teaching functional communication skill. In M. E. Snell & F. Brown (Eds.), *Instruction of students with severe disabilities*(6th ed.). Upper Saddle River, NJ: Merrill/Prentice Hall.

Kauffman J. M.,& Landrum, T. J. (2008).*Characteristics of emotional and behavioral disorders of children and youth*(9th ed.).Upper Saddle River, NJ: Merrill/Prentice Hall.

Kauffman, J. M., & Hallahan, D. P(2005). *Special education: What it is and why we need it*. Boston: Allyn & Bacon.

KauffmanJ .M.,(2005). *Characteristics of emotional and behavioral disorders of children and youth*(8th ed.).Upper Saddle River, NJ: Merrill/Prentice Hall.

Kavale, K. & Forness, S.(1996). Social Skill deficits and learning disabilities. *A meta-analy-sis Journal of Learning Disabilities*, *29*(3), 226-237.

Kazukauskas, K. A., & Lam, C. S.(2010). Disability and sexuality: Knowledge, attitudes, and level of comfort among certified rehabilitation. counselors. *Rehabilitation Counseling Bulletin*, *54*(1), 15-25.

Kohler, P.(1996). Taxonomy for transition programming: Linking research and practice. Champaign, IL: Transition Research Institute, University of Illinois at Champaign-Urbana.

Lerner, J., & Kline, F. (2006). *Learning disabilities and related disorders*. Boston, MA: Houghton Mifflin Co.

Lynch, E. (1990). Best practice continua for children who are at-risk or disabled and their families. Paper presented at San Jose State University.

Mukherjee, S., Lightfoot, J., & Sloper, P.(2000). The inclusion pupils with a chronic health condition in mainstream school : What does it mean for teachers?. *Education Research*, *42*(1), 59-72.

National Joint Committee for Learning Disabilities(1989). Modifications to the NJCLD Defintion of Learning Disabilities. *Letter from NJCLD to member organizations*. Washington, DC: Author.

National Research Council(2001). *Educating children with autism*. Washington, DC: National Academy Press.

Natke, U.(2000). Stottern. Klinische Praxis.

Odom, S. & Wolery, M.(2003). A unified theory of practice in early intervention/early childhood special education: Evidence-based practices. *Journal of Special Education*, *37*(3), 164-173.

Overton. T.(2003). Assessing learners with special needs(4th ed.). *Pearson Education Inc*. New Jersey.

Pierangelo, R., Giuliani, G.(2006). *Learning disabilities: A practical approach to foundations, assessment, diagnosis, and teaching*. NY: Pearson.

Rothbare, M. K., & Bates, J. E. (2006). Temperament. In W. Damon & R. Lerner (Series Eds.),& N. Eisenberg (Vol. Ed.), Handbook of child psychology, Vol. 3. Social, emotional, and per-sonality development(6th ed., pp. 99-166). New York :Wiley.

Salvia, J. & Ysseldyke, J. E. (2001). *Assessment in Special and Remedial Education(8th Edtion)*. Boston: Houghton Mifflin.

______________________(2004). *Assessment in special education and inclusive education*. Boston, MA: Houghton Miffin.

Sandel, M. J.(2010). 생명의 윤리를 말한다. 경기: 동녘.

Sandrieser, P., & Schneider, P. (2001). *Stottern im Kindesalter*. Thieme.

Scheuermann, B., & Webbre, J. (2002). *Autism: Teaching DOES make a difference*. Belmont, CA : Wadsworth-Thomson Learning.

Shapiro & T. R. Kratochwill (Eds.), *Behavioral Assessment (2nd ed.)*. pp. 355-386. New York: Guilford Press.

Smith, C. R. (2004). Learning disabilities: The interaction of students and their environment (5th ed.). Boston: Pearson Education.Dolye, A. E., Faraone, S. V., Dupre, E. P. & Biederman, J. (2001). Separating attention deficit hyperactivity disorder and learning disabilities in girls: A familial risk analysis. *American Journal of Psychiatry*, *158*, 1666-1672.

Smith, D. D. (2007). *Introduction to special education: Making a difference (6th ed.)*. Boston: Allyn and Bacon.

Smith, T. E. C., Polloway, E. A., Patton, J. R., & Dowdy, C. A. (2006). *Teaching students with special needs: in inclusive settings (4th ed.)*. Boston: Allyn and Bacon.

Smith. T., Polloway, E., Patton, J. R., & Dowdy. C. A.(2004). *Teaching students with special needs: In inclusive setting(4th ed)*. Boston: Pearson Education, Inc.

Stoddard, K., Hewitt, M., O'Connor, D., Beckner, J., Elder, M., Laporta, C., & Poth, J.(1996). Inclusive practices through teacher research. *Remedial and Special Education*, *17*(4), 237-244.

Tarlor, R, L.(2003). *Assessment of exceptional students(6th ed.)*, Alln & Bacon.

Torgesen, J. K. (2002). The prevention of reading difficulties. *Journal of School Psychology*, *40*(1),7-26.

Turnbull, A. P., & Turnbull, Ⅲ, H. R.,(1990). *Families, professionals, and exceptionality: A special partnership(2nd ed)*. New York: Macmillan Publishing Company.

Turnbull, R., Turnbull, A., & Wehmeyer, M. L. (2010). *Exceptional lives: Special education in today's school (6th ed.)*. Upper Saddle River, NJ: Merrl/Prentice-Hall.

Turnbull, R., Turnbull, A., Shank, M., & Smith, S, J (2009). *Exceptional lives: special education in today's school (6th ed)*. Upper Saddle River, NJ: Merrill/prentice Hall.

ubotnik, R. F., & Arnold, K. D.(1994). *Beyond Terman: Contemporary longitudinal studies of giftedness and talent*. Norwood, NJ: Albex.

Walther-Thomas, C. (1997). Co-teaching experiences: The benefits and problems that teachers and principals report over time. *Journal of Learning Disabilities*, *30*(4), 395-407.

Wehman, P., Kregel, J. & Barcus, M.(1985). *From school to work: A vacational transition model for handicapped student Exceptional Children*, *52*(1), 25-37.

Wetherby, A. M., & Prutting, B. M. (1989). The expression of commuicative intent : Assessment Issues. *Seminars in Speech and Language*, *10*, 77-91.

Will, M.(1986). Educating children with learning problems: A shared responsibility. *Exceptional Children*, *52*(5), 411-415.

Wolf, M., Bowers, P. G., & Biddle, K. (2000). Naming-speed processes, timing, and reading: A conceptual review. *Journal of Learning Disabilities*, *33*, 387-407.

- (사)한국농아인협회 http://www.deafkorea.com
- 경기도 재활공학 연구서비스지원센터 http://atrac.or.kr
- 국가건강정보포털 http://heath.mw.go.kr
- 네이버 건강백과 http://terms.naver.com
- 대구청각 · 언어장애인복지관 http://www.withwith.or.kr
- 미국자폐학회 http://www.autism-society.org
- 삼성소리샘복지관 http://www.sorisaem.net
- 서울특별시교육청 특수교육지원센터 http://sedu.go.kr
- 서울장애인종합복지관 http://www.seoulrehab.or.kr
- 손말이음센터 http://www.relaycall.or.kr
- 자폐증 클리닉 센터 http://autismcenter.or.kr
- 한국뇌성마비복지회 http://www.kscp.net
- 한국뇌성마비정보센터 http://www.cp4you.net
- 한국자폐인사랑협회 http://www.autismkorea.kr
- 한국자폐학회 http://www.autism.or.kr
- 한국지체 · 중복 · 건강장애교육학회 http://www.kcpmd.net
- 한국청각 · 언어장애교육학회 http://www.ksehli.or.kr
- 한국청각언어재활학회 http://www.audiologykorea.kr
- 한국특수교육학회 http://www.ksse.or.kr
- 한국특수교육학회분과 지체 · 중복 · 건강장애교육학회 http://www.ksse.or.kr

찾아보기

저자소개

권순우

경력 대구대학교 특수교육학과 문학박사
대구대학교 특수교육대학원 특수교육학석사
前) 위덕대학교 특수교육학부 교수
現) 대구대학교 특수교육과 교수

저서 특수아상담 및 가족지원(공저: 창지사, 2023)
의사소통장애학생 교육(공저: 창지사, 2020)
청각장애학생교육(공저: 창지사, 2018)
과학교육수어(한동, 2015) 등 다수

김영익

경력 위덕대학교 특수교육전공 교육학박사
창원대학교 특수교육학과 교육학석사
고신대학교 보건대학원 임상언어치료 보건학석사
前) 고신대학교 보건대학원 언어치료전공 겸임교수
現) 마산대학교 유아특수보육과, 언어치료과 겸임교수
現) 대구대학교 특수교육과, 영남대학교 교육학과 겸임교수
現) 언어샘아동발달센터장

저서 특수아상담 및 가족지원(공저: 창지사, 2023)
의사소통장애학생 교육(공저: 창지사, 2020)
청각장애학생교육(공저: 창지사, 2018)
특수아동지도와 상담(공저: 디딤돌, 2015) 등 다수

정 은

경력 독일 브레멘대학교 특수교육학과 특수교육학박사
독일 브레멘대학교 특수교육학과 특수교육학석사
現) 영남대학교 교육학과 교수

저서 장애이슈, 장애학으로 읽기(공저: 한국장애학회, 2017)
장애학으로 보는 문화와 사회(학지사, 2015)
인간발달과 장애(영남대학교 출판부, 2012) 등 다수

팽재숙

경력 위덕대학교 특수교육전공 교육학박사
위덕대학교 특수교육전공 교육학석사
前) 경주장애전문어린이집 주임교사
前) 한국재활교육협회 주임교수
前) 대구상록학교(대안학교) 교감
前) 언어샘아동발달센터 수석연구원
現) 솔빛언어심리연구소장
現) 위덕대학교 특수교육학부 산학협력 전문교수
現) 마산대학교 유아특수보육과 강사

저서 특수아상담 및 가족지원(공저: 창지사, 2023)
의사소통장애학생 교육(공저: 창지사, 2020)
청각장애학생교육(공저: 창지사, 2018)

제3판)

예비(특수)교사를 위한 알기 쉬운 통합교육의 실천

특수교육학개론

초 판 1쇄 발행 2017년 2월 24일
초 판 3쇄 발행 2019년 1월 10일
제2판 4쇄 발행 2023년 1월 16일
제3판 3쇄 발행 2026년 2월 27일

지 은 이 | 권순우 · 김영익 · 정은 · 팽재숙
펴 낸 이 | 김기섭
편 집 인 | 이혜란
펴 낸 곳 | 창지사 www.changjisa.com
08589 서울시 금천구 가산디지털 1로 83 파트너스타워 1차 9층
전화 (02)719-2211~3
팩스 (02)701-9386
등 록 | 1977년 4월 28일 · 제1-421호

ISBN 978-89-426-1879-8 (93370)

값 26,000원